北山楼金石遗迹
北山楼藏碑见知辑目

沈建中 编著

华东师范大学出版社
- 上海 -

图书在版编目（CIP）数据

北山楼金石遗迹·北山楼藏碑见知辑目 / 沈建中编著. —上海：华东师范大学出版社，2021
 ISBN 978-7-5760-1191-3

Ⅰ.①北… Ⅱ.①沈… Ⅲ.①金石—拓本—中国—古代—图录 Ⅳ.①K877.22

中国版本图书馆CIP数据核字（2021）第028445号

北山楼金石遗迹·北山楼藏碑见知辑目

编　　著　沈建中
策划编辑　许　静
责任编辑　朱晓韵
责任校对　时东明
装帧设计　姚　荣

出版发行　华东师范大学出版社
社　　址　上海市中山北路3663号　邮编　200062
网　　址　www.ecnupress.com.cn
电　　话　021-60821666　行政传真　021-62572105
客服电话　021-62865537　门市（邮购）电话　021-62869887
地　　址　上海市中山北路3663号华东师范大学校内先锋路口
网　　店　http：//hdsdcbs.tmall.com/

印 刷 者　上海盛通时代印刷有限公司
开　　本　787×1092　16开
印　　张　25.75
插　　页　2
字　　数　372千字
版　　次　2021年5月第1版
印　　次　2021年5月第1次
书　　号　ISBN 978-7-5760-1191-3
定　　价　138.00元

出 版 人　王　焰

（如发现本版图书有印订质量问题，请寄回本社客服中心调换或电话021-62865537联系）

施蛰存先生在北山樓　沈建中　攝影

目　錄

近樓受教似"學徒"（代前言）　1
　　序引　1

　　周秦　一
　　漢　三
　　魏　二七
　　吳　三一
　　蜀　三三
　　晉　三四
　　前秦　四○
　　後秦　四一
　　宋　四二
　　齊　四三
　　梁　四四
　　陳　四八
　　北魏　四九
　　西魏　九八
　　東魏　一○一

北齊　一一二
北周　一四〇
隋　一四五
唐　一六六
　五代十國
　後梁　三三二
　後唐　三三三
　後晉　三三三
　後漢　三三四
　後周　三三五
　吳越　三三六
　吳　　三三八
　南唐　三三九
　南漢　三三九
　後蜀　三四〇
宋　三四一
遼　三六二
西夏　三六三
金　三六四
元　三六六
明　三七五
清　三七八

近樓受教似"學徒"（代前言）

這是寫在"北山樓金石遺跡"三卷本前面的話。

在二十世紀下半葉的三十餘年間，施蟄存先生北山樓金石拓本鑒藏，以單片紙本為聚積主體，無論是品種廣泛性、數量豐富性，還是涉及歷史學、玫古學和藝術史學層面的金石學攷據研究成果上，如今審視，處在那特定歷史時期，可謂"空谷足音"，是否可說，量夥質佳，一時無儔。然俯仰之間，北山樓已為陳跡。

晚清民國時期學者江陰藝風老人繆荃孫、南陵隨庵老人徐乃昌，搜集金石拓本數皆過萬；後藝風堂藏本專存北京大學圖書館，隨庵舊藏則半數上下歸華東師範大學圖書館所存。而今，究竟怎樣紀念施蟄存先生，如何緬懷北山樓金石鑒藏。我亦三復尋思，遂有誌於編撰藏碑目錄、輯錄所藏金石拓本，盡最大可能以文本形式存念這已逝去的人文學術蹤跡，供給廣大讀者欣賞，提供專業學者和愛好者徵引、研究，以此踐行我的學術理想。

先生為紀念戴望舒寫道："職責，只是為他經營後事。一個文人的後事，不是處理田地、房產、企業，而只是幾卷遺文殘稿。"而目下這部"北山樓金石遺跡"，長期存在我的研究撰述計劃中，是我的一份作業；對於我的識見思攷、實習勇氣及治學耐力，亦為一次攷試。因而敬慎從事，以一己綿薄微勞，盡心竭力，使種種不可能轉化為可能，而付諸實踐。即從全面的、系統的角度輯錄整理、編撰這部書稿，歷經卅年，曾於2018年6月24日始傾全力，業餘時間幾乎都"種在電腦前"，雖有古爾德的巴赫哥德堡變奏曲、杜普雷的埃爾加E小調協奏曲陪伴左右，但諸多細節觸發思緒，趁為這部書稿因緣而撰寫"前言"，不妨重溫自我近樓受教似"學徒"情形，思舊而感恩。

一

1989年秋冬間，我連續兩次去北京出差，因之許久未去北山樓請益。第二次在京期間抽空遊了香山，在山上閒逛外賓供應部時，想到先生那年正是本命年，且平常好古，便買了兩件仿製銅器小擺設。當我返回家裡，就看到先生來信，囑我去一次。當時我在銀行租借的警備區一招（浦東大廈）上班，翌日午後便騎上腳踏車到了愚園路，仍是先到吉庵先生家拜謁，坐了半小時光景就去北山樓。

上樓過後間，先向師母請安，她即喚"阿姨"去買小籠包，關切問我為何許久沒來，我奉上京城小袋果脯、小盒茯苓餅。遂來到前間，先生已坐在"老位置"忙碌，我取出小擺設，他忙說"謝謝"，指着一件說"呦，這個可作鎮紙""這種小翫意呵，西安多來唏""下趟不要買，沒啥意思"。經這一提醒，我有點慚愧，先生原來就教過我，注意訓練自己挑選的眼光，他老人家的經驗之談，不覺就忘在九霄雲外。況且先生平素看似忍從周遭環境，生活情感質樸，而節儉且簡約是日常態度，可他過日子講究趣味。

聊了一些我近三個月的境況後，先生告訴我《北山集古錄》已開印，太高興了。此書先是要刪改"自序"開頭數言；又因在新華書店徵訂僅一千冊，沒達到開印要求數。此類令先生煩惱之事，均被責任編輯周錫光先生一一化解。如今越來越感到錫光先生功德無量，有次我去成都，先生特地在名片上寫了介紹，囑我去拜訪。

接着先生說："我收集拓片這麼多年，自從朵雲軒門市不供應，幾乎無處可買，加上這幾年病廢後，不能出門，我的搜集活動基本停止，至多也就能再得零散數紙。現在可以做結束工作了。"又說："你對碑拓有興趣，我想叫你幫我整理拓片。"我尚未反應過來，先生忽然顯出少見的嚴肅神情，繼續說："我攷慮過了，這並不會妨礙你自己的業餘愛好，每個星期只要來半天。"我暗自吃驚，莫非"委以重任"。而我雖然買過幾次拓片，可算的也就是在西安舊書店、西安碑林博物館買過數本，再就是於蘇州舊書店購得一包為多；又有幸得到過朱孔陽、陳兼與、邊政平、包謙六、劉惜闇和周退密諸位老人家的贈本，當然都因代先生遞函取物的緣由；平日先生談碑興致甚高，聽先生講過金石原物及傳拓的滄桑"故事"，以及"大經碑""小唐墓誌""芇手本""未鏟底本"之類術語；也教過我打開折疊拓片，托裱小紙拓片。這就是先生所說的"有些興趣"，其實皆為我的半懂不懂，雖東奔西跑，幹勁十足，又多出於臨池所好。而我自量，哪有能力"整理拓片"呢，真是惶悚之至。

見我猶豫，先生說這又不難的，學呀，凡事都是從不懂到懂，先試，三個月，如何。隨後笑道："這是叫你做'苦工'呵，很勞累的。"就這樣我戰戰兢兢地接受了，先生跟我約定每週一下午，中午如沒事就可過來，並關照了整理步驟、方法諸事。返回時騎在腳踏車上，想到能姑且當上大學者的"學徒"，親炙手把手似的教育，心中不免興奮，卻又心懷忐忑，不知自己能否幹好。

路上，我猛然想起先生經常以"執事敬"教導我，就在此前的二三年，先生臨時叫我幫緝庵老師鈔稿，每次前往中原社區開魯二邨取稿交稿，先生便請緝庵老師教我讀《論語》，開始有些不明事理，心裡納悶為何不給我講授唐宋詩文。後來緝庵老師告訴我，1940年代後期，他自己正在南京任教，寒暑假就跑來上海向蟄存先生請教《論語》問題，施先生對歷代注疏版本熟稔，勾畫了選讀框架，認為三國魏何晏"集解"、梁皇侃"義疏"、宋邢昺"正義"，皆系古說，與朱子解說頗有不同之處；宋朱熹"集注"、宋趙順孫"纂疏"，可為宋人解說之代表；清劉寶楠"正義"，則博引諸家衆說最為繁細；而近人程樹德"集釋"，亦為重要的一部。這樣可見歷代闡釋轉型、研究變化，體會諸家異同特點。緝庵老師還說，先生曾指出，孔子論仁，不與義禮智信並稱，因仁為一個本體，義禮智信乃仁之一端；至孟子時，始將仁義放在一處說，於是義乃與仁並立了。先生向來重視《論語》這門課，抗戰時在長汀講解"居處恭，執事敬，與人忠，雖之夷狄，不可棄也"，整整用了兩節課時。如今想來，先生對我的"執事敬"開導，諄諄教我"為人不趨時，為學不避苦"的質樸態度，要求我加強品格端嚴、遵行正道之修養，大大地勉勵了我，讓我奮發，並使我在以後的學習、工作和生活上受益無窮。

二

北山樓收藏的金石拓本，基本上按品種分別堆放，其中已經整合成為有系統研究的數個專題，則另外歸聚分別捆紮。先生告訴我，這樣便於取用；而眼下擬整體系統地整理拓本的目的，是覺得自己搜集已有規模，也有環境條件了，希望最終能按秦漢至元明年代順序存放。我是後來才漸漸明白，北山樓所藏拓本究其數量而言，無疑以造像類為大宗，其中僅龍門山魏齊造像記拓本約計六百餘紙，還不包括無年月、年月泐盡、人名缺落、文句不全者。先生分為三種名目，一是造像碑，二是造像記，三是造像。故當年安排我首先整理造像類，按他要求的三種名目標準分別歸類，凡碑石式造像，或有陰側全拓，皆歸於"造像碑"；凡僅拓記文，歸於"造像記"；凡佛像、佛龕和記文全形拓，則皆歸於"造像"。先生如此著錄分類的方法，較之以前著錄家通稱"造像"，要準確得多，一看名目，即可知其實物形狀和拓本體例。

因為飯桌上攤不開，先生命我把拓本擺在床上，教我一份份整理，流覽大體、細加閱讀、辨別判斷、分類編目等步驟。碰上吃不准的、看不明白的，就馬上請教。有回整理一包皆小紙的龍門造像題記，有一段"天大大好也"，甚有情趣，樂不可支，先生見狀也笑了說，這類小紙都是小型佛龕銘記，從來不知其確數，皆為記錄老百姓的事由、願望、祈福及報恩，極有意思，如有年月、姓名就具備石刻拓本編目要素。有時雨天下午，遵囑倘有空也會臨時騎上腳踏車前往北山樓作業。先生開顏笑說，我這裡變成了小作坊。我高興道：我也成了跟師傅學手藝的"小徒弟"。這樣很快就過年了，元宵節前又"開工"，分清三大種類，排比次第，並做簡單修補。學得正歡時，我計算已有三個月，我跟先生提起自己夠不夠格，他卻笑話忘記了之。

拓本多有殘蠹損坏，先生教我用平時積存的零散陳紙，選色澤接近的，把墨紙破損殘處粘貼修補，不至於裂縫越來越厲害。使用的漿糊是先生自製的，取一點點明礬或樟腦丸用溫水溶化，倒在麵粉碗里攪拌成糊狀，再用沸水沖入，稀稠適當。我每次去時，先生已請"阿姨"拌好一小碗漿糊讓我使用，還備一把楠竹平頭小鑷子，專門拉平細微折皺。傍晚走時帶上數紙小拓本，一把竹起子，一隻盛滿漿糊的水果廣口瓶，回去後在工作室托裱，"上牆"則在文件大鐵櫃背面。而此多年前，先生曾搜集過一些廢棄的古碑殘紙，每品裁下字跡一尺左右見方，準備把漢至唐宋的碑版字樣，裝成冊頁，作為翫碑的一種形式，還能編一本名曰"碑式"的圖集，亦準備一起托裱相關拓片殘紙。

先生挑出一部分需要鈐印的拓本，教我佈位章法，即選擇鈐在拓本適當位置，再在他的收藏印章中挑選大小適中、朱文白文及內容合適的用印，並示範鈐印了不同類型的十幾幅大小拓本。但對我來說是一道難題，缺乏操作的基本功，先生所說的持印手感，要求是端雅穩妥，我掌控不好，一不小心就鈐得走形不規整，發生用力不均而印色不勻，有幾方打得橫豎歪斜，顯然被我破壞了拓片的美觀，心里挺難受的，欲求助於印規。先生看了總笑道，拓本上打得不好的也有，我也有鈐倒的，有些收藏名家請人打的不好，或不慎的都有，只要細心一點就行了。先生越是寬容，我越生怕損害拓本，更為緊張了，往往畫虎類犬。先生則越加鼓勵，沒關係，多練習就會好。

先生使用的粉彩印泥瓷盒，款署"洪憲年制"，說是抗戰前在杭州喜雨台茶樓得之，1952年從滬江大學宿舍搬回岐山邨家里，這只印泥盒居然還在。印泥也頗攷究，是托松江同鄉朱孔陽置辦，先生很注意護養，叫我空閒時就用牛骨印筋攪拌印泥。在拓本上鈐好印後，我也習慣立刻用裁好的小紙覆蓋在上吸幹印泥，但先生卻說了一個更好辦法，即讓印泥自然晾乾，這樣拓本上的鈐印效果會好，尤其是在拓墨層面鈐下的字色，更富有立體感。後又讓我向錢君匋先生討教，幾年下來，我已能不持印規，也敢在墨紙上鈐印。再後來，先生幹脆提議，請高式熊先生教我拓印章邊款。有十來年，我上班地點離羽弓齋非常近，騎上自行車五分鐘可到，因而常往請教，有時高先生會來我辦公室小坐講解示範呢。

三

此前，先生按品類存放所藏，實屬無奈之舉。把漢碑、魏碑、晉碑、南北朝碑、隋唐碑和摩崖巨刻，均存放十來個大小不一的紙板盒內；造像、經幢、塔銘、墓誌之類，都是二三十份用"申報紙"捆為一束；再小一些的題刻、題名以及拓片小紙，利用郵寄過的大號牛皮信封，裁開裹成紙包，一包包的很多；一般都在拓本紙背粘貼先生書寫題名年代的毛邊紙小簽條。先生說，從前藏家都印製專用拓片袋（先生又叫"碑袋"），可自己沒有這個條件；但近年買不到拓片，又寫小文章，得了不少稿費，有餘錢買牛皮紙，製作拓片袋，一份份地整齊存放。囑我有空去紙行看看。

沒過兩天，恰巧到南京西路上海美術館，在馬路對面紙行買了五張雙面牛皮紙。想不到先生說，這紙太好了，可這麼多拓片，價錢吃不消的。這讓我轉而一想，我每次來招待的點心可買三五張大紙吶，先生卻重重地說："迭個兩樁事體，弗搭嘎哦。"接連幾天，我跑到瑞金路、淮海路口的紙行，又去福州路、山東路口紙品店，還去過河南北路、近武進路那家，又購得十來張不同的單面牛皮紙，先生看了，覺得好是好，還嫌價錢貴，先用這些好紙做了一批較大的碑袋，專門存放漢唐巨幅。有天，我乘15路電車在浙江北路、天目路終點站下車，恰好看到一爿南紙店，進去看到一種較薄的竹簾條紋包書紙，價格便宜。先生看了高興得很，我便在一個中午騎着腳踏車一下子採購五十張。這種紙用完後又買了許多次，但厚薄顏色皆有差異。

在先生佈置下，自製拓片袋施行流水作業，先從造像類拓本開始。根據先生設計大中小號規格的樣袋標準，按每批大張尺寸，確定裁紙開數。我把大張紙裁開，再和先生一起折成袋式，"阿姨"刷漿糊粘貼封背中下兩條封口。等漿糊幹透，先生按我備好的拓本，在袋正面書寫拓本名稱、年代等，偶爾寫錯，就裁毛邊紙或宣紙簽條重寫粘上。再把拓本一一裝入袋內，先生存有十來副線裝書木夾板，恰好派上用場，配好布帶，一般三十左右一紮，先生還命我正書簽條粘貼木夾板上；餘下的就用硬紙板替代，也是三十上下一夾捆起來。先生邊幹邊聊談一些富有知識性、趣味性的"金石叢話"，常有舊聞趣事，說得我笑，他自己也笑，很是快活，有幾次特別說起收藏賞翫的立身行事之要，告誡我欣賞別家藏品要謙虛謹慎，不可自以為是，妄加評論。

朵雲軒有種特製五色浮雲水印箋紙，舊藏家題簽多用此紙，先生亦有舊存，便取出使用。後來我在南紙店發現一種染色雲紋紙，以為可作書寫拓片袋題簽，先生試了試，覺得還好，我又去選了二三種顏色。這種仿製紙有點吸水性，類似熟宣，先生寫來很順手，我看了心里一陣陣地欣悅，先生的字太漂亮了，忍不住叫好，請他落款。先生說："只是記錄一下而已，不能算題簽。如要寫題簽，這麼多，寫不過來的，再說紙也要裁大一點，這樣的話，拓片袋更要做大點，太費紙了。"又問可以鈐印嗎，先生說如果紙上有餘地就可以。有時，看到拓本紙背先生早先題簽有空處，就順便加蓋先生印章；遇到前人無署名無鈐印題簽，如有可能，亦鈐上先生收藏印。

而今，當年自製的幾種規格紙質不同的拓片袋，已與北山樓所藏拓本一同流散，有時見拍賣圖錄刊載，有時在繼起藏家手里過目，真有點像在馬路上偶遇失散多年的親朋，似如夢境，悲欣交至。尤其在拍賣圖錄上見到兩本，一《永建五年食堂畫像題字》，獨山莫氏影山草堂、嵊縣商笙伯安廬、揚州吳載龢師李齋遞藏；一《潘城錄事參軍楊居墓誌》，誌蓋有圖像，山陰吳氏鐘玉書室藏本。因為有好幾年，先生一直把這兩本放在寫字桌抽屜里，隨手賞翫，講講趣事，興味盎然。

前兩年，當我讀到戴燕教授所說"我們常說的一流學者，應該還是俗話所說'幹活的人'"，不禁感慨，北山樓自製拓片袋的情形，就會縈繞在我的腦海里，想起先生自製拓片袋的專注神情，又教我修補書籍，還教過裝訂四孔和六孔線裝書稿的手藝，學了定位尺寸、錐子鑽孔、穿線順序和線頭打結等活。此時，耳旁也會迴旋先生在遊記里所說："但我實在坐過一葉小舟，在這許多險絕人寰的亂灘中平安浮過。"敬仰與溫情之感油然而生，曾經帶着照相機，跑到岐山邨弄堂里，對準從前北山樓存放拓本在曬臺上搭建之閣樓，拍攝留念，可謂"落花流水春去也，北山樓上"。

四

　　轉眼1991年夏間，造像類拓本的整理基本完工，也作了記錄。先生見我中午時分來到，總是滿頭大汗，說："天太熱了，你也放'暑假'吧。今茲的進度已大大超出我的預想，等學校開學後再繼續。"我問："您是否需要休息一段時間？"先生說："我倒沒關係，鎮日待在空調間，飲水看書。我擔心你冒着高溫跑來。"我忙答："不怕熱，没事的。"確實我能置身於"不趨時""不避苦"的氛圍，毫無"吹拂""推挽"利益，仿佛感受到學林間罕見之清流，又享受先生特有的"靜以修身，儉以養德"之淡定時光，內心真有一種說不清楚的歡喜，哪里還會感到炎熱呢，只覺得淡淡的雪茄香味。如是1990、1991年的夏間，年已八十五六高齡的先生都沒得暑假，照舊工作不息。

　　然此後連續三四年暑間，皆因先生住院、獲獎等原因，整理拓片工作臨時暫停，我也有長短不一的"暑假"，先生就給我佈置功課，開個書單命我讀些入門基礎書，還有必備左右的工具資料書，像《中國歷史紀年表》《簡明中國歷史地圖集》《訂正六書通》《金石萃編》《碑別字新編》《石墨鐫華》《八瓊室金石補正》《石刻題跋索引》《語石》，先生還供應了林誌鈞《帖攷》、岑仲勉《金石論叢》、唐蘭《古文字學導論》、馬衡《凡將齋金石叢稿》諸書。雖說是由淺嘗起步，囫圇吞棗般讀了幾種書，但没經過閱讀古典文獻的初級訓練，越讀越吃力，在整理記錄時根本不頂事，常感力不從心。其時我連"說文"也沒學過，許多金石文字不能辨識，1992年暑間先生住院前佈置的功課就有此書，我即入市購得影印的《說文解字注》。先生針對我基礎差、底子薄而因材施教，輔導做學問應該具備的態度與方法，講授歷史年代學知識，以及按年代編次方法。先生說，你已一本本找這方面的書看，學習前輩學者的論著，對拓展自己的研究視野會有幫助；既已了解這門學問的大體狀況，閱讀方法就要進一步，在思攷與實踐中碰上具體問題，需要自己去研究解決，這樣就能逐步入門。

　　先生强調做學問要有扎實的讀書基礎，學會運用各學科資料，保持對能證經補史材料的敏鋭度，而互證互辨尤要審慎。有次他說墓誌起自東漢，在洪適《盤洲文集》"跋文章緣起"有說，我就去查，果然在卷六三。曾為我舉例，對芮城出土殘石的攷時，就使用史地常識，攷證為北周時物；在辨證《晉陵郡長史護軍段承宗誌》時，指出"承宗，段誌玄之曾孫也，然誌文中序其先世官爵，頗有與唐史異者"，源於他的博學、才識和睿智；又如柳公權書《義陽郡王苻璘碑》無立碑年月，先生以柳公權署銜攷之，認為書丹當在開成三年。

　　《水經注碑錄》出版後，又印出《北山集古錄》《金石叢話》，着實讓先生高興了一陣。我深知他出版著作的曲折不易，當"集古錄"樣書寄來後好幾天，很像過節那樣興奮，先睹為快，邊讀邊感受親切，猶如溫習先生傳授，有的內容聆聽講過，有的內容亦曾謄鈔。先生說，你光看不行，寫篇"提要"給我看看，只需二頁文稿紙就可。我雖然覺得先生佈置的功課很有意義，卻暗暗叫苦，力所不逮，豈能率爾操觚。先生看我不克勝任的着急樣子，隨手取出一份剪報，談了自己所寫的讀書隨筆，指授寫作要點、規範和經驗。為不使我勉為其難，又說：我能印出這本書，很不容易，但並非十全十美，應該總結得失；你回去準備一下，下周來討論，從內容到形式，看看有哪些經驗、教訓，或者建議，怎麼想就怎麼說。

　　後來，先生又命我把這兩本書都校對一過。其實在樣書甫一寄來，先生即校閱並在新書上作了訂正，而眼下是特地佈置給我的作業。我逐字逐句地校讀，由於缺乏文史學、金石學諸多常識，實在不易，僅檢出幾處明顯的誤字。當我交給先生時，他邊翻看邊笑道，還有很多錯處沒能校出。即為我一頁頁檢查，連排版字體字號、行距空格的誤處，皆作批改。先生謹嚴篤實的治學態度貫穿始終，不容我有絲毫的粗心偷懶，我至今保存着經先生批改的校本，《金石叢話》還是利用一本裝訂誤版。如此訓練，讓我受用不盡，亦養成習慣，凡先生印行的，包括拙編的新書，我都作校閱核對，包括撰稿和發表時間等，並利用自己編撰的機會積極比勘校訂。

五

　　北山樓所藏數量次之為墓誌，居多的是北魏、東魏、北齊、隋唐誌，兼及墓碣、塔銘等。在整理妥善後，檢出復本、摹刻本和偽刻本就有六百餘紙，遂存於先生抗戰時在香港購置的一隻小手提皮箱里。先生要求我在整理時，首先記錄朝代年號、立石時間、書體及撰書人、誌蓋側紙數，並在釋讀誌文的基礎上擬寫題名，把題寫每誌名稱作為專項練習的重點功課。第一次佈置了五本唐代相對較冷僻的且誌文清楚完整的作業，要求釋讀誌文並斷句，題寫出每誌名稱，列出名字、籍貫姓系、官職德行、享年及卒葬年月。一周後交稿，先生見我把誌文第一行首題或誌蓋文全部鈔作為題名，無奈地搖頭苦笑說"不對的，不對的"。每當我犯錯時，先生總是順手取出小甜食，或小雪茄，邊吃邊指點為何出錯，怎樣才能正確。他要求我不急切，把誌文讀明白再練習擬題。有時我看到工具書上也有現成題名，覺得不如照搬，先生便指點培養自己以解讀實物材料、原始文獻為立足點的能力，掌握閱讀、攷證和整理的方法，在看了諸家題名，切勿做搬運工，應該學習借鑒其方法，獲得學問知識，如有新的認識，這就進步了。

而我對於原始文獻，讀得不細不深，往往出錯。整理時，一般都由我將整理記錄後的用另紙寫下題名年月後，先生一起法書簽條，我再逐條粘貼碑袋或拓片背面。有次，他查看裝入袋內的拓片，覺得題簽時間有疑問，忙打開拓片核對，原來是我誤錄時間。他告訴我，不能見到年月就當立石時間，一定要把誌文讀清楚。並對我這個缺乏學養的淺陋"學徒"，不惜苦口婆心從"ABC"講起，且深入淺出，講了目錄學、款識學、歷代職官制度、歷史地理等相關初步課程，教我編製金石拓本目錄的基本技能，又針對性地開列書目，先從"大部頭"的趙明誠《金石錄》、于奕正《天下金石誌》讀起，還讀錢大昕《潛研堂金石文字目錄》、葉盛《菉竹堂碑目》、王鯤《話雨樓碑帖目錄》、端方《陶齋藏石目》、顧鼎梅《河朔新碑目》，一冊冊閱讀，按先生要求做筆記。

再進一步，先生輔導我讀趙均《寒山堂金石林時地攷》、武虛穀《授堂金石跋》、吳荷屋《筠清館金石文字》、馮勺園《石經閣金石跋文》、張德容《二銘草堂金石聚》、趙琴士《古墨齋金石跋》、方朔《枕經堂金石跋》、鄭幼惺《獨笑齋金石文攷》、趙萬里《漢魏南北朝墓誌集釋》諸書，先生仍佈置我每本書讀後習作"解題""提要"。先生常說，學問就是從讀書起步的。讀書期間，先生再教使用目錄、跋文進行搜集資料和分析史料的門徑，使我慢慢地能懂得他曾以于右任之言教我："每覽誌文，於徵伐官制諸端，可補前史疏漏，於氏族之可攷南北播遷之原委，於文辭可增列代駢散之別錄，於書法可識隸楷遞變之途徑，學者尋繹史材，且不止此，亦治文史者之一助也。"（《說文月刊》1943年第3卷第10期渝版第4號《鴛鴦七誌齋藏石記目錄》）

早前先生在碑估處購買拓本，大都為一束起售，以致"有誌失蓋""有蓋無誌""誌蓋不合"的情況，亦如葉鞠裳所說"凡墓石出土，其蓋往往缺失，十不存五"（《語石》卷四）之情形。因此，先生取出諸紙多餘的誌與蓋，叫我整理時順便練習覓配上下相合。這是一個艱難尋找"誌與蓋原配"的難題，先生說，首先要見多識廣，方能有助於辨識，一是廣泛閱覽歷代墓誌拓本，一是多讀各種攷校碑版著述。於是，從了解墓誌早期不盡相同形狀特徵、誌文體例、行款格式，延續至南北朝逐漸趨同，隋唐形成相對通式規制，一路講來，例舉比對不同時代風尚、書體演變。這又是一個細緻釋讀審視過程，有時經過條分縷析，覺得或許可能聚散，還要用尺來測量比較拓本。況且每次擬配合離散之本，往往很難"立竿見影"，偶然碰巧解決，使誌蓋合璧，那是一件多麼高興的事呀。而更多是懸而未決，不知所終。

當時還有個計劃，先生認為，早期一般方形誌蓋，多偏重保護作用，以後越來越攷究，鐫刻標題像碑額那樣，藻飾趨於華麗典雅，篆書、分書、正書及飛白書，諸體皆有，字跡精美，很有藝術特色。隨後就把剩餘的誌蓋，作為專題收集，也能察知歷代形制、書風藝術之演變。

六

那時期，想做的事太多了，總是心浮氣躁的表現。先生就以"惟精惟一"教育我，至今我還保存先生的法書呢。有回，我想跟着魏紹昌先生北上遊覽一週，先生笑道："去一個禮拜，加上出發準備、返回收作，搭前搭後各三四天，就是兩個禮拜，值嗎？"其時，我受紹昌先生影響而熱衷於民國漫畫史，又經蕭關鴻先生紹介拜識許四海先生，始好紫砂壺藝。先生對我的"東一榔頭西一棒槌"並不責備,至多笑道:"愛好不能太多。"可那天客人走後,找紙寫了"藝精於一"給我,懇切地說:"我年輕時也沒耐性,缺乏鍥而不舍的精神,加上生活環境動蕩,雖做過很多學問,經常見異思遷,半途而廢。你愛好廣泛都好,但你要展開更深入、更廣泛的研究。"

像我這樣不成器的"學徒",先生並不視如敝屣,多為我"不懂事"而勞神操心,時時糾正我的幼稚行為。先生建議說:你可減少晚上在外活動,最好能在家做點安靜的事。於是,分配給我謄寫他以往所作題跋題記以及整理著述。我用鋼筆鈔在文稿紙上,每週帶去交作業,先生仍是逐字逐句為我改正斷句標點、鈔錯誤字,起初被批改處很多,我再帶回重鈔。後來經先生不斷指教,也漸漸熟悉辨認手書字跡,差錯逐步減少。至此,能安心打發業餘時間,夜晚燈下鈔稿,成了習慣,感受先生治學的恬靜心境。先生準備自印"北山樓"稿紙給我使用,專門設計二三種式樣,但我覺得自己的字實在難看,且鈔寫時廢品亦多,豈非浪費,故一再懇求免之。

受先生影響,亦愛好訪書,假日走得尤勤快,陸續訪得如《兩浙金石誌》《閩中金石誌》諸種影印本,作為備查資料。當時先生已足不出戶,可對出版消息甚為留意,1990年代初中國書店印出鄧之誠《骨董瑣記》,讓他大為高興;次年黃山書社影印《飲流齋說瓷》,更是喜出望外,又盼望重印葉恭綽《遐庵談藝錄》。先生對類書頗有興趣,還為我講述,一五一十,如數家珍。先生激發我的閱讀興趣,對我來說是治學的發動機,而先生讀書之趣味深深薰染我,促使我有所實踐。

縱覽先生的治學生涯,"整理編錄"作為他研究學問的一項重要的創造性工作,曾讀過不下十餘篇其撰寫的有關編輯出版的"計劃""設想""擬目",多為叢書體例,大都構想竊以為出版佳制,然幾乎石沉大海。所幸逃生的"詞學集刊""百花洲文庫""外國獨幕劇選",至今顯現學術內涵、文化品質上的出版價值,其編輯理念、編輯方法的氣象格局,形成"北山樓"治學的一種特質,既是輯佚整理的治學造詣,又體現一種洞察判斷的學術素養。劉夢溪先生《學之諍友而士之君子》文中說:"好的編選整理,與文獻研究庶幾近之。"誠如是也,老輩學者多注重"善述",以為究其功力不亞於"善創"。

想當年，先生擬目有"金石雜著""歷代文物拓片圖鑒""秦漢石刻圖錄""魏晉南北朝碑刻圖錄""陝西石門摩崖留影""洛陽龍門造像圖錄""歷代碑刻墨影"，皆有約稿及投稿的經歷，最後都不了了之。大約在1992、1993年間，先生再謀求印行《唐碑百選》，亦不果。我知道一些先生心裡的憾事，先生這樣寫過："我這些拓片收集不易，我身後勢必散失，如果這些拓片也都毀滅，恐怕以後的人永遠見不到它們的形象及文字，我這本書目的在保存拓片形象。"（《編印〈文物欣賞〉計劃》1991年8月4日）可歎有助力，好歹他也習慣了，僅在與老友陸谷葦談笑間，不免有點苦澀味，"寫好的，原稿包好，攢在閣樓上算了"（見谷葦《從"出土文物"到"傑出貢獻"》）然而，先生無論處在何種境遇，從來沒有放下手中的筆，寫成多部書稿，除了那時印行的《水經注碑錄》《北山集古錄》《金石叢話》，其他金石著述都因為各種各樣的原因而束之高閣。

　　1996年後，我把手頭正在進行的攝影專題趕緊結束，遂告別照相機，這樣節省大量業餘時間，可更加專心當"學徒"。每週仍一二個下午協助整理，而謄稿則利用晚上時間，一晃五六個年頭，眼看積稿成堆，曾構想在繼《北山集古錄》印行後，能編一本左文右圖形式的金石雜文。這一想法得到先生肯定。他說："像《西清古鑒》《兩罍軒彝器圖釋》《愙齋集古錄》《居貞草堂漢晉石影》這類圖錄形式的書早已有，我也想把自己搜集的拓本編幾本出來。那你就編一本，試試看。"

七

　　先生講究珍本舊籍，又關注新近出版圖書，每看完新書，都能聆聽他的評點，也會為我寫上幾句，如"此書不佳，解放以後著作均未列入，敘述平凡，《飲流齋說瓷》是三十年代出版物，亦未談到"，還會指明解決問題之理路和辦法，涉及內容品質、結體形式，乃至出版觀念。而他對於書籍的學術評判力、藝術鑒賞力，我都受到具體點撥，更為我模仿的樣板。我能在如此優渥的學習環境裡，耳濡目染，感其眷顧，不免躍躍欲試。

　　起初，想到《北山集古錄》從內容到形式，已形成先生金石著述的嚴整架構,且書前插頁選取的拓片圖版,雅致攷究富特色,使我體會到先生之趣味。遂刻意模仿,用慢工出細活的笨辦法,在積存賸稿中幾經斟酌、反復遴選,選編百篇雜文,一文一圖,編成《文飯百衲》,給先生過目,獲得首肯。遂尋投稿,都說挺好的,就是太專業。我能明白,換句話說,這是冷門貨,不賣錢。既然無人問津,讓我深思,設法使其所謂"通俗"又"可讀",作了大幅度增刪,除增加"序跋""書畫"類的文章,還添了文房、硯銘拓片數篇題識,強化觀賞性,爭取調整至能為出版者所接受,並把書名改為《北山談藝錄》。

1997年,關鴻先生主編"筆會文叢",鼓勵我加入。我在編成趙清閣《長相憶》後,一次晚間在文藝沙龍晤叙,我談了想法,不意得到關鴻先生贊同,並要看書稿。翌日傍晚,帶上拙編到他虎丘路辦公室,有點忐忑,他把書稿翻了一遍,說:可以。我懸起的心剛落下,他馬上又翻又思忖半晌後說,可以先選些文章在"筆會"上刊登,開設一個"北山談藝錄"專欄,這樣會使出版效果更好。

1999年,我正在編撰"先生年譜初編",末月是他九五壽辰,我聯絡數位師友,用不同形式慶賀華誕。當日關鴻先生等帶着趕制出版的《北山談藝錄》樣書,作為賀禮送到先生手上。可百密一疏,封面等頁把先生名字的"蟄"誤為"蜇",讓我羞愧難當。先生安慰說,沒關係,時常碰到這樣的差錯。好在關鴻先生當機立斷,乘書尚未出廠,即作撤換封面手術。後來送上換過封面的新書時,再次道歉;先生卻不以為意,覺得換封面太浪費了。但對我來說教訓深刻,好事必須用心做,反之變成製造次品的壞事。我記牢先生告誡,編書識見要高,編得要好。我也不能做一個"水準低的人"來編他的書,否則,毋寧不做。

接着"續編",恰巧赴寧探望吉庵老人,多有鼓勵並給我一冊復印本,是他影印的作家贈送施先生墨跡圖片,供給"續編"選用。這樣更增添我從"可讀性""趣味性"入手的信心。當時,先生不僅給予指導,藹如春風地勉勵我能成為Book Maker("做書的人"),增強我編書的熱情,還得到關鴻先生的幫助,獲得相繼出版之機緣,真是三生有幸。不過,我剛學些皮毛,就想入非非地去闖蕩,幾次碰得頭破血流。一回,先生談及頗欣賞黃賓虹、鄧秋枚輯《美術叢書》，鄒適廬輯《藝術叢編》，乃至香港《書譜》雜誌，開玩笑說，你也編一種這樣的叢刊。而我卻當真的呢，左思右想，擬寫一份"《雅集》編輯計劃"，經歷一年餘夢遊，有次嘮叨"計劃"竟至凌晨，必然鎩羽而歸。

　　我記得先生叫我"麼樣樣事體軋一腳"，如今讀劉夢溪先生文，說得更直率，"學問做到一定程度，會明白一個淺顯的道理，對自己不了解的問題不應該也不必發言""知不知道對哪些問題自己不具備發言條件，攷驗一個學人學問的知性程度"，何其相似乃爾。先生總無奈說，弗急，急弗得，做專業要有"學力"，力所不及，就會"搶跑道"的吃相出場，"無釐頭"收場。而先生勤於編書，成為他的一種治學方式，別是一種學問境界。他告訴我，整理輯錄的事，要有點兒愚韌勁頭，有點"癡心妄想"才行。我漸漸悟出先生編書之樂此不疲，一次次計劃是啟航，一次次無成是積累。

　　那仿佛"學徒"的日子如歌似夢，某回竟做起大頭夢。午後迷惑，樓南窗下，先生吸Quai D'Orsay，我飲Bovril，對坐默然。頃刻，退步壯漢猶如下凡而來，抱拳曰：先生，您早於1930年代就向國人介紹辟卡梭藝術方法，吾師嘯聲讓鄙人來致意。我忙叩：小弟曾謁見嘯聲老師。先生卻道：奇怪哉，這位嘯聲如何曉得吾，他可是大名鼎鼎的西方藝術史家；而吾，只是非正統，故壓抑着決不提起吾，用的是悶殺辦法。退步壯漢長歎：嘯聲師正當盛年，當然想幹一番，可半數老少爺們都端着地盤式的臉，忽然來個有才學有抱負的傢伙，你想幹嘛？知道討人嫌嗎，也許不知，也許了然；反正恃才傲物的人正像嘯聲師那樣，梗着脖子，挑明不吃這一套。哈，退步壯漢說得逗人，倏然無影無蹤，發笑戛然而止，夢已煞卻，晨光明媚。

八

　　2001年乍暖還寒，照例禮拜一，臨近傍晚，起身向先生師母告辭。師母卻說，還早呢，天也沒暗，再坐一些。我說：已五點，日來天已轉暗的晚呢。師母仍送至房門口，仍舊往我口袋里塞了零食。——那天3月26日，豈料竟成我在北山樓似"學徒"的最後一課。4月7日、16日這兩天，我都一大早趕往北山樓陪護先生，談話時更多有些"學徒"結業似的小結，至今清晰地記得先生的再三叮嚀。16日那天下午三點光景，下樓後信步走，心念應該交上一份力求合格的作業。

近廿年來的研習探索，常引發我思攷，倘議學術案例，先生孜孜以求鑒藏、著錄、稽攷金石故紙，其學術理想、治學作為、著述方法，究其何如；有否開創性的建樹，是否樹立典範作用。除此學問之道而外，在文化背景與精神境界上可否探其緣由及詮釋，並於學術史、藝術史及文物文獻鑒藏史上的特定歷史時期，是否具有現代學術意義的金石學研究。自從產生這些問題，不得不展開自我思辨，漸感欲罷不能，索性深入廣泛地把疑問攷索一二，這也是先生教我做學問的門徑。在我耳聞目睹，按觀感、體會和心得，倒是有些可述。

先生早年稍聚石刻文字，但傾心竭力而為，確切可攷當在1958年，8月21日"始收碑刻"（《翫碑雜錄》，中盈堂藏本）。據攷，先在天蟾舞臺旁弄內曹仁裕碑攤選購墓誌，至年底曹氏收攤，改去商務印書館隔壁弄口黃小玄碑攤訪購，始買漢碑和造像。1959年10月黃氏攤併入古籍書店碑帖部，隨往購買；1960年3月該部併進榮寶齋，皆於此訪碑到榮寶齋改為朵雲軒。1964年碑估曹氏又在南京東路保安坊設攤，仍往訪購，買進"東魏"及"唐碑"二三十許種，及"金陵蕭梁墓闕墓碑"全份，然僅一年曹氏歇業。先生繼於朵雲軒訪購，後改名東方紅書畫社，又改為上海書畫社，直至停售拓本。

據先生統計，1958年8月至1960年底，共耗資514元，所得漢誌、晉誌8種，魏、梁、後秦、陳4種，北魏誌142種，北齊誌19種，北周誌5種，隋誌100種，唐誌608種，宋以後誌17種，周秦石刻7種，漢碑92種，三國碑13種，前秦碑2種，晉碑7種，南朝碑3種，北魏碑及造像41種，東魏碑24種，西魏碑4種，北齊碑35種，北周碑11種，隋碑16種，唐碑85種，五代以下碑23種，龍門造像800紙，石屋洞題名91段，七星岩題刻36段，永嘉石門山題刻28段，前後兩年半時間，都2221目。而復本不計，僅墓誌復本已二百餘種。截至1968年底，經十年蓄積達2693目，到1973年4月增至2787目，已是先生積卅餘年精力聚集的半壁江山。其廣蓄動力源自於對金石學傳承開拓之抱負，作為研究必須取得文獻資料之拓本，品種數量越豐富越好；亦來自閑寂生活遣悶的展玩興趣。

　　刻意訪購，注重版本優劣，每於市肆遇心儀尤物而怦然，卻因"窘於資"，力不能舉而與佳拓善本、前賢舊藏失之交臂，或介紹華師大圖書館購藏。雖如此，但所聚仍富，不乏流傳有序之本，亦有罕覯之品，然絕大多數皆為未剪裱單片、整紙全拓墨本，先生"非幾案間可展翫""做研究工作有用"，由衷之言，足見治金石學之本色，且與骨董家習尚不盡相同，故方法亦異，即從歷史、文獻入手，既鑒藏，亦攷辨，又撰述，還著錄。恰如亭林周述盧評論，不作骨董家語，為讀書者之藏碑。先生雖言"不為臨池"，可頗重書法藝術，賞析文字結構及筆法，查攷歷代書法文獻，對前人理論、諸家議論，窮其原委，研判是非；復探索書法演進歷程，多有獨具見解，如闡述"漢和唐是兩個重要的樞機時代"。嘗言元魏碑版，乃後世書家北體所宗，今存名者惟張猛龍、鄭文公、石門銘五七本爾，其餘造像建剎諸刻，多出邨塾學究、石師僧道之手，無足尚也；而《魏書》所載諸碑，書篆者若竇遵、沈馥、崔挺，皆名士，必有可觀。又言北齊書法在齊隋間，自是隸正一大關捩，齊碑頗移漢隸，復失元魏早年之剛勁，然猶當屬隸；隋碑多下啟唐楷，乃正書之嚆矢。

　　先生專注主題性系列搜求，先蓄漢碑200通，傳世漢刻略盡於此，遂從文獻角度結集"漢碑叙錄"；次積唐刻1500種，以書法視角而成"唐碑百選"；再聚六朝、隋唐誌；又龍門造像編就"北魏五十品佳拓""唐人三十品集釋"；並輯有"匋齋北魏造像記""舊出北齊造像七種""隋宮人誌十二種""唐禪師塔銘六種"，還專藏"趙孟頫石墨誌"，乃至三代秦漢彝器銘文，蔓延而及漢代以下文物雜器之形制款識墨紙，皆成大系，逐步完善北山樓鑒藏金石拓本之整體格局。

　　每見先生勤於校勘攷訂，整理簽題，賞翫如入醉心忘我、垂老不倦之情景。杭州石屋洞造像開鑿吳越，止於宋初，先生據所得全份拓本著錄之，視較羅振玉所錄為富；湖州墨妙亭下太湖石"玉笥"，刻有宋人題名，明萬曆中為郡守吳氏取去，歸鄂州，置其白雪樓下，他購得古杭陳敬第舊藏四軸，錄文一卷，並捐贈浙江省博物館。讓我想到《論語》"知之者不如好之者，好之者不如樂之者", 仿佛把個人日常生活與學術史、藝術史進程中的潛在力量貫穿起來, 而這一內力, 恰是其一以貫之的自由心性和審美趣味, 應為研究者多重之。

九

晚清至現代學人對金石學研究流派、主旨、傾向, 多有精闢歸納, 梁啟超《清代學術概論》云: "顧、錢一派專務以金石為攷證經史之資料, 同時有黃宗羲一派, 從此中研究文史義例。宗羲著《金石要例》, 其後梁玉繩、王芑孫、郭麐、劉寶楠、李富孫、馮登府等皆賡續有作。別有翁方綱、黃易一派, 專講鑒別, 則其攷證非以助經史矣。包世臣一派專講書勢, 則美術的研究也。而葉昌熾著《語石》, 頗集諸派之長。"

先生自謙"閉門獨學", 然亦"頗集諸派之長", 其進路為精研歷代金石、攷古學要籍論著, 旁及文字學、歷史學、款識學等專著, 尤重金石學研究史, 熟諳前代前輩學者研究成果, 搜集眾說, 亦有"新的悟入"; 並着力稽攷文獻史籍中有關碑刻記載, 爬羅剔抉, 攷訂詳明, 駁正成說, 其撰寫題跋題識、輯目著錄, 作為治金石學著述的文體形式, 或證史補闕, 或搜檢誌乘, 或甄時審地, 或論人詮事, 或析字品藝, 或辨跡鑒本, 或記敘流傳, 或決疑匡訛, 或集前人評藻; 於二十世紀下半葉並非零星論述, 而構成金石學著述的實實在在的系列體系, 承繼乾嘉樸學和民國諸家"博學精鑒"之學脈, 所作攷釋題跋兼有西方文論之境界, 並運用現代理論, 如比較學、釋義學諸方法, 開拓金石學與攷古學、歷史學、文獻學、藝術史學相結合的方式, 所體現出來的承上啟下, 在現代學術精神與學識上, 無疑具有成績。

1960年代上半期, 先生攷索之餘, 隨筆劄記, 文辭典雅, 成碑跋120篇, 謄錄清本, 裝為甲乙集四冊為《北山樓讀碑記》; 風雨淩襲, 未獲珠還。此後收集殘稿又重新寫作, 猶存二百餘篇, 汰其大半, 過錄二冊, 擬名"碑話"。先生跋題《後漢書徵碑錄》發凡曰: "石刻文字, 始於岐陽獵碣。嬴有封禪詛盟之事, 至西京而其用漸, 表墓、銘闕、買山、治道之文, 日以興起, 迄雒都定鼎, 風斯扇矣。魏晉而降, 即事樹碑, 作者朋舉, 文辭彪炳。《隋書》所載諸碑銘集十許目，合269卷，並亡於梁世，遺文莫覯。賴酈道元、羊衒之、郭緣生、盛弘之諸家地誌，頗有著錄，金石舊聞，不絕如縷。唐人重書好名，碑碣羽立，獨於古刻罕有措意。自天水受籙，歐趙集錄於前，洪劉釋韻於後，於是文物攷古，蔚為顯學，豐碑鉅碣，斷章殘畫，悉在蒐羅，無復遁隱。天下石刻，始登簿錄，即復有支床礪角之厄，然文辭載之簡策，形模傳於椎拓，無慮其泯沒矣。"所闡述石刻文字要義，具備放眼之史感，是為1962年元旦所作，又云"念古來諸家著錄，惟取見存，而史誌所載前代碑碣，無聞者尤眾""且地不私寶，蘊藏大出，安知古誌所著刻石，不有一日赫然發見耶"。

由收聚漢碑拓本，始讀洪氏《隸釋》、劉氏《隸韻》、翁氏《兩漢金石記》諸書，古人議論，亦有互為抵牾，或有辨難者，先生著述《漢碑叙錄》《漢碑年表》，嘗於《漢沈君闕》跋曰"洪氏《隸釋》已著錄，稱其字跡有'作威投戟，騰氣揚波'之妙。此拓字跡猶清晰，果如所言""二闕上各刻一大鳥，神采翼然，洪氏謂為朱雀，非也。漢闕及墓碑額上常有刻鳥形者，別有典實，非四靈之朱雀""當定名為神鳥"。復專門攷索"漢碑有書撰人名者""漢碑殘石""偽刻漢碑"；辨析漢碑例字，別具神會，又不穿鑿，如論"朝""皋""摻"，嘗作《"班"作"斑"》"衡方、張壽碑均以'斑'為'班'，都鄉正衛彈碑亦然，家廟碑書'崇班'作'崇斑'，王蘭泉以為重刻之偽，非也"。

先生發紓之，魏晉以還，碑刻著錄，彬彬大盛，然諸籍今皆失傳；而史家撰述，所錄古碑，往往有未顯於世者；又或現存古碑，可取證諸書者，其有助於碑版之學，殊非淺鮮，而卷帙繁富，檢尋不易。遂摘取史乘古籍之有關金石古刻者，別為錄目，逐一攷釋，復略附於後。如今已為碑版之學能取資者，也開啟現代金石學研究史上的重要篇章。

例如，《水經注》言古碑二百七十餘事，先生具錄載碑詳目為《水經注碑錄》，別詳攷"水經注錄碑可以補史闕"，所涉翠墨掌故異聞，賴以不墜，足資論述。如劉熊碑，熊字孟陽，此陽字久已泯失；曹騰、朱龜立碑年代，宋人已不見，皆徵諸《水經注》而得。我從先生"序"中讀出其著述規範，闡述古者至近人儲皖峰、吳遁庵的著述情況，標舉優缺點，宋洪適錄《水經注》碑目一卷附《隸釋》以行，但限錄東漢及魏正始以前隸書諸碑，不取篆文碑；

又僅錄酈注文，未加攷說；明楊慎《水經注所載碑目》一卷，捃拾未備，頗多失錄，而偶加注釋，亦有未允；又以後魏獻文帝南巡碑誤為漢獻帝，百蟲將軍碑以立廟之年為立碑時間。接下先生着重說，"然亦有足為他山之助者，余取其一二策焉"。

十

探討先生治碑學問，從其攷據徵錄的研究方式，如"諸史徵碑""碑目叢鈔""金石遺聞"之著述文本，能見基於歷史與文獻學之視角展開和運用的，並把自我研攷置於文獻史料環境來引證立說，詳細可參閱拙編《北山談藝錄》"序跋編"中相關篇目之"跋"。

具有典型意義的"諸史徵碑錄"，則先生1960年代上半期的金石學著述，原擬從《漢書》至《隋書》凡十一史，摘錄碑刻記錄，著其存佚，為之攷索；後惟《宋書》及《南齊書》兩種，尚未完成；另新、舊《唐書》中提及碑有二百多種，先生已錄"碑目"，以後亦無續撰攷釋，未能成就《唐書徵碑錄》。曾見《舊唐書碑目》則用一冊起草"檢查""改造計劃"的練習簿，從末頁起作；今不知安在否，祈得者善護，冀他日能俟續之"附錄"，當可嘉惠學林。

"碑目叢鈔"系先生又一著述，從所作題跋時間來看，當在1960年，相繼輯鈔唐、宋、元圖經地誌中之碑目，撰為《南嶽小錄碑目》《赤松山誌碑目》《元和郡縣誌碑目》《吳地記碑目》《吳郡圖經續記碑目》《北道刊誤誌碑目》《澉水誌碑目》《嚴州圖經碑目》《景定嚴州續誌碑目》《六朝事蹟編類碑目》《吳郡誌碑目》《太平寰宇記碑目》《廬山記碑目》《元一統誌碑目》。別《翫碑雜錄》記載，計劃"擬校輯碑目"（估1961年初）：《漢碑錄目》（輯）、《魏書碑目》（輯錄）、《水經注碑目》（已輯錄）、《太平寰宇記碑目》（樂史，輯錄）、《集古錄目》（五卷、繆荃孫輯本、雲自在龕叢書本，校正）、《金石錄目》（十卷、繆荃孫劄記一卷、今存碑目一卷、結一廬叢書本，校正）、《復齋碑錄》（輯錄）、《金石略》（三卷、通誌本、鄭樵，校正）、《輿地碑記目》（四卷、宋王象之，校正）、《元一統誌碑目》（從大典中輯出，已錄出）、《明一統誌碑目》（輯錄，師大有）、《續通誌金石略》（校正）、《寶刻新編》（以類編重編本），又《元豐九域誌》（十卷）、《方輿勝覽》（七十卷）、《聖朝混一方輿勝覽》（三卷），均可搜輯。又曾撰"寶雲寺碑目""古文苑所錄碑目""續古文苑錄漢晉碑""文選李注引碑文"。依此見微知著，知其廣泛徵引，采摭繁富。

還有一部《金石遺聞》，1942年在廈門大學圖書館及長汀縣立圖書館，盡讀所藏七八十種宋元人筆記、雜著和稗史，起意摘鈔金石文物者。1960年代又續作，《閑寂日記》多有記載，如1962年10月28日"閱讀《春在堂隨筆》《郎潛紀聞》《燕下鄉脞錄》，簽出《金石遺聞》數十則"；1963年2月23日"檢點宋人筆記、詞話未鈔出者尚有二十餘種，《金石遺聞》未鈔出者尤多，今年當並力成之"。先生最初擬定金石專著中資料不錄，而專輯唐宋元明清筆記中有關金石古刻的記載。嘗言，宋元人書已大致鈔出，已得五六十萬言，明清尚有未見未鈔之材料；此稿雖有散頁鈔本，亦未編輯序次，擬分為八卷，或十二卷。

宋人所編《寶刻類編》原書久佚，今本是從《永樂大典》輯錄，然而"大典本"已缺失"名臣類十三之三"一卷，故今本自天寶至肅代兩朝書家及碑目仍付闕如。因而先生搜索查攷宋人碑版諸種著錄，補裒遺佚，撰著《輯補寶刻類編·名臣類十三之三》，使此書得成完璧。除以歷代史乘、文集、碑錄、雜記為徵錄碑目，亦裒輯唐宋至近代諸家金石詩目，又從《小匏庵詩存》《玉笙樓詩錄》《曝書亭集》《樊榭山房集》等書錄目。還稽攷方誌地誌，索隱輯佚，錄存皆沿古誌以備掌故者，有資於攷論。如在《翫碑雜錄》里輯目有"北嶽碑"，摘錄漢、唐和宋時碑目26種，又記宋人北嶽題名甚多，見授堂"金石續跋"者28通；別輯"爨碑""鄒縣摩崖"數種碑目。

先生素來留心鄉邦方誌之碑錄，嘗撰《雲間金石刻》，詳盡攷述鄉梓金石著作版本之盛，指出"而世不甚知，豈不以著作罕傳之故耶"。別曰"余讀郡乘及鄉里先賢著述，知吾邑古碑，殊不為少"；又深諳凡有文獻可徵者，誌多失錄，是未備也；所錄有亡逸已久者，有謬誤者，是未實也。蓋兩失之，則當時主之者未標宗旨；加上迭經變革，不知毀沒幾許。當他讀《嘉慶松江府誌·金石誌》，贊其"博達詳審"，可因乃據《至元嘉禾誌》增補之，猶有遺誤而"微有憾焉"。如是,"因念著錄見存金石,所以昭信者,為時不永,而文獻徵存,要以網羅舊聞,毋使更佚為貴",遂取法趙琴士《涇川金石記》,復參以嚴子進《江寧金石待訪目》,為之增補校核誌乘野記所載雲間石刻,起孫吳至南宋,得147目,撰著《雲間碑錄》,凡"誌誤者正之,誌闕者補之,誌不可信者削之,誌所獨有而今無可質證者,姑從之",以補"遺誤"所未備,並視所錄增其二之一。

十一

先生早年從業新文學活動,自謂"生平不遑治史,而攷古、目錄之學,尤非素習",實乃謙遜之辭。事實上,從其治學歷程與論著加以攷量,而於經史子集之學的扎實根底,豈可草率估量。他始終立足於傳統歷史與文獻攷據,作為金石學研究之取逕。因而長年大量閱讀,多有劄記摘引,可見於著述、題跋和題記,而在《瓻碑雜錄》裏則多見,上溯原典古籍,下探上世紀二三十年代的《國學月報》《燕京學報》,也有徵引敘述。

北山樓豐富的藏書中,金石類各種要籍版本以及清代民國金石學著作,佔有相當數量。前些年在市肆常遇先生舊藏,如甘泉毛子林輯撰《關中石刻文字新編》,系會稽顧鼎梅校印本;先生批校《千石齋藏誌目錄》一卷,是1953年北京石墨齋石印本;還有趙氏《金石錄》30卷、葉氏《金石錄補》27卷之合刊本,民國時期朱氏槐廬叢書本,亦先生批校本,有題記"此書全是拾人牙慧,疏訛不少,諸家序跋仍盛稱之,何也"。

在我所見,先生傾注很大精力訪讀稿本、鈔本和未刊本,以此開拓金石學研究的新資料、新視角。《瓻碑雜錄》記載"金石著作未印行者",如《燕下都訪碑錄》(五卷,待訪錄一卷;摘錄其目,作《易縣碑目》一卷,刊在攷古社刊第六期,民廿六年)、《龍門造像錄文》(二卷)、《唐仵欽墓發掘報告》,以上孟桂良撰,仲循,河北大興人,北平圖書館館員。《射陽古甓攷》、《食舊德齋收藏金石錄》,以上劉文興,字詩孫,江蘇寶應人。《杞縣金石攷》,蔣藩恢吾,河南睢縣人,光緒壬寅舉人。《唐碑提要》,黃仲琴,廣東潮安人。《魯學齋金石記》，柯昌泗燕舲，山東膠縣人，東北大學教授。《芮城金石誌》，景耀月太昭，山西芮城人，光緒癸卯科副元，日本大學法學士。《五百經幢館碑目》（稿本，五冊，葉昌熾，分地系碑，3681種，五百經幢目不與錄）、《鐵如意室金石目錄》（稿本，貴池劉氏聚學軒藏碑目，凡十卷，3944種，又重分一卷，253種；裝冊一卷，275種），此兩種皆為著硯樓藏本。先生所記約於1960年間，亦為一份當時史料。

先生既博採眾書且梳理各類典籍中碑錄，進而以徵引碑目為學術呈現形式，以此構成其金石學問著述的致力點。《翫碑雜錄》記有"碑錄""碑錄二"，書目多達百餘種，還有數種讀書劄記所及。而乾嘉以還，金石學問，踵事而興，後出轉精，專著之書層出，先生劄記"書目"多標舉清代輯著碑目，按先生所記徑錄數種：《竹崦盦金石目錄》（五卷，趙魏，宣統元年吳士鑑校刻本）、《金石叢目錄》（二冊，李佐賢，鈔本、北京大學圖書館）、《小蓬萊閣金石目》（黃易，鈔本）、《遼金石存目》（一卷，繆荃孫，在《遼文存》後附）、《漢石存目》（二卷，王懿榮，附周秦石存目，光緒十五年尹氏刻本；重訂本一卷，羅振玉，增新出22石）、《魏晉石存目》（一卷，尹彭壽，附《漢石存目》後，羅雪堂重訂本，41品）、《元碑存目》（一卷，黃本驥）、《漢隸今存錄》（一卷，附魏吳，王琛撰，小方壺齋叢書，光緒十二年鉛印本）、《石塔碑刻記》（一卷，清林喬蔭，附攷一卷、清龔景瀚，鄭氏注韓居七種、乾隆四十五年刻本）、《漢碑》（一卷，高心夔著，在《陶堂誌微錄》中，光緒八年刻本，四冊，上海圖書館有此書）、《績語堂碑跋》（一卷，魏錫曾著，自刻本，未收入"金石叢書"，此書內容不甚佳）、《漢石經室金石跋尾》（沈樹鏞）、《禮塔龕攷古偶編》（張金鑑）。

再如民國年間碑錄專目諸種，俾能窺斑見豹其關注重點，略舉例之：《北平圖書館藏碑目》（墓誌，民國卅年開明書店印）、《洛陽出土石刻時地記》（郭玉堂，民國卅年鉛印）、《西京碑林藏石目錄》（1947年鉛印）、《補藤花館石墨目錄》（葉爾安，民國卅一年武林葉氏石印）、《北京大學藏金石文字拓片目》（漢一冊、魏晉南北朝二冊、唐三冊，1957年油印）、《隨庵所藏金石文字目》（稿本，在華東師範大學歷史系資料室）、《陶風樓藏碑目》、《雪堂藏金石文字簿錄》（東方學會印，丁卯）、《古誌新目》（四卷、附偽刻目，顧燮光，民國廿二年增訂本）、《古誌匯目初集》（六卷，顧燮光，民國廿三年重訂本）、《涉園藏石目》（一卷，陶蘭泉，民國十一年刻本）、《涉園藏碑目》（鈔本）、《元氏誌錄》（一卷，附補遺，范壽銘，民國十九年石印本）、《曲石精廬唐誌目》（93品，李根源）、《鄞縣文獻展覽會碑目》（一卷）、《武進陶氏藏石錄》（一卷，46品，排印本）。

十二

為探索碑刻之記載，先生遍檢群書和拓本，不懼其煩，不厭其難，掌握史料，善用資料，編纂增續，題識著述，而緣於為金石學研究提供一種輯佚補苴、互見推證之法，以及博攷詳究、辨偽發微之理路。讀先生著述時，每感於"檢索"基礎上的治學觀察力，見其淹博的視野和深入的詮釋，譬如《唐柱國史公石像銘》題跋"武授堂跋文云此石後列'延和元年歲次壬子七月'，余所得本'歲次壬子'四字已泐盡，然'七月'下有'戊辰朔十'四字，尚清晰，武氏未言有此"，又曰"唐碑以延和紀元者，惟此一刻耳"。而《殿中侍禦史韓弇夫人韋氏墓誌》無撰人名，然一直以為李翱作，故先生卻疑似偽刻，因"此文載'李翱集'，魚邨作某邨，弱女作孤女"。

1960年，先生以孫星衍邢澍《寰宇訪碑錄》、趙之謙《補寰宇訪碑錄》、吳式芬《攈古錄》、繆荃孫《藝風堂金石文字目》、羅振玉《石交錄》、趙萬里《漢魏南北朝墓誌集釋》，撰作"墓誌著錄"，詳細統計諸家著錄自後魏、東魏、北周、北齊、隋、西魏至唐代的數目，都2900種；另記開封圖書館藏唐誌有三四百石。除金石專著外，先生頗在意古代學人筆記類關於金石的記敘，嘗為《攝山棲霞寺明徵君碑》題曰"此碑陰有'棲霞'二大字，高宗禦書，見王漁洋攝山遊記"。此例亦反映先生治碑精讀詳攷之實踐。

我注意到先生別有"羅振玉撰碑目"，都35種，可體會其對近代金石學研究熱切的探訪，尤對羅氏學術的重視程度；民國十八年河南關百益集錄《石華》，匯訂精拓石刻小品，每冊十數頁，以四冊為一集，先生僅見第一、二、三冊，皆龍門造像，覺得"此刊殊別"，念茲在茲"不知共出幾集，當一攷之"。

凡比皆為其閱讀涉獵既廣且細的學術背景,從最古之碑刻集到越南碑錄,先生曰"奏事二十篇,秦時大臣奏事及刻石名山文也。右漢書藝文誌春秋類,是為最古之石刻文集",又"越南碑錄,見《占婆史》;《占婆之梵文碑誌》(巴爾特、列維合著)、《碑銘攷證》(東陽慶址所得碑二通之攷釋)、《占婆與柬埔寨之碑文目錄》(美山碑目,郭岱司著)、《安南之占婆建物簡明目錄》(飛諾著)"。

而從金石拓本、專著採集研究所需資料,廣列品目、排比攷據,多見於先生劄記,如作"龍門造像例",詳舉"為患病""為保平安""為生日""為亡者""為寺造""為娘""為娠""為家內鬼神不安"而造像,還有"元受佛""首書寫人名者""造像人已故者""北魏時稱祖母不作祖親者""龍門造像題記被盜者"之例。而所作"龍門造像數著錄",更是體現嚴謹的現代研究方法,以北魏、西魏、東魏、北齊、隋和唐之大佛洞、老君洞、賓暘洞、九龕洞、蓮花洞、五佛洞,計算繆荃孫藝風堂、陸增祥八瓊室、羅振玉貞松堂、關百益艮齋,著錄有年月、無年月者細目各數,都繆氏1099目、陸氏424目、羅氏1500目、關氏2200目(唐三分之二),並又記"龍門造像題刻共3680種,見1931年5月4日《文匯報》報導,想是最近統計"。

現代金石學,邁越前修。先生於傳世文獻與出土文物並重,對新材料、新發現亦尤關注,自孫星衍作《寰宇訪碑錄》,趙之謙續之,羅振玉再續之,劉聲木三續之,有感"去今已七八十年",即徵錄民國時期以來新出碑目,撰就《四續寰宇訪碑錄》,是為內容豐富、記錄詳細之作,並不囿於輯錄金石目一隅,而是不斷在金石學要籍專著領域裡開拓疆土,致力於為後人欲重印者,"逕可以此卷足之"。誠如陳寅恪語,"能開拓學術之區宇,補前修所未逮""移一時之風氣,以示來者以軌則"。

先生嘗在《河南府錄事趙虔章墓誌》題識"葉鞠裳盛稱此誌,以為晚唐佳刻,蓋爾時墓誌出土不多,今則此誌在唐誌中,當退居三等矣"。還詳記於1959、1960年《文物》《攷古》上"新出古刻"十數種的具體情況,我見其著錄《徵虜將軍中散大夫張盛及夫人之銘》,記有"此誌於1959年5月出於安陽墓中,全文見《攷古》1959年10月號,張盛《隋書》無傳。這一既重文獻史料亦重新證資料運用的理念與方法，在處於互聯網、資料數據庫的當下，學以致用，融會貫通，頗有啟示與教益。

曾見先生劄記"《金石經眼錄》一卷、《金石圖》二卷，褚峻摹圖，乾隆八年及十年原石刻本，未有牛空山讚語，初印本只有《金石經眼錄》一卷，拓本；光緒十九年貴池劉氏亦刻本，補目本，名《金石圖說》"，1959年特為去浙江圖書館閱讀影印四庫全書本。另有記"《碑英》120卷，梁元帝撰，右見章鈺序'金石補正'，不知出何書，待攷"。讀此二記，讓我聯想到目下卻是輕而易舉之事。雖說當今學術資料庫的規模巨大，古籍文獻閱讀與取材方法發生根本性變異，檢閱索取古籍史料條目越來越便捷，但資料數據庫畢竟是服務性質的檢索工具，而在學術品質上不僅不可萎縮退化，相反，以文獻攷訂輯佚為標誌的學術傳統，應有更高目標，則是我的感悟。

結　語

關於北山樓金石之學，對我個人來說，敬之重之，是學術史研究，又是我歷經卅年為之研習的。現在這部"北山樓金石遺跡"三卷本，是我的作業之一種，仍願為這項研究儲備些許扎實基礎而努力。

二十世紀下半葉為先生金石碑版鑒藏、研究與著述的重要時期，也正是他在華東師範大學任教期間。如今這部書承蒙華東師範大學出版社慨允印行，我為作者，不勝榮幸與感激。現在刊行這部具有傳統文化史記憶的書籍，呈現一定的學術意義之閱讀，以此紀念這位在文壇學林和教育界享有盛譽、為人文學科作出貢獻的華東師範大學教授，繼承珍貴的北山樓學術遺產，希冀成為讀者共同享用的文化財富。

在此，我想特別感謝資深編輯許靜主任、責任編輯朱曉韻君為編輯出版本書而不辭繁劇，精耕細作，尤其編輯識見閎通，使我欽佩不已；以及設計專家姚榮先生富有創造性的裝幀藝術，給予本書增色，何幸如之。同時，近數年來的輯錄編撰過程中，曾得到數位現今北山樓金石拓本珍弆的繼起藏家所提供的熱情支援，心感不盡。

我要感謝郭小舟女史、吳彬女史、馮統一先生、馬驥先生、吳旭民先生、施加農先生、胡綏民先生、崔朝陽先生、俞瑩先生的盛情指教幫助；還要感謝楊伯偉、諸燁先生提供資料，以及田振宇先生指教拍賣圖錄之藏印釋文，諸君高誼，實深銘感。

　　付槧在即，叢殘小語，泚筆記之，以當弁言。

庚子暢月初旬沈建中撰於申城謙約居北窗下

序　引

　　北山樓蓄聚碑版拓本，衍盈博貫，雖不逮繆藝風、徐隨庵之豐贍，然於特定時期仍好之不已，所得別具一格，獨步私藏盛業，無出其右者；且相較《天一閣碑目》等甚夥，足稱鉅觀哉。先生累年珍弆，考據端嚴，著錄鑒析，勞精疲神，而賞玩愉悅。豈意晚年卻屢屢欷惋"身後終當散失"，俾恨事也；亦於題記殷殷囑託"後之得者，宜珍惜之""後賢得之，幸加珍護"云云，其寄託甚遠甚深焉。歲月遷移，塵事倥傯，先生物故，藏篋滄桑，俱已星散化雲煙矣。儻然名山事業無目能傳，斯可悲焉。追溯往事，緬懷聚散無常，輒為弖痛，不忍視其湮沒矣。倘若後人無從得知、無跡可尋，或如虛幻不確之"逸聞軼事"，莫非悲乎。猶憶疇日，登樓獲謁，面聆指授，服膺清芬，奉為圭臬；追隨杖履，蒙謬引董理之役，盡觀庋藏墨紙枕秘，析微察異，感其林泉之心，與趨時競逐之藏，焉能同日而語耶。遂發心編撰北山樓所藏碑版拓本目錄，休沐之日，綿力掇拾，網羅散佚，以資採擇，凡先生所藏，或目睹、或聞說、或諮詢、或徵引、或迻錄，及至辛巳年桂月洛陽趙光潛寄贈《銀青光祿大夫行籠州刺史屈突詮墓誌》，慨喟北山樓"最末之藏"，靡不備記。聚之材料漸漸積以盈笈，構思再三，皆從朝代序次，按照傳統金石編目，點檢輯撰，其題名、紀年、地域、撰書和行字，兼及儘量詳鈔遞藏流傳、題簽題記、著錄鑒印諸種楮痕。焉知越三十載，幾厯挫折，方知輯佚尋索斯業而非易易耳，不餒不怠，實乃志願未虛乎；況自愧譾陋，鉛刀一割，排比編纂，未遑急就，不敢造次，力圖數目確鑿，真切扎實撰錄文本，竭誠善編，竟勒此帙，用以傳佈。抑或北山樓之跡，似可彰示不朽業績，庶幾不負先生苦心孤詣之勳勞，垂諸久遠，企予望之。曩昔，先生每覯止偽本翻刻，兼收備之，足證稽考資料；嘗著錄《偽刻漢碑》《殘石偽刻》，例論《左武衛中郎將軍石暎墓誌銘》，題曰"此是北漢天會八年刻，見'金石續編'；此本改題書撰人，又改題開元年號，是偽刻之工妙者"，足見先生之縝密。原意擬偽本、翻刻、摹刻皆不錄，但盡十數年來，流散坊肆，故亦慎擇列目，錄以備考，聊存鴻泥云爾。今茲不揣懵陋，幸得告蕆，檠右披覽，撫時感事，眼底留戀，誠不禁重溫"近樓受教"之感。是稿猶為北山樓藏碑蹤跡焉，聊存遺緒，藉志永念。

二〇一九年三月廿一日己亥春分
武進沈建中謹識於滬上謙約居燈下

周　秦

石鼓文　　篆書　十石　吳氏儀漢齋藏乾隆時期傳拓本，附阮氏積古齋嘉慶二年縮摹天一閣藏宋拓本，裱本為板夾冊裝。冊封題簽"周石鼓文　退密署檢"，扉頁殘簽存字"重摹本坿""遇安署檢，光緒五年六月裝"。拓本經先生審定，"甲"紙小識"甲鼓，可見者五十七字"；"乙"紙小識"乙鼓，卅三字"；"丙"紙小識"丙鼓，五十字"；"丁"紙小識"丁鼓，卅五字"；"戊"紙小識"戊鼓，十一字，此紙毀損，字未失"，此紙鈐印"葆曾之印"殘存僅"之"字和"印"半字；"己"紙小識"己鼓，四十一字"；"庚"紙小識"庚鼓，六字"；"辛"紙小識"無字可識"；"壬"紙小識"壬鼓，卅七字"，有題記"吳氏儀漢齋中所得石刻文字副本，葆曾記"並印"苣鄰寓賞"，又題"石鼓文計十張，甲戌夏五月持贈遇安尊丈金石家清鑒，葆曾又記，時客吳門"並印"毓華審定"；"癸"紙小識"癸鼓，四字。共存二百七十四字，舍之"並印"吳興施舍"。冊內拓本鈐印"葆曾之印"，先生鈐印"吳興施舍攷藏""施舍所得"，另有鈐印"退密審定"。冊後阮氏縮摹天一閣藏宋拓本經折冊裝，拓本鈐印"雋君長壽"，先生鈐印"吳興施舍攷藏"。別附題識諸家"石鼓次第"箋紙一頁。冊末附頁金壇蔣衡湘帆拙存堂題跋。

壇山刻石　　篆書　右方宋李中祐題記　皇祐五年孟夏二十一日左方宋趙垕遷石題記　嘉祐己亥秋七月望日　托裱本。無署名無鈐印紅箋題簽"周穆王吉日癸巳碑　一名壇山石刻"，拓本先生鈐印"吳興施舍攷藏"。

岣嶁銘　　篆書　有復本。嶽麓書院本，周名煇觀經堂、北流陳柱守玄閣遞藏，先生題簽"岣嶁銘嶽麓本"，拓本題記"柱尊先生珍藏，弟名煇贈"並印"周名煇印"，拓本鈐印"名煇籀書""觀經堂寶"。另本為西安本，先生題簽"西安本岣嶁銘　康熙刻，康熙五年"並印"舍之審定"。

嶧山刻石　　篆書　秦二世元年　一西安本，一會稽本。先生為會稽本題簽"嶧山碑　會稽本"並印"吳興施舍攷藏"。

泰山刻石殘字　　篆書　秦二世元年　二十九字本，又十字本。十字本先生鈐印"吳興施舍攷藏"。

琅邪刻石　　篆書　秦二世元年　濰縣陳介祺簠齋監拓本。

石權詔文　　篆書　秦二世元年　先生題簽"秦石權文"並印"蟄庵翰墨"，拓本先生鈐印"北山樓文房""吳興施舍攷藏"。

日晷殘石　　篆書　先生嘗作題跋，《秦日晷殘石》記云"秦日晷殘石一角，山西出土，歸建德周氏，著錄於《巨貞草堂漢晉石影》，此紙即周氏所傳"。（見《北山集古錄》）

漢

群臣上醻刻石　　又稱"趙婁山刻石"　篆書　趙二十二年八月丙寅（文帝後元六年）　無錫曹衡之百漢石墨之室舊藏，整紙裱本經折裝。冊封題簽"漢婁山趙廿二年石刻"並印"臣銓大利"。拓本另附曹氏"千萬吉磚銘"箋紙於宣統三年九月題跋並印"次盦"，又民國甲子冬日題跋。拓本鈐印"曹氏金石"。

魯孝王泮池刻石　　分書　五鳳二年（魯廿四年六月四日）　附金明昌二年高德裔曼卿題記。先生嘗作題跋，《漢魯孝王刻石》記云"石既久為椎拓所損，拓工又草率，恨不得舊本，姑存之，聊備一目耳"。（見《北山集古錄》）

魯北陛石刻題字　　又稱"魯靈光殿址刻石"　景帝中元元年（魯恭王六年）。

平邑□里麃孝禹闕銘　　分書　河平三年八月丁亥　恭城馬君武舊

藏，馬氏題簽"麃孝禹碑　君武"，拓本鈐印"南海李氏藏石""馬君武"，先生鈐印"吳興施舍所得古金石專瓦文"。先生嘗作題跋，《漢麃孝禹闕》記云"上端陰刻二鳥對立""河平乃西漢成帝年號，三年當公元前二十六年，其時代甚早，故陸增祥《八瓊室金石補正》以為偽刻。然審其款式，石泐痕，均不似贋鼎。且其亥字、邑字猶用篆法，亦約是前漢人書，未可疑也"。（見《北山集古錄》）

江都厲王墓石題字　　又稱"甘泉山漢石題字"　三石　分書　無年月　附甘泉山穫石記題刻。按：舊稱"甘泉山漢石題字"，此從《藝風堂碑目》著錄。儀徵汪硯山十二硯齋舊藏，先生題簽"甘泉山漢石殘字"，三石拓本一鈐印"硯山過眼"、一鈐印"硯山過眼"、一鈐印"施舍蟄存"，別有復本一紙鈐印"吳興施舍攷藏""舍之審定"。"甘泉山穫石記"拓本鈐印"吳興施舍攷藏"。先生嘗作題跋《漢甘泉山殘字》。（見《北山集古錄》）

祝其卿墳壇刻石　　篆書　居攝二年二月

上谷府卿墳壇刻石　　篆書　居攝二年二月　拓本先生鈐印"蟄存""無相庵""舍之審定"。

萊子侯刻石　　分書　始建國天鳳三年二月十三日　先生嘗作題跋，《漢萊子侯刻石》記云"此刻諸家釋文皆未安，今更寫定之，文曰'始建國天鳳三年二月十三日，萊子侯為支人為封，使諸子邑等用百餘人。後子孫，毋壞敗'"。（見《北山集古錄》）

荊路公食堂畫像石題字　　分書　天鳳三年　古鳳監拓本。拓本另紙舊藏者題簽"荊路公食堂畫像石題字　□□三年"。拓本鈐印"古鳳監拓""餘杭"，先生鈐印"舍之審定""施舍之印""吳興施舍攷藏"。

"作師子"殘刻　　分書　建武元年三月　海寧鄒景叔四王鉢齋舊藏，鄒氏題記"殘石出雒陽，首云'作師子'，疑即劉漢'作師子碑記'，即此可知'作師子'在建武元年"並印"景卡",拓本鄒氏鈐印"適廬所藏"。

鄐君部掾開通褒斜道　　分書　永平九年四月　有復本。

大吉買山記　　分書　建初元年　硃拓本,無署名無鈐印題簽"漢大吉山碑"。

司馬長元石門題字　　二石　分書　建初六年三月十二日　剪裱冊頁本,無署名無鈐印題簽"漢司馬長元石門拓本"。先生鈐印"北山樓"。

張文思為父造墓石題字並畫像　　分書　建初八年八月　二紙

南武陽平邑皇聖卿東闕畫像並題字　　分書　元和三年八月　四紙

蘭台令史孔僖碑　　分書　元和三年　偽刻　先生小識"蘭台令史孔僖碑"。

南武陽平邑皇聖卿西闕畫像並題字　　分書　章和元年二月十六日　四紙　歸安陸心源儀顧堂藏本,陸樹彰季寅二甗宧舊藏。無署名無鈐印題簽"漢皇聖卿墓門二闕　在費縣城西北乙百裡平邑集,章和元年二月十六日,四紙",又題簽誤為"四月"。先生題簽"南武陽功曹闕",又小識"東、南、西(有字)、北"。四紙分別鈐印"陸樹彰印""吳興陸季寅章""歸安陸樹彰季寅父攷藏金石書畫之記""二甗宧主""季寅讀過"。先生嘗作題跋,《漢南武陽功曹闕》記云"四面拓各一紙,歸安陸季寅藏本。此闕在山東平邑縣北郊,今已移置城內。自趙氏《金石錄》後,久無著錄,至清末始復傳拓本。闕有二,其一久亡,今所存,西闕也"。(見《北山集古錄》)

司徒袁安碑　　篆書　永元四年閏月庚午□　先生題簽"袁安碑"並印"吳興施舍攷藏"。拓本鈐印"馬""嶝""圻學齋",先生鈐印"吳興施舍北山樓藏碑"。

通治水道記　　分書　永元十年十月十一日

王稚子東闕殘字　　分書　元興元年　先生題識"王稚子闕"並印"施蟄存"，拓本先生鈐印"吳興施舍北山樓藏碑"。

幽州書佐秦君神道碑　　分書　元興元年　四紙

賈武仲夫人馬姜墓誌　　分書　延平元年九月十日　南陵徐積餘隨庵舊藏，拓本徐氏鈐印"徐乃昌讀碑記"，先生鈐印"北山樓文房""吳興施舍攷藏"。

陽三老石堂記　　分書　延平元年十二月十九日　先生題簽"陽三老石堂記　延平元年十二月十九日"，拓本先生鈐印"無相盦劫後所聚""吳興施舍攷藏""舍之長物"。

常山相馮巡祀三公山碑　　篆書　無額　元初四年　先生題簽"祀三公山碑　元初四年"並印"施舍所得"，拓本下端題識"甲辰仲夏白鵬借觀"，先生鈐印"吳興施舍北山樓藏碑"。

司空袁敞殘碑　　篆書　先生攷為元初四年。先生題簽"袁敞殘碑　攷為元初四年刻"並印"施舍金石"，拓本先生鈐印"吳興施舍攷藏"。

中嶽太室陽城嵩高闕銘　　分書　元初五年四月　拓本先生鈐印"施蟄存""北山樓文房""吳興施舍攷藏"。先生嘗作題跋，《漢嵩山石闕殘字》記云"取校《兩漢金石記》，無甚增損"。（見《北山集古錄》）按：據先生云，此本為君字未損本。

幽州刺史馮煥闕　　分書　無年月　先生攷為建光元年，又嘗作著錄，記云"今拓本尚完好，可珍也。'隸釋'不著其狀，'補正'又誤，當別為文

著之"。（見中盈堂藏本《翫碑雜録》）

少室神道闕銘　　篆書　延光二年三月三日　先生小識"少室神道之闕"，拓本先生鈐印"舍之審定"。先生嘗作題跋，《漢嵩山石闕殘字》記云"取校《兩漢金石記》，無甚增損"。（見《北山集古録》）

開母廟神道闕銘　　篆書　延光二年　二紙　先生嘗作題跋，《漢嵩山石闕殘字》記云"開母廟石闕題刻兩種，余皆得其墨本，取校《兩漢金石記》，無甚增損"。（見《北山集古録》）

潁川太守楊君泰室闕銘　　分書　延光四年三月

少室東闕題名　　分書五行　無年月

都官是吾碑　　篆書　延光四年六月三十日　先生嘗作著録，《都官是吾碑》記云"此碑已為兵子椎碎，見姚茫父詩目注"。（見中盈堂藏本《翫碑雜録》）

王孝淵墓門題字　　永建三年六月

孝堂山郭巨石畫像　　十石　永建四年　無署名無鈐印紅箋題簽"孝堂山畫象全份"，拓本先生鈐印"吳興施舍攷藏""吳興施舍所得古金石專瓦文"。

食堂畫像題字　　分書　永建五年二月二十三日　獨山莫氏影山草堂藏本，嵊縣商笙伯安廬、揚州吳載龢師李齋遞藏。吳氏題簽"漢永建食堂畫象並題字　獨山莫氏舊藏本"，並鈐印"中珺長年"，先生亦鈐"施舍金石"。商氏拓本題記"漢永建食堂畫像並題字，庚寅冬月，商笙伯題"並印"笙伯八十後藏"。拓本鈐印"莫氏子偲""莫友芝圖書印""師李齋藏""吳載龢印""中珺得來"，先生鈐印"北山樓"。

陽嘉殘碑　　　分書　有碑陰　陽嘉二年　舊托裱本二紙本，陽湖楊幼雲差不貪于古齋、順德羅復堪三山籢遞藏。拓本羅氏另紙題簽"漢陽嘉殘碑　陽嘉二年，復堪藏"並印"復"，楊氏題記"楊君殘碑並陰　此碑近日廠肆始有售本，不識所出，批法似漢人，目陽嘉年字定為東京季世物，惄惄買歸，尚未暇攷正。庚寅五月，又翁"並印"臣緣""又翁"，拓本鈐印"半緣道人楊繼震蓮公父平生精玩漢唐古碑宋元類帖旁及吉金祕籍悅生殉死性命以之""敷聞審定""楊""楊繼震伯欸""又雲攷藏"，及"退密審定"，先生鈐印"吳興施舍攷藏"。碑陰拓本羅氏另紙題簽"漢陽嘉殘碑陰　復堪藏"並印"復"，拓本鈐印楊氏"蘇陸齋"、羅氏"三山藏金石記"，及周氏"退密審定"，先生鈐印"吳興施舍北山樓藏碑""舍之審定"。

延年石室題字　　　分書　陽嘉四年三月

昆弟造食堂畫像並題字　　　分書　永和二年□月二日　先生嘗作題跋，《漢食堂畫像及題字》記云"此石未見著錄，又不詳出土時地，因錄存之"。（見《北山集古錄》）

敦煌太守裴岑紀功碑　　　分書　永和二年八月　初拓本，曾琢華鬱蒼閣藏本。拓本曾氏鈐印"鬱蒼閣所藏金石文字"，仁和朱文藻鈐印"朗齋過眼"。

伊吾司馬沙南侯獲紀功碑　　　分書　永和五年六月十五日　先生題簽"漢沙南侯石刻　五四六號"，拓本先生鈐印"施蟄存印""吳興施舍攷藏"。

會仙友題字　　　分書　漢安元年四月十八日　東武劉喜海嘉蔭簃傳拓本。先生題封"漢會仙友題字"，拓本先生鈐印"吳興施舍所得古金石專瓦文""吳興施舍攷藏"。先生嘗作題跋《會仙友題字》，記云"此本為劉燕庭所拓，與《金石苑》著錄無異，當可信"。（見《北山集古錄》）

益州太守北海相景君銘　　　分書　有額篆書　有碑陰　漢安二年

仲秋　拓本先生鈐印"吳興施舍北山樓藏碑"。先生嘗作題跋《漢北海相景君銘》。（見《北山集古録》）

莒州刻石　　有碑陰及碑兩側　四面刻　漢安二年　四紙　恭城馬君武舊藏。先生嘗作著録，記云"漢安二年莒州刻石，正陰左右側共四紙，馬君武藏本"。（見中盈堂藏本《翫碑雜録》）

平善男子宋伯望等買地記　　分書　漢安三年二月三日立石　溧陽端午橋陶齋傳拓本，餘杭褚氏禮堂松窗舊藏。拓本褚氏題跋，有曰"此本即陶齋贈余者。數年前又獲一精拓本，然後此十餘年矣。辛酉四月褚德彝記""細加審釋，別寫釋文一紙，竟釋出十之八九""甲寅五月松窗記"云云。

文叔陽食堂畫像並題字　　分書　建康元年八月十九日

敦煌長史武斑碑　　分書　碑陰"武氏碑"三字正書　建和元年二月二十三日　先生未得碑額，嘗為詳攷，記作"漢碑有書撰人名者"。（見中盈堂藏本《翫碑雜録》）

孝子武始公等造石闕銘　　三紙　分書　建和元年三月四日　偽刻　東闕畫象五層無字，左側武家林三字正書。無署名無鈐印框欄題簽"造七闕記　建和元年，偽刻"。拓本先生鈐印"無相庵藏本"。

武梁祠石室畫像並題字　　三石　分書　無年月　拓本三紙。

武氏前石室畫像並題字　　十五石　分書　無年月　拓本十五紙。

武氏後石室畫像　　十石　無字　無年月　拓本十紙，別有數紙復本。拓本鈐印"山東金石保存所藏"，先生鈐印"華亭施氏無相庵藏"。另本數紙皆鈐印"施蟄存印"等。

武氏左石室畫像並題字　　十石　分書　無年月　拓本十紙。

武氏左石室畫像並題字　　新出一石本　分書　無年月　儀徵汪鋆硯山十二硯齋舊藏。拓本汪氏題簽"武梁祠畫象殘石　光緒庚辰新出"並印"汪鋆硯山"。拓本題識"武梁祠餘拓""此幅在第一石下層之右"。另紙先生題跋"李蓴客云，此石同治九年出土，李題作'嗾獒圖'。漫滅者二榜，曰靈輒，曰彌明，見《越縵堂讀書記》。石不久即為端匋齋竊取，今已流入外國，拓本絕少，此猶是汪硯山藏本，後之得者，宜珍惜之"並印"無相庵"。拓本先生鈐印"無相庵"、"吳興施舍攷藏""吳興施舍北山樓藏碑"。

武氏石室祥瑞圖並題字　　四石　分書　無年月　拓本四紙。

孔子見老子畫像並題字　　分書　無年月　先生題封"漢石畫　孔子見老子圖"並印"施蟄存印"，拓本先生鈐印"吳興施舍攷藏"。

司隸校尉楗為楊君開石門頌　　分書　有額　建和二年仲冬上旬　漢中太守王升勒頌　有復本。

魯相乙瑛奏置孔廟百石卒史碑　　分書　永興元年六月十八日　左方宋嘉祐七年張稚珪題記。先生題簽"孔廟置守廟百石卒史碑"並印"吳興施舍攷藏"，拓本先生鈐印"吳興施舍北山樓藏碑"。

宛令李孟初神祠碑　　分書　永興二年六月十日　有復本。先生題簽"漢李孟初神祠碑"並印"吳興施舍攷藏"，拓本先生鈐印"吳興施舍攷藏"。另本整紙全形拓，有後刻題記，先生題簽"李孟初神祠碑"。先生嘗作題跋，《漢李孟初神祠碑》記云"此碑余得兩本，甲本略舊，題行末'李'字已剝落，碑文惟近穿處八行可識，然猶未經剜剔。乙本則下方已刻咸豐庚申秋九月甌山金梁題記十行，碑題'襄陽'二字已磨去，存字均經修剜，精神大失"。（見《北山集古錄》）

孔謙墓碣　　分書　永興二年七月不祿

孔君墓碣　　　分書　永壽元年

右扶風丞李寓通閣道表　　　分書　永壽元年　有復本。先生題簽"漢右扶風丞李寓通閣道表　永壽元年"，拓本先生鈐印"施舍所得""吳興施舍"。另本無署名無鈐印框欄題簽"漢永壽題名"，紅、黃簽各一，並註記"有此名簽者，為光緒中拓"，拓本先生鈐印"吳興施舍攷藏"。

魯相韓勑造孔廟禮器碑　　　分書　永壽二年九月五日　有碑陰及兩側題名　碑陰別有復本一紙，無署名無鈐印題簽"禮器碑陰　許"，拓本先生鈐印"北山樓"。先生嘗作詩詠之，記云"此本碑陰'金鄉師曜奴'一行幸未失拓，項伯修題名則無有矣"。（見《金石百詠》）

龜茲左將軍劉平國作東烏累関成記　　　分書　永壽四年八月十三日　附淳于氏題名　二紙　長沙徐鼎藩桂叢傳拓本。拓本鈐印"姑墨舊令""金石長年"（別有一印），先生鈐印"吳興施舍攷藏"；淳于氏題名拓本先生亦鈐"吳興施舍攷藏"。先生嘗為詳攷，記作"漢碑有書撰人名者"。（見中盈堂藏本《翫碑雜錄》）按：先生又曾作題跋，記云"此本有'金石長年'印，又'姑墨舊令'印，乃長沙徐鼎藩桂叢所拓，即承陶勤肅公之命者也"。

郎中鄭固碑　　　碑額碑陰及殘石共四紙　分書　延熹元年四月□四日卒

張景造土牛瓦屋碑　　　分書　延熹二年八月二十五日　永年武慕姚貞默齋藏本，拓本武氏題簽"漢張景碑　南陽新出土，拙叟藏"並印"平午武氏六賦齋鑒藏印""補香亭主人"。拓本武氏鈐印"摩挲石刻鬢成絲""武福鼎""樂此不疲"，先生鈐印"吳興施舍北山樓藏碑"。

潁川劉桓立蒼頡祠碑　　　分書　有碑陰碑側　附海寧赤雲子光緒紀元春二月跋刻　先生攷為延熹五年。有復本。先生未得右側，題簽"漢蒼頡廟碑"，又題"蒼頡廟碑陰"並印"吳興施舍攷藏"，拓本先生鈐印"吳興施舍所得古金石專瓦文"。另本宜都楊星吾飛青閣藏本，無署名無鈐印題簽"漢倉頡廟碑"，拓本鈐印"楊守敬印""星吾"，別有一印"沈炎"，先生鈐印"吳興施舍所得古金石專瓦文"。

桐柏淮源廟碑　　分書　延熹六年正月八日　元至正四年吳炳重書本。

□臨為父通作封記　　分書　延熹六年二月　拓本先生鈐印"吳興施舍攷藏""無相盦"。附宣統元年羅正鈞題刻一紙，無署名無鈐印題簽"漢臨為父通作封記跋"，拓本先生鈐印"施蟄存印"。

泰山都尉孔宙銘　　分書　有碑額並碑陰　延熹七年二月戊辰　有復本三種。此本未得篆額。先生嘗作題跋，《漢泰山都尉孔宙碑》記云"余得兩本，皆碑估市售物，惟此本拓手稍工，所存點畫明晰可辨"。(見《北山集古錄》)

土圭刻字　　草隸書　延熹七年五月九日　東武劉喜海嘉蔭簃傳拓本，無署名無鈐印框欄題簽"漢土圭刻字"，先生題簽"土圭刻字　漢延熹七年五月九日，劉燕庭拓本"。拓本劉氏鈐印"燕庭"，先生鈐印"吳興施舍攷藏"。

封龍山頌　　分書　延熹七年　先生未得碑陰。別有摹刻一本。

西嶽華山廟碑　　分書　延熹八年四月二十九日　有復本。拓本先生鈐印"北山樓""吳興施舍攷藏"。別一本為民國時期影印四明本全套，先生題簽"漢華嶽碑整紙影印本"。

雁門太守鮮于璜碑　　分書　延熹八年十一月十八日己酉造

魯相史晨饗孔子廟碑　　分書　建寧元年四月十一日到官　左方有武周天授二年馬元貞等題記。

會稽五鳳里畚延壽墓筲磚　　三種　有畫像　建寧元年八月十日

先生嘗作題跋，《漢畬延壽墓甎》記云"余先後得數紙，其一紙精拓，已裝裱，陳蒙庵遺物也，甎四面全拓""余別得甎文一紙，文曰'大吉兮多所宜匸'"。（見《北山集古錄》）按：先生所藏中除潮陽陳運彰玉延樓藏本一紙，別有二紙皆為會稽周氏鳳皇專齋藏本。

竹邑侯相張壽碑殘石　　分書　建寧元年五月辛酉卒　先生嘗作題跋，同下《"班"作"斑"》。（見中盈堂藏本《瓺碑雜錄》）

衛尉卿衡方碑　　朱登分書　建寧元年九月十七日　此本未得碑額碑陰，先生嘗為詳攷，記作"漢碑有書撰人名者"；又嘗作題跋，《"班"作"斑"》記云："衡方、張壽碑均以'斑'為'班'，都鄉正衛彈碑亦然，家廟碑書'崇班'作'崇斑'，王蘭泉以為重刻之偽，非也"。（見中盈堂藏本《瓺碑雜錄》）

李冰石像題字　　分書　建寧元年閏月二十五日

高陽令楊著碑　　分書　有額篆書　建寧元年十月二十八日卒　有復本。別有舊翻刻一本。

建寧元年殘碑　　分書　有"建寧元年"字　先生題簽"漢建寧元年殘石"，拓本先生鈐印"吳興施舍所得古金石專瓦文""吳興施舍攷藏"。

郭泰碑　　分書　有額篆書　建寧二年正月乙亥卒　有復本。《水經註》云郭泰建寧四年卒。此本未得碑額，先生題簽"郭有道碑　缺額"，拓本鈐印"馬""嶝"。另本恭城馬君武舊藏，為全形整紙摹刻本，先生題簽"漢郭有道碑　摹本"並印"吳興施舍攷藏"，拓本鈐印"馬君武"，先生鈐印"吳興施舍所得古金石專瓦文""吳興施舍攷藏"。先生嘗作著錄題跋。（見中盈堂藏本《瓺碑雜錄》）

魯相史晨祀孔子奏銘　　分書　建寧二年三月七日　拓本先生鈐印"施舍校碑"。

黃腸石弟九百　　分書　建寧二年　浭陽端午橋陶齋傳拓本。無署名無鈐印題簽"建甯殘字　分書，陶齋藏石"。拓本端氏鈐印"陶齋藏石"，先生鈐印"吳興施舍所得古金石專瓦文"。

許阿瞿墓石畫像並誌文　　分書　建寧三年三月甲寅卒　先生嘗作題跋，《漢許阿瞿墓誌》記云"持校南陽博物館發表之釋文，覺其頗有未諦，因據拓本別錄"。

淳于長夏承碑　　分書　有額篆書　建寧三年六月癸巳卒　明嘉靖二十四年唐曜重刻本。

武都太守李翕西狹頌摩崖　　分書　建寧四年六月十三日　附黽池五瑞圖並題字　有復本。盱眙吳棠棣華望三益齋舊藏，先生記述"展閱所得舊拓《西狹頌》，下有'望三益齋'印，又'盱眙吳氏珍藏'印，始知此是吳仲宣（棠）故物，去今亦百餘年矣"。（見《閑寂日記·1965年1月1日》）另本先生小識"西狹頌　剜本"並印"舍之審定"。先生嘗作題跋，《漢西狹頌》記云"此碑余先後得二本，其一拓墨稍舊，前人題云明拓，則夸也""其別一本較近拓，……翁方綱《兩漢金石記》所錄亦如此，因知翁氏所據本與此同，蓋此刻明清以來，歷經鐫剜，正者輒為剜誤，而誤者亦再經剜正，字畫愈益臃腫，久失真面目矣，然摩崖古刻，字大文繁，氣勢雄偉者，猶當以此為最"。（見《北山集古錄》）又嘗為詳攷，記作"漢碑有書撰人名者"。（見中盈堂藏本《翫碑雜錄》）

博陵太守孔彪碑　　分書　有額篆書並碑陰　建寧四年七月辛未卒　按：此本先生未得篆額。

沇州刺史楊叔恭碑殘石　　分書　有碑側　攷為建寧四年七月六日　二紙　碑正拓本，淮陰陳漢華石墨樓舊藏，拓本陳氏鈐印"淮陰陳錫鈞伯衡攷藏金石文字記""伯衡審定"，先生鈐印"吳興施舍攷藏"。碑側拓本先生亦鈐"吳興施舍攷藏"。先生嘗作題跋,《漢楊叔恭碑殘石》記云"碑正、碑倒各一紙,先後所得,非同時拓也"。(見《北山集古錄》)

析里橋郙閣頌摩崖　　分書　建寧五年二月辛巳到官　拓本先生題簽"漢析里橋郙閣頌　建寧五年"並印"蟄庵經眼"。先生嘗作題跋,《漢析里橋郙閣頌》記云"此漢宋二刻相去甚遠,漢時原刻因棧道廢棄已久,高不可拓,故近世所傳拓本,皆申氏重刻本。明清諸家攷跋,亦多依據申刻,遂滋舛誤""余求漢時原刻拓本,十餘載矣,甲辰夏,始得此紙,存字與王氏所錄無增減,而字跡模糊有加"。(見《北山集古錄》)又為詳攷,記作"漢碑有書撰人名者"。(見中盈堂藏本《翫碑雜錄》)

太尉楊震碑　　有額篆書　分書　無年月　附建寧末。恭城馬君武藏舊摹刻本,拓本題簽"漢楊伯起碑　君武",先生鈐印"吳興施舍所得古金石專瓦文"。先生嘗作著錄,記云"楊伯起碑亡於明初,有舊拓本傳世,褚千峯舊藏,翟雲昇摹數十字於'隸篇續編',其字即王蘭泉所謂縹緲如遊絲者也,此本有影印本"。(見中盈堂藏本《翫碑雜錄》)

豫州從事孔褒碑　　分書　無年月　附建寧末。

黃腸石第九百廿五　　分書　熹平元年十月二十九日　三紙　拓本先生鈐印"舍之長物""施舍讀碑記"。

司隸校尉楊淮表記摩崖　　分書　黃門卞玉記　熹平二年二月二十二日

司隸校尉魯峻碑　　有碑額及碑陰　分書　熹平二年四月葬　三紙　拓本先生另紙題簽"漢魯峻碑　有陰"並印"吳興施舍攷藏"。碑陰別有復本一紙,先生題簽"魯峻碑陰　復本"並印"舍之審定",拓本先生鈐印"吳興施舍北山樓藏碑"。先生嘗作題跋《漢魯峻碑》。(見《北山集古錄》)

□府君殘碑　　分書　熹平二年十一月乙未卒　有復本。先生鋼筆題封"嘉慶拓本漢熹平殘石"，拓本先生鈐印"吳興施舍北山樓藏碑"。另本先生鈐印"吳興施舍所得古金石專瓦文"。

武都太守耿勳表　　分書　熹平三年四月二十日

聞喜長韓仁銘　　分書　有額篆書　熹平四年十一月二十二日　左方有金正大五年趙秉文李獻能題記，又正大六年李天翼再立石記。拓本先生鈐印"吳興施舍北山樓藏碑""施舍校碑"。先生嘗作題跋，《漢聞喜長韓仁銘》記云"此碑清中葉始聞於世，畢氏《中州金石記》始著錄，前人皆未見也。隸書殊茂美，篆額尤飛動有致。碑文有'河南尹君丞憙'云云"。（見《北山集古錄》）

梧臺里石社碑殘石　　存碑額及額陰　按：先生據《水經注》，攷為熹平五年。

豫州從事尹宙銘　　分書　熹平六年四月己卯卒　此本有殘額。

堂谿典嵩高廟請雨銘　　分書　熹平□年　先生題簽"漢堂谿典嵩高山石闕銘"並印"施舍金石"，拓本鈐印"吳興施舍攷藏"。

石經殘字　　分書　熹平四年始刻　十紙　先生小識"漢熹平石經殘石，三頁"，又鋼筆小識"論語為政"；拓本一紙鈐印"施舍所得"，八紙皆鈐"施舍金石"，別一紙未鈐印。先生嘗作題跋，《漢石經殘石》記云"右熹平石經殘石，凡十紙。字最多者四行二十二字，《論語·為政》文也。字少者一二字而已""余所得僅此戔戔者而已。此是漢隸正宗，況又相傳為蔡中郎手跡，可不寶諸"。（見《北山集古錄》）

　　　　附石經殘字寶漢齋摹刻本　　一紙　清翁方綱、蔡廷賓跋記三紙　先生題封"漢石經殘字　寶漢齋，模刻本"，無署名無鈐印框欄題簽

"石經殘字 一張""總跋論 三張",拓本皆鈐印"蟄存"。

三老趙寬碑 分書 有額篆書 光和三年十一月丁未造 先生題簽"漢三老趙寬碑"並印"施舍之印"。先生嘗作著錄。(見中盈堂藏本《翫碑雜錄》)

三公山神碑 分書 有額 光和四年四月二日 先生嘗為詳攷,記作"漢碑有書撰人名者"。(見中盈堂藏本《翫碑雜錄》)

溧陽長潘乾校官碑 分書 有額分書 光和四年十月二十一日造 拓本先生鈐印"北山樓文房"。

劉梁碑殘石 分書 有碑陰碑側 碑側題歲在辛酉三月十五日 三紙 按:據先生攷為光和四年。

白石神君碑 分書 有碑額碑陰及碑側 光和六年 四紙 碑左方有燕元璽三年正月十日程疵題刻,先生題簽"白石神君碑 陰側額共四紙"。先生嘗作題跋,《漢白石神君碑》記云"翁氏此言,未免失攷。漢碑題名,凡尊者必具書其郡縣諱字,位卑者或省其字,亦有字而不名者""至於此碑題名先後次序,亦非偶然"。(見《北山集古錄》)

王舍人殘碑 分書 有額篆書 光和六年四月己酉立 二紙 有復本,平度于書亭所贈。拓本先生鈐印"北山翫古""吳興施舍北山樓藏碑",碑額先生鈐印"吳興施舍攷藏"。

張表造虎函題字 分書 光和六年十二月二十一日 南陵徐積餘隨庵舊藏,拓本先生鈐印"吳興施舍所得古金石專瓦文"。先生嘗作題跋,《漢張表造虎函題字》記云"此拓本徐乃昌舊藏,初出土時所拓,'函'字猶清晰"。(見《北山集古錄》)

郃陽令曹全碑　　分書　有碑陰　中平二年十月丙辰造　有復本。碑陰拓本先生鈐印"吳興施舍攷藏"。另本為剪裱本，楠木夾板裝。

蕩陰令張遷碑　　有額篆書並碑陰　中平三年二月上旬刊　碑正拓本先生鈐印"施舍校碑"，碑陰拓本先生鈐印"吳興施舍北山樓藏碑"。

尉氏令鄭季宣碑殘石　　分書　有碑陰及碑左右兩側　中平二年四月辛亥卒　四紙　先生題籤"鄭季宣碑"，又為碑陰另本題籤"尉氏令鄭季宣碑陰，此本不佳"。碑陰拓本別有復本一紙。先生嘗作著録題跋《鄭季宣碑陰"朝"》。（見中盈堂藏本《甄碑雜録》）

小黃門譙敏碑　　分書　有額篆書　中平四年七月二十八日癸卯造　舊翻刻本。先生題籤"小黃門譙敏碑"並印"吳興施舍所得古金石專瓦文"，碑額拓本先生亦鈐"吳興施舍所得古金石專瓦文"。

圉令趙君碑　　分書　有額分書　初平元年十二月二十八日立　恭城馬君武藏舊翻刻本，拓本先生鈐印"吳興施舍所得古金石專瓦文"。

吹角壩摩崖　　分書　建安六年二月二十二日　北流陳柱守玄閣舊藏。拓本陳氏鈐印"陳柱長年""十萬卷樓"，先生鈐印"吳興施舍所得古金石專瓦文""吳興施舍攷藏"。

巴郡太守樊敏碑　　分書　有額篆書　建安十年三月上旬　碑陰額畫及宋人題記二段　劉燕庭監拓本。別有復本。先生嘗為詳攷，記作"漢碑有書撰人名者"。（見中盈堂藏本《甄碑雜録》）

益州太守高頤碑　　分書　有額篆書　建安十四年八月卒

毗上殘石　　分書　並有"年十二月"殘字。建德周季木居貞草堂傳拓本。先生小識"毗上殘石，周季木藏"，拓本先生鈐印"舍之長物"。

立朝殘石　　分書　無年月　二紙　建德周季木居貞草堂傳拓本。先生小識"立朝殘石，周季木藏"，拓本先生鈐印"舍之長物"。另紙先生小識"立朝殘石之陰"，拓本鈐印"施舍金石"。

高頤闕題字　　分書　無年月　四紙　托裱舊本。

孟孝琚碑　　分書　無年月　有復本，一整紙初拓本，一昭通龍雲志舟監拓本。先生嘗作題跋，從楊守敬之說定為"永壽二年丙申"，《漢孟孝琚碑》記云"余所得《孟孝琚碑》第二本。昔年在滇中曾得一本，嘗為跋誌之。此本龍雲監拓，雖新本，紙墨勝舊本矣"。（見《北山集古錄》）

三老諱字忌日記　　分書　無年月　有復本。餘姚客星山周氏傳拓本，會稽周氏鳳皇專齋藏本。拓本鈐印"周世熊印""餘姚客星山周氏家藏""清泉""會稽周氏鳳皇專齋藏"，先生鈐印"吳興施舍攷藏"。另本為西泠印社硃拓本，拓本鈐印"石藏杭州西泠印社"。先生嘗作題跋，《漢三老忌日記》記云"無年月，係建武末""此碑余先得西泠印社硃拓本，殊不明晰。此本乃會稽周氏鳳皇專齋藏，有餘姚客星山周氏三印，是周清泉初拓本也"。（見《北山集古錄》）

魯相謁孔子廟殘碑　　分書　有碑陰　無年月

執金吾丞武榮碑　　分書　有碑額　無年月　有復本。整紙全形拓本，拓本先生鈐印"吳興施舍北山樓藏碑"。另本分拓二紙，拓本先生鈐印"施蟄存""吳興施舍北山樓藏碑"，碑額鈐印"北山樓"。

仙人唐公房碑　　分書　有額篆書　無年月　先生題封"漢仙人唐公房碑"並印"吳興施舍攷藏"，又題簽"仙人唐公房碑　碑陰未得"，拓本先生鈐印"吳興施舍北山樓藏碑"。

徵羌侯兄張君殘碑　　分書　無年月

甘陵相諱博殘碑　　分書　無年月　托裱舊本。無署名無鈐印題簽"漢袁博殘石　洛陽新出土"。

畢嶽廟漢碑陰題名殘石　　分書　無年月　有復本。拓本先生鈐印"吳興施舍攷藏""北山樓"。另本左側下方有民國早期宋哲元跋刻，拓本先生鈐印"吳興施舍攷藏"。

郎中趙菿殘碑　　分書　無年月　永年武慕姚貞黙齋藏本，拓本武氏鈐印"武福肅""守拙集古""故物零星入草堂"。先生鈐印"吳興施舍北山樓藏碑"。

孔林殘碑　　分書　無年月　拓本先生鈐印"吳興施舍所得古金石專瓦文"。

孔融殘碑　　分書　無年月　偽刻　開封李白鳳蟬盦藏本。先生題簽"孔融殘碑"，拓本李氏鈐印"守黙"，先生鈐印"施舍所得"。

周府君碑　　分書　無年月　有復本。整紙全形拓本，印製框欄簽條"周府君碑"，先生小識"附存周府君碑額　曲阜"，拓本先生鈐印"吳興施舍所得古金石專瓦文"。另本碑額先生鈐印"吳興施舍攷藏"。別有道光年間題刻復本一紙，先生亦鈐"舍之審定"。

光禄勳劉曜殘碑　　分書　年月泐失　拓本先生鈐印"吳興施舍所得古金石專瓦文"。先生嘗作題跋《漢光禄勳劉曜碑》。（見《北山集古録》）

都鄉正衛彈碑殘石　　分書　無年月　先生嘗作著録並跋，記云"右南陽都鄉正衛彈碑，民國二十三年十月徐玉諾覓得於河南魯山縣城北故子城東南牆上琴臺之後，所存者乃碑之左半石中段，上下俱缺，存字十行如右式"。（見中盈堂藏本《覼碑雜録》）

嵩高石闕漢篆殘字　　篆書　無年月　三紙　先生題簽"嵩高石闕漢篆殘字　三紙，未見著錄"並印"吳興施舍攷藏"，拓本一紙先生題識"嵩高石闕漢篆殘字"並印"吳興施舍"，別二紙一本先生小識"嵩山石闕漢篆殘字"並印"吳興施舍攷藏"，一本鈐印"吳興施舍"。先生嘗作題跋，《漢嵩山石闕殘字》記云"今取三行者一紙入此冊，題曰'嵩高石闕漢篆殘字'，別二紙則附於余所得少室石闕銘後，備參證云"。（見《北山集古錄》）

鞏縣石窟寺漢人七言摩崖　　分書　無年月　鄭州崔氏耕堂藏本。

密縣漢刻萊先殘石　　分書　無年月　鄭州崔氏耕堂傳拓本。拓本先生鈐印"施舍所得""吳興施舍攷藏"。先生嘗作題跋，《漢萊先殘石》記云"原石在河南密縣農家牆上，一九七五年夏崔耕同志訪得，拓一本見惠。觀其字體，真漢隸也"。（見《北山集古錄》）

侍御史李公闕　　分書　無年月

仲臺殘石　　無年月　先生小識"仲臺殘石"，拓本先生鈐印"施舍金石"。先生嘗作題跋，《仲臺殘石》記云"中間別有小字一行曰'河東解章□觀'，蓋後人增刻，向來漢碑中未見觀款，此殆其最早者"。（見《北山集古錄》）

仲義殘石　　無年月　先生小識"仲義殘石，已上二石〔仲臺、仲義〕均洛陽出土，曾印入'藝術叢編'"，拓本先生鈐印"施舍金石"。先生嘗作題跋，《仲義殘石》記云"殘石刻拓本一紙，石斷裂成方勝狀，皆題名，亦碑陰也。存字八行，行一字至八字不等，大小亦不一致，然字跡則同，非先後所刻""文則未見著錄，故迻錄於此。地名有沛國譙，陳國陳，河南雒陽，齊國臨淄，此後漢碑也"。（見《北山集古錄》）

繕治殘石　　無年月　先生小識"繕治石亦歸羅叔蘊"，拓本鈐印"施舍金石"。先生嘗作題跋，《繕治殘石》記云"字跡方整，近熹平石經，全碑若存，或又以為中郎筆矣"。（見《北山集古錄》）

阿陽令鄭君闕殘石　　分書　無年月　二紙　先生小識"此當是石闕殘刻"並印"施舍金石",拓本鈐印一"施舍金石",一"舍之長物"。先生嘗作題跋,《漢阿陽令鄭君闕殘石》記云"殘石拓本二紙,甲寅孟夏所得,二石皆廣十四鳌米""此蓋阿陽令鄭君神道闕之殘石也,出土時地未詳,亦未見著錄,姑誌之待攷"。(見《北山集古錄》)

豫州從事□君闕殘字　　分書　無年月　甘泉陳若木一漚山館、南陵徐積餘隨庵舊藏,徐氏題識"漢豫州□□□君闕　分書　無年月　在四川,未著錄",先生亦鈐"北山樓"。拓本鈐印"陳崇光""若木",及"徐乃昌讀碑記",先生鈐印"施舍所得"。先生嘗作題跋《漢豫州從事殘闕》。(見《北山集古錄》)

上庸長司馬孟臺殘闕　　分書　無年月　拓本先生鈐印"吳興施舍北山樓藏碑"。先生嘗作題跋,《漢上庸長神道闕殘字》記云"余此本較舊拓,'長'字下'司'字鉤筆猶可仿佛得之,不可謂不似有字。此即洪氏所錄司馬孟臺神道,可無疑也"。(見《北山集古錄》)

琴亭侯李夫人墓門題字　　分書　無年月　偽刻　先生題簽"漢琴亭侯李夫人墓門"並印"舍之長物",另小識"此乃偽刻"。拓本鈐印"漢琴亭侯遺跡""杏盦所藏"。

益州牧楊宗闕　　分書　無年月　二紙　先生題簽"漢楊宗闕"並印"舍之審定",拓本先生鈐印"舍之審定""吳興施舍攷藏"。先生嘗作題跋,《漢益州牧楊宗闕》記云"此刻趙氏《金石錄》、洪氏《隸釋》均已著錄,而墨本流傳不多,金石刻收藏家罕得之"。(見《北山集古錄》)

沈君雙闕　　分書　無年月　二紙　恭城馬君武舊藏,托裱本。馬氏題簽"沈君神道一　君武""沈君神道二　君武",拓本皆鈐印"馬君武"。先生嘗作題跋,《漢沈君闕》記云"右交趾都尉沈君雙闕全拓各一紙,洪氏

《隸釋》已著錄，稱其字跡有'作威投戟，騰气揚波'之妙。此拓字跡猶清晰，果如所言"然此紙亦已為百年前拓本，恐原石今亦剝落盡矣。二闕上各刻一大鳥，神采翼然，洪氏謂為朱雀，非也。漢闕及墓碑額上常有刻鳥形者，別有典實，非四靈之朱雀""此當定名為神鳥"。(見《北山集古錄》)

謁者殘碑　　有"除郎中拜謁者"字　分書　無年月　掛軸裱本。拓本先生鈐印"無相庵""蟄庵經眼"等。

酸棗令劉熊碑　　分書　無年月　寶漢齋摹刻本，別有清人題刻二段。開封李白鳳蟫盦藏本。先生題封"漢劉熊碑　寶漢齋摹刻本"，拓本李氏鈐印"守默"。

酸棗令劉熊碑陰側殘石　　分書　無年月　二紙　有復本。開封李白鳳蟫盦藏本。先生題封"漢劉熊碑殘石陰側"，又題簽"漢劉熊碑陰側各一紙"，拓本二紙李氏皆鈐印"守默金石"，先生皆鈐"吳興施舍攷藏"。另本先生題簽"漢劉熊碑陰側各一紙　此本清晰"，拓本二紙皆鈐印"吳興施舍所得古金石專瓦文"。先生嘗作題跋，《漢劉熊碑陰側殘石》記云"此碑陰側，宋以後未見拓本，至今日而復顯，雖寥寥數十字，亦堪珍秘"。(見《北山集古錄》)

朱君長殘石　　無年月　有復本。拓本先生鈐印"舍之審定""施蟄存印"。另本先生鈐印"吳興施舍攷藏"。

樂安太守麃君墓前石人題字　　無年月　二紙　先生嘗作題跋，《漢石人胸前題字》記云"右漢石人胸前題字二紙，一曰'府門之卒'，一曰'漢故樂安太守麃君亭長'，'卒'字幾已漫平，'長'字亦不甚可辨。此二石人在曲阜魯共王墓前"。(見《北山集古錄》)

司勳殘碑　　分書　無年月　南陵徐積餘隨庵藏本，揚州吳載龢師李齋舊藏。秦嬰闇更年壬辰二月為"仲坰仁兄出示此本屬題因識"題跋並印"更年""嬰闇"，拓本徐氏鈐印"徐乃昌讀碑記"，吳氏鈐印"仲坰得來"，先生鈐印"蟄存""無相盦劫後所聚"。

石牆村殘刻　　分書　無年月　左側清孔繼壎題刻。拓本先生鈐印"吳興施舍攷藏""吳興施舍北山樓藏碑"。

周公畫像　　山東曲阜　無年月　無署名無鈐印題簽"漢畫周公象　無年月，山東曲阜"。先生題識"此畫象石真漢刻，惟'周公'二字乃添刻，決非原有"並印"施舍金石"。拓本鈐印"吳興施舍攷藏"等。

射陽石門畫像石　　二石　無年月　拓本二紙，先生鈐印"吳興施舍所得古金石專瓦文""北山樓文房"。

全福莊漢墓畫像　　二石　山東曆城　無年月　拓本二紙。先生題簽"全福莊新出漢畫像墓石　二紙，解放後出土，未詳時地"並印"吳興施舍"，二紙先生各鈐"吳興施舍北山樓藏碑""吳興施舍攷藏"。先生嘗作題跋，《全福莊漢墓畫像石》記云"壬子春日，老友呂叔湘為得於北京廠肆""頃得《山東畫像石選集》，始知全福莊在曆城。當時出土，僅此二石"。（見《北山談藝錄續編》）

郎中殘碑　　分書　無年月

馬槽題字　　分書　無年月　硃拓本，會稽周氏鳳皇專齋藏本。先生題封"漢馬槽題字"並印"華亭施氏無相庵藏"，拓本先生鈐印"吳興施舍所得古金石專瓦文"。

安陽出土漢碑殘石　　分書　無年月　先生題封"安陽殘石　三種五紙"，拓本先生鈐印"舍之審定""施舍所得""吳興施舍攷藏"。

安陽正直殘石　　分書　無年月　一紙

安陽元孫殘石　　分書　無年月　一紙

安陽子遊殘石　　分書　二紙　天津姚氏翔鸞閣傳拓本，姚湘雲手拓。拓本一紙"賢良方正"題簽"漢子遊殘碑　姚貴舫藏石"並印"翔鸞閣"，另鈐翔鸞閣鳥形肖印，先生鈐印"施舍所得"；另紙"子遊"先生鈐印"吳興施舍攷藏"。

太山黃神石　　分書　無年月　濰縣陳介祺簠齋傳拓本。先生題封"漢太山黃神石"並印"施蟄存印"，又題識"漢太山黃神石　此陳簠齋所得古刻，文不可讀，姑定此名"並印"舍之審定"。拓本鈐印"簠齋兩京文字""簠齋藏石""君車漢石亭長"及"韻堂"，先生鈐印"吳興施舍所得古金石專瓦文""舍之長物"。

南陽畫像石　　十八石　無年月　拓本十八紙，附"無相庵"箋紙先生於壬子六月攷釋跋識十一頁，有曰"余得南陽漢畫象石拓本凡十八幅，其十一幅已見於孫文青所輯'南陽漢畫象彙存'，未見著錄者七幅"。拓本先生分別鈐印"吳興施舍攷藏""吳興施舍所得古金石專瓦文"。

嘉祥畫像石　　十石　無年月　拓本十紙，別一紙清宣統年湘潭羅正鈞劬盦題誌。濟南圖書館（山東圖書館前身）傳拓本，淮安周氏香庭舊藏。先生題封"嘉祥漢畫十石　羅正鈞題誌一石"，附"淮安周氏收藏金石拓片表"並印"吳興施舍攷藏"，記錄"漢，嘉祥畫像，共十一幅，所在地山東圖書館"。拓本十紙先生按題刻畫像"甲、乙、丙、丁、戊、己、庚、辛、壬、癸"小識序號，皆鈐印"吳興施舍攷藏"。別一紙湘潭羅氏題誌拓本，先生鈐印"施舍讀碑記"。

畫像殘石　　無年月　三紙　拓本鈐印"山東古物保存所"，先生鈐印"吳興施舍北山樓藏碑"。先生嘗作題跋《漢畫殘石》。（見《北山集古錄》）

鉤騎四人畫像石　　無年月　先生題識"鉤騎四人、騎倉頭、輜車，此亦武梁祠殘石，此石久已流至海外，拓本不多見，寶之"並印"施舍金石"。

拓本鈐印"蟄庵經眼"等。先生嘗作題跋，《漢鉤騎畫像石》記云"有字四榜，曰'鉤騎四人'，曰'騎倉頭'，曰'輻車'，一榜漫滅不可辨。此石著錄於羅叔言《海外貞珉錄》，蓋拓本不可更得矣"。（見《北山集古錄》）

盧行亭車畫像石　　無年月　拓本先生鈐印"吳興施舍攷藏"。

雜畫像石　　無年月　拓本先生鈐印"吳興施舍攷藏"。

食齋祠園　　無年月　先生題簽"食齋祠園　漢　無年月"，又題識"出鄒縣白楊邨關帝廟，匋齋舊藏。'山左金石志'謂似六朝人筆意。翁覃溪定為漢石"，拓本先生鈐印"吳興施舍所得古金石專瓦文""吳興施舍攷藏"。先生嘗作題跋，《會桑和尚石象》記云"一九六〇年六月見一拓本，題作'會桑和尚石象'，展視之，則匋齋所藏'食齋祠園'也，可發一笑"。（見中盈堂藏本《翫碑雜錄》）

更封石柱畫像　　無年月　溳陽端午橋陶齋傳拓本。先生題簽"更封石"並印"施舍金石"，又小識"此石題字五榜，均不可識"。拓本鈐印"托活洛氏端方藏石"，先生鈐印"吳興施舍北山樓藏碑"。先生嘗作題跋《更封石》。（見《北山集古錄》）

呂仲左郎石　　無年月　建德周季木居貞草堂著錄本。拓本小識"呂仲左郎"，拓本鈐印"吳興施舍攷藏"。先生嘗作題跋，《呂仲石》記云"字二行，曰'呂仲'，曰'左郎石'。'石'字泐失右半。石出洛陽金邨鎮，為建德周季木所得，著錄於'漢晉石影'[《巨貞草堂漢晉石影》]，是漢隸之峭健者""漢貴族墓石，記石師姓名"。（見《北山集古錄》）

百世殘石　　無年月　先生小識"百世殘石，羅叔蘊藏"並印"施舍金石"，拓本亦鈐"施舍金石"。先生嘗作題跋，《百世石》記云"與呂仲石同時出土，為上虞羅叔言所得""漢貴族墓石，記建築次第也"。（見《北山集古錄》）

魏

公卿將軍上尊號奏　　分書　有額篆書　兩面刻　延康元年十月奏　有復本。崇禹龕香南精舍舊藏，剪裱冊頁本與《受禪表》合刊。另本為托裱本。

受禪表　　分書　有額篆書　黃初元年冬十月辛未　有復本。東武劉喜海嘉蔭簃藏本，無署名無鈐印題簽"曹魏受禪表"，拓本鈐印"東武劉喜海燕庭氏審定金石文字之記"。另本崇禹龕香南精舍舊藏，剪裱冊頁本與《公卿將軍上尊號奏》合刊。

魯孔子廟碑　　分書　有額篆書　黃初二年　左方有宋嘉祐七年張稚珪題記，以為曹植文梁鵠書。附先生合存封題簽"魏　孔子廟碑·有額、曹真殘碑·有陰、王基殘碑"並印"吳興施舍攷藏"。拓本先生題簽"魏孔子廟碑　有額，黃初二年"，先生嘗作題跋《魏魯孔子廟碑》。（見《北山集古錄》）

牧伯碑殘石　　又稱"黃初殘碑"　三段　分書　黃初五年　先

生題識 "魏黃初五年殘碑三石，重一紙，《金石萃編》著錄" 並印 "施舍金石"，又小識 "此三紙終疑是偽刻，姑存之"。拓本三紙先生鈐印一 "舍之"，另二皆鈐 "施舍金石"。復本一紙鈐印 "中陶"。先生嘗作題跋《魏黃初殘碑》。（見《北山談藝錄》）

遊士宋異磚誌　　分書　青龍二年四月十六日　拓本先生鈐印 "吳興施舍攷藏"。先生嘗作題跋，《魏宋異葬磚》記云 "按《魏志》稱青龍二年四月，許昌大疫""遊士，謂遊學之士。攷《漢書·竇嬰傳》云'遊士賓客爭歸之'，《後漢書·申屠蟠傳》云'京師遊士汝南范滂'等，蓋當時語也"。（見《北山集古錄》）

盧江太守范式碑　　分書　有額篆書和碑陰　青龍三年正月丙戌　有復本。別一本缺碑陰。先生嘗作題跋，記云 "此碑重出後拓本，'夏實百'三字完整者，舊拓本也"。（見中盈堂藏本《翫碑雜錄》）

三體石經殘石　　大幅七紙本　先生題封 "三體石經"，拓本戳記 "洛陽華興東漢魏碑帖店原拓"，先生鈐印 "吳興施舍攷藏"，餘紙皆鈐 "施舍所得"。

　　別一本　小幅八紙本　先生題識 "前五石是原刻，後三石字列作品字式者，乃晉時補刻，蓋爾時魏石已殘損也" 並鈐 "施（押印）"，拓本分別鈐印 "施舍金石""施舍所得"。

大儒管夫子寧碑　　分書　正始二年十月　偽刻　先生題封 "管寧碑　偽刻"。

母丘儉徵高勾驪丸山紀功碑殘石　　分書　正始六年五月　有復本。先生題簽 "魏母丘儉討高勾驪紀功碑殘石"，拓本先生鈐印 "北山樓""吳興施舍攷藏"。另本亦鈐 "吳興施舍攷藏"。先生嘗作題跋，《魏丸都紀功碑殘石》記云 "此石嘗歸張作霖，時金息候在幕府，拓數十本以貽同好，

此其一也"。(見《北山集古錄》)

太常吏王繩武墓誌　　正書　甘露五年□月十六日　偽刻　先生題簽"王繩武墓誌　甘露三〔五〕年□月，偽刻"。

幽州刺史張普先君墓磚　　分書　景元元年　大興傅杙學府堂傳拓本，紹興陶心雲稷山館、吳興周湘舲夢坡室遞藏。經折裝裱本，封面題簽"魏景元元年張氏墓磚"並印"周慶雲金石書畫印"。拓本題記"魏景元元年張氏墓磚　己卯三月杙並題"鈐印"演慎齋""戌牧審定金石"。又跋曰"同治末，都人掘地得魏景元元年張氏墓磚大小數十出""長沙賀又愚比部得數磚於都，攜以入閩，予從乞得其二，手拓文字，憮然有慨，因書誌之。心雲道兄雅鑒，大興傅杙"並印"戌牧題識""金石癖"。拓本鈐印傅氏"子式拓贈""大興傅氏學府堂鑒藏金石書畫印"、陶氏"文沖廬藏金石之印"、周氏"周夢坡讀碑記""夢坡攷藏漢魏六朝墓志印記"，另有"之謙審定"及"魏錫曾印"，先生鈐印"施舍所得"。先生嘗作題跋《魏張普父兄墓磚》。(見《北山集古錄》)

司空東武侯王基殘碑　　分書　景元二年四月甍　附先生合存封題簽"魏　孔子廟碑·有額、曹真殘碑·有陰、王基殘碑"並印"吳興施舍攷藏"。

膠東令王君碑殘石　　分書　無年月　二紙　先生題簽"膠東令王君廟門碑殘石"並印"施舍金石"，另紙先生鈐印"北山樓"。

冠軍城魏碑陰題名殘石　　分書　無年月　先生題簽"魏碑陰殘石疑是張詹碑陰"，拓本先生鈐印"吳興施舍北山樓藏碑"。先生嘗作題跋，《冠軍城殘碑》記云"殘碑一紙，存題名上下列各十行，碑陰也。有同治六年八月石庵王紹羲刻跋，言此石柱舊在冠軍城，嘉慶中里人發土得之。後為嗜古之士舁置州城學宮。王跋稱為石柱，蓋古碑常為鄉人剖作柱用，故其形已似柱也"。(見《北山集古錄》)

上七廟三祖殘石　　　分書　無年月　　先生題識"觀書勢當是魏刻,但不知何所施"。拓本先生鈐印"舍"。先生嘗作題跋,《殘石小語(一)》記云"此紙僅存四字半,文曰'上七廟三(祖)'""亦未見著録,姑誌之待攷"。(見《北山談藝録續編》)

吳

九江男子浩宗買地券　　磚刻　分書　黃武四年十一月二十八日
此為"黃"字未失本,拓本先生鈐印"無相庵藏本"。先生嘗作題跋,《吳浩宗買地券》記云"余此本亦意外得之,'黃''魚'二字俱存,較鄒氏印本為勝,當是出土後初拓"。(見《北山集古錄》)

九真太守谷朗碑　　分書　有碑額　鳳凰元年四月乙未卒　拓本
先生鈐印"吳興施舍攷藏"。先生嘗作題跋,《吳九真太守谷朗碑》記云"蟬翼舊拓,致佳,獨欠題額一行,為不足耳""此碑字跡,諸家著錄,猶稱隸書,然已大變漢隸結構,楷法悉具,惟未用中鋒耳。試與葛祚碑額參看,可悟今楷已肇端於此""書道變革,其始作俑者乎"。(見《北山集古錄》)

會稽亭侯墓莂　　分書　神鳳元年三月六日　拓本先生鈐印"蟄存""舍之審定"。先生嘗作題跋,《吳孫氏墓莂》記云"字畫出入篆隸,甚古雅"。(見《北山談藝錄續編》)

封禪國山碑　　蘇建篆書　天璽元年　先生題簽"吳禪國山碑",拓本先生鈐印"吳興施舍北山樓藏碑"。

衡陽太守葛祚碑額　　　正書　有復本。獨山莫氏影山草堂傳拓本,川沙沈均初漢石經室藏本,托裱舊本,先生題封"吳葛祚碑額　莫友芝監拓並題籤、沈均初藏本",又題簽"同治戊辰莫友芝監拓　沈均初藏本"並印"施舍蟄存";拓本莫氏題簽"吳葛府君碑",先生鈐印"吳興施舍攷藏";拓本莫氏鈐印"同治戊辰秋莫友芝監拓",沈氏鈐印"鄭齋金石記";附"無相庵"箋紙先生題識。另本先生題簽"吳衡陽太守葛祚碑額"並印"施舍金石",拓本先生鈐印"施舍蟄存"。

蜀

侍中楊公闕　　分書　　無年月　　桐城張祖翼磊盦舊藏，托裱舊本。拓本張氏題簽"蜀殘闕"並印"磊翁"，拓本紙背紅箋亦題"蜀殘闕"，先生題識"蜀侍中楊公闕始見牛運震'金石圖'，錢辛楣疑為褚千峯偽作，翁覃谿不以為然""此本有'磊翁''逖先印'，張祖翼故物也。一九六〇年九月十七日，舍識"並印"施舍金石"，拓本鈐印"逖先所得金石"，先生鈐印"吳興施舍攷藏""無相庵""吳興施舍北山樓藏碑"。先生嘗作題跋《蜀楊公闕殘石》。（見《北山集古錄》）

中書令賈公闕　　分書　　無年月　　恭城馬君武舊藏。馬氏題簽"蜀中書賈公闕　君武"，先生題簽"蜀中書令賈公闕"並印"舍之"，又題"蜀中書賈公闕　原石拓本"，拓本先生鈐印"吳興施舍北山樓藏碑"。

晉

鎮南將軍張永昌墓碣　　分書　有碑陰　泰始四年七月三日　碑正有復本，皆為托裱本。鹿原劉海天畊鋤草堂舊藏，碑正拓本原題簽殘損，先生題簽"晉張永昌墓碣"並印"吳興施舍攷藏"，拓本劉氏題記"晉張永昌墓誌　畊鋤人老農夫藏"並印"海天"，先生鈐印"吳興施舍攷藏"。另本碑正碑陰各一，拓本無署名無鈐印題簽"晉張永昌墓志　泰始四年""晉張永昌墓志陰"，拓本先生分鈐"吳興施舍攷藏""施舍所得"。先生嘗作題跋，《晉張永昌墓版》記云"此石聞久為東瀛學人所得，故拓本極少見，余十年前僅得碑正拓本一紙，近始得碑陰，乃知其有年月也"。（見《北山集古錄》）

明威將軍南鄉太守郛休碑　　分書　有額篆書及碑陰　泰始六年二月丙子造　分拓二紙，先生題簽"晉南鄉太守郛休碑　並陰"，鈐印"吳興施舍攷藏"。另小識"郛休碑陰"。

潘宗伯韓仲元造石橋題名　　分書　泰始六年五月十日　先生小

識"舊拓本"。

任城太守夫人孫氏碑　　分書　有額篆書　泰始八年十二月　先生嘗作題跋，《晉任城太守夫人孫氏碑》記云"全文著錄於《金石萃編》，以此本校之，又漫滅數字矣"。（見《北山集古錄》）

大晉龍興盛德隆熙碑　　又稱"辟雍碑"　分書　有碑額及碑陰　咸寧四年十月二十日　二紙　有復本。平湖張處芳舊藏。拓本鈐印"平湖張宗弼字處芳校藏金石文字之印"。先生嘗作題跋，《晉辟雍碑》記云"民國辛未洛陽東大郊出土，宛然如新，一字不損，晉碑之偉觀也""碑陰題名至四百餘人之多，古來碑刻，所未有也"。（見《北山集古錄》）。

征東將軍軍司關中侯房宣墓版　　分書　太康三年二月六日　偽刻　先生題簽"晉房宣墓版文　偽刻"，拓本先生鈐印"舍之長物"。

廣野將軍和國仁墓碣　　分書　太康五年十一月十九日　膠西柯氏傳拓本，會稽周氏鳳皇專齋藏本。先生題簽"晉廣野將軍和國仁墓碣　太康五年十〔一〕月十九日"並印"吳興施舍攷藏"。拓本鈐印"柯氏家藏"，先生鈐印"吳興施舍攷藏"。按：原石為膠西柯氏所藏，此本係柯紹忞氏之孫贈周氏知堂。

齊太公呂望表　　分書　有碑額　太康十年三月十九日　有復本。整紙全形拓本，先生題識"晉刻太公呂望表　此本較舊，但額上齊字未拓出，不如別一本"。另本碑正及碑額分拓二紙。按：先生未得碑陰。

晉武帝貴人左棻墓版　　分書　兩面刻　永康元年四月二十五日　合拓一紙。先生題簽"晉左棻墓碣　永康元年四月廿五日"並印"吳興施舍攷藏"，拓本先生鈐印"吳興施舍所得古金石專瓦文""吳興施舍攷藏"。先生嘗作詩詠之，記云"晉左思妹棻，有才德，武帝徵入宮，為貴人。思作《悼離贈妹詩》二章，有句曰'如蘭之秀，如芝之榮'，向來讀者皆以為尋常比喻

之辭。近年貴人墓版出土，則云'貴人名菜，字蘭芝'，是此二句乃隱其小名"。（見《金石百詠》）

揚州秣陵王氏磚　　反書陰刻　永康元年五月二十日　六面整紙全形拓本。上虞羅叔蘊宸翰樓傳拓本，紹興陶心雲稷山館藏本。拓本羅氏題記"晉永康磚　此磚光緒丙申秋金陵出土，文曰'永康元年五月廿日揚州丹揚秣陵王氏製作'。反書陰刻，絕不多見，今藏面城精舍。丁酉二月拓奉文沖先生雅鑒。上虞羅振玉記於海上務農社"並印"振玉之印"，拓本鈐印"振玉之印""面城精舍"，先生鈐印"吳興施舍所得古金石專瓦文"。先生嘗作題跋，《晉永康王氏磚》記云"鄒適廬曾以此磚文兩行印在《藝術叢編》，字甚清晰，蓋已經鉤填，轉失真趣矣"。（見《北山談藝錄續編》）

沛國相張朗碑　　分書　有碑額並碑陰　永康元年十二月　托裱本。先生題簽"晉張朗墓誌　永康元年十二月"並印"舍之金石"，拓本先生鈐印"北山樓""舍之長物"。先生嘗作題跋，《晉張朗墓誌》記云"此誌余求之十餘年，近始得之。審其字跡形式，不似偽刻，然其文則甚可疑""此誌題稱為碑，有敘有銘，幾四百字，而不可知其父子身世，故不能不疑其為齊贗矣"。（見《北山集古錄》）

處士成晃墓版　　分書　元康元年七月十六日　先生題簽"晉處士成晃墓碣　元康元年七月十六日"並印"吳興施舍攷藏"，拓本先生鈐印"吳興施舍所得古金石專瓦文""吳興施舍攷藏"。

中書侍郎荀岳墓版　　分書　兩面刻　元康五年十月二十二日　有復本。分拓二紙本，先生題簽"晉荀岳墓碣　元康五年十月廿二日，二紙"並印"吳興施舍攷藏"，拓本先生鈐印"吳興施舍所得古金石專瓦文""施舍長年"。另本兩面合拓一紙本，先生題簽"晉荀岳墓碣　元康五年十月廿二日"並印"吳興施舍攷藏"，拓本亦鈐"吳興施舍所得古金石專瓦文"。

賈皇后乳母美人徐氏之銘　　　分書　有碑陰　元康九年二月五日
二紙。鄭州崔氏耕堂傳拓本。碑陰拓本背面小記"洛陽關林藏　八二、九"。先生於收到寄封背面硃筆題簽"晉徐美人誌"，並鋼筆小識"賈皇后乳母美人徐氏墓誌　元康九年二月五日，洛陽關林"，拓本兩紙先生皆鈐印"北山翫古""吳興施舍攷藏"。

驃騎將軍南陽堵陽韓府君殘闕　　　分書　無年月　按：據先生攷證，應為永寧元年。無署名無鈐印框欄題簽"驃騎將軍韓公墓道碑　石在洛陽，疑是韓壽"，又附題記"'金石萃編''補訪碑錄'皆未載，石在洛陽存古閣"。拓本有增補殘石損字小記，右側"晉故散騎常"，左側"府君墓神道"。拓本先生鈐印"吳興施舍攷藏"。

幽州刺史石尠墓版　　　分書　四面刻　永嘉二年七月十九日

本國功曹察孝石定墓版　　　分書　永嘉二年七月十九日　托裱本，靖江謝承炳舊藏。拓本箋紙題簽"石定墓誌　承炳藏，天隱署"並印"謝承炳""盛逸白"，先生小識"石定誌，'芒洛冢墓遺文四編'，'希古樓'，'循園古冢遺文跋'，'趙氏集釋'"，拓本謝氏鈐印"謝承炳"，先生鈐印"無相庵藏本""施舍所得"。

豫章內史謝鯤墓版　　　分書　太寧元年十一月二十囗日

臨羌都尉安西將軍侯達墓版　　　分書　太寧二年三月十三日立石
先生題簽"晉臨羌都尉侯達墓版　太寧二年三月十三日"並印"施舍蟄存"，拓本先生鈐印"吳興施舍攷藏"。

尚書左僕射王彬女丹虎磚誌　　　分書　升平三年七月二十八日卒

巴郡察孝騎都尉楊陽神道闕　　　分書　隆安三年十月十一日　先生題簽"晉楊陽神道　隆安三年十月十一日"並印"吳興施舍攷藏"。拓本鈐印"周拓",先生鈐印"吳興施舍攷藏""無相庵"。

振威將軍建寧太守爨寶子碑　　分書　有碑額　大亨四年四月上旬　拓本先生鈐印"吳興施舍所得古金石專瓦文"。先生嘗作著錄,記云"爨寶子碑乾隆戊戌出土,咸豐二年七月金陵鄧爾恒刻跋於碑尾,王蘭泉、阮文達均未見也"。(見中盈堂藏本《翫碑雜錄》)

祥光殘碑　　分書　年月泐失　先生嘗作題跋,《祥光殘碑》記云"右碑拓一紙,一九三八年得於昆明,此碑清光緒末年出於雲南陸涼""此紙若經裱背,虛陷入石處因而展平,便不可辨,此亦整紙原石之佳處矣"。(見《北山集古錄》)

當利里社碑殘石　　分書　有碑陰　無年月　分拓二紙。無署名無鈐印框欄題簽"晉社正朱闌祀神殘碑　碑陰有畫像題名",先生題識"此即'當利里社碑'",拓本先生鈐印"吳興施舍攷藏",碑陰拓本又鈐"無相龕劫後所聚"。

鬱林太守趙君雙闕　　分書　無年月　二紙　有一紙復本。拓本紙背先生小識"晉鬱林太守闕,缺一,孟縣",拓本先生鈐印"舍之長物"。另本開封李白鳳蟬盦藏本,先生題簽"晉鬱林太守趙君闕　二紙,配全"並印"吳興施舍攷藏",拓本李氏鈐印"守默金石""陶門",先生鈐印"吳興施舍所得古金石專瓦文"。

大司農關中矦鄭舒夫人劉氏墓版　　分書　無年月　先生題簽"晉關中矦鄭舒夫人劉氏墓碣　無年月"並印"吳興施舍攷藏",拓本先生鈐印"吳興施舍攷藏""吳興施舍所得古金石專瓦文"。

夫人荀煒墓版殘石　　分書　無年月　先生題識"夫人荀煒墓誌殘石晉刻也,方藥雨《校碑隨筆》著錄誤作'夫人黃氏'"並印"施舍金石",拓本先生鈐印"吳興施舍攷藏"。先生嘗作題跋,《晉荀煒墓誌殘石》記云"方藥雨《校碑隨筆》有'夫人黃氏等殘碑',即此是也。'荀'字殘缺右半,方氏誤認作'黃'耳。方氏云'碑碎為二,各存七行,行四、五、六字不等'。然則尚欠一紙,未入敝篋。荀氏晉高門,字跡亦與諸晉誌近,可定為晉刻"。(見《北山集古錄》)

關中矦劉韜墓版　　分書　無年月　摹刻本,先生題簽"晉劉韜墓版無年月,摹本"並印"吳興施舍攷藏",又小識"此摹刻本'韜'作'⺁'[注:'⺁'係'韜'字之右上部],謬"。拓本先生鈐印"吳興施舍攷藏"。

虎牙將軍王君墓表　　分書　無年月　按:附晉末。

前　秦

鄭能邀修鄧太尉祠銘　　　分書　建元三年六月　有復本。無署名無鈐印題簽"符秦鄧太尉碑　碑陰"。另本先生題簽"符秦鄧太尉祠碑　此本已更漫漶"，拓本先生鈐印"吳興施舍攷藏"。先生嘗作著錄題跋（見中盈堂藏本《翫碑雜錄》）

廣武將軍碑　　　分書　有碑額碑陰碑側　建元四年十月一日　有復本。南通包謙六吉庵題封"廣武將軍碑"並跋"有陰有側足拓本，施蟄存教授藏，辛酉春包謙六篆題"，無署名無鈐印題簽"廣武將軍碑　有陰有側"，拓本鈐印"施舍校碑"。另本碑正、碑額、碑陰、碑側分拓五紙，先生題簽"廣武將軍碑　全拓五紙"，拓本鈐印"郃陽行質僧民國廿年後摹拓"。先生嘗作著錄，記云"有蘇州張德生翻本"。（見中盈堂藏本《翫碑雜錄》）

後 秦

遼東太守呂憲墓表　　分書　弘始四年十二月二十七日葬　有復本。先生題簽"苻秦呂憲墓表　弘始四年十二月廿七日"並印"吳興施舍攷藏",拓本先生鈐印"舍之長物"。另本先生小識"呂憲墓表久歸日本江藤氏,拓本不易得。此本失拓上方'表'字"並印"舍之",拓本先生鈐印"吳興施舍"。

宋

寧州刺史邛都縣侯爨龍顏碑　　正書　爨道慶撰　有碑額及碑陰　大明二年九月上旬　二紙　先生題封"爨龍顏碑　並陰"。先生嘗作著錄，記云"龍顏碑未嘗埋沒，特自來不傳拓本，故著錄家不見。嘉道間阮元即訪得之，道光七年知州□□〔張浩〕建亭獲之，遂傳於世。鄧爾恒云，寶子碑較龍顏碑先出數十年，非也"。（見中盈堂藏本《翫碑雜錄》）

劉懷民墓誌銘　　正書　大明八年正月甲申　紹興陶心雲稷山館、無錫曹衡之百漢之室遞藏。整紙裱本經折裝，冊封題簽"宋劉懷民墓誌銘"並印"臣銓大利"。附箋紙題記"陶濬宣跋"。又附"千萬吉"磚銘箋紙題記"丙辰夏正泰月次庵記"並印"次盦"，先生亦小識"唐人避李世民諱，故改'民'作'人'，非史傳之失也"並印"蟄存"。拓本鈐印"曹氏金石"，先生鈐印"舍之長物"。先生嘗作題跋，《宋劉懷民墓誌》記云"南朝誌石，傳世甚少，此誌字跡如《龍顏碑》，尤為攷究書法者所重視""此本為陶文沖舊藏，乃初出土未入匋齋時精拓本，漫漶處筆道猶仿佛可尋""'藏石記'闕六字，由是此誌全文可定，不闕一字，足徵此本之可珍矣"。（見《北山集古錄》）

齊

吳郡造維衛尊佛像並題字　　正書　永明六年　錢塘丁鶴廬守寒巢監拓全形本。

隋郡王呂超墓誌　　正書　按：據先生攷證，應為永明十一年。

梁

太祖建陵神道闕銘　　正書　西闕正文　東闕反文　二紙　按：據先生攷證，應為天監元年，又曾作"大同中始建耳"。拓本先生鈐印"吳興施舍北山樓藏碑"。先生嘗作題跋，《梁三闕》記云"梁太祖建陵東闕、安成康王蕭秀西闕、吳平忠侯蕭景闕，皆正書反文，碑字用反文者始於此""然則此三闕殆皆孔敬通所書，驗之筆勢，正同"。（見《北山集古錄》）

安成康王蕭秀東碑　　文泐額存　正書　按：據先生攷證，應為天監十七年。有復本。拓本先生鈐印"吳興施舍北山樓藏碑"，附刻製簽條"蕭秀東碑額"，先生鈐印"施舍之印"。另本碑額拓本先生小識"安成康王蕭秀東碑額"。

安成康王蕭秀西碑　　文泐額存　正書　碑陰曹吏題名　按：據先生攷證，亦為天監十七年，有復本。拓本先生鈐印"吳興施舍北山樓藏碑"。碑額別有復本一紙，附刻製簽條"蕭秀西碑額"。

安成康王蕭秀西闕銘　　惟存"故散"二字　　正書反文　　按：據先生攷證，亦應為天監十七年，又曾作"大同中始建耳"。先生題簽"蕭秀西闕　此本全石拓"。先生嘗作題跋，《梁三闕》記云"梁太祖建陵東闕、安成康王蕭秀西闕、吳平忠侯蕭景闕，皆正書反文，碑字用反文者始於此""然則此三闕殆皆孔敬通所書，驗之筆勢，正同"。（見《北山集古錄》）

吳平忠侯蕭景神道闕　　正書反文　　按：據先生攷證，應為天監年中，又曾作"大同中始建耳"。有復本。先生題簽"蕭景神道闕　二份"，拓本鈐印"北山樓文房"。另本先生鈐印"吳興施舍北山樓藏碑"。先生嘗作題跋，《梁三闕》記云"梁太祖建陵東闕、安成康王蕭秀西闕、吳平忠侯蕭景闕，皆正書反文，碑字用反文者始於此""然則此三闕殆皆孔敬通所書，驗之筆勢，正司"。（見《北山集古錄》）

始興忠武王蕭憺碑　　有碑額　　徐勉撰　　貝義淵書　　正書　　普通三年十一月八日　　二紙　　拓本先生鈐印"吳興施舍攷藏"。

臨川靖惠王蕭宏東闕銘　　正書　　普通七年四月薨　　拓本先生鈐印"吳興施舍北山樓藏碑"。

臨川靖惠王蕭宏西闕銘　　正書左行　　拓本先生鈐印"吳興施舍北山樓藏碑"。

南康簡王蕭績東闕銘　　正書左行　　有復本。先生題簽"南康簡王蕭績東闕　西闕未得"並印"吳興施舍攷藏"，拓本亦鈐"吳興施舍攷藏"。

南康簡王蕭績西闕銘　　正書　　大通三年薨　　按：此本為先生後得於一九六四年六月。

陳寶齊造無量壽佛像銘　　大同十年正月二十三日　　廣州李尹桑大同石佛龕傳拓本，揚州吳載穌師李齋舊藏。李氏題簽"梁陳寶齊造無量壽象大同十年正月廿三日"並題記,有曰"癸酉新秋拓寄仲珺世長審定",鈐印"尹桑信鉢""桑者"。吳氏亦題"梁陳寶齊造無量壽象　大同十年正月廿三日,李鉢齋世丈藏石,癸酉秋日由粵寄贈。仲坰記"並印"吳載龢印"。拓本鈐印"鉢齋所得南北朝石佛象之記",先生鈐印"蟄庵經眼""天子小人",別有鈐印"原馳蠟像"等。先生嘗作題跋,《梁陳寶齊造像》記云"大同十年陳寶齊造像稍後出,歸吳門韓氏玉雨堂,其後不知所在,墨本亦久無流布。此紙近日收得,有李尹桑題識,述此象流轉之跡甚詳,始知其猶在粵中。象背有梁陳寶齊、唐顧廷謙、清何瑗玉題記三刻""右下角及象頂佛光均已殘缺,雕鏤甚精,可與慧影造象比美"。(見《北山集古錄》)

建安敏侯蕭正立神道闕銘　　　正書　東西二闕　拓本先生鈐印"吳興施舍北山樓藏碑"。

新渝寬侯蕭暎西闕銘　　正書左行　碑側題刻"蕭英西闕",拓本先生鈐印"吳興施舍北山樓藏碑"。

釋慧影造像　　正書　中大同元年十一月五日　石門李笙魚石佛庵精拓全形本。李氏題記"結石佛緣　研香尊兄大人供養,祈無量壽。光緒五年已卯閏三月既望,笙魚弟李嘉福盥手敬搨"並印"石佛龕主精拓奉贈",拓本鈐印"無相庵""吳興施舍北山樓藏碑"等。

程虔墓誌　　正書　太歲已巳丁亥朔二月二十八日　按:先生玫為太清三年。先生嘗作題跋,"無相庵"箋紙先生記云"襄陽出土,文甚拙陋,不可解""此石出後即佚,拓本甚少見"並印"舍之審定"。

瘞鶴銘　　華陽真逸撰　上皇山樵書　無年月　南陵徐積餘隨庵舊藏,水前拓五石本,別一紙清"焦山勝境全圖",共計六紙。拓本無署名無鈐印題封"梁瘞鶴銘,華陽真逸撰,上皇山樵正書,附瘞鶴詩,焦山圖,水前拓本,在江蘇丹徒焦山",先生題簽"瘞鶴銘　水前拓五石本"並印"吳興施舍",徐氏題包護紙"梁瘞鶴銘,華陽真逸撰,上皇山樵正書,在江蘇丹徒焦山,水前拓本,附瘞鶴詩,焦山圖",又題記"梁瘞鶴銘,華陽真逸撰,上皇山樵正書,在江蘇丹徒焦山,水前舊拓本"。拓本五紙分別鈐印"徐乃昌讀碑記"。附先生鋼筆攷釋小識一紙,記曰"共85字"。

陳

衛和墓誌銘　　正書　太建二年十一月　海虞沈石友師米齋傳拓本。先生題封"陳衛和墓誌　太建二年十一月",拓本沈氏鈐印"海虞沈氏師米齋藏石",先生鈐印"舍之長物""施舍所得"。

宣城太守到仲舉墓誌　　正書　太建十年八月十四日　偽刻　拓本鈐印一方。紙背先生題識"偽刻陳到仲舉墓誌",又小識"到仲舉,陳,太建十年八月"。另有店鋪鈐半印"利、頂上扇料、德懋字號"。

北 魏

按：自北魏以後，石刻大都以正書為主，故下列不復註明，惟用篆、分、行、草書者，則註明之。又，以下造像錄目，均按照先生所示名稱，凡稱"造像碑"者，皆碑石全拓；凡稱"造像記"者，皆僅拓記文；凡稱"造像"者，皆拓佛像全形。

魏文朗為男女造佛道像碑　　　有碑陰　始光元年　二紙　先生題封"魏文朗造像　正陰二紙，魏始光元年"，又拓本題簽"魏文朗造像　二紙，始光元年"並印"施舍金石"。先生嘗作題跋，《後魏魏文朗造像》記云"像龕上方及左右側均雕鏤交龍、鳥馬、人物諸像，甚精。下方正面為題記及題名。碑陰下方為題名，皆魏氏子女、兄弟、姑媳，凡數十人，字跡甚陋，文多漫滅，不甚可讀"。（見《北山集古錄》）

皇帝東巡之碑　　　有額篆書　太延三年丁丑功訖　整紙全形精拓本，仁和邵茗生澹寧書屋藏本。拓本題記"魏太武帝東巡御射第二碑，太延三年立石,民國初年出易縣貓兒窰。此精拓本也,弥足珍玩。邵銳記"。先生鈐印"吳興施舍北山樓藏碑""吳興施舍攷藏"。先生嘗作題跋,《後魏皇帝東巡碑》記云"紹興周肇祥跋此碑,以為太延元年有一碑,三年又立一碑,故題之云'後魏太武帝東巡第二碑',誤也""故今日論北魏石刻,則此碑已不得謂之最早者。然堂皇碑碣,有關政治、歷史者,此石仍可為北魏第一碑也。此碑拓本,流傳極少,余求之十餘年,乃始得之"。(見《北山集古錄》)

王神虎造像記　　　太平真君元年三月十七日

中嶽嵩高靈廟碑　　　有額篆書並碑陰　寇謙之撰　太安二年

魚玄明磚誌　　　皇興二年十一月十九日　　濰縣陳介祺簠齋傳拓本。拓本姑蘇陶鏞宏齋題簽"北魏魚玄明磚銘　陳簠齋拓本精品,仲坰道兄屬題,壬寅九秋"並印"陶泠月",拓本鈐印"簠齋""君子專館藏專",先生鈐印"吳興施舍攷藏"。

光州靈山寺舍利塔下銘　　　太和元年十二月八日

大將軍大司馬曹真殘碑　　　分書　有碑陰　按:先生攷為太和五年三月。附先生合存封題簽"魏　孔子廟碑·有額、曹真殘碑·有陰、王基殘碑"並印"吳興施舍攷藏"。拓本先生鈐印"吳興施舍攷藏"。

邑義清信士女等五十四人造像九十五區記　　　太和七年八月三十日　開封桑孟伯庸堂藏本。拓本先生鈐印"吳興施舍攷藏"。

大代宕昌公暉福寺碑　　　有額篆書並碑陰　太和十二年七月一日

皇帝弔比干文　　　有額正書　碑陰上截從官題名　下截宋元祐五年吳處厚重刻記　太和十八年十一月四日　三紙　宋重刻本。先生題簽"北魏弔比干文,正陰全有額,太和十八年十一月,宋重刻本",又嘗作题跋，《後魏孝文帝弔比干文》記云"此碑字體怪異，然書勢則古茂，雖宋人重刻，精神未亡，可與吳炳重《書漢淮源桐栢廟碑》比美。碑陰題名仍是原刻，或有稍加修鐫處，與碑正不同。碑正乃磨平後再刻，碑陰未經磨礱，觀拓本可辨""碑陰字跡與碑正絕異，結體無碑正之怪異，蓋非一人所書""余所得拓本則'亮'字甚清晰，初無損泐"。（見《北山集古錄》）

襄城郡汝南縣主簿周哲墓誌　　太和十九年九月二十一日　按：
先生攷為偽刻。拓本先生小識"周哲，太和十九年九月廿一日，偽品"。拓本鈐印"徵三"。

姚伯多兄弟造皇老君像碑　　有碑兩側　太和二十年九月四日
三紙　先生題簽"姚伯多造像　北魏太和廿年九月四日"，又小識"正、兩側，耀州新出"，三紙先生分別鈐印"施捨讀碑記""吳興施捨攷藏""吳興施捨所得古金石專瓦文"。

相州刺史南安王元楨墓誌　　太和二十年十一月二十六日　三原于右任鴛鴦七誌齋傳拓本。拓本鈐印"右任藏石""鴛鴦七誌齋"，先生鈐印"吳興施捨北山樓藏碑"。

齊郡王元簡墓誌　　殘存半石　太和二十三年三月甲午　三原于右任鴛鴦七誌齋傳拓本。先生題簽"元簡　太和二十三年三月甲午"並印"施捨金石"，拓本鈐印"右任藏石""鴛鴦七誌齋"，先生鈐印"吳興施捨北山樓藏碑"。

汾州刺史元彬墓誌　　太和二十三年十一月二十日　拓本先生鈐印"北山樓文房""吳興施捨攷藏"。

著作郎韓顯宗墓誌　　太和二十三年十二月二十六日　拓本先生鈐印"施捨金石"。

席伯仁造像記　　太和年間

洛陽龍門山北魏太和造像記七段

　　丘穆陵亮夫人尉遲為亡息牛橛造彌勒像記　　太和□九年十一月　有復本三種。一先生題簽"丘穆陵亮夫人尉遲造像　太和十九年十一月"並印"吳興施舍攷藏"，拓本先生鈐印"施舍所得"，為"北山樓選定北魏龍門造像五十品佳拓"之一。一杭州項藻馨竹景居舊藏，先生題封"龍門山北魏造像題記　太和、景明"之一，先生題簽"邱穆陵亮妻尉遲造像記　太和［十］九年十一月"並印"施舍所得"，拓本項氏鈐印"竹景居""項蘭生""劫後所得"。別一本剪裱一頁，北山樓藏本"王孝禹藏龍門造像精拓本第三冊"之一種。

　　乙弗為亡夫張元祖造像記　　太和二十年　有復本三種。一原係北山樓藏本"王孝禹藏龍門造像精拓本第三冊"之一種，先生題簽"乙弗為亡夫張元祖造像　太和廿年"並印"吳興施舍攷藏"，拓本先生鈐印"施舍所得"，列入"北山樓選定北魏龍門造像五十品佳拓"之一。一杭州項藻馨竹景居舊藏，拓本項氏鈐印"竹景居""項蘭生""劫後所得"，補入北山樓藏本"王孝禹藏龍門造像精拓本第三冊"，先生小識"此紙非王氏原物"並印"吳興施舍"。別一本無署名無鈐印框欄題簽"張元祖妻造像記　太和二十年"，拓本先生鈐印"舍之寓心"。

　　高楚為七世眷屬造彌勒像記　　太和二十二年二月十日　有復本。先生題簽"高楚造像記　太和廿二年，此佳"，拓本先生鈐印"施舍所得"，為"北山樓選定北魏龍門造像五十品佳拓"之一。另本北山樓藏本"王孝禹藏龍門造像精拓本第二冊"之一種，拓本王氏鈐印"王孝禹攷藏記"。

　　比丘慧成為父始平公造像記　　陽文刻　朱義章書　孟達文　太和二十二年九月十四日　有復本三種。一杭州項藻馨竹景居舊藏，先生題簽"比丘慧成為父始平公造像　舊拓本，太和廿二年九月十四日"並印"吳興施舍攷藏"，拓本項氏鈐印"竹景居""項蘭生""劫後所得"，先生鈐印"吳興施舍攷藏"，為"北山樓選定北魏龍門造像五十品佳拓"之一。一無署名無鈐印框欄題簽"魏始平公像記　太和廿二年"，拓本先生鈐印"吳興施舍攷藏""無相庵藏本"。別一本剪裱二頁，北山樓藏本"王孝禹藏龍門造像精拓本第三冊"之一種。

　　北海王元詳願母子平安造像記　　太和二十二年九月二十三日　有復本。杭州項藻馨竹景居舊藏，先生題識"北海王元詳，太和廿二年九月，不如'王本'"，拓本項氏鈐印"竹景居""項蘭生""劫後所得"，為"北山樓選定北魏龍門造像五十品佳拓"之一。別一本剪裱二頁，北山樓藏本"王孝禹藏龍門造像精拓本第三冊"之一種。

　　司馬解伯達造彌勒像記　　太和年造　有復本。杭州項藻馨竹景居舊藏，先生題識"司馬解伯達，太和年造，此佳"，拓本項氏鈐印"項蘭生""竹景居""劫後所得"，為"北山樓選定北魏龍門造像五十品佳拓"之一。另本北山樓藏本"王孝禹藏龍門造像精拓本第三冊"之一種。

　　北海王太妃高氏為孫保造像記　　無年月　先生攷當在太和年。有復本三種。一原係北山樓藏本"王孝禹藏龍門造像精拓本第三冊"之一種，先生小識題簽"北海王太妃高氏"，拓本先生鈐印"吳興施舍攷藏"，列入"北山樓選定北魏龍門造像五十品佳拓"之一。一杭州項藻馨竹景居舊藏，拓本項氏鈐印"竹景居""項蘭生""劫後所得"，補入北山樓藏本"王孝禹藏龍門造像精拓本第三冊"，先生小識"此紙亦補入"。別一本北山樓藏本"王孝禹藏龍門造像精拓本第二冊"之一種，拓本王氏鈐印"王孝禹攷藏記"，先生鈐印"施舍所得"。

景明造彌勒像殘記　　有碑陰　景明二年六月二十九日　拓本先生鈐印"施舍所得"。先生嘗作題跋，《北魏景明二年造像殘石》記云"書勢甚勁偉，似龍門造像諸大字題名，北魏書之正傳也"。（見《北山集古錄》）按：先生因未得此碑碑陰而題識"右北魏景明二年造像殘石，見'匋齋藏石記'，號年在石背，余未得拓本"並印"施舍金石"。

太尉領司州牧穆亮墓誌　　景明三年六月二十九日　　三原于右任鴛鴦七誌齋傳拓本。拓本鈐印"右任""鴛鴦七誌齋"，先生鈐印"吳興施舍北山樓藏碑"。

張村合邑八十人造像碑　　景明三年　　先生題簽"張村合邑八十人造象　景明三年，一紙，缺記文及年月，輝縣九里營村內"，拓本先生鈐印"吳興施舍攷藏""施舍之印"。

獻文皇帝第一品嬪侯夫人墓誌銘　　景明四年三月二十一日　　有復本。墨拓本鈐印"舍之長物"。另本北山樓藏本"武進陶氏涉園藏魏誌石拓本　齊周隋唐坿"全函硃拓之一種，印製框欄簽條"獻文帝嬪侯夫人誌　景明四年三月二十一日"並印"施舍所得"，拓本先生鈐印"北山樓文房"。

幽州範陽郡涿縣當陌村高伏德等三百人造像碑　　景明四年四月二日　　先生題簽"高伏德等三百人造像記　北魏景明四年四月二日"，拓本先生鈐印"吳興施舍攷藏"。先生嘗作著錄，記云"此石原在河北涿縣西城門洞，民國九年袁勵杰移縣署，後曹錕移保定光園，今不知所在"。（見中盈堂藏本《翫碑雜錄》）

雲崗第二十窟比丘尼曇媚造像記　　景明四年四月六日　　拓本先生鈐印"吳興施舍北山樓藏碑"。

閻宗憘等合村七十二人造像碑　　景明四年十月□日　　先生題簽"閻宗憘等七十二人造像　景明四年十月"，拓本先生鈐印"吳興施舍所得古金石專瓦文"。

密雲太守霍揚碑　　　有額篆書　景明五年正月二十六日

洛陽龍門山景明造像記十五段

　　　楊大眼為孝文帝造像記　　　無年月　按：先生亦攷為景明元年。有複本三種。一杭州項藻馨竹景居舊藏，先生小識"楊大眼，景明"，拓本項氏鈐印"竹景居""項蘭生""劫後所得"，為"北山樓選定北魏龍門造像五十品佳拓"之一。一無署名無鈐印框欄題簽"楊大眼造像記　《金石萃編》著錄，石在洛陽，以結銜攷定當在景明元年"，拓本先生鈐印"無相庵藏本"。別一本剪裱二頁，北山樓藏本"王孝禹藏龍門造像精拓本第二冊"之一種。

　　　雲陽伯鄭長猷造彌勒像記　　　景明二年九月三日　有復本。此本舊拓，係杭州項藻馨竹景居舊藏，先生題識"鄭長猷，新拓左下角石已斷泐，'九月三'三字亦較模糊"，拓本項氏鈐印"竹景居""項蘭生""劫後所得"，先生鈐印"施舍所得"，為"北山樓選定北魏龍門造像五十品佳拓"之一。另本北山樓藏本"王孝禹藏龍門造像精拓本第二冊"之一種，拓本王氏鈐印"王孝禹攷藏記"，先生鈐印"施舍所得"。

　　　比丘惠感為亡父母造彌勒像記　　　景明三年五月□日　有復本四種。一原係北山樓藏本"王孝禹藏龍門造像精拓本第二冊"之一種，先生小識"比丘惠感"並印"施舍所得"，拓本王氏鈐印"王孝禹攷藏記"，先生亦鈐"施舍所得"，列入"北山樓選定北魏龍門造像五十品佳拓"之一。一杭州項藻馨竹景居舊藏，拓本項氏鈐印"竹景居""項蘭生""劫後所得"，先生鈐印"吳興施舍攷藏"，補入北山樓藏本"王孝禹藏龍門造像精拓本第二冊"。別二本皆為北山樓藏本"王孝禹藏龍門造像精拓本第三冊"之一種。

　　　新城縣功曹孫秋生等二百人造像記　　　景明三年五月二十七日　孟廣達撰　蕭顯慶書　有復本。杭州項藻馨竹景居舊藏，先生小識"孫秋生等皓像，景明三年五月，佳、用"，拓本項氏鈐印"竹景居""項蘭生""劫後所得",先生鈐印"施舍所得",為"北山樓選定北魏龍門造像五十品佳拓"之一。另本剪裱五頁,北山樓藏本"王孝禹藏龍門造像精拓本第三冊"之一種。

邑主高樹解伯都等三十二人造像記　　景明三年五月三十日　有復本。杭州項藻馨竹景居舊藏,先生題識"高樹等三十二人造像",拓本項氏鈐印"竹景居""項蘭生""劫後所得"。另本北山樓藏本"王孝禹藏龍門造像精拓本第二冊"之一種,拓本王氏鈐印"王孝禹攷藏記",先生鈐印"施舍所得",為"北山樓選定北魏龍門造像五十品佳拓"之一。

佛弟子趙雙哲造像記　　景明三年五月三十日　拓本王氏鈐印"王孝禹攷藏記",為北山樓藏本"王孝禹藏龍門造像精拓本第二冊"之一種。

唯那尹愛姜等廿二人造像記　　景明三年六月二十三日　有復本。為北山樓藏本"王孝禹藏龍門造像精拓本第一冊"之一種。另本北山樓藏本"王孝禹藏龍門造像精拓本第三冊"之一種。

侯太妃為亡夫廣川王賀蘭汗造像記　　景明三年八月十八日　有復本三種。杭州項藻馨竹景居舊藏,先生題簽"廣川王祖母侯太妃為亡夫賀蘭汗造像",拓本項氏鈐印"竹景居""項蘭生""劫後所得",先生鈐印"吳興施舍攷藏"。另本北山樓藏本"王孝禹藏龍門造像精拓本第二冊"之一種,王瓘孝禹題記有曰"此必道光時物",先生題識"已上王孝禹所題,余取近拓本附於此,俾後之人比較之。舍之"並印"吳興施舍",拓本王氏鈐印"王孝禹攷藏記",先生鈐印"施舍所得",為"北山樓選定北魏龍門造像五十品佳拓"之一。別一本先生小識"此雖近拓,直偽刻耳"並印"舍之審定"。

馬振拜等卅四人為皇帝造像記　　景明四年八月五日　原係北山樓藏本"王孝禹藏龍門造像精拓本第一冊"之一種,列入"北山樓選定北魏龍門造像五十品佳拓"之一,先生小識"馬振拜",拓本王氏鈐印"王孝禹攷藏記"，先生鈐印"吳興施舍攷藏"。

　　廣川王祖母侯太妃為己身造像記　　景明四年十月七日　有復本三種。一原係北山樓藏本"王孝禹藏龍門造像精拓本第三冊"之一種，列入"北山樓選定北魏龍門造像五十品佳拓"之一。一杭州項藻馨竹景居舊藏，拓本項氏鈐印"竹景居""項蘭生""劫後所得"，先生鈐印"施舍所得"，補入北山樓藏本"王孝禹藏龍門造像精拓本第三冊"。別一本分拓二紙，北山樓藏本"王孝禹藏龍門造像精拓本第三冊"之一種，拓本先生鈐印"施舍所得"。

　　清信女賈光明為亡夫造像記　　景明四年十一月二日　拓本王氏鈐印"王孝禹攷藏記"，為北山樓藏本"王孝禹藏龍門造像精拓本第二冊"之一種。

　　比丘法生為孝文皇帝並北海王母子造像記　　景明四年十二月一日　有復本三種。一原係北山樓藏本"王孝禹藏龍門造像精拓本第二冊"之一種，列入"北山樓選定北魏龍門造像五十品佳拓"之一，先生題識"比丘法生"，拓本王氏鈐印"王孝禹攷藏記"，先生鈐印"吳興施舍攷藏"。一杭州項藻馨竹景居舊藏，補入北山樓藏本"王孝禹藏龍門造像精拓本第二冊"，先生小識"此紙亦非王氏原物"並印"舍之"，拓本項氏鈐印"竹景居""項蘭生""劫後所得"，先生鈐印"施舍所得"。一先生題封"龍門山北魏造像題記　太和、景明"之一，拓本亦鈐"施舍所得"。

　　平乾虎為太妃廣川王造像記　　無年月　按：先生攷為當在此時。有復本三種。一僅拓題記本，先生小識"平乾虎，石，二"，為"北山樓選定北魏龍門造像五十品佳拓"之一。一杭州項藻馨竹景居舊藏，亦僅拓題記，拓本項氏鈐印"竹景居""項蘭生"，先生鈐印"舍之審定"。別一本整紙全形拓，拓本無署名無鈐印小記"龍門廿之一，平乾虎"。

王神秀為太妃廣川王造像記　　　無年月　二紙　按：先生攷為當在此時。拓本先生鈐印"施舍所得"，為"北山樓選定北魏龍門造像五十品佳拓"之一。

　　　　魏靈藏薛法紹造像記　　　無年月　按：先生攷當在此時。有復本四種。一先生小識"魏靈藏"，為"北山樓選定北魏龍門造像五十品佳拓"之一。一杭州項藻馨竹景居舊藏，先生題封"龍門山北魏造像題記　太和、景明"之一，題簽"魏靈藏薛法紹造像記"並印"無相庵"，拓本項氏鈐印"竹景居""項蘭生""劫後所得"，先生鈐印"施舍所得"。一剪裱二頁，北山樓藏本"王孝禹藏龍門造像精拓本第三冊"之一種。別有一冊為剪裱線裝合刊本，附"摩騰入漢靈異記"之末。

比丘法雅等為孝文皇帝造九級浮圖碑　　　正始元年正月七日　碑下截刻隋開皇五年四月楊法果移碑記。

涿縣當陌村維邨高洛周等七十人造釋迦像碑　　　有碑陰碑側　正始元年三月九日　浭陽端午橋陶齋傳拓本。按：此本先生未得陰側。拓本先生題簽"高洛周七十人等造像記　正始元年三月，匋齋藏石，缺陰側"，拓本先生鈐印"吳興施舍攷藏"。

光州刺史貞侯高慶碑　　　有額篆書　正始元年

許和世墓銘　　　正始元年十二月十三日　拓本先生鈐印"吳興施舍攷藏"。

孝陽令翟普林造像　　　分書　正始二年三月　按：此本先生疑為偽刻。

道民馮神育等二百廿人造老君像碑　　　四面刻　大代正始二年九月二十六日　全拓四紙，有復本。先生題簽"馮神育造老君像　北魏正始二年九月廿六日"，拓本四紙先生皆鈐印"吳興施舍攷藏"。另本先生題籤"馮神育造像　兩紙，復本"並印"蟄存"，拓本兩紙先生各鈐"吳興施舍北山樓藏碑""無相庵"。先生嘗作題跋，《後魏馮神育等二百廿人造老君像碑》記云"此本四面全拓，字亦不甚惡，趙氏遽斥之為醜惡，則當時北魏造像碑所出不多，未知此刻字畫猶為上乘也。銘文稱國號猶曰'大代'"。（見《北山集古錄》）

元始和墓誌　　　正始二年十一月十八日　嘉善徐聲越夢松風閣藏本。拓本徐氏鈐印"唐柳宋梅之館"，先生鈐印"施舍所得"。

鄒月光墓銘磚　　　正始二年十一月二十七日　先生題籤"鄒月光墓誌　正始二年十一月廿七日"，拓本先生鈐印"吳興施舍攷藏"。

昭玄沙門都維邮法師惠猛墓誌　　　正始二年十二月十九日　雲間杜亞治松筠草堂舊藏，拓本杜氏題籤"東魏惠猛法師誌"並印"杜氏松筠草堂"，拓本先生鈐印"吳興施舍攷藏"。

恒農太守寇臻墓誌　　　正始三年三月二十六日　拓本先生鈐印"施舍校碑"。

徵士奚智墓誌　　　正始四年三月十三日　三原于右任鴛鴦七誌齋傳拓本。拓本于氏鈐印"右任藏石""鴛鴦七誌齋"，先生鈐印"施舍讀碑記""舍之長物"。

城陽康王元壽妃麴氏墓誌　　　正始四年八月十六日

洛陽龍門山正始造像記十二段　　　先生題籤"龍門山北魏造像記　正始、永平、延昌"。

　　　比丘道仙造像記　　正始元年十一月三日　拓本王氏鈐印"王

孝禹攷藏記", 為北山樓藏本"王孝禹藏龍門造像精拓本第二冊"之一種。

清信女高思朔造像記　　正始元年十一月四日　　有復本。先生小識"高思朔", 拓本先生鈐印"施舍所得", 為"北山樓選定北魏龍門造像五十品佳拓"之一。另本北山樓藏本"王孝禹藏龍門造像精拓本第二冊"之一種, 拓本王氏鈐印"王孝禹攷藏記"。

楊安祥為合門大小造釋迦像記　　正始二年正月三十日　　有復本。拓本先生鈐印"施舍所得"。另本北山樓藏本"王孝禹藏龍門造像精拓本第一冊"之一種, 拓本亦鈐"施舍所得"。

鉤楯令王史平造像記　　正始二年四月十五日　　兩段合拓本之一。拓本王氏鈐印"王孝禹攷藏記", 為北山樓藏本"王孝禹藏龍門造像精拓本第二冊"之一種。

宮內作太監嘗法端造像記　　正始三年三月十九日　　有復本三種。先生小識"嘗法端造像記, 此本勝", 拓本先生鈐印"吳興施舍攷藏", 為"北山樓選定北魏龍門造像五十品佳拓"之一。另本北山樓藏本"王孝禹藏龍門造像精拓本第一冊"之一種, 拓本先生鈐印"吳興施舍攷藏"; 又北山樓藏本"王孝禹藏龍門造像精拓本第二冊"之一種, 拓本王氏鈐印"王孝禹攷藏記", 先生亦鈐"吳興施舍攷藏"。

比丘妙光為亡父母己身造像記　　正始三年四月十日　　有復本。先生小識"正始三年四月, 比丘妙光造像", 拓本鈐印"施舍所得"。另本為北山樓藏本"王孝禹藏龍門造像精拓本第一冊"之一種, 拓本亦鈐"施舍所得"。

孫大光為七世父母造像記　　正始三年六月二十日　　拓本先生鈐印"施舍所得", 為北山樓藏本"王孝禹藏龍門造像精拓本第一冊"之一種。

佛弟子楊小妃為亡父造像記　　正始三年十二月二十二日

安定王元爕造釋迦像記　　正始四年二月中　有復本四種。一先生題簽"安定王元爕造像"，拓本項氏鈐印"竹景居""項蘭生""劫後所得"，先生鈐印"施舍所得"，為"北山樓選定北魏龍門造像五十品佳拓"之一。一北山樓藏本"王孝禹藏龍門造像精拓本第二冊"之一種，拓本王氏鈐印"王孝禹攷藏記"，先生鈐印"吳興施舍攷藏"。一北山樓藏本"王孝禹藏龍門造像精拓本第三冊"之一種，全形分拓三紙，先生小識"以下三紙原刻連讀"。別一本無署名無鈐印框欄題簽"安定王造像記"，拓本先生鈐印"無相奄藏本"。先生嘗作題跋，《後魏安定王元爕造像記》記云"安定王元爕龍門山造像有二刻，此第一刻也。文以'祖親'為祖母，北魏碑誌中常見，齊周以後，便不復見"。（見《北山集古錄》）

護軍府吏魯眾為所生父母造像記　　正始四年四月　有復本。先生小識"正始四年四月"，拓本先生鈐印"施舍所得"。另本為北山樓藏本"王孝禹藏龍門造像精拓本第二冊"之一種，拓本王氏鈐印"王孝禹攷藏記"，先生鈐印"施舍所得"。

比丘法轉造彌勒像記　　正始四年六月一日　拓本王氏鈐印"王孝禹攷藏記"，為北山樓藏本"王孝禹藏龍門造像精拓本第二冊"之一種。

比丘惠谷造釋迦像記　　正始五年八月十五日　北山樓藏本"王孝禹藏龍門造像精拓本第一冊"之一種。

彭城王元勰墓誌銘　　永平元年十一月六日　北山樓藏本"武進陶氏涉園藏魏誌石拓本　齊周隋唐坿"全函硃拓之一種，印製框欄簽條"彭城王元勰誌　永平元年十一月六日"，拓本先生鈐印"吳興施舍攷藏"。

江陽王次妃石婉墓誌　　永平元年十一月二十三日　拓本先生鈐印"吳興施舍攷藏"。

石門銘　　王遠撰　永平二年正月三十日　先生題封"魏石門銘　永平二年"並印"舍之審定"，又題簽"魏石門銘　永平二年"並印"吳興施舍攷藏"。

勅賜嵩顯禪寺碑　　有額篆書　永平二年四月

寧陵公主墓誌　　永平三年正月八日夜薨　開封桑孟伯庸堂藏本。

南石窟寺碑　　有碑額碑陰　永平三年四月十四日　三紙　初拓本，恭城馬君武舊藏。馬氏分別題簽"南石窟寺碑　君武""南石窟寺碑額　君武""南石窟寺碑陰　君武"，拓本三紙皆鈐印"馬君武"，先生分別鈐印"施舍校碑""吳興施舍攷藏""吳興施舍北山樓藏碑"。先生嘗作題跋，《後魏南石窟寺碑》記云"全文已著錄於羅振玉《石交錄》《後丁戊稿》。余以此拓本校之，則羅氏所錄，尚有缺誤……豈未得拓本耶"。（見《北山集古錄》）

王歡欣兄弟等造像記　　永平三年十月十八日　有復本。拓本先生鈐印"施舍所得"。另本北山樓藏本"王孝禹藏龍門造像精拓本第三冊"之一種。

獻武元王元英墓誌　　永平三年十二月庚辰　拓本先生鈐印"施舍金石"。

寧朔將軍司馬紹墓誌　　永平四年十月十一日　別有摹刻一本。

太尉府參軍事元伜墓誌　　有誌陰　永平四年十一月五日　二紙　武進陶氏涉園傳拓本。拓本兩紙皆鈐印"武進陶涉園藏石""涉園拓石"，先生各鈐"施舍金石"。

楊範墓誌銘　　永平四年十一月十七日　拓本先生鈐印"無相庵""舍之"。

中書令鄭文公碑　　有碑額　永平四年

中書令鄭文公上碑　　　永平四年

安樂王元詮墓誌　　永平五年八月二十六日　　有復本。墨拓一本。另本為硃拓本，武進陶氏涉園舊藏。

洛陽龍門山永平造像記十六段　　　先生題簽"龍門山北魏造像記　正始、永平、延昌"。

　　　清州埏泉寺道守造彌勒像記　　永平元年　有復本。先生小識"永平元年"，拓本先生鈐印"施舍所得"。另本北山樓藏本"王孝禹藏龍門造像精拓本第二冊"之一種，拓本王氏鈐印"王孝禹攷藏記"，先生鈐印"施舍所得"。

　　　比丘尼法文法隆等造彌勒像記　　永平二年四月二十五日　有復本三種。一原係北山樓藏本"王孝禹藏龍門造像精拓本第一冊"之一種，列入"北山樓選定北魏龍門造像五十品佳拓"之一，先生小識"法文法隆，用裱本，新得"，拓本王氏鈐印"王孝禹攷藏記"，先生鈐印"施舍所得"。一拓本亦鈐"施舍所得"。別一本先生題簽"龍門造像四種"四段整紙合拓之一，拓本鈐印"善昌審定""靈光石室"。

　　　為七世父母眷屬造像記　　未刻主名　永平二年六月二十四日　有復本。拓本先生鈐印"施舍所得"。另本北山樓藏本"王孝禹藏龍門造像精拓本第二冊"之一種，拓本王氏鈐印"王孝禹攷藏記"。

　　　邑師道量等為國造彌勒像記　　永平二年十一月十六日　為北山樓藏本"王孝禹藏龍門造像精拓本第二冊"之一種，拓本王氏鈐印"王孝禹攷藏記"。

　　　比丘尼法行造定光石像記　　永平三年四月四日　有復本三種，拓本先生鈐印"施舍金石"。另本先生鈐印"施舍所得"。別一本為北山樓藏本"王孝禹藏龍門造像精拓本第一冊"之一種。

道人惠感造世加文佛記　　永平三年五月十日　有復本。先生小識"永平三年五月十日，道人惠感"，拓本先生鈐印"施舍所得"。另本北山樓藏本"王孝禹藏龍門造像精拓本第二冊"之一種，拓本王氏鈐印"王孝禹攷藏記"。

比丘尼法慶為七世父母造彌勒像記　　永平三年九月四日　有復本。拓本先生鈐印"施舍所得"。另本北山樓藏本"王孝禹藏龍門造像精拓本第一冊"之一種，拓本亦鈐"施舍所得"。

比丘尼惠智為七世父母造釋迦像記　　永平三年十一月二十九日　有復本。拓本先生鈐印"施舍所得"。另本北山樓藏本"王孝禹藏龍門造像精拓本第三冊"之一種。

張元雙等廿三人造彌勒像記　　永平三年閏月五日　拓本先生鈐印"施舍所得"，為北山樓藏本"王孝禹藏龍門造像精拓本第二冊"之一種。

五品孫賈元德等造彌勒像記　　永平四年二月十日　拓本先生鈐印"施舍所得"，為北山樓藏本"王孝禹藏龍門造像精拓本第一冊"之一種。

殿中將軍領大官令曹連造釋迦像記　　永平四年八月二十口日　有復本。先生小識"永平四年"，拓本先生鈐印"施舍所得"。另本為北山樓藏本"王孝禹藏龍門造像精拓本第一冊"之一種，兩段合拓本之一，拓本亦鈐"施舍所得"。

比丘釋法興造彌勒像記　　永平四年九月一日　有復本。先生小識"永平四年九月一日"，拓本先生鈐印"施舍所得"。另本兩段合拓本之一，為北山樓藏本"王孝禹藏龍門造像精拓本第一冊"之一種，拓本先生鈐印"吳興施舍攷藏"。

  仳和寺尼道僧略造彌勒像記 永平四年十月七日 有復本三種。一先生小識"仳和寺尼道僧略，佚，用此"，拓本先生鈐印"施舍所得"，為"北山樓選定北魏龍門造像五十品佳拓"之一。一拓本先生鈐印"吳興施舍攷藏"。別一本北山樓藏本"王孝禹藏龍門造像精拓本第二冊"之一種，拓本王氏鈐印"王孝禹攷藏記"。先生嘗作著録，記云"據《石交録》云龍門造像題記被盜者：仳和寺尼道僧略，永平四年"。（見中盈堂藏本《翫碑雜録》）

  華州刺史安定王造石窟記 永平四年十月十六日 有復本三種。拓本先生鈐印"施舍所得"。另本為北山樓藏本"王孝禹藏龍門造像精拓本第一冊"之一種；又北山樓藏本"王孝禹藏龍門造像精拓本第二冊"之一種，拓本王氏鈐印"王孝禹攷藏記"，先生鈐印"吳興施舍攷藏"。先生嘗作著録，記云"據《石交録》云龍門造像題記被盜者：安定王，永平四年。歸常熟曾氏"。（見中盈堂藏本《翫碑雜録》）

  清信女尹伯成妻為亡夫伯成造觀世音像記 永平四年十二月十二日 有復本。先生小識"永平四年"，拓本先生鈐印"施舍所得"。另本為北山樓藏本"王孝禹藏龍門造像精拓本第一冊"之一種，拓本亦鈐"施舍所得"。

  釋法陵為父母師僧造像記 永平五年正月中

比丘法堅法榮造像碑 殘石 延昌元年二月 年月在碑側。

河州刺史鄧乾墓誌 延昌元年八月二十六日 嘉善徐聲越夢松風閣藏本。拓本徐氏鈐印"唐柳宋梅之館"。先生鈐印"施舍所得"。

廣樂太守楊宣碑 有額 延昌元年十月丁亥

處士元顯儁墓誌　　有誌蓋　延昌二年二月二十九日　二紙　拓本先生鈐印"施舍金石"。

衡州刺史嚴震墓誌　　延昌二年四月十日　按：先生攷為偽刻。

兗州刺史陳歘墓誌　　延昌二年十月九日　按：先生攷為偽刻。拓本先生題簽"陳歘墓誌　延昌二年十月九日，舍之著錄"，拓本先生鈐印"施舍金石""吳興施舍攷藏"。

司馬昞妻孟敬訓墓誌銘　　延昌三年正月十二日　石側有乾隆己酉欽州馮敏昌題刻。有復本。蘭溪劉焜甓園舊藏，拓本劉氏鈐印"蘭溪劉氏家藏"，先生鈐印"吳興施舍攷藏"。

高宗文成皇帝嬪耿氏墓誌銘　　延昌三年七月十五日　有復本。墨拓本一紙，拓本先生鈐印"吳興施舍攷藏"。另本北山樓藏本"武進陶氏涉園藏魏誌石拓本　齊周隋唐坿"全函砵拓之一種，印製框欄簽條"文成帝嬪耿氏誌　神龜元年二月八日〔延昌三年七月十五日〕"，拓本先生鈐印"吳興施舍攷藏"。

冀州刺史元珍墓誌銘　　延昌三年十一月四日　北山樓藏本"武進陶氏涉園藏魏誌石拓本　齊周隋唐坿"全函砵拓之一種，印製框欄簽條"冀州刺史元珍誌　延昌三年十一月四日"，拓本先生鈐印"吳興施舍攷藏"。

燕州刺史元颺墓誌銘　　延昌三年十一月四日　餘杭褚氏禮堂松窗舊藏。拓本褚氏鈐印"礼堂""殿中司馬"，先生鈐印"施舍金石"。別有石印一本。

廬奴令姚纂墓誌　　延昌四年正月十六日　有復本。鹿原劉海天畊鋤草堂藏本，拓本劉氏題記"姚纂墓誌，當時出土石已好，而字殘爛，未有一字完好，歸陶氏後失遺，不知下落矣。老農夫記藏"並印"畊鋤草堂""老农夫",先生题识"'赵氏集释'本亦如此,此誌佳拓,诚不易得"。另本北山楼藏本"武进陶氏涉园藏魏誌石拓本　齐周隋唐坿"全函硃拓之一种,印製巨欄簽條"廬奴令姚纂誌　延昌四年正月十六日",拓本先生钤印"舍之寓心"。

比丘郭景勝為亡弟造像碑　　延昌四年四月一日　碑正碑陰及碑兩側分拓四紙。

皇甫驎墓誌銘　　延昌四年四月十八日　先生小識"此誌待著錄,入乙集",拓本先生钤印"施舍金石"。

徐州刺史王紹墓誌　　延昌四年閏十月二十二日　拓本先生钤印"吳興施舍北山樓藏碑""施舍金石"。

松滋公溫泉頌　　有額篆書　陽文　無年月　按:附延昌末。

洛陽龍門山延昌造像記七段　　先生題簽"龍門山北魏造像記　正始、永平、延昌"。

　　劉洛真為亡兄惠寶造釋迦像記　　延昌元年十一月丁亥朔　有復本。拓本先生钤印"吳興施舍攷藏"。另本為北山樓藏本"王孝禹藏龍門造像精拓本第一冊"之一種,拓本先生钤印"施舍所得"。

　　劉洛真兄弟為亡父母造彌勒像記　　延昌元年十一月四日　有復本。全形分拓二紙本,為"北山樓選定北魏龍門造像五十品佳拓"之一。另本僅拓題刻一紙,拓本先生钤印"施舍所得"。先生嘗作著錄,記云"據《石交錄》云龍門造像題記被盜者:劉洛真,延昌元年"。(見中盈堂藏本《瓻碑雜錄》)

　　比丘尼法興因患疥造釋迦牟尼像記　　延昌二年八月二日

有復本。先生小識"延昌二年八月二日比丘尼法興",拓本先生鈐印"舍之審定"。另本北山樓藏本"王孝禹藏龍門造像精拓本第二冊"之一種,拓本王氏鈐印"王孝禹攷藏記"。

王□合十四人等造彌勒像記　　延昌三年八月二日　　有復本。先生小識"延昌三年八月",拓本先生鈐印"施舍所得"。另本北山樓藏本"王孝禹藏龍門造像精拓本第二冊"之一種,拓本王氏鈐印"王孝禹攷藏記",先生鈐印"施舍所得"。

佛弟子白方生姊□普全造釋迦像　　延昌四年二月二日　　有復本三種。兩段合拓本之一,北山樓藏本"王孝禹藏龍門造像精拓本第一冊"之一種,拓本先生鈐印"施舍所得";又北山樓藏本"王孝禹藏龍門造像精拓本第二冊"之一種,拓本王氏鈐印"王孝禹攷藏記",先生亦鈐"施舍所得"。別一本先生鈐印"施舍所得"。

清信女尹顯房為父母造多保像記　　延昌四年八月二十四日　有復本。拓本先生鈐印"施舍所得"。另本為北山樓藏本"王孝禹藏龍門造像精拓本第一冊"之一種,拓本亦鈐"施舍所得"。

清信女尹靜妙為切眾生造像記　　延昌四年八月二十九日　有復本。拓本先生鈐印"施舍所得"。另本為北山樓藏本"王孝禹藏龍門造像精拓本第一冊"之一種,拓本亦鈐"施舍所得"。

涼州長史王昌墓誌　　熙平元年三月十七日

孫永安為亡母造像記　　熙平元年十月十五日　騰衝李根源曲石精廬舊藏,拓本李氏鈐印"曲石精廬",先生鈐印"吳興施舍攷藏""無相庵"。

樂陵王元彥墓誌　　熙平元年十一月十日　嘉善徐聲越夢松風閣藏本。拓本徐氏鈐印"唐柳宋梅之館",先生鈐印"施舍所得"。

通直散騎常侍王誦妻元貴妃墓誌銘　　熙平二年八月二十日　　北山樓藏本"武進陶氏涉園藏魏誌石拓本　齊周隋唐坿"全函硃拓之一種，印製框欄籤條"通直散騎常侍王誦妻元貴妃誌　丁酉八月廿日，攷為熙平二年"，拓本先生鈐印"吳興施舍攷藏"。

廣平王元懷墓誌　　熙平二年八月二十日　　拓本先生鈐印"施舍讀碑記"。

元容誌銘　　熙平二年八月二十日　　按：先生攷為偽刻，題籤"元容墓誌　熙平二年八月廿日，偽刻"並印"施舍金石"，拓本先生鈐印"吳興施舍攷藏"。

雒州刺史刁遵墓誌　　有誌陰　　熙平二年十月九日　　二紙　　拓本先生題識"刁惠公誌，此本雖不為佳，然十年間所見皆不如此本，亦未可忽視矣"並印"舍之"，拓本鈐印"穡廬所藏金石文字""興倉道人"，先生鈐印"吳興施舍攷藏"。

營州刺史崔敬邕墓誌銘　　熙平二年十一月二十一日　　松陵楊澥竹唐硃筆題識本。拓本先生題籤"北魏崔敬邕墓誌"。先生嘗作詩詠之，記云"清康熙間出於安平，原石不久即佚，流傳墨本，大多摹刻。余偶得一整紙本，有楊龍石澥硃筆題識，謂以製錢一千得於德州荒攤，當是最初精拓，較張叔未所藏本為勝云。周退密見此詩，索余所得本觀之旬日，曰，亦摹本也。為之爽然，顧猶未敢信，摹本亦見過數紙，不能如是"。（見《金石百詠》）按：別有復本一，為翻刻本。

陽平惠王母李太妃墓誌　　熙平二年十一月二十八日　　北山樓藏本"武進陶氏涉園藏魏誌石拓本　齊周隋唐坿"全函硃拓之一種，印製框欄籤條"陽平惠王母李太妃誌　熙平二年十一月廿八日"，拓本先生鈐印"吳興施舍攷藏"。

洛陽龍門山熙平造像記四段　　先生題簽"龍門山北魏造像記　熙平、神龜、正光"。

　　比丘惠榮為皇帝陛下七世父母造彌勒像記　　熙平二年四月十五日　　有復本。拓本先生鈐印"施舍所得"。另本為北山樓藏本"王孝禹攷藏龍門造像精拓本第二冊"之一種，拓本王氏鈐印"王孝禹攷藏記"，先生鈐印"施舍所得"。

　　比丘惠珍為父母眷屬造釋迦像記　　熙平二年五月二十四日　　拓本先生鈐印"施舍所得"，為北山樓藏本"王孝禹藏龍門造像精拓本第一冊"之一種。

　　齊郡王元祐造像記　　熙平二年七月二十日　　有復本。北山樓藏本"王孝禹藏龍門造像精拓本第二冊"之一種，王氏題記曰"齊郡王祐，龍門廿品之一，此在廿品中為最佳之書"，拓本王氏鈐印"王孝禹攷藏記"。另本無署名無鈐印框欄題簽"齊郡王祐造像記　熙平二年，《金石萃編》著錄，'祐'作'祐'"，先生小識"此刻今已漫漶太半矣"，拓本先生鈐印"吳興施舍攷藏"。先生嘗作題跋，《後魏齊郡王元祐造像記》記云"此文有二刻，序銘年月均同，此刻較清晰，即《金石萃編》著錄者"。（見《北山集古錄》）

　　齊郡王元祐造像記又一刻　　文同上　熙平二年七月二十日　　有復本。北山樓藏本"王孝禹藏龍門造像精拓本第二冊"之一種，先生小識"此近拓本，可與後頁比勘"，拓本先生鈐印"施舍所得"。另本無署名無鈐印框欄題簽"齊郡王墓銘　熙平二年，重出"，先生改"墓銘"為"造像"，拓本鈐印"無相庵藏本"。

東平太守垣猷墓誌銘　　按：先生攷為偽刻本，拓本小識"偽刻"並印"舍之"。拓本鈐印"興倉道人"，先生鈐印"吳興施舍攷藏"。

高宗嬪耿壽姬墓誌　　誌蓋正書　神龜元年三月八日　二紙　拓本先生鈐印"施舍金石"。

孫寶憘造像　　神龜元年三月二十日　濰縣陳介祺簠齋傳拓全形本，分拓二紙。先生題封"孫寶憘造像　神龜元年三月廿日"，又鋼筆補識"精拓全形一紙，此像已在國外"。拓本背面小識"孫寶憘造象，神龜元年三月廿日"，拓本先生鈐印"吳興施舍攷藏"。

汝南太守寇演墓誌　　神龜二年二月二十三日　有復本。拓本先生鈐印"吳興施舍攷藏"。

本郡功曹行高陽縣省兼郡丞寇憑墓誌　　神龜二年二月二十三日　拓本先生鈐印"吳興施舍攷藏"。

兗州刺史賈思伯碑　　有額正書　神龜二年四月□日
　　　附宋紹聖三年溫益立碑記　在碑陰。
　　　附元至正十二年丘鎮立碑記　在碑陰。
　　　附清金一鳳翁方綱題刻　在碑側。

元遙妻梁氏墓誌　　神龜二年八月　按：立誌時間從先生改正。拓本先生題識"元遙妻梁氏誌，正始元年八月十日應為神龜二年八月"。

張乾慶等七十人造像碑　　碑陰並碑兩側　記文在碑側　神龜二年十月十四日　全形拓四紙　先生題簽"張乾慶等七十人造像記　北魏，神龜二年十月十四日"，拓本先生鈐印"施舍所得""吳興施舍所得古金石專瓦文"。

長樂郡太守楊惠墓誌　　神龜二年十月十九日　先生題識"楊惠誌，神龜二年十月十九日，未見著錄，趙書所無"。

城門校尉元騰及妻程法珠墓誌　　神龜二年十一月九日　　拓本先生鈐印"吳興施舍攷藏"。

夫蒙文慶為亡父亡母造像碑　　四面刻　神龜二年□月十五日　全形本合拓二紙　先生題簽"夫蒙文慶造像　神龜二年□月□日，四面全拓二紙"並印"吳興施舍所得古金石專瓦文"，拓本二紙先生皆鈐印"吳興施舍所得古金石專瓦文"。

昭文皇太后高照容墓誌殘石　　神龜二年

錡氏合邑廿人造像碑　　碑陰並碑兩側　神龜三年四月八日　全形本分拓四紙　拓本先生鈐印"吳興施舍所得古金石專瓦文"。

陳子良造像　　神龜三年四月八日　涇陽端午橋陶齊傳拓本。拓本先生鈐印"吳興施舍攷藏"。為先生輯"匋齋北魏造像記"之一種。

翟蠻造彌勒像記　　神龜三年四月十三日　涇陽端午橋陶齊傳拓本。拓本先生鈐印"吳興施舍攷藏"。為先生輯"匋齋北魏造像記"之一種。

穆亮妻尉太妃墓誌　　神龜三年六月三十日　三原于右任鴛鴦七誌齋傳拓本，拓本于氏鈐印"右任藏石""鴛鴦七誌齋"，先生鈐印"吳興施舍北山樓藏碑""舍之長物"。

恒州刺史元譿墓誌銘　　神龜三年十一月十四日　先生題簽"恒州刺史元譿誌　神龜三年十一月十四日"，又小識"元譿　神龜三年十一月十四日"。

張安世造像記　　神龜□年八月　先生題簽"張安世造像記　神龜□年八月"並印"舍之長物"，拓本先生鈐印"吳興施舍北山樓藏碑"。先生嘗作題跋，《後魏張安世造像記》記云"在耀縣博物館，雕鏤甚精。此一紙僅拓

銘記，未見其全形，然餘紙大抵佛像及題名，不足重也"。（見《北山集古錄》）

洛陽龍門山神龜造像記十段　　先生題籤"龍門山北魏造像記　熙平、神龜、正光"。

　　杜遷等廿三人為七世父母造像記　　神龜元年六月十五日　有復本四種。一本分拓二紙，先生小識"杜遷"，拓本先生鈐印"施舍所得"；另紙先生小識"邑師慧暢造像記，此佳"，拓本先生鈐印"吳興施舍攷藏"。一本無署名無鈐印框欄題籤"神龜、天保造像"，與"比丘寶演為亡妹造無量佛釋迦像記　天保八年十一月"合裱冊本，先生小識"老君洞"，拓本先生鈐印"無相庵藏本"。一本為北山樓藏本"王孝禹藏龍門造像精拓本第一冊"之一種，拓本先生鈐印"施舍所得"。一本北山樓藏本"王孝禹藏龍門造像精拓本第二冊"之一種，拓本王氏鈐印"王孝禹攷藏記"。

　　清信女□□為亡夫造無量壽佛記　　神龜元年　下泐，為北山樓藏本"王孝禹藏龍門造像精拓本第三冊"之一種。

　　河間王□羅輝為父母造像記　　神龜二年四月□日　拓本先生鈐印"施舍所得"。

　　佛弟子杜民安造無量壽佛像記　　神龜二年四月二十五日　有復本。拓本先生鈐印"施舍所得"。另本為北山樓藏本"王孝禹藏龍門造像精拓本第一冊"之一種，拓本亦鈐"施舍所得"。

　　佛弟子楊善常為七世父母造像記　　神龜二年七月三日　拓本先生鈐印"施舍所得"。

　　李伏及為七世父母造像記　　神龜二年七月三日

　　邑師惠感等造像記　　神龜三年三月十三日　有復本。拓本先生钤印"施舍所得"。另本北山樓藏本"王孝禹藏龍門造像精拓本第二冊"之一種，拓本王氏钤印"王孝禹攷藏記"，先生钤印"施舍所得"。

比丘知因為一切眾生造像記　　神龜三年三月二十五日　　拓本先生钤印"施舍所得"。

比丘尼慈香慧政等造像記　　神龜三年三月二十囗日　　有復本三種。一原係北山樓藏本"王孝禹藏龍門造像精拓本第二冊"之一種，列入"北山樓選定北魏龍門造像五十品佳拓"之一，拓本王氏钤印"王孝禹攷藏記"，先生钤印"施舍所得"。一杭州項藻馨竹景居舊藏，拓本項氏钤印"竹景居""項蘭生""劫後所得"，補入北山樓藏本"王孝禹藏龍門造像精拓本第二冊"。別一本先生小識"則所謂近拓也"並印"吳興施舍"，拓本先生钤印"施舍所得"。

趙阿歡等卅五人造彌勒像記　　神龜三年六月九日　　有復本四種。一先生小識"趙阿歡造像記，非舊拓，但是全拓"，為"北山樓選定北魏龍門造像五十品佳拓"之一。一無署名無钤印框欄題簽"惠感趙阿歡造像記　神龜二［三］年，《金石萃編》著録"，先生小識"舊拓本'訖功'二字未泐，此拓不全，下尚有題名四列"，拓本先生钤印"舍之寓心""吳興施舍攷藏"。一北山樓藏本"王孝禹藏龍門造像精拓本第一冊"之一種，拓本先生钤印"施舍所得"。又北山樓藏本"王孝禹藏龍門造像精拓本第二冊"之一種，拓本王氏钤印"王孝禹攷藏記"，先生钤印"施舍所得"。

太安高植墓誌銘　　正光元年三月八日　　有復本。按：先生攷為偽刻。拓本先生小識"高植誌，偽品"，拓本钤印"徵三"等。另本蘭溪劉焜甓園舊藏，拓本劉氏钤印"蘭溪劉氏家藏"。

樂陵太守賈道貴造像記　　正光元年六月十五日

平州刺史司馬昞墓誌銘　　　正光元年七月二十六日　　摹刻本。拓本先生題識"此亦摹刻本，原石第五行第十六字作'甤'，此本避清諱未刻。又第十四行第十二字'玄枵'之'玄'字，亦未刻"。

宮內大監劉阿素墓誌　　　正光元年十月　　拓本先生鈐印"舍之寓心"。

齊郡太守□玄墓誌　　　正光元年□月　　溧陽端午橋陶齋傳拓本。先生題識"匋齋藏石，近不明所在，此精拓本"，拓本鈐印"吳興施舍攷藏"等。

李璧墓誌　　　正光元年十二月二十一日

宣武帝第一貴嬪夫人司馬氏墓誌銘　　　正光二年二月二十二日
北山樓藏本"武進陶氏涉園藏魏誌石拓本　齊周隋唐坿"全函硃拓之一種，印製框欄簽條"宣武帝第一貴嬪司馬氏誌　正光二年二月廿二日"並印"吳興施舍攷藏"。

穎川太守穆纂墓誌　　　誌蓋正書　　正光二年二月二十八日　　二紙
拓本先生鈐印"施舍所得"。

魏宮第一品張安姬墓誌銘　　　誌蓋正書　　正光二年三月二十九日
二紙　三原于右任鴛鴦七誌齋傳拓本。拓本先生鈐印"吳興施舍攷藏"；誌蓋拓本于氏鈐印"宛央七誌齋"，先生亦鈐"吳興施舍攷藏"。

傅姆王遺女墓誌　　　正光二年八月二十日　　無署名無鈐印題簽"傅母遺女墓志　魏正光二年"，拓本鈐印"亦橋鑑藏"等，先生鈐印"吳興施舍攷藏"。

宮品一女尚書王僧男墓誌　　　誌蓋正書　　正光二年九月二十日
二紙　有復本。天津姚氏翔鸞閣傳拓本，係姚湘雲精拓墨本，拓本先生鈐印"吳興施舍攷藏"，誌蓋鈐印"舍之寓心"。另本北山樓藏本"武進陶氏涉園藏

魏誌石拓本　齊周隋唐坿"全函硃拓之一種，印製框欄簽條"女尚書王僧男誌　有蓋，正光二年九月二十日"，拓本先生鈐印"吳興施舍攷藏"，誌蓋印製框欄簽條"女尚書王僧男誌蓋"，拓本先生鈐印"北山樓文房"。

魯郡太守張猛龍清德頌　　有額正書　有碑陰　正光三年正月二十三日　二紙　拓本先生鈐印"吳興施舍北山樓藏碑"，碑陰拓本先生小識"張猛龍碑陰"並印"舍之審定"。碑陰別有復本一紙。

安西大將軍陶翰妻劉惠墓誌　　正光三年四月五日　先生題識"陶翰妻劉惠，正光三年四月五日，不見著錄，已錄文"。

馮邕妻元氏墓誌　　誌蓋篆書　正光三年十月二十五日　按：先生未得誌蓋拓本。

鎮遠將軍鄭道忠墓誌　　正光三年十二月二十六日　先生小識"鄭道忠，正光三年十二月廿六日"，拓本先生鈐印"無相庵"。

馬鳴寺根法師碑　　有額正書　正光四年二月三日　舊拓未斷本。拓本先生鈐印"施蟄存印""吳興施舍北山樓藏碑"。

敦煌鎮將元倪墓誌　　正光四年二月二十七日　初拓舊本。

洛州刺史元秀墓誌　　正光四年二月甲申　永年武慕姚貞黙齋藏本。拓本武氏鈐印"適齋金石"，先生鈐印"吳興施舍攷藏"。

營州刺史懿侯高貞碑　　有額篆書　正光四年六月八日

黃縣鞠彥雲墓誌　　誌蓋正書　正光四年十一月二日　二紙　有復本三種，先生小識"鞠彥雲墓誌，三本"。

孝廉奚真墓誌銘　　正光四年十一月二十七日　先生題識"奚真，

正光四年十一月廿七日"，拓本先生鈐印"舍之"。

冀州刺史元昭墓誌　　正光五年三月十一日　拓本鈐印"吳興施舍攷藏"等。

比丘尼統慈慶墓誌　　常景文　李寧民書　正光五年五月十八日　拓本鈐印"無相盦""吳興施舍攷藏"等。

劉根等卅一人造像　　正光五年五月三十日　永年武慕姚貞默齋藏本。先生題封"劉根等卅一人造像　一紙，正光五年五月卅日"並印"無相庵"，拓本紙背武氏題記"此刻有二復本，此幅原石舊拓也。拙叟記"。拓本武氏鈐印"武福蕭印""滄海遺珠"，開封李白鳳蟬盦鈐印"李逢拜觀"。

魏始歡造像碑　　四面刻　正光五年六月二十日　有復本。一本僅得碑正及一側各一紙，記文在一側，先生題簽"魏始歡造像"，拓本先生鈐印"施舍金石"。另本少碑側。先生嘗作題跋《後魏魏始歡造像記》。（見《北山集古録》）

雍州北地三原縣仇臣生造像碑　　有碑陰及碑兩側　正光五年七月十五日　全份四紙　附先生曾小識"仇臣生造像記，北魏正光五年七月十五日，二紙，恐未全"，後又得碑側拓本二紙。碑正碑陰拓本先生皆鈐印"吳興施舍所得古金石專瓦文"。

蘭倉令孫遼墓誌銘　　正光五年七月二十五日　拓本鈐印"興倉道人"，先生鈐印"吳興施舍攷藏"。

蘭倉令孫遼浮圖銘記　　正光五年七月二十五日　摹刻本。先生題簽"孫遼浮圖銘　正光五年七月廿五日，摹本"。

冀州刺史元子直墓誌　　正光五年八月六日　三原于右任鴛鴦七誌

齋傳拓本，鹿原劉海天畊鋤草堂藏本。拓本鈐印"畊鋤草堂主人""關西餘子""關中于氏藏石"，先生鈐印"吳興施舍所得古金石專瓦文"。

彭城王元勰妃李氏墓誌銘　　正光五年八月六日　　北山樓藏本"武進陶氏涉園藏魏誌石拓本　齊周隋唐坿"全函硃拓之一種，印製框欄簽條"彭城王元勰妃李氏誌　正光五年八月六日"，拓本先生鈐印"吳興施舍攷藏"。

寺主道充率道俗法義一百人造彌勒像記　　正光五年八月十一日

樂安王妃馮季華墓誌　　正光五年十一月十四日　　拓本先生鈐印"施舍金石"。

輕車將軍元寧墓誌　　正光五年十一月十五日　　三原于右任鴛鴦七誌齋傳拓本，三原劉海天舊藏，劉氏題簽"元寧墓誌　老農夫藏"並鈐農夫肖形印及"平生志在金石"，拓本于氏鈐印"右任"，先生鈐印"吳興施舍北山樓藏碑"。

懷令李超墓誌　　正光六年正月十六日　　拓本先生鈐印"施舍金石"。

襄威將軍栢仁令曹望憘造像　　正光六年三月二十日　　四段合拓一紙，全形精拓本，先生題封"曹望憘造像　北魏正光六年三月廿日"，拓本先生鈐印"無相庵藏本""吳興施舍攷藏"。

荔非元祖造像記　　正光□年　　涇陽端午橋陶齋傳拓本。先生題識"《匋齋藏石記》著録字不盡可識，'藏石記'釋文亦恐未諦，'荔非'下二字'藏石記'作'天狙'，今審視恐是'元祖'，蓋右上角有'荔非明祖'字，或是昆仲歟弟。七行有'正光□年'字，故知其為北魏物。'藏石記'誤編在'無年月造像'中，附於西魏之後"，拓本先生鈐印"舍之"。為先生輯"匋齋北魏造像記"之一種。

錡庥仁造像碑　　　四面刻　正光□年　全拓四紙。

魏正殘碑　　　一石　無年月　按：據先生之攷，附正光末。先生小識"北魏正光或正始殘碑"，拓本先生鈐印"施舍所得"。先生嘗作題跋，《後魏殘碑二石》記云"其一存九字，首行文曰'魏正'，則北魏正光或正始也"。（見《北山集古錄》）

洛陽龍門山正光造像記二十二段　　　先生題簽"龍門山北魏造像記熙平、神龜、正光"。

　　　滎陽郡從事劉顯明造像記　　　正光元年九月二十日　有復本。先生小識"正光元年九月廿日"，拓本先生鈐印"施舍所得"。另本北山樓藏本"王孝禹藏龍門造像精拓本第二冊"之一種，拓本王氏鈐印"王孝禹攷藏記"。

　　　比丘惠榮造像記　　　正光二年二月七日　有復本。拓本先生鈐印"施舍所得"。另本北山樓藏本"王孝禹藏龍門造像精拓本第二冊"之一種，拓本王氏鈐印"王孝禹攷藏記"。

　　　佛弟子田黑女為亡夫造像記　　　正光二年七月十日　有復本。先生小識"正光二年"，拓本先生鈐印"施舍所得"。另本為北山樓藏本"王孝禹藏龍門造像精拓本第一冊"之一種，拓本亦鈐"施舍所得"。

　　　清信佛弟子王永安造像記　　　正光二年八月二十日　有復本三種。一兩段合拓本之一，先生小識"王永安，慧榮"，拓本先生鈐印"吳興施舍攷藏"，為"北山樓選定北魏龍門造像五十品佳拓"之一。一先生題簽"龍門造像四種"四段整紙合拓之一，拓本鈐印"善昌審定""靈光石室"。別一本北山樓藏本"王孝禹藏龍門造像精拓本第二冊"之一種，拓本王氏鈐印"王孝禹攷藏記"。

比丘慧榮造釋迦像記　　正光二年八月二十日　兩段合拓本之一，皆同上。

李□力願萬□消除造像記　　正光二年八月二十日

侯黎和為亡祖母造像記　　正光二年十月二十二日　有復本三種。兩段合拓本之一，北山樓藏本"王孝禹藏龍門造像精拓本第一冊"之一種，拓本先生鈐印"施舍所得"；又北山樓藏本"王孝禹藏龍門造像精拓本第二冊"之一種，拓本王氏鈐印"王孝禹攷藏記"，先生亦鈐"施舍所得"。別一本先生鈐印"華亭施氏無相庵藏"。先生嘗作著錄，《龍門造像例》記云"北魏時稱'祖母'不作'祖親'者：正光二年十月廿二日，侯□和為亡祖母造像。老君洞"。（見中盈堂藏本《瓺碑雜錄》）

清信女十六人等造像記　　正光二年十一月二十九日　有復本。先生小識"清信女十六人造像記，此佳"，拓本先生鈐印"施舍所得"，為"北山樓選定北魏龍門造像五十品佳拓"之一。另本北山樓藏本"王孝禹藏龍門造像精拓本第三冊"之一種。

大統寺大比丘慧榮造像記　　正光三年七月十七日　拓本先生鈐印"施舍所得"。

比丘慧暢為皇帝太后師僧父母兄弟姊妹造像記　　正光三年九月九日　有復本三種。一拓本先生鈐印"吳興施舍攷藏"，為"北山樓選定北魏龍門造像五十品佳拓"之一。一拓本先生鈐印"施舍所得"。別一本北山樓藏本"王孝禹藏龍門造像精拓本第二冊"之一種，拓本王氏鈐印"王孝禹攷藏記"。先生嘗作著錄，記云"據《石交錄》云龍門造像題記被盜者：比丘慧暢，正光三年"。（見中盈堂藏本《瓺碑雜錄》）

比丘尼法儉造像記　　正光四年正月二十六日　有復本三種。一先生小識"正光四年正月廿六日"，拓本先生鈐印"施舍所得"。一為先生题签"龙门造像四种"四段整纸合拓之一,拓本钤印"善昌审定""灵光石室"。一北山楼藏本"王孝禹藏龙门造像精拓本第二册"之一种,拓本王氏钤印"王孝禹攷藏记"。

  沙门慧荣造像记 正光四年三月二十三日 有复本。拓本先生钤印"施舍所得"。另本北山楼藏本"王孝禹藏龙门造像精拓本第三册"之一种。

  比丘尼法照为父母师僧造像记 正光四年九月九日 有复本。拓本先生钤印"施舍所得"。另本北山楼藏本"王孝禹藏龙门造像精拓本第一册"之一种,先生小识"法照造像,龙门魏字窑",拓本亦钤"施舍所得"。

  清信优婆夷李为亡女杨氏造无量寿像记 正光四年九月十五日 有复本。先生小识"正光四年",拓本先生钤印"施舍所得"。另本北山楼藏本"王孝禹藏龙门造像精拓本第五册"之一种。

  王法□妻田为亡夫造观世音像记 正光四年九月十六日 有复本。先生小识"正光四年",拓本先生钤印"施舍所得"。另本北山楼藏本"王孝禹藏龙门造像精拓本第三册"之一种。

  阙□史张英造像记 正光五年四月二十日 拓本先生钤印"施舍所得",为北山楼藏本"王孝禹藏龙门造像精拓本第一册"之一种。

  清信陈氏任陵妻为亡夫自身造观世音像记 正光五年七月二十三日 有复本。先生小识"正光五年七月廿三日",拓本先生钤印"施舍所得"。另本北山楼藏本"王孝禹藏龙门造像精拓本第三册"之一种。

  清信女□人共造像一区记 正光五年十一月二十五日 拓本先生钤印"施舍所得",为北山楼藏本"王孝禹藏龙门造像精拓本第一册"之一种。

张清头赵伏生道俗廿六人等造像记　　正光五年十一月二十五日　先生小识"正光五年"，拓本先生钤印"施舍所得"。

清信□□为息男造观世音像记　　正光六年四月二十日　有复本。拓本先生钤印"施舍所得"。另本北山楼藏本"王孝禹藏龙门造像精拓本第三册"之一种。

苏胡仁合邑十九人造像记　　正光六年□月十五日　有复本四种。一先生小识"苏胡仁，此本胜"，拓本先生钤印"吴兴施舍攷藏"，为"北山楼选定北魏龙门造像五十品佳拓"之一。一无署名无钤印框栏题签"胡仁合等造像记　正光六年"，先生补识"苏""邑"两字为"苏胡仁合邑等造像记"，拓本先生钤印"施舍所得"。一北山楼藏本"王孝禹藏龙门造像精拓本第二册"之一种，拓本王氏钤印"王孝禹攷藏记"，先生钤印"施舍所得"。又北山楼藏本"王孝禹藏龙门造像精拓本第三册"之一种。

清信佛弟子杨道茛侍佛时　　按：据先生之攷，附正光末。有复本，两段合拓本之一。先生小识"正光"并印"蛰存"，拓本先生钤印"施舍所得"。另本北山楼藏本"王孝禹藏龙门造像精拓本第二册"之一种，拓本王氏钤印"王孝禹攷藏记"。

豫州刺史元显魏墓志铭　　孝昌元年十月三十日　先生题签"豫州刺史元显魏志　孝昌元年十月卅日"并印"舍之长物"，又小识"元显魏孝昌元年十月卅日"，拓本先生钤印"吴兴施舍所得古金石砖瓦文"。别有一本为摹刻本。

青州刺史元晫墓志铭　　孝昌元年十一月二十日　北山楼藏本"武进陶氏涉园藏魏志石拓本　齐周隋唐坿"全函硃拓之一种，印制框栏签条"青州刺史元晫志　孝昌元年十一月廿日"，拓本先生钤印"北山楼文房"。

恒州刺史元纂墓誌銘　　孝昌元年十一月二十日　　北山樓藏本"武進陶氏涉園藏魏誌石拓本　齊周隋唐坿"全函硃拓之一種，印製框欄簽條"恒州刺史元纂誌　孝昌元年十一月廿日"並印"施舍所得"，拓本先生鈐印"吳興施舍攷藏"。

清河文獻王元懌墓誌銘　　孝昌元年十一月二十日　　先生鋼筆題簽"北魏清河文獻王元懌墓誌　孝昌元年十一月二十日改葬"。

吳高黎墓誌　　孝昌二年正月十三日　　有復本。新會梁錦漢醉蘇簃舊藏，整紙全形拓本，梁氏題簽"魏吳高黎墓誌　瓶父藏"並印"平父"，拓本先生鈐印"施舍所得"。另本雲間杜亞治松筠草堂舊藏，冊頁裝裱本，杜氏題簽"北魏吳高黎墓志　孝昌二年正月丙午十三日"並印"杜氏松筠草堂"，冊內先生鈐印"吳興施舍攷藏"。

熒陽太守元寧造像記　　孝昌二年正月二十四日　　先生嘗作題跋《後魏元寧造像記》。（見《北山集古錄》）

法義等造像記殘刻　　孝昌二年三月二十七日　　溧陽端午橋陶齋傳拓本。拓本先生鈐印"吳興施舍所得古金石專瓦文"。為先生輯"匋齋北魏造像記"之一種。

江陽王元乂墓誌　　孝昌二年七月二十四日

命婦鮮于氏墓誌　　孝昌二年八月十八日　　三原于右任鴛鴦七誌齋、毘陵吳元起舊藏。拓本無署名無鈐印題簽"魏威遠將軍太尉府功曹參軍之命婦鮮于氏墓誌　孝昌二年八月十八日"，拓本鈐印"鴛鴦七誌齋""抱慈悲念结金石缘""毘陵吳元起珍藏金石文字之印"，先生鈐印"吳興施舍攷藏""施舍金石"。

冀州刺史侯剛墓誌　　戴智深文　誌蓋篆書　孝昌二年十月十八

日　二紙　全形精拓本，誌與蓋分拓二紙。先生題識"侯剛誌並蓋，'松翁未焚稿''趙氏集釋'著錄"。

豫州刺史元斑墓誌銘　　誌蓋篆書　孝昌二年十月十九日　二紙　三原于右任鴛鴦七誌齋傳拓本。拓本于氏鈐印"右任藏石""鴛鴦七誌齋"，先生鈐印"施舍讀碑記"。

冀州刺史元壽安墓誌銘　　誌蓋篆書　孝昌二年十月十九日　二紙　北山樓藏本"武進陶氏涉園藏魏誌石拓本　齊周隋唐坿"全函硃拓之一種，印製框欄簽條"冀州刺史元壽安誌　孝昌二年十月十九日"，拓本先生鈐印"吳興施舍攸藏"；誌蓋印製框欄簽條"冀州刺史元壽安誌蓋"，拓本亦鈐"吳興施舍攸藏"。

員外散騎常侍西陽男高廣墓誌　　孝昌二年十月　北山樓藏本"武進陶氏涉園藏魏誌石拓本　齊周隋唐坿"全函硃拓之一種，印製框欄簽條"西陽男高廣誌　孝昌二年十月"，拓本先生鈐印"吳興施舍攸藏"。

秦州刺史朱奇墓誌銘　　孝昌二年十月　按：據先生攷為偽刻本。先生小識"秦州刺史朱奇，孝昌二年十月，'趙書'所無，偽品"。

荊河雍四州刺史寇治墓誌　　孝昌二年十一月十七日　拓本先生鈐印"施舍校碑"。

宣威將軍騎都尉董偉墓誌　　孝昌三年二月十六日

岐州刺史于纂墓誌銘　　誌蓋正書　孝昌三年五月十一日　二紙　先生小識"此本佳，于纂"並印"舍之"，拓本先生鈐印"吳興施舍攸藏"。

胡昭儀墓誌銘　　誌蓋篆書　孝昌三年五月二十三日　二紙　北山樓藏本"武進陶氏涉園藏魏誌石拓本　齊周隋唐坿"全函硃拓之一種，印製框欄簽條"胡昭儀誌　有蓋，孝昌三年五月廿三日"並印"吳興施舍攷藏"；誌蓋印製框欄簽條"胡昭儀誌蓋"，拓本亦鈐"吳興施舍攷藏"。

蔣伯仳造彌勒像　　孝昌三年九月十日　　整紙全形拓本。先生題封"蔣伯仳造像　北魏孝昌三年九月十日"，拓本印製框欄簽條"魏蔣伯仳造彌勒像　正書，孝昌三年九月"並印"吳興施舍攷藏"。先生嘗作著錄，記云"蔣伯仳造像，在河南延津東北四十里蔣村區清寺中，民國八年被人竊去，不知何在"。（見中盈堂藏本《甀碑雜錄》）

涇州刺史張敬墓誌　　孝昌三年九月十三日　　有複本。按：先生攷為偽刻本。拓本先生鈐印"吳興施舍所得古金石專瓦文"。

皇甫公石窟碑　　有額正書　　袁翻文　　王實書　　孝昌三年九月

雍州刺史元固墓誌銘　　孝昌三年十一月二日　　先生題簽"元固孝昌三年十一月二日"，拓本先生鈐印"施舍金石"。

甄官主簿甯愈墓誌　　有墓室畫像石八紙　　孝昌三年十一月十五日

咸陽太守劉玉墓誌　　孝昌三年十一月二十四日　　海昌釋達受綠天庵、銅梁王瓘孝禹、鹿原劉海天畊鋤草堂遞藏。先生題簽"魏劉玉墓誌　孝昌三年十一月廿四日"並印"吳興施舍攷藏"，拓本鈐印"六舟所藏金石""墨王樓""孝禹藏古""劉氏永寶""畊鋤草堂""筆精墨妙"，先生鈐印"吳興施舍攷藏"。先生嘗作著錄，記云"光緒十八年燬，民國時碑估王希董摹刻一本"。（見中盈堂藏本《甀碑雜錄》）

洛陽龍門山孝昌造像記二十四段　　先生題簽"龍門山北魏造像記孝昌"，另小識"孝昌"並印"舍之審定"。

　　比丘尼僧達為亡息文殊造釋迦像記　　孝昌元年八月八日

有復本。拓本先生鈐印"施舍所得"。另本北山樓藏本"王孝禹藏龍門造像精拓本第三冊"之一種。

中明寺比丘尼道暢道積等為司空公皇甫度造像記　　孝昌元年八月十三日　為北山樓藏本"王孝禹藏龍門造像精拓本第三冊"之一種。

比丘尼法樂造像記　　孝昌元年八月十九日

周天益為父母造無量壽像記　　孝昌二年二月八日　有復本。拓本先生鈐印"施舍所得"。另本北山樓藏本"王孝禹藏龍門造像精拓本第三冊"之一種。

祕書省校書郎汝陰王國侍郎造像記　　孝昌二年二月十五日　先生小識"孝昌二年",拓本鈐印"施舍所得"。

比丘尼法起造觀世音像記　　孝昌二年四月二十三日　為北山樓藏本"王孝禹藏龍門造像精拓本第三冊"之一種。

清信王為亡夫寧遠將軍造彌勒像記　　孝昌二年四月二十三日　為北山樓藏本"王孝禹藏龍門造像精拓本第三冊"之一種。

柴□□為己女尼法暉造彌勒像記　　孝昌二年四月二十三日　為北山樓藏本"王孝禹藏龍門造像精拓本第三冊"之一種。

□□司□□弟造像記　　孝昌二年五月八日　按:此刻字皆漫滅,惟年月明晰。為北山樓藏本"王孝禹藏龍門造像精拓本第三冊"之一種。

左藏令榮九州為父母造像記　　孝昌二年五月八日　有復本。拓本先生鈐印"施舍所得"。另本北山樓藏本"王孝禹藏龍門造像精拓本第一冊"之一種,拓本亦鈐"施舍所得"。

　　　　清信欽會為亡女比丘尼法明造像記　　孝昌二年五月十五日　
有復本。拓本先生鈐印"施舍所得"。另本北山樓藏本"王孝禹藏龍門造像精拓本第三冊"之一種。

　　　　乾雲寺比丘尼智空為自身小患造像記　　孝昌二年五月二十二日　有復本三種。一先生小識"孝昌二年五月廿二日，乾雲寺比丘尼智空"，拓本先生鈐印"施舍所得"。一先生亦鈐"施舍所得"。別一本北山樓藏本"王孝禹藏龍門造像精拓本第三冊"之一種。

　　　　孫妙憙造像記　　孝昌二年五月二十三日　　為北山樓藏本"王孝禹藏龍門造像精拓本第三冊"之一種。

　　　　丁辟邪為自身造無量壽像記　　孝昌二年五月二十三日　有復本。拓本先生鈐印"施舍所得"。另本北山樓藏本"王孝禹藏龍門造像精拓本第三冊"之一種。

　　　　蔣□□為自身夫妻造觀世音像記　　孝昌二年五月二十九日　為北山樓藏本"王孝禹藏龍門造像精拓本第三冊"之一種。

　　　　清信士李□□張安花等為一切有形造像記　　孝昌二年六月七日　有復本。先生小識"孝昌"，拓本先生鈐印"施舍所得"。另本北山樓藏本"王孝禹藏龍門造像精拓本第二冊"之一種，拓本王氏鈐印"王孝禹玫藏記"。

　　　　比丘尼法璨為師僧父母造像記　　孝昌二年九月二十三日　有復本。拓本先生鈐印"施舍所得"。另本北山樓藏本"王孝禹藏龍門造像精拓本第三冊"之一種。

　　　　清信女黃法僧為亡妣造像記　　孝昌三年正月十五日　有復本。先生小識"孝昌三年正月十五日"，拓本先生鈐印"施舍所得"。另本北山樓藏本"王孝禹藏龍門造像精拓本第三冊"之一種。

　　清信女宋景妃為亡考比造釋迦像記　　孝昌三年四月八日　有復本三種。一先生小識"宋景妃造像記，此佳"，拓本先生鈐印"吳興施舍攷藏"，為"北山樓選定北魏龍門造像五十品佳拓"之一。一拓本先生鈐印"舍之審定"。別一本北山樓藏本"王孝禹藏龍門造像精拓本第三冊"之一種。

　　比丘尼法恩為七世父母造像記　　孝昌三年五月二十四日　有復本。三段合拓一紙，拓本先生鈐印"吳興施舍攷藏"。另本北山樓藏本"王孝禹藏龍門造像精拓本第三冊"之一種，拓本王氏鈐印"王孝禹攷藏記"。

　　比丘尼明勝為姊張阿□造像記　　三段合拓一紙，皆同上。

　　比丘尼明勝為亡父母造像記　　三段合拓一紙，皆同上。

　　清信女劉□兒為亡□造定光佛記　　孝昌三年□月二十二日　有復本。拓本先生鈐印"施舍所得"。另本為北山樓藏本"王孝禹藏龍門造像精拓本第一冊"之一種，拓本亦鈐"施舍所得"。

　　比丘尼僧□□為皇帝師僧父母造像記　　孝昌□年七月十七日　拓本先生鈐印"施舍所得"。

南平王元暐墓誌　　武泰元年三月十六日　拓本先生鈐印"施舍金石"。

洛陽龍門山沙門曇佘造像記　　武泰元年四月六日　有復本。先生小識"沙門曇佘，此本勝"，拓本先生鈐印"施舍所得"，為"北山樓選定北魏龍門造像五十品佳拓"之一。另本北山樓藏本"王孝禹藏龍門造像精拓本第三冊"之一種。

陳天寶造像記　　武泰元年四月八日　先生題簽"陳天寶造像記　北

魏武泰元年四月八日"，拓本先生鈐印"施舍所得""吳興施舍攷藏"。

瓜州刺史元均之墓誌　　建義元年七月六日　拓本先生鈐印"吳興施舍所得古金石專瓦文"。

廣州刺史元憻墓誌　　建義元年七月十二日

太常少卿元悛墓誌　　建義元年七月十二日　先生題簽"元悛　建義元年七月十二日"，拓本先生鈐印"施舍金石"。

洛陽龍門山沙門惠詮弟李興造像記　　建義元年七月十五日　拓本先生鈐印"吳興施舍攷藏"，為北山樓藏本"王孝禹藏龍門造像精拓本第一冊"之一種。先生嘗作著錄，記云"據《石交錄》云龍門造像題記被盜者：李興，建義元年"。（見中盈堂藏本《甓碑雜錄》）

廣平王元悌銘　　誌蓋篆書　建義元年七月十六日　二紙　北山樓藏本"武進陶氏涉園藏魏誌石拓本　齊周隋唐坿"全函硃拓之一種，印製框欄簽條"廣平王元悌誌　有蓋，建義元年七月十六日"，拓本先生鈐印"吳興施舍攷藏"；誌蓋印製框欄簽條"廣平王元悌誌蓋"並印"吳興施舍攷藏"。

城局叅軍陸紹墓誌　　建義元年七月十七日　附"山陰吳氏鍾玉書室藏歷朝石刻拓本"印製封，記錄"北魏，建義元年七月，陸紹墓誌，河南洛陽出土"。拓本先生鈐印"吳興施舍攷藏""施舍金石"。

瀛洲刺史元廞墓誌　　建義元年七月十八日　鹿原劉海天畊鋤草堂藏本。拓本劉氏鈐印"海天"，先生鈐印"吳興施舍攷藏"。

東平王元略墓誌銘　　建義元年七月十八日　北山樓藏本"武進陶氏涉園藏魏誌石拓本　齊周隋唐坿"全函硃拓之一種，印製框欄簽條"東平王元略誌　建義元年七月十八日"並印"吳興施舍攷藏"。

徐州刺史王誦墓誌　　建義元年七月二十七日　　永年武慕姚貞默齋藏本，拓本武氏鈐印"武福鼐印""摩挲石刻鬢成絲"。

光州刺史元昉墓誌　　建義元年七月三十日

定州刺史元周安墓誌　　建義元年九月七日　　拓本先生鈐印"吳興施舍所得古金石專瓦文"。

洛陽龍門山比丘尼道慧造石浮圖記　　建義元年十一月二十三日　有復本。先生題封"龍門山北魏造像記　建義、永安、普泰、永熙"及小識"建義、永安、普泰、永熙"並印"華亭施氏無相庵藏"之一，又小識"建義元年"，拓本先生鈐印"蟄存""舍之審定"。另本北山樓藏本"王孝禹藏龍門造像精拓本第四冊"之一種。

尚書左僕射司空公元欽墓誌銘　　永安元年十一月八日　　北山樓藏本"武進陶氏涉園藏魏誌石拓本　齊周隋唐坿"全函硃拓之一種，印製框欄簽條"司空公元欽誌　永安元年十一月廿日［八日］"並印"吳興施舍攷藏"。

元景略妻蘭夫人墓誌銘　　永安元年十一月二十日　　北山樓藏本"武進陶氏涉園藏魏誌石拓本　齊周隋唐坿"全函硃拓之一種，印製框欄簽條"元景略妻蘭夫人誌　永安元年十一月廿日"並印"吳興施舍攷藏"。

青州刺史元尡墓誌　　永安二年三月九日　　拓本先生鈐印"吳興施舍攷藏"。

洛陽龍門山張歡為亡女苟汝造像記　　永安二年三月十一日　有復本。先生題封"龍門山北魏造像記　建義、永安、普泰、永熙"及小識"建義、永安、普泰、永熙"並印"華亭施氏無相庵藏"之一，拓本先生鈐印"施舍所得"。另本北山樓藏本"王孝禹藏龍門造像精拓本第三冊"之一種。

定州刺史尒朱襲墓誌銘　　誌蓋篆書　永安二年十一月七日
按：先生未得誌蓋。誌銘與四側整紙拓本。拓本先生題簽"尒朱襲墓誌　永安二年十一月七日，缺蓋"。

員外散騎侍郎元恩墓誌　　永安二年十一月十九日　永年武慕姚貞黙齋藏本。拓本武氏鈐印"武福肅印"。

兗州長史穆彥墓誌　　誌蓋篆書　永安二年十二月二十六日　二紙　鹿原劉海天畊鋤草堂藏本。拓本劉氏題簽"魏穆彥墓誌　永安二年六月[十二月]"，拓本劉氏鈐印"畊鋤草堂主人""老農夫"，先生鈐印"吳興施舍攷藏"。誌蓋拓本劉氏鈐印"畊鉏草堂主人所藏金石書畫""老農"（陰陽文印各一），先生鈐印"吳興施舍攷藏"。

先生寇霄墓誌　　永安三年二月朔日

洛陽龍門山李長壽妻陳暉造像記　　永安三年六月十三日　有復本。拓本先生鈐印"舍之審定""吳興施舍攷藏"。另本北山樓藏本"王孝禹藏龍門造像精拓本第三冊"之一種。

廣業寺主比丘慧雙造釋迦像碑　　永安三年七月十一日　會稽顧燮光金佳石好樓舊藏。先生題封"北魏比丘慧雙造像　永安三年"並印"施舍之印"，附顧氏"金佳石好樓收藏金石目錄"印製封，記錄"比丘慧雙造像永安三年（北魏），武陟，一紙"。

范陽王元誨墓誌　　誌蓋篆書　普泰元年三月二十七日　北山樓藏本"武進陶氏涉園藏魏誌石拓本　齊周隋唐坿"全函硃拓之一種，印製框欄簽條"范陽王元誨誌　普泰元年三月二十七日"並先生鈐印"吳興施舍攷藏"。按：此本未附誌蓋。

雒州刺史元天穆墓誌　　誌蓋篆書　普泰元年八月十一日　二紙

按：此本先生攷為偽刻。拓本先生題識"元天穆誌甚大，蓋亦精絕，此偽石也"，拓本先生鈐印"施舍金石"。

散騎常侍賈瑾墓誌　　普泰元年十月十三日　　先生題籤"賈散騎瑾普泰元年十月十三日"，拓本先生鈐印"施舍金石"。

臨淮王元彧墓誌　　無年月　　按：先生之攷，當在普泰元年。先生題籤"臨淮王元彧誌　無年月"，又小識"元彧　無年月"，拓本先生鈐印"施舍金石"。

封法造像　　普泰三年十月一日

洛陽龍門山普泰造像記七段

比丘尼道慧法盛二人造觀世音像記　　普泰元年八月十五日　　有復本。先生小識"法盛二人造像記，此本泐上端五字，不好"，拓本先生鈐印"施舍所得"。另本北山樓藏本"王孝禹藏龍門造像精拓本第一冊"之一種，拓本亦鈐"施舍所得"，為"北山樓選定北魏龍門造像五十品佳拓"之一。

比丘尼道慧法盛二人造多寶像記　　普泰元年八月十五日　　有復本。先生題封"龍門山北魏造像記　建義、永安、普泰、永熙"及小識"建義、永安、普泰、永熙"並印"華亭施氏無相庵藏"之一，先生小識"普泰元年"，拓本先生鈐印"施舍所得"。另本北山樓藏本"王孝禹藏龍門造像精拓本第三冊"之一種。

比丘尼法光為弟劉桃扶造像記　　普泰二年四月八日　　有復本。竟泉精拓本，梅石山館藏本，先生題封"比丘尼法光造像　精拓龍門佚石，北魏普泰二年四月八日"，拓本鈐印"梅石山館攷藏金石文字印""竟泉手拓"，先生鈐印"施舍所得"。另本原係北山樓藏本"王孝禹藏龍門造像精拓本第一冊"之一種，列入"北山樓選定北魏龍門造像五十品佳拓"之一，先生小識"法光"，拓本王氏鈐印"王孝禹攷藏記"。先生嘗作題跋，《後魏比丘尼法光造像記》記云"此本全拓，佛龕鏤飾甚細緻，小字亦佳，龍門造像之精品也"。（見《北山集古錄》）

　　清信士路僧妙為亡夫造釋迦像記　　普泰二年四月二十四日　有復本。先生題封"龍門山北魏造像記　建義、永安、普泰、永熙"及小識"建義、永安、普泰、永熙"並印"華亭施氏無相庵藏"之一，拓本先生鈐印"施舍所得"。另本先生小識"路僧妙，不甚佳"，為"北山樓選定北魏龍門造像五十品佳拓"之一。

　　羽林丞大官令樊道德為父母造像記　　普泰二年六月七日

　　羽林丞大官令樊道德為亡妻造像記　　普泰二年七月□日　為北山樓藏本"王孝禹藏龍門造像精拓本第一冊"之一種，拓本先生鈐印"施舍所得"。

　　比丘靜度造釋迦像記　　普泰二年閏月二十日　有復本。先生小識"比丘靜度，此佳"，拓本先生鈐印"吳興施舍攷藏"，為"北山樓選定北魏龍門造像五十品佳拓"之一。另本北山樓藏本"王孝禹藏龍門造像精拓本第一冊"之一種，拓本先生鈐印"施舍所得"。

安豐王元延明墓誌　　太昌元年七月二十八日　　拓本先生鈐印"施舍金石"。

東海王元頊及妃胡氏合祔墓誌　　太昌元年八月二十三日

北海王元顥墓誌　　太昌元年八月二十三日　　拓本先生鈐印"施舍讀碑記"。

林慮哀王元文誌銘　　太昌元年十一月十九日　　北山樓藏本"武進陶氏涉園藏魏誌石拓本　齊周隋唐坿"全函砆拓之一種，印製框欄簽條"林慮哀王元文誌　太昌元年十一月十九日"，拓本先生鈐印"吳興施舍攷藏"。

晉州刺史元恭墓誌　　太昌元年十一月十九日　　拓本先生鈐印"北山樓文房""施舍金石"。

城陽王元徽墓誌銘　　太昌元年十一月十九日　　北山樓藏本"武進陶氏涉園藏魏誌石拓本　齊周隋唐坿"全函砆拓之一種，印製框欄簽條"城陽王元徽誌　太昌元年十一月十九日"，拓本先生鈐印"吳興施舍北山樓藏碑"。

河州刺史乞伏寶墓誌　　永熙二年三月二十一日

南岐州刺史張寧墓誌　　誌蓋篆書　永熙二年八月二十八日　二紙　三原于右任鴛鴦七誌齋傳拓本，拓本于氏鈐印"右任藏石""鴛鴦七誌齋"，先生鈐印"施舍讀碑記""舍之長物"。誌蓋拓本先生鈐印"舍之長物"，別有復本一紙，無鈐印。

齊州刺史元鑽遠墓誌銘　　永熙二年十一月二十五日　　有復本。墨拓本先生題簽"齊州刺史元鑽遠誌　永熙二年十一月廿五日"，又題識"元鑽遠　永熙二年十一月廿五日""別有陶氏砆拓本，大小不同，此似是摹刻"，拓本先生鈐印"施舍金石"。另本為北山樓藏本"武進陶氏涉園藏魏誌石拓本　齊周隋唐坿"全函砆拓之一種，印製框欄簽條"齊州刺史元鑽遠誌　永熙二年十一月廿五日"，拓本先生鈐印"吳興施舍攷藏"。

王君殘墓誌銘　　永熙二年　　拓本先生鈐印"吳興施舍攷藏"。先生嘗作題跋，《東魏王君墓誌殘石》記云"已見《匋齋藏石記》，石上下左右均佚去，幸第一行存'王君墓誌銘'五字，因知其姓而諱字均缺。第五行云'永熙二年，上以窮桑故地'知其授官已在北魏季世。第七行有'定都鄴'語，故'藏石記'列於東魏之末，是也。誌字正書，已開虞褚楷法，惜石皮剝蝕，

故拓不能精耳"。（見《北山集古録》）

昭玄沙門大統令法師墓誌　　誌蓋正書　永熙三年二月三日　二紙　拓本先生鈐印"吳興施舍攷藏"。

洛陽龍門山永熙造像記四段

　　　法儀等廿餘人造像記　　永熙二年八月二十日　有復本三種。先生小識"廿餘人造像記，此本勝"，為"北山樓選定北魏龍門造像五十品佳拓"之一。另本無署名無鈐印框欄題簽"法儀等造像　永熙二年，'補訪碑錄'收"，拓本先生鈐印"無相庵藏本"。別一本北山樓藏本"王孝禹藏龍門造像精拓本第一冊"之一種。

　　　□江將軍段桃樹造無量壽佛記　　永熙二年九月十日　有復本。先生題封"龍門山北魏造像記　建義、永安、普泰、永熙"及小識"建義、永安、普泰、永熙"並印"華亭施氏無相庵藏"之一，拓本先生鈐印"施舍所得"。另本先生鈐印"吳興施舍攷藏"，為北山樓藏本"王孝禹藏龍門造像精拓本第一冊"之一種。

　　　比丘道仙造彌勒像記　　永熙三年四月十三日　　為北山樓藏本"王孝禹藏龍門造像精拓本第三冊"之一種。

　　　清信女孫姬為亡息造像記　　永熙三年五月七日　有復本。先生題封"龍門山北魏造像記　建義、永安、普泰、永熙"及小識"建義、永安、普泰、永熙"並印"華亭施氏無相庵藏"之一，拓本先生鈐印"施舍所得"。另本北山樓藏本"王孝禹藏龍門造像精拓本第三冊"之一種。

殷州刺史元瑗墓誌銘　　無年月　鹿原劉海天畔鋤草堂舊藏，無署名無鈐印題簽"魏元瑗墓誌"。拓本鈐印"海天珍藏書畫""老農夫""筆精墨妙"，先生鈐印"施舍金石"。

殷州刺史崔楷殘誌　　無年月　鹿原劉海天畊鋤草堂藏本。無署名無鈐印題簽"崔楷墓誌　殘石"，先生小識"無著錄"。拓本劉氏題記"崔楷墓誌，農藏"並印"海天"。

常岳等百餘人造像記　　無年月　按：先生攷為北魏時期。有復本。先生題簽"常岳等百餘人造像記　無年月，定為北魏刻"，拓本先生鈐印"吳興施舍攷藏"。另本剪裱四紙，北山樓藏本"王孝禹藏龍門造像精拓本第三冊"之一種。

張萬年為父母造觀世音像記　　無年月　拓本先生鈐印"施舍所得"。為先生輯"魏齊無年月造像記"之一。

高稟為二子造像記　　無年月　拓本先生鈐印"無相庵藏本"。為先生輯"魏齊無年月造像記"之一。

田市仁造像八龕記　　殘石　無年月　浭陽端午橋陶齋傳拓本。先生題簽"田市仁造像八龕記　無年月　匋齋"，拓本先生鈐印"無相庵藏本"。為先生輯"魏齊無年月造像記"之一。

司馬王亮邑義等造像記　　無年月　先生題簽"司馬王亮等造像記　無年月（拓本恐未全）"，拓本先生鈐印"舍之"。為先生輯"魏齊無年月造像記"之一。

宋和等造像殘佛座　　無年月　分拓四紙，皆題名。先生題封"宋和等造像題名　北魏，無年月，一九三五年茂陵出土"，題簽"宋和等造像題名　北魏刻，無年月"並印"舍之審定"，又題識"此刻舊題'茂陵佛座題名'，民國廿四年陝西茂陵出土，此乃初出土時拓本"，拓本先生小識"茂陵，第一張，右"，鈐印"吳興施舍攷藏"；"第二張，正"，鈐印"吳興施舍攷藏"；"第三張，左"，鈐印"施蟄存"；"第四張，背面"，鈐印"吳興施舍攷藏"。

夏侯氏造像碑　　　未見記文及年月　　三紙，一側未得。拓本先生鈐印"吳興施舍所得古金石專瓦文"。

王英殘誌　　誌石下截　　未見年月　　按：據先生之攷，附北魏末。拓本先生題識"處士河南王英墓誌殘石，未見著錄。驗其字跡，當屬北魏"並印"施"，拓本先生鈐印"吳興施舍攷藏"。先生嘗作題跋，《王英殘墓誌》記云"文六行，行二、三、四字不等，以文理觀之，似其上截所佚字亦不多。文曰'癸亥朔廿一日親處士河南王英以其日喪銘記之'，審其字跡，當是北魏刻。'喪'字作'㕮'，漢衡方碑已見之"。（見《北山集古錄》）

孤雲殘石　　　未見年月　　按：據先生之攷，附北魏末。拓本先生鈐印"施舍所得"。先生嘗作題跋，《孤雲殘石》記云"存字四行，二十三字。可讀者'若孤雲之戀秋''卻背嶂崖''法鏡光其業海'，蓋造佛寺記也。書勢甚佳，北魏人筆跡也"。（見《北山集古錄》）

西 魏

車枕洛造四面佛像　　四面刻　大統元年四月　全形整紙拓本，吳江翁大年、南陵徐積餘隨庵、揚州吳載龢師李齋遞藏。無署名無鈐印題封"西魏車枕洛造象　大統元年"。秦更年題跋"石出秦中，歸劉燕庭嘉蔭簃，今已佚，墨本彌足貴矣。此本為翁叔均、徐積餘所遞藏，叔均乃道咸間吳中印人，簠齋嘗稱重，刻印無誤字。積餘物已十餘年，所藏金石書籍甚富，轉眼俄空，聚散不常，如是如是。壬辰二月仲坰出示此拓屬題，漫識數語於後。嬰闇居士更年"並印"秦嬰闇"。拓本鈐印"翁叔均""徐乃昌讀碑記"，先生鈐印"吳興施舍所得古金石專瓦文"。

侯桃枝等合邑卌人造像碑　　碑正一紙　大統四年十二月二十六日　先生題封"侯桃枝等合邑卌人造像　西魏大統四年十二月廿六日"，又拓本紙背小識"侯桃枝等卌人造象，大統四年十二月廿六日"並印"蟄存"，拓本先生鈐印"無相庵""吳興施舍北山樓藏碑""施蟄存印"，別有一印"建中經眼"。

丘始光造像碑　　碑陰碑側共三紙　　大統六年　　恭城馬君武舊藏。碑側有復本，先生小識"丘始光造像碑側"，拓本鈐印"吳興施舍攷藏"。

杜縣令杜照賢造四面像碑　　大統十三年十一月十五日　　全形分拓六小八紙。先生題簽"杜照賢造像　西魏大統十三年十一月十五日"，拓本鈐印"筆研精良"等，先生鈐印"施舍金石""吳興施舍攷藏"。

衛氏合宗造像記　　大統十七年七月二十三日　　先生題簽"□氏合宗造像記　西魏，大統十七年七月廿三日"，拓本鈐印"吳興施舍攷藏"等。

始平縣伯劉□□造玉石像記　　大統十七年十二月五日　　拓本先生鈐印"施舍所得"。

洛陽龍門山西魏造像記六段

　　党屈蜀為己身造像記　　大統四年六月六日　　有復本。先生小識"大統四年"，拓本先生鈐印"施舍所得"。另本北山樓藏本"王孝禹藏龍門造像精拓本第三冊"之一種。

　　平東將軍蘇萬成妻趙鬐造像記　　大統六年四月二十八日　　有復本三種。一先生小識"大統六年"，拓本先生鈐印"吳興施舍"。一為先生題簽"龍門造像四種"四段整紙合拓之一，拓本鈐印"善昌審定""靈光石室"。別一本北山樓藏本"王孝禹藏龍門造像精拓本第二冊"之一種，拓本王氏鈐印"王孝禹攷藏記"。

　　平東將軍蘇萬成造像記　　大統六年四月二十八日　　有復本。拓本先生鈐印"吳興施舍攷藏"。另本兩段合拓本之一，北山樓藏本"王孝禹藏龍門造像精拓本第二冊"之一種，拓本王氏鈐印"王孝禹攷藏記"。

　　始平縣開國伯韓道人造像記　　大統六年七月十五日　　為北

山樓藏本"王孝禹藏龍門造像精拓本第四冊"之一種。

  洛州靈巖寺沙門璨造像記 大統七年正月十五日 有復本。拓本先生鈐印"施舍所得"。另本北山樓藏本"王孝禹藏龍門造像精拓本第二冊"之一種。

  嚴屯興造像記 大統七年四月二十六日 為北山樓藏本"王孝禹藏龍門造像精拓本第三冊"之一種。

董大醜等為元王崇禮兄弟五人造像記 無年月 按：據先生攷為西魏時期，附西魏末。先生題封"董大醜為元王崇禮兄弟造像 無年月，係西魏末"，又題識"董大醜等為元王崇禮兄弟五人造像記，無年月（西魏末），河南登封，'藝風堂目錄'有此刻""此刻徐乃昌以為張法壽洪寶造像碑陰，恐誤"並印"舍之審定"，拓本亦鈐"舍之審定""吳興施舍北山樓藏碑""無相庵"。

東 魏

贈代郡太守程哲碑　　有額篆書　天平元年十一月三日

中嶽嵩陽寺碑　天平二年四月八日

比丘洪寶造像銘　　又稱"張法壽造像記"　天平二年四月十一日　開封李白鳳蟬盦藏本。先生題封"比丘洪寶造像銘　全拓，天平二年四月[十]一日"並印"舍之審定"，又小識"比丘洪寶，'壽'誤作'舜'，武氏'授堂續跋'題作'張法舜造像記'，'嵩陽石刻録'未載"。又見"無相庵"箋紙先生題識"比丘洪寶，此朱舍照等造四面像碑之側也。張法壽録事參軍，妻衛清姬，比丘洪寶，均見正碑"。拓本李氏鈐印"白鳳題識"。

平南將軍元玕墓誌銘　　誌蓋篆書　天平二年七月二十八日　二紙　北山樓藏本"武進陶氏涉園藏魏誌石拓本　齊周隋唐坿"全函硃拓之一種，印製框欄簽條"平南將軍元玕誌　有蓋，天平二年七月二十八日"，拓本先生鈐印"吳興施舍攷藏"；誌蓋拓本印製框欄簽條"平南將軍元玕誌蓋"，拓本先生鈐印"北山樓文房"。

南秦州刺史司馬昇墓誌　　天平二年十一月七日　　諸城王蘭溪鄱閣舊藏。拓本鈐印"王緒祖信印大貴長壽""周司鑰齋""與宋趙德父同里",先生鈐印"吳興施舍攷藏"。

滄州刺史王僧墓誌　　誌蓋篆書　　天平三年二月十三日　　二紙有復本。無署名無鈐印題簽"魏王僧墓志銘　精拓本,天平三年",先生題簽"滄州刺史王僧墓誌　有側,天平三年二月十三日",拓本先生鈐印"吳興施舍所得古金石專瓦文"。另本鈐印"吳興施舍攷藏"。

太師錄尚書事高盛碑　　有額篆書　　天平三年五月二十八日　　裱本。

四門小學博士孫彥同墓誌銘　　天平三年八月十八日　　先生題識"孫彥同,天平三年八月十八日。未見著錄,'趙書'無此。已錄文",拓本先生鈐印"吳興施舍攷藏"。

魏天平三年造像殘碑　　一石　　按:據先生之攷,附天平三年末。先生題識"右東魏天平三年造像殘石",拓本先生鈐印"施舍所得"。先生嘗作題跋,《後魏殘碑二石》記云"其一存字二行,首行曰'魏天平三年',次行曰'卯朔合邑等',則東魏天平三年造像記也,按'通鑒目錄'天平三年十二月丁卯朔"。(見《北山集古錄》)

獲嘉縣安村道俗一百餘人造像記　　天平四年七月二十五日　　無署名無鈐印框欄分書題簽"東魏安村道俗一百餘人造象",先生補識"天平四年七月廿五日,新鄉,已著錄",又題識"獲嘉縣安村一百人造像記,天平四年七月廿五日。僅見陳漢章一跋,此本較勝"。拓本先生鈐印"施蟄存""吳興施舍所得古金石專瓦文"。

比丘淨智師圓寂塔銘　　元象元年四月十一日卒　　先生小識"'誌

目'無,已錄"並印"舍之",拓本先生鈐印"舍之""吳興施舍攷藏"。

定州刺史李憲墓誌　　元象元年十二月二十四日　拓本鈐印"寶端藏漢魏六朝墓誌印記",先生鈐印"吳興施舍攷藏"。

齊州刺史高湛墓誌　　元象二年十月十七日　有復本。先生題識"高子澄誌前後共得六本,以此本為第一。舍之"並印"舍之",拓本鈐印兩方,先生鈐印"吳興施舍攷藏"。

太尉錄尚書事高翻碑　　有額篆書　興和元年　拓本先生題簽"太尉錄尚書事高翻碑　舍著錄"並印"吳興施舍攷藏"。

太尉公劉懿墓誌　　興和二年正月二十四日　拓本先生鈐印"吳興施舍所得古金石專瓦文"。

蔡儁碑殘石　　有碑陰　興和二年八月八日

太原王顯慶墓記　　興和二年九月十三日　有復本三種。一天津姚氏翔鸞閣傳拓本,係姚湘雲手拓。拓本姚氏鈐印"姚湘雲女史手拓金石文字記",先生鈐印"施舍金石"。一北山樓藏本"武進陶氏涉園藏魏誌石拓本齊周隋唐坿"全函硃拓之一種,印製框欄簽條"王顯慶墓記誌　興和二年",拓本先生鈐印"吳興施舍攷藏"。別一本鹿原劉海天畊鋤草堂舊藏,托裱摺頁本,拓本右側題記"東魏興和二年王顯慶墓記　此石為山西榆次出土,今歸羅振三矣",此記下端有鈐印四方;另左側題記"此誌拓片為北平碑賈馬子雲攜滬,余得之。丙子年春二月畊鋤人老農夫藏"並鈐農夫肖形印,此記下端有鈐印二方。

李仲璇修孔廟碑　　有額篆書並碑陰碑側　王長儒書　興和二年十二月十一日　三紙

居士廉富率道俗共造天宮壇廟記　　興和二年功就　有復本。無署名無鈐印框欄分書題簽"東魏廉富造像記",先生補識"壹紙,汲縣,缺碑陰及兩側",又題簽"廉富造像記　東魏興和二年",拓本先生鈐印"吳興施舍攷藏""施舍金石"。另本先生題簽"東魏廉富造象記　汲縣,一紙,缺陰側及額,復本"並印"蟄存",拓本先生鈐印"吳興施舍北山樓藏碑"。

敬使君碑　　有碑陰　興和二年　二紙　有復本。開封桑孟伯庸堂藏本。拓本桑氏題簽"敬使君碑"並印"桑"。另本先生題簽"東魏敬使君碑　興和二年,有碑陰"。

胡伯樂送終玉玩銘　　興和三年三月十四日　先生小識"胡伯樂誌,僅見'趙氏集釋'"並印"舍之",拓本先生鈐印"吳興施舍攷藏"。

宜陽郡王元寶建墓誌　　興和三年八月二十一日　拓本先生鈐印"吳興施舍所得古金石專瓦文"。

華山王元鷙墓誌　　興和三年十月二十二日　拓本先生鈐印"吳興施舍攷藏"。

呂昇歡造像碑　　有碑陰　興和三年□月　二紙　無署名無鈐印框欄分書題簽"東魏呂昇歡造像碑　附碑陰",先生補識"共二紙,興和三年□月,汲縣",又題簽"呂昇歡造像記　東魏興和三年□月",拓本兩紙先生皆鈐印"吳興施舍所得古金石專瓦文"。

李次李顯族等合邑百餘人造像碑　　興和四年十月八日　有碑陰碑側　四紙　有復本。無署名無鈐印框欄分書題簽"東魏李氏合邑造像碑頌文　附碑陰碑側",先生補識"李次李顯族等百餘人造像記,興和四年十月八日,共四紙",又識"東魏李氏合邑造像碑頌,有陰側",拓本先生鈐印"北山樓""吳興施舍攷藏""施舍所得""北山樓文房"。另本先生小識"李顯族等合邑造像碑頌文,復本,缺陰側",拓本先生鈐印"吳興施舍北山樓藏碑"。

上官胡仁等造像記摩崖　　興和四年十一月　　先生題簽"上官胡仁等摩崖造像　東魏興和四年十一月",拓本先生鈐印"吳興施舍所得古金石專瓦文"。

劉目連造像記　　興和五年正月二日　　德清俞陛雲樂靜堂傳拓本,杭縣陳漢第伏廬藏本。俞氏題簽"魏興和五年劉目連造像",拓本先生鈐印"施舍金石"。先生嘗作題跋,《劉目連造泥像記》記云"此本俞陛雲手拓,以貽陳伏廬者"。(見《北山談藝錄續編》)

高歸彥造像記　　武定元年四月八日　　先生題封"高歸彥造像記　東魏武定元年四月八日",又題簽"高歸彥造像記　武定元年四月八日"並印"吳興施舍攷藏",拓本先生鈐印"北山樓""吳興施舍攷藏"。

清信士合道俗九十人等造像記　　武定元年七月二十七日　　整紙全形拓本,有復本。先生題封"道俗九十人等造像記　東魏武定元年七月廿七日",又題簽"清信道俗九十人等造像　武定元年七月廿七日,全拓"。另本先生題簽"道俗九十人等造像記　東魏武定元年七月廿七日,一紙,河內縣北孔村,無著錄",拓本先生鈐印"無相庵""吳興施舍北山樓藏碑""施蟄存印"。

武猛從事陽山李道贊率邑義五百人造像碑　　四面刻　武定元年八月　一紙　按:先生未得碑陰及碑兩側。

渤海太守王偃墓誌　　誌蓋篆書　武定元年十月二十八日　有復本。婁縣俞粟廬韜盦舊藏,整紙裱本,有俞氏署韜盦居士題記並鈐印。另本亦整紙裱本,先生鈐印"吳興施舍攷藏"。

李洪演造像記　　武定二年三月一日　　永年武慕姚貞黙齋藏本。拓本武氏鈐印"武福肅印",先生鈐印"吳興施舍攷藏"。

淮南王元顯誌　　武定二年八月二十日　先生題簽"元顯　武定二年八月廿日",又題"淮南王元顯誌　武定二年八月二十日"。

淮南孝武王元均墓誌　　武定二年八月二十日　會稽顧燮光金佳石好樓舊藏。拓本顧氏鈐印"鼎梅審定",先生鈐印"吳興施舍攷藏"。先生嘗作著錄,記云"民國十年前石完整,十年以後斷為十塊,右上端缺三塊,今在安陽金石保存所"。(見中盈堂藏本《翫碑雜錄》)

廣陽文獻王元湛墓誌　　誌蓋篆書　武定二年八月庚申　二紙有復本。拓本先生鈐印"吳興施舍所得古金石專瓦文"。

廣陽文獻王妃王氏墓誌　　武定二年八月　有復本。

路文助兄弟三人造像記　　武定二年十月十三日　拓本先生鈐印"吳興施舍攷藏"。

兗州刺史叔孫固墓誌　　武定二年十一月二十九日　拓本先生鈐印"吳興施舍攷藏"。

楊顯叔造像記　　武定二年□月十四日　有"光緒癸巳秋日武進徐壽基識於濟南"題刻　雲間杜亞治松筠草堂舊藏。拓本杜氏題跋"按柯氏朔閏表,乙卯朔為四月,則月上所泐者,當為四字無疑。甓廬誌"並印"甓廬題記"。拓本先生鈐印"吳興施舍攷藏"。

侯海墓誌銘　　武定二年十月二十日　拓本先生鈐印"吳興施舍攷藏"。

報德玉像七佛頌牌　　有碑兩側　武定三年七月十五日　按:先生未得碑兩側拓本。

汝陽王元賥墓誌　　武定三年十一月二十九日

章武王太妃盧貴蘭墓誌銘　　武定四年十一月二十二日　　北山樓藏本"武進陶氏涉園藏魏誌石拓本　齊周隋唐坿"全函硃拓之一種，印製框欄簽條"章武王妃盧氏誌　武定四年十一月廿二日"並印"吳興施舍攷藏"。

鄭君碑殘石　　武定五年二月七日甍　拓本先生鈐印"吳興施舍攷藏"。

王惠略等合邑五十人造像記　　武定五年七月三日　先生題識"武定五年七月三日，王惠略等五十人造象，未見著錄"並印"吳興施舍攷藏"，拓本鈐印"河南圖書館藏石"，先生鈐印"吳興施舍攷藏""施舍所得"。

朱舍造磚浮圖記　　武定五年七月九日　拓本先生鈐印"無相庵""吳興施舍攷藏"。

郭領眾等百人造像碑　　武定五年八月十五日　先生題簽"郭領眾等百人造象　武定五年八月十五日，輝縣，一紙"，拓本先生鈐印"吳興施舍北山樓藏碑"。

東安王太妃陸順華墓誌　　武定五年十一月十六日　拓本先生鈐印"吳興施舍所得古金石專瓦文"。

任城王太妃馮令華墓誌銘　　武定五年十一月十六日　拓本先生鈐印"吳興施舍所得古金石專瓦文"。

道俗七十人造像記　　武定六年七月二十七日

孫孟長造像記　　武定七年正月二十一日　拓本先生鈐印"施舍所得"。

陽市寺尼惠遵造像記　　武定七年三月六日　　溧陽端午橋陶齋傳拓本。先生小識"武定七年三月六日，惠遵陽市寺尼，匋齋"，拓本先生鈐印"吳興施舍攷藏"。

冀州刺史關勝誦德碑　　有額篆書及碑陰　武定八年二月四日
按：先生未得碑陰。拓本題簽"冀州刺史關勝誦德碑　武定八年二月四日，山西平定"並印"吳興施舍攷藏"。

吳郡王蕭正表墓誌　　武定八年二月二十九日　　婁縣俞粟廬韜盦舊藏，整紙裱本。俞氏題跋"丙辰元旦韜盦居士識"並印"宗海鑑定"，拓本鈐印"吳興施舍攷藏"等。

源磨耶壙誌　　武定八年三月六日　　北流陳柱守玄閣舊藏。無署名無鈐印題簽"武定八年源旹虎壙記"。拓本陳氏鈐印"柱尊珍賞"，先生鈐印"吳興施舍攷藏"。

修齊太公廟碑　　穆子容撰　有碑陰　武定八年四月十二日
按：先生未得碑陰。

太原太守穆子巖墓誌　　武定八年五月十三日　　拓本先生鈐印"施舍金石""吳興施舍攷藏"。

廉富等卅人造義井記　　武定八年

洛陽龍門山東魏造像記十一段　　先生題簽"龍門山東魏造像記　天平、元象、興和、武定"，又題"東魏造像記"並印"施舍所得"，另小識"東魏，天平"並印"無相庵"。

　　僧清長比丘法□等三人造彌勒像記　　天平二年四月八日
有復本。拓本先生鈐印"施舍所得"。另本為北山樓藏本"王孝禹藏龍門造像精拓本第二冊"之一種，拓本王氏鈐印"王孝禹攷藏記"，先生鈐印"施舍所得"。

比丘尼曇會阿容為己身造觀世音像記　　天平三年五月十五日　　有復本。拓本先生鈐印"施舍所得"。另本為北山樓藏本"王孝禹藏龍門造像精拓本第一冊"之一種，拓本亦鈐"施舍所得"。

清信女孫思香為亡息造像記　　天平四年正月二十一日　　有復本。拓本先生鈐印"施舍所得"。另本北山樓藏本"王孝禹藏龍門造像精拓本第二冊"之一種，先生小識"天平四年孫思香造象"，拓本王氏鈐印"王孝禹攷藏記"，先生鈐印"施舍所得"。

曹敬容為亡夫造像記　　天平四年七月五日

清信女弟子□□□為亡夫造像記　　天平四年七月二十五日　　先生小識"天平四年七月廿五日"，拓本先生鈐印"施舍所得"。

普慧等道俗卅人造像記　　天平四年八月十九日　　為北山樓藏本"王孝禹藏龍門造像精拓本第三冊"之一種。

劉大安造像記　　元象二年四月五日　　有復本三種。一先生小識"元象二年四月五日"，拓本鈐印"施舍所得"。一拓本亦鈐"施舍所得"。別一本北山樓藏本"王孝禹藏龍門造像精拓本第五冊"之一種。

趙琛兄弟及同邑七十餘人造像碑　　元象三年七月四日　　開封桑孟伯庸堂藏本。先生題簽"趙琛弟兄及同邑七十餘人造像碑　東魏元象三年七月四日"並印"吳興施舍攷藏"，拓本亦鈐"吳興施舍攷藏"。

故比丘曇靜為大統寺造像記　　武定三年十一月十日　　有復本。拓本先生鈐印"施舍所得"。另本北山樓藏本"王孝禹藏龍門造像精拓本第一冊"之一種，拓本先生鈐印"施舍所得"。先生嘗作著錄，《龍門造像例》

記云"為寺造（見左方武定三年昌[曇]靜一刻）""造像人已故者：武定三年十一月十日，故比丘昌[曇]靜造釋加象一區，為大統寺造。老君洞"。（見中盈堂藏本《翫碑雜錄》）

故比丘曇靜為大統寺主安法造像記　　武定三年十一月十日　　有復本。拓本鈐印"施舍所得"。另本北山樓藏本"王孝禹藏龍門造像精拓本第二冊"之一種，拓本王氏鈐印"王孝禹攷藏記"。

報德寺比丘法相造像記　　武定七年四月十五日　　有復本。先生小識"武定七年"，拓本先生鈐印"吳興施舍"。另本北山樓藏本"王孝禹藏龍門造像精拓本第三冊"之一種。

劉樹枝等造像碑　　四面刻　　無年月　　按：據先生攷為東魏時所刻，故附東魏末。分拓七紙，先生題簽"劉樹枝等造像　東魏，無年月"，拓本先生鈐印"施蟄存""吳興施舍所得古金石專瓦文"。

胡伯憐等卅七人造像碑　　無年月　　據攷為東魏時所刻，附東魏末。先生題封"胡伯憐等三十七人造像"，印製框欄簽條"東魏胡伯憐等三十七人造象　正書，無年月，輝縣"，拓本先生鈐印"無柤庵""施舍之印""吳興施舍攷藏"。

吳氏造像碑　　四面刻　　無年月　　按：據先生攷為東魏時所刻，附東魏末。全拓四紙，皆吳氏題名，有復本。先生題識"魏吳氏造像　四紙，無年月，係東魏末"，拓本先生鈐印"吳興施舍攷藏""施舍所得""吳興施舍所得古金石專瓦文"。另本宣紙封套，無署名無鈐印題封"魏吳氏造像"。

漢徵君伏生冢題字　　無年月　　按：據先生從'藝風堂目'，附東魏末。先生嘗作著錄，記云"同治十三年，山東濟南齊東縣故朝陽城東五里碧霞元君祠下出土，'藝風堂目'附東魏末"。（見中盈堂藏本《翫碑雜錄》）

陳子姜等佛座題名　　無年月　分拓四紙　按：據攷為東魏時所刻，附東魏末。先生題封"陳子姜等造像題名　東魏，無年月"。無署名無鈐印框欄簽條"東魏邑子陳子姜等佛座題名"，又先生小識"四張，輝縣"。拓本四紙先生分別鈐印"舍之審定""吳興施舍攷藏""無相庵""吳興施舍北山樓藏碑"。

秦始佽等造像碑　　無年月　二紙　按：據攷為東魏時所刻，附東魏末。先生題封"秦始佽等造像"，無署名無鈐印框欄題簽"東魏邑子秦始侯造像"並先生小識"二張，新鄉。本為一石，中斷成二"，拓本先生鈐印"吳興施舍攷藏""吳興施舍北山樓藏碑"。

北　齊

鄭敬羨造像記　　　天保二年九月二十三日　　浭陽端午橋陶齋傳拓本。拓本先生鈐印"施舍所得"，為先生輯"北齊造像匋齋藏石六種"之一。

元賢墓誌銘　　　天保二年十一月三日

鄉豪都督劉子瑞造像記　　　天保三年三月　　鄭州崔氏耕堂傳拓本。拓本崔氏題識"此造像原刻藏河南新鄭縣文管會，一九七八年七月拓"。先生題簽"劉子瑞造像記　齊天保三年三月，河南新鄭"，拓本先生鈐印"施舍金石"。

宋顯昌造像記　　　天保三年五月二十五日　　浭陽端午橋陶齋傳拓本。拓本先生鈐印"施舍所得"，為先生輯"北齊造像匋齋藏石六種"之一。

張山化等八十八人造像碑　　　兩面刻　天保三年五月　　正陰分拓二紙，先生題簽"張山化等八十八人造象碑，在輝縣東北十二里小古章村福家寺,又稱佛伽寺",又鋼筆小識"二面刻,天保三年五月"。碑陰別有復本一紙,先生題簽"張山化等八十八人造象碑陰題名　天保三年五月,碑正未得"並印"舍之審定",拓本先生鈐印"吳興施舍北山樓藏碑"。

比丘僧嚴清信女宋洛造像碑　　三面刻　天保三年八月二十日

三紙　先生題封"比丘尼僧嚴清信女宋洛造像　三紙,天保三年",又題簽"比丘尼僧嚴清信女宋洛造象　三面刻,天保三年八月廿日,輝縣清寧寺"。拓本先生小識"前"並印"吳興施舍北山樓藏碑"、"左側"並印"吳興施舍攷藏"、"陰"並印"施舍所得"。

公孫村母人卅一人合造白玉像記　　天保四年二月二十日　拓本

先生鈐印"吳興施舍攷藏"。

開府參軍事崔頠墓誌銘　　天保四年二月二十九日　摹刻本。

先生題簽"崔頠墓誌　天保四年二月廿九日,摹刻本"並印"舍之",拓本先生鈐印"吳興施舍所得古金石專瓦文"。

□□兒造白玉觀世音像記　　天保四年□月二十三日　拓本

先生鈐印"無相庵""舍之"。

金門太守桑買妻楊氏造玉像記　　天保五年正月十五日　掛軸裱

本。高密鄭文焯大鶴山房傳拓本,順德鄧氏風雨樓舊藏。拓本鄭氏題記七段並鈐印"鄭(押印)""江南退士""高密""崔道人""大鶴""瑕東客""崔語""大壺""冷紅詞客""鄭文焯""石芝西堪攷藏墨本""瘦碧闇所得金石文字記",鄧氏鈐印"順德鄧氏琛藏"。先生嘗作題跋,《跋北齊桑買造像》記云"揚州馬氏小玲瓏館故物,歸安沈氏耦園供養。旋入大鶴山人石芝堪,山人甚寶惜之,傳此拓及題識。余於一九五四年得此卷於碑估黃小玄許,一九六七年為紅衛兵抄掠去,一九八五年仲夏幸得珠還,卷軸已破損,遂付蘇州裝治之,冀詞人遺跡,或可更支百年"。(見《北山談藝錄》)

北齊

張景暉造像記　　天保五年七月十五日　　拓本紙背先生小識"張景暉造象，天保五年"，拓本先生鈐印"舍之審定"。

清河王高嶽造西門豹祠碑頌　　分書　有額篆書並碑陰碑側　天保五年　碑正碑陰碑額三紙　先生未得碑側拓本，拓本題簽"西門豹祠碑　有陰額"並印"吳興施舍攷藏"。先生嘗作題跋，《北齊西門君頌》記云"可稱舊拓矣，持校《金石萃編》錄文，泐失不可見者數字。然'萃編'缺而此本猶存者四五字，'萃編'誤者三字"。（見《北山集古錄》）

太尉錄尚書事竇泰墓誌銘　　分書　天保六年二月九日　先生題簽"竇泰墓誌　天保六年二月九日"並印"吳興施舍攷藏"，拓本先生鈐印"施舍金石""吳興施舍攷藏""吳興施舍所得古金石塼瓦文"。

竇泰妻婁黑女墓誌銘　　分書　天保六年二月九日　有復本。先生題簽"竇泰夫人誌"，拓本先生鈐印"吳興施舍攷藏""吳興施舍所得古金石塼瓦文"。

滄州刺史高建墓誌銘　　誌蓋篆書　天保六年二月九日　二紙
北山樓藏本"武進陶氏涉園藏魏誌石拓本　齊周隋唐坿"全函硃拓之一種，印製框欄簽條"滄州刺史高建誌　有蓋，天保六年二月九日"，誌蓋印製框欄簽條"滄州刺史高建誌蓋"，拓本誌與蓋先生皆鈐印"吳興施舍攷藏"。

李清報德像碑　　燕州釋仙正書　天保六年七月一日

王憐妻趙氏墓誌　　天保六年七月六日　別有復本，為摹刻本。先生小識"王憐妻趙氏，天保六年七月六日。原石無格子，此是摹本"。

法儀兄弟八十人造像記　　天保八年三月二十二日　溧陽端午橋陶齋傳拓本，金山姚石子復廬舊藏。先生題封"法儀兄弟等八十人造像記　北齊天保八年三月廿二日"，又題簽"匋齋藏石　法儀兄弟等八十人造象"。拓本姚氏鈐印"復廬審定金石文字",先生鈐印"無相庵藏本""吳興施舍攷藏"。拓本紙背別有小記"天保八年造像"並印"坶堂"。

趙郡王高叡更興定國寺靈塔記　　又稱"祁林山寺碑""定國寺碑"　天保八年六月十五日　長洲葉昌熾緣督廬、貴池劉之泗畏齋遞藏。剪裱經折冊裝本,封面無署名無鈐印題簽"齊定國寺更興靈塔記　天保八年",扉頁附兩簽條"定國寺更興靈塔記　正書,直隸靈壽,天保八年歲在丁丑□□戊辰十五日壬午""齊定國寺更興靈塔記　公魯藏,丹斧題",冊內先生鈐印"舍之審定""舍之長物""吳興施舍攷藏",冊末劉氏題記"此拓葉菊裳丈舊藏,丙寅七月中旬,梁溪馬文軒裱本假胡氏誦芬書室藏本校對一過,公魯識",先生小識"甲辰仲夏此本入吳興施氏北山樓"。"無相庵"箋紙先生題識二頁,有曰"此碑舊稱'祁林山寺碑',今又稱'定國寺碑'""此碑傳拓絕少,得者宜珍護之。甲寅九月舍識"並印"施舍金石"。先生嘗作題跋,《北齊定國寺碑》記云"此碑在靈壽祁林山中,其地荒寂多虎,拓致為艱,故傳本絕少,今碑石不知尚存否,即存,恐拓本亦不可得矣"。(見《北山集古錄》)

比丘尼僧捻智靜造像記　　天保八年十二月十二日　浭陽端午橋陶齋傳拓本。拓本先生鈐印"無相庵藏本",為先生輯"北齊造像匋齋藏石六種"之一。

魯思明造像碑　　天保九年二月八日　上截斷失。先生嘗作題跋,《北齊魯思明造像記》記云"拓本僅存下半截,……方整古雅,亦齊刻之佳品。舊題'齊伏寶造像',蓋以文中有'伏寶盈家'語,遂以'伏寶'為人名,非也""此本墨渝紙腐,亦百年以上物,不知孫、繆諸家何以皆未得也。首行上截,當為碑題,而宋人亦不得據錄,則宋時已斷失矣。石舊在偃師義井鋪北佛寺中,今不知存佚"。(見《北山集古錄》)

順陽太守皇甫琳墓誌銘　　誌蓋篆書　天保九年十一月二十日　二紙　有復本。銅梁王瓘孝禹傳拓本。先生題跋"此誌《匋齋藏石記》著録，自匋齋散出後歸銅梁王孝禹，旋又為武進陶氏涉園所得，今不知安在"並印"舍之"，拓本王氏鈐印"銅梁王孝玉家藏古刻"，先生鈐印"施舍所得"，誌蓋拓本鈐印"吳興施舍攷藏"。另本北山樓藏本"武進陶氏涉園藏魏誌石拓本　齊周隋唐坿"全函硃拓之一種，印製框欄簽條"順陽太守皇甫琳誌　有蓋，天保九年十一月二十日"，拓本先生鈐印"吳興施舍攷藏"；誌蓋拓本印製框欄簽條"順陽太守皇甫琳誌蓋"，先生鈐印"無相庵"。

比丘僧邑義等造像記　　　殘石　乾明元年七月十五日　托裱本，金山姚石子復廬舊藏。先生題封"比邱僧邑義等造象記　北齊乾明元年七月十五日"，題簽"比邱僧邑等造象殘刻　北齊乾明元年七月十五日，山東蘭山，'八瓊室補正'"，又小識"'八瓊室補正'著錄，尚有一石，題名九行。'石出蘭山，近藏伏氏'，'趙氏補訪碑錄'云爾"並印"蟄存"。拓本姚氏鈐印"復廬審定金石文字"，先生鈐印"吳興施舍攷藏"。拓本紙背別有小記"乾明元年造象"並印"坶堂"。

夫子廟碑　　　有額篆書　鄭述祖撰　乾明元年　先生嘗作題跋，《北齊夫子廟碑》記云"碑殘泐已甚，字完整者僅四十餘。余取譚瓶齋所藏明拓本（影印本）校之，實無甚異同""翁覃谿云，'今拓本全無矣'然余此本卻猶存……可知翁氏所得拓本更劣，而此所謂明拓者，殊未可信也""此碑書法實為由隸入楷之重要跡象"。（見《北山集古錄》）

鄉老舉孝義雋敬碑　　　碑額雋美生正書　皇建元年十二月二十日　碑陰刻維摩詰經　先生嘗作題跋，《北齊雋修羅碑》記云"碑字雋美生書，稚弱非名筆，惟碑陰刻'維摩詰經'一品，字畫甚工妙，蓋非美生書也，其字與樊遜書'夫子之碑'宛然出一手"。（見《北山集古錄》）又嘗作著錄，記云"下截題名第五行下有嘉慶七年王家梧移石題記，無此者舊拓本也"。（見中盈堂藏本《瓵碑雜錄》）

是連公妻邢阿光墓誌　　　誌蓋篆書　皇建二年十一月十九日　有

復本。婁縣俞粟廬韜盫舊藏，剪裱冊頁本，俞氏題跋"齊碑尚瘦勁，此邢夫人誌皆漳德所出，一望即知為北齊人書，其佳處在古拙二字，非尋常人所能知耳。韜盫居士記"並印"宗海"，拓本鈐印"真有趣"等，先生鈐印"無相盫"。另本失記。

中書監趙州刺史石信墓誌　　大寧元年十一月十九日　拓本先生鈐印"施舍金石"。

雲門寺法懃禪師塔銘　　大寧二年正月五日　拓本先生鈐印"施舍金石"。

彭城王高攸造像碑　　有篆書額　魏收造文　大寧二年二月八日　二紙　拓本先生鈐印"吳興施舍所得古金石專瓦文"。

趙州長史李君妻崔宣華墓誌　　河清元年十一月十八日　三原于右任鴛鴦七誌齋傳拓本，鹿原劉海天畊鋤草堂藏本，拓本劉氏題簽"齊長史李君崔氏宣華"，先生又題"李君妻崔宣華誌　河清元年十一月十八日"並印"舍之寓心"。拓本鈐印"關中于氏藏石""關西餘子""畊鉏草堂珍玩"並農夫肖形印，先生鈐印"吳興施舍攷藏""施舍金石"。

叱列延慶妻尒朱元靜墓誌　　兩面刻　河清三年正月二日　二紙　拓本先生鈐印"吳興施舍攷藏"。

鞏縣石窟寺王氏合邑一百人造像碑　　殘石　河清三年二月八日　有復本。先生題合存封"北齊造像六種"，先生題簽"石窟寺造像殘刻　王氏合邑一百人等造像，北齊河清三年二月八日，鞏縣"並印"無相庵"，拓本先生鈐印"吳興施舍所得古金石專瓦文"。另本鄭州崔氏耕堂藏本，先生題封"齊太原王氏百人等造像碑　河清三年二月八日"並印"舍之長物"，又題簽"太原王氏道俗百人等造像　齊河清三年二月八日，一九七五年九月崔耕所贈"並印"舍之長物"，拓本開封李白鳳蟬盦鈐印"李逢審定"，先生鈐印

"吳興施舍所得古金石專瓦文"。

樂陵王高百年墓誌銘　　誌蓋篆書　河清三年三月二日　二紙

北山樓藏本"武進陶氏涉園藏魏誌石拓本　齊周隋唐坿"全函砆拓之一種，印製框欄簽條"樂陵王高百年誌　有蓋，河清三年三月二日"，拓本先生鈐印"施蟄存"；誌蓋無署名無鈐印框欄題簽"樂陵王高百年誌蓋"，拓本先生鈐印"吳興施舍攷藏"。

樂陵王妃斛律氏墓誌銘　　誌蓋篆書　河清三年三月二日　二紙

北山樓藏本"武進陶氏涉園藏魏誌石拓本　齊周隋唐坿"全函砆拓之一種，印製框欄簽條"樂陵王妃斛律氏誌　有蓋，河清三年三月二日"，拓本鈐印"吳興施舍北山樓藏碑"；誌蓋亦印製框欄簽條"樂陵王妃斛律氏誌蓋"，拓本先生鈐印"吳興施舍攷藏"。

赫連子悅妻閭炫墓誌　　誌蓋篆書　河清三年三月二十四日　二紙

王氏合邑造像記　　殘石　河清三年五月八日

梁伽耶墓誌　　誌蓋正書　河清四年二月七日　二紙　拓本先生鈐印"吳興施舍攷藏"，誌蓋鈐印"無相盦"。

玄極寺慧據法師造像碑　　有碑陰碑側　河清四年四月八日　拓本題簽和鈐印皆失記。

前尚書嚴□順兄弟造四面龕像記　　天統元年五月十五日　托裱本，濰縣介祺陳簠齋、金山姚石子復廬遞藏。先生題封"前尚書嚴□順兄弟造四面像記　北齊天統元年五月十五日"，又題簽"前尚書嚴□順兄弟造四面象記　天統元年五月，簠齋舊藏，匋齋跋，八瓊[室]"，拓本姚氏鈐印"復廬審定金石文字"，先生鈐印"吳興施舍攷藏"。拓本紙背鈐印"姆堂"。

李保洛造像記　　天統元年九月四日　　先生題簽"李保洛造像記　天統元年九月四日"並印"無相庵"，拓本先生鈐印"吳興施舍攷藏"。為先生輯"舊出北齊造像七種"之一。

姜纂造像記　　天統元年九月八日　　會稽章碩卿式訓堂舊藏。先生題簽"姜纂造像記　天統元年九月八日"並印"吳興施舍攷藏"，拓本章氏鈐印"碩卿珍賞"，先生鈐印"吳興施舍攷藏"，另"無相庵"箋紙先生題跋《姜纂造像》，記云"此紙乃章碩卿物"。為先生輯"舊出北齊造像七種"之一。

趙州刺史趙道德墓誌銘　　天統元年十月十三日　　先生題簽"趙州刺史趙道德墓誌　天統元年十月十三日"並印"吳興施舍攷藏"，拓本先生鈐印"蟄存"。

處士房周陁墓誌銘　　天統元年十月二十四日　　先生題簽"房周陁墓誌　天統元年十月廿四日"並印"吳興施舍攷藏"。拓本先生鈐印"無相庵藏本"等。

巴州曾口太守張赳墓誌銘　　張景邕造　　天統元年十一月六日

開府從事中郎王君殘墓誌銘　　天統元年十一月二十三日　　雲間杜亞治松筠草堂舊藏。拓本杜氏題簽"北齊天統殘志　天統元年十一月"並印"杜氏松筠草堂"，拓本先生鈐印"華亭施氏無相庵藏""蟄存"。

張秋等六人造像記　　天統二年正月二十日　　溧陽端午橋陶齋傳拓本。拓本先生鈐印"施舍所得"，為先生輯"北齊造像匋齋藏石六種"之一。

儀同公孫高肱墓誌銘　　誌蓋篆書　天統二年二月二十五日　　二紙　銅梁王瓘孝禹舊藏。無署名無鈐印題簽"儀同公孫肱墓誌銘並蓋　北齊天統二年"，拓本鈐印"銅梁王孝玉家藏古刻"。誌蓋拓本無署名無鈐印題簽"公孫肱墓誌篆蓋"，先生鈐印"施舍金石"，又題識"此誌蓋歸涉園陶氏，誌石不知下落矣"並印"舍之"。

路阿永兄弟造像記　　　天統二年六月十一日　　溧陽端午橋陶齋傳拓本。拓本先生鈐印"施舍所得",為先生輯"北齊造像匋齋藏石六種"之一。

紀僧諧造像記　　　天統三年正月十二日　　有清翁方綱題刻　秀水沈子培寐叟海日樓、潮陽陳運彰玉延樓遞藏。拓本陳氏題記"紀僧諧造象壬辰正月廿一日運彰"並印"正行",拓本沈氏鈐印"霞秀景飛之室",先生鈐印"施舍金石"。為先生輯"舊出北齊造像七種"之一。

韓永義等合邑造七佛寶堪碑　　　天統三年三月十五日　　無署名無鈐印題簽,另有先生小識。皆失記。

邑義姚景郭度哲等四十人造像記　　　天統三年十月八日　　河南圖書館傳拓本。拓本鈐印"河南圖書館藏石",先生鈐印"吳興施舍攷藏"。為先生輯"舊出北齊造像七種"之一。

劉陸造像記　　　天統午年七月十五日　　鄭州崔氏耕堂傳拓本。先生題簽"劉陸造像記　河南新鄭,齊天統午年七月十五日,午年即五年"。拓本崔耕題識"河南新鄭文化館藏　一九七八年七月拓",先生鈐印"施舍金石"。

尚書左僕射宇文長碑　　　有額篆書　天統五年八月三日甍　分拓二紙。

郭市和造思維像　　　天統五年十月二十日　　先生題合存封"北齊造像六種"。

張思文造無量壽佛像記　　　殘石　承光元年正月十五日　　分拓二紙,金山姚石子復廬舊藏。拓本二紙姚氏皆鈐印"復廬審定金石文字",先生亦皆鈐"施舍金石",為先生輯"舊出北齊造像七種"之一。先生嘗作題跋,

《北齊張思文造像記》記云"此刻字畫甚佳,可與乾明元年'夫子之碑'比美,且承光石刻,已出者僅此一通,是宜寶惜"。(見《北山集古錄》)

隴東王感孝頌　　有額篆書　武平元年正月二十二日　申嗣邕撰梁恭之分書　碑末有唐開元二十三年七月五日楊傑題記

董洪達造像記　　武平元年正月二十六日　先生題識"董洪達碑陰為石永興造象記,又碑側尚有題名四行,見'八瓊室補正'"並印"無相庵",拓本先生鈐印"施舍所得""吳興施舍攷藏"。為先生輯"舊出北齊造像七種"之一。

宇文誠墓誌銘　　武平元年六月十九日　有復本。先生題簽"宇文誠墓誌　武平元年六月十九日　張氏適園藏石"並印"吳興施舍攷藏",拓本鈐印"吳興施舍所得古金石專瓦文"。另本先生題簽"宇文誠墓誌　武平元年六月十九日,舍之著錄"並印"吳興施舍攷藏",拓本先生鈐印"吳興施舍攷藏""舍之"。

朱岱林墓誌銘　　子敬修撰序　侄敬範撰銘　武平二年二月六日

乞伏保達墓誌　　武平二年二月十八日

劉忻墓誌銘　　誌蓋篆書　武平二年五月三日　二紙　拓本先生鈐印"吳興施舍攷藏"。

渤海太守趙通墓誌銘　　武平二年六月四日　按:攷為偽刻。雲間杜亞治松筠草堂舊藏。拓本杜氏題簽"北齊趙通墓志　武平二年六月四日"並印"杜氏松筠草堂"。先生題識"方藥雨云,此誌銘詞與隋楊松誌同,字跡亦出一手,蓋兩誌乃一人所偽造也"並印"舍之",拓本先生鈐印"吳興施舍攷藏"。

開化寺比丘僧道略共邑義三百餘人造神碑記　　　武平二年七月

分拓二紙，先生題封"開化寺比丘道略共邑義三百人造像記　北齊武平二年七月"。印製框欄簽條"齊開化寺邑義三百人造象　正書，武平二年七月"，先生鈐印"吳興施舍攷藏"。拓本兩紙先生各鈐"吳興施舍北山樓藏碑""舍之長物"。

邑師道略等造神碑尊像記　　　武平二年九月十五日　　　先生題封"邑師道略等造神碑尊像記　北齊武平二年九月十五日，舊拓本"，又題簽"邑師道略等造神碑尊像記　武平二年九月十五日"並印"蟄存"，拓本紙背先生小識"邑師道略等造神碑尊像記"，拓本先生鈐印"吳興施舍攷藏""施舍所得""施蟄存印"。

比丘尼道外造像記　　　武平二年九月十五日　　　浭陽端午橋陶齋傳拓本。先生題合存封"北齊造像六種"，又題識"比丘尼道外造像，武平二年九月十五日，殘石，匋齋藏石，共二紙，此缺其一"。

興聖寺造像碑　　　武平三年三月十八日　　　先生題封"興聖寺石像碑　北齊武平三年三月十八日"，又題簽"興聖寺石像碑　北齊武平三年三月十八日，黃縣，'八瓊室'"，拓本先生鈐印"吳興施舍攷藏"。拓本紙背小記"諸葛始興造象"並印"坶堂"。

西陽王徐之才墓誌銘　　　誌蓋篆書　武平三年十一月二十二日　二紙

邑義主一百人等造靈塔記　　　武平三年十二月十六日　　金山姚石子復廬舊藏。先生題封"邑義主一百人等造靈塔記　北齊武平三年十二月十六日"，又題識"邑義主一百人等造靈塔記　武平三年十二月十六日，'山左金石志''萃編''平津讀碑記'"並印"無相庵"。拓本姚氏鈐印"復廬審定金石文字"，先生鈐印"吳興施舍攷藏"。拓本紙背鈐印"坶堂"。

青州刺史臨淮王像碑　　　有額篆書　武平四年六月二十七日

賈市蘭造像記　　　武平四年八月二日　涇陽端午橋陶齋傳拓本。拓本先生鈐印"施舍所得"，為先生輯"北齊造像匋齋藏石六種"之一。

高建妻王氏墓誌銘　　　誌蓋篆書　武平四年十月十七日　二紙
北山樓藏本"武進陶氏涉園藏魏誌石拓本　齊周隋唐坿"全函硃拓之一種，印製框欄籤條"高建妻王氏誌　有蓋，武平四年十月十七日"，拓本先生鈐印"吳興施舍北山樓藏碑"；誌蓋印製框欄籤條"高建妻王氏誌蓋"，拓本鈐印"無相庵"。

吏部尚書太常卿赫連子悅墓誌銘　　　誌蓋篆書　武平四年十一月二十三日　二紙　鹿原劉海天畊鋤草堂藏本。拓本有鈐印，失記。

賈思業造玉像記　　　武平四年十一月三十日　濰縣陳介祺簠齋傳拓本。先生題封"賈思業造像記　武平四年十一月卅日"，無署名無鈐印題記"賈思業造象記　武平四年十一月，石藏濰縣陳氏"，拓本鈐印"古佛像""受卿"，先生鈐印"吳興施舍攷藏"。

高僧護墓誌　　　武平四年十一月薨　拓本應有鈐印，失記。

蘭陵忠武王高肅碑　　　兩面刻　分書　有額篆書　碑額陰刻安德王五言詩　亦分書　按：據先生攷為武平四年。分拓二紙本，有復本。先生題籤"蘭陵忠武王高肅碑　並額陰，武平四年"，又題識"此碑字跡雄偉，閱之肅然。乙巳秋日付裝背，得者寶之"，並為碑陰題籤"蘭陵忠武王高肅碑陰"，拓本先生皆鈐印"吳興施舍攷藏"。另本有碑額、缺碑陰，先生題籤"蘭陵忠武王高肅碑　缺陰"，拓本先生鈐印"吳興施舍北山樓藏碑"。

定州刺史邸珍碑　　　有額正書　四面刻　武平四年　全拓合裱二紙，恭城馬君武舊藏。

功曹李琮墓誌銘　　有石側刻文四行　武平五年正月十二日　有復本。整紙全形拓本，先生題簽"李琮墓誌　全拓本"並印"吳興施舍攷藏"，拓本鈐印"無相庵藏本"等。

張思伯造像記　　武平五年四月十二日　溧陽端午橋陶齋藏本。無署名無鈐印題記"張思伯，武平五年四月十二日"，先生鈐印"舍之金石"，又小識"張思伯造像記，匋齋舊藏。張，'北齊書儒林'有傳，此碑'藏石記'攷之甚詳。舍之"並印"舍之審定"，別有一印"謙約齋藏金石"。拓本先生鈐印"吳興施舍所得古金石專瓦文"。

等慈寺武平造像記　　殘石　武平五年十月　附清道光年間題刻先生題封"武平造像記殘石　北齊武平五年十月"，拓本另紙小識"武平造像記　殘石，又稱等慈寺殘碑，武平五年十月，氾水"並印"無相庵"。拓本先生鈐印"吳興施舍攷藏"。

揚州長史鄭子尚墓誌銘　　誌蓋篆書　武平五年十二月二十三日　二紙

都邑師道興等刻療疾藥方　　龍門山摩崖　武平六年六月　先生所得分拓十許紙，記曰"不全"。拓本先生分鈐"華亭施氏無相庵藏""吳興施舍攷藏"等。另紙亦皆為北山樓藏本"王孝禹藏龍門造像精拓本第一、四冊"之多種，拓本先生鈐印"施舍所得"。

孟阿妃造像記　　武平七年二月二十三日　有復本。拓本鈐印"施舍所得""吳興施舍攷藏"，為先生輯"舊出北齊造像七種"之一。另本先生題合存封"北齊造像六種"，為會稽章碩卿式訓堂舊藏，拓本另紙題簽"孟阿妃造像記　武平七年二月廿三日，會稽章碩卿藏本"並印"蟄存"，拓本鈐印"會稽章氏宛委山館鑑藏金石書畫之印""碩卿珍賞"，先生鈐印"吳興施舍攷藏"。

密縣超化寺造像殘碑　　武平七年六月十二日　　有復本。鄭州崔氏耕堂藏本，拓本崔耕題記"此齊碑殘片，原石一九六五年出密縣超化寺唐塔塔基，足證此碑於唐代即殘，故後世金石著錄未收，下截尚待查找。此殘石現存密縣文管會。一九七八年十月記"並印"崔耕"，拓本崔氏鈐印"子耘所藏"，先生鈐印"吳興施舍所得古金石塼瓦文"。另本先生題合存封"北齊造像六種"，又題簽"邑義二百人造像　齊武平七年"。

洛陽龍門山北齊造像記十五段　　先生題簽"龍門山北齊造像記"。

　　天保二年殘造像記　　天保二年二月　　字皆泐失，惟年月可識。為北山樓藏本"王孝禹藏龍門造像精拓本第三冊"之一種。

　　邑師僧巖道俗廿八人為國造堪像記　　天保四年□月

　　比丘寶演為亡妹造無量佛釋迦像記　　天保八年十一月十□日　　有復本三種。拓本先生鈐印"施舍所得"。另本無署名無鈐印框欄題簽"神龜天保造像"，與"杜遷等廿三人為七世父母造像記"合裱冊本，先生小識"蓮花洞"，拓本先生鈐印"無相庵藏本"。別一本北山樓藏本"王孝禹藏龍門造像精拓本第一冊"之一種，拓本先生鈐印"施舍所得"。先生嘗作著錄，《龍門造像例》記云"一堰：比丘寶演為亡妹造象一刻，蓮花洞"。（見中盈堂藏本《瓻碑雜錄》）

　　宋喬陵造像記　　天統元年　　先生小識"天統元年"，拓本先生鈐印"施舍所得"。

　　騫悅馬伯兒等二人造釋迦像記　　天統二年十二月二十三日　　為北山樓藏本"王孝禹藏龍門造像精拓本第三冊"之一種。

　　比丘法量造像記　　天統二年　　先生嘗作著錄，記云"龍門造像題記被盜者：龍門山天統二年比丘法量為師僧父母造象，后歸鄭文焯石芝堪，

嘗見一拓本有鄭氏題語云"。（見中盈堂藏本《觊碑雜錄》）

　　　合邑十五人等造釋迦像記　　天統四年九月十五日　為北山樓藏本"王孝禹藏龍門造像精拓本第三冊"之一種。

　　　像主趙□□造像記　　天統四年十一月　為北山樓藏本"王孝禹藏龍門造像精拓本第四冊"之一種。

　　　赫連羲造像記　　武平二年四月十九日　為北山樓藏本"王孝禹藏龍門造像精拓本第三冊"之一種。

　　　義州皂服從事張子弘為息世託造像記　　武平三年八月二十日　先生小識"武平三年八月廿日"，拓本先生鈐印"施舍所得"。

　　　比丘曇山合邑等造石像記　　武平三年九月十二日　有復本。先生小識"武平三年"，拓本先生鈐印"施舍所得"。另本北山樓藏本"王孝禹藏龍門造像精拓本第三冊"之一種。

　　　伊陽城騎兵參軍趙桃科造像記　　武平三年十二月□八日　有復本。拓本鈐印"王孝禹攷藏記"，先生鈐印"施舍所得"；另本王氏鈐印"王孝禹攷藏記"。皆為北山樓藏本"王孝禹藏龍門造像精拓本第二冊"之一種。

　　　鞏舍合邑廿二人造像記　　武平六年三月九日　有復本三種。先生題簽"鞏舍造像　武平六年三月九日，龍門蓮花洞"，拓本鈐印"施舍所得"。另本亦鈐"施舍所得"。別一本北山樓藏本"王孝禹藏龍門造像精拓本第一冊"之一種，拓本先生鈐印"吳興施舍攷藏"。

　　　都邑師道興造像記　　武平六年六月朔日　拓本先生鈐印"吳興施舍攷藏"。

遊達摩孫雙虎等造像記　　武平六年十月二十一日　　有復本三種。一先生小識"武平六年"，拓本鈐印"施舍所得"。一北山樓藏本"王孝禹藏龍門造像精拓本第二冊"之一種，拓本王氏鈐印"王孝禹攷藏記"，先生鈐印"施舍所得"。又北山樓藏本"王孝禹藏龍門造像精拓本第三冊"之一種。

河間尹道賢等造像題名　　未見年月，附北齊末。高邑李筱蔉求放心齋舊藏。先生題合存封"北齊造像六種"，托裱本，拓本李氏題籤"北齊河間尹道賢等造像題名　同治甲戌伏日付裝，求放心齋主人署檢"並印"數修"。先生另紙題識"此刻在山東蘭山，趙之謙'補訪碑錄'作'清河張老□河間尹道賢等造四面像碑'。此本未入'目錄'"並印"舍之審定"，別有一印"謙約齋藏金石"。拓本先生鈐印"吳興施舍攷藏"。

夫人梁氏墓誌殘銘　　無年月　　按：先生據字跡攷之，當為魏齊時所刻。先生題識"夫人梁氏墓誌殘石，當是魏齊間物"並印"施（押印）"，拓本先生鈐印"吳興施舍攷藏"。先生嘗作題跋，《北齊梁氏墓誌殘石》記云"存字六行，行四至七字不等。首行曰'夫人梁氏墓誌'，次行曰'使君前妻也，河南'，此下皆不成句。此刻未見著錄，字跡篆隸雜出，是齊碑正目"。（見《北山集古錄》）

石佛寺田邁造像碑　　正側共三紙　　按：先生據字跡攷之，當為魏齊時所刻。

張留光造像題名　　五紙　　按：先生據字跡攷之，當為魏齊時所刻。

造郫□郫尊者像記　　按：先生據字跡攷之，當為魏齊時所刻。

□福造阿彌陀一鋪記　　殘石　　按：先生據字跡攷之，當為魏齊時所刻。拓本先生鈐印"施舍所得"。

韓察息女明月造像殘刻　　按：先生據字跡攷之，當為魏齊時所刻。先生題識"此北魏造像題名殘刻，存此一角，韓氏父女之名不泯矣"並印"舍之"，拓本先生鈐印"施舍所得"。先生嘗作題跋，《魏韓察父女造像殘石》記云"左方刻字一行，曰'韓察息女明月'，韓字缺上半。右方存石柱下半截，其下為蓮花柱礎，亦殘其右半""息，謂子息也。女則明其性別。魏齊造像石刻常有'息子''息女'或'息男'諸語"。（見《北山集古錄》）

曹禮造像殘石　　年月泐失　　按：先生據字跡攷之，當為魏齊時所刻。雲間杜亞治松筠草堂舊藏。拓本杜氏題簽"曹禮志　年月已泐"並印"杜氏松筠草堂"。"無相庵"箋紙先生題識"'藝風堂金石目著錄'。此乃摩崖，在河南武安鼓山，當屬造像記，非墓志也。'趙萬里墓誌集釋'收此品，係武平三年，不知何所據"。拓本先生鈐印"施蟄存印"。

偏袒造像殘記　　二石　　按：先生據字跡攷之，當為魏齊時所刻。兩段合拓本，拓本先生鈐印"施舍所得"。先生嘗作題跋，《後魏殘石刻二方》記云"其一存字三行，全字九，有曰'偏袒右肩'""其一存字二行，全字六，半字三，有曰'蠢動蒙益'。殆皆造像碑文，字跡當在魏齊之世"。（見《北山集古錄》）

洛陽龍門山魏齊無年月造像記九十四段　　先生題簽"龍門山魏齊造像記　無年月者"。按：先生所得龍門山魏齊造像記拓本，估算計六百紙上下，又得王孝禹藏龍門造像自魏迄唐連龕形全拓六冊，其魏齊刻有年月可錄者，已分別錄目於前；拓本無年月或年月泐盡，不可知者，取其人名文義可知者，現輯目如次。其間亦有約略可徵其世代者，皆未遑細攷；其人名缺落，文句不全者，以及諸多僅題姓名者，雖亦有諸紙曾經過目，然皆不復錄於此。

　　制益夫妻題名　　陰文正書　　按：從劉聲木攷之，為魏初時。先生嘗作題跋，《制益夫妻題名》記云"亦可稱舊拓矣""字跡清晰並無損缺，書勢則古茂。此刻在'龍門山全拓'中有，而諸家均不著錄。惟劉聲木《續補寰宇訪碑錄》有之，劉氏云'字跡與雲峰山中刻石相近，确似魏初時人'。然'益'字，劉氏誤作'蓋'，今審當正之"。（見《北山談藝錄續編》）

清河王妃胡智造像記 按：先生據字跡攷之，當在孝昌末。又小識"清河王妃，用"，為"北山樓選定北魏龍門造像五十品佳拓"之一。

比丘道匠造像記 有復本五種。一原係北山樓藏本"王孝禹藏龍門造像精拓本第一冊"之一種，列入"北山樓選定北魏龍門造像五十品佳拓"之一，先生小識"比丘道匠造像"，拓本王氏鈐印"王孝禹攷藏記"。一杭州項藻馨竹景居舊藏，拓本項氏鈐印"竹景居""項蘭生""劫後所得"，補入北山樓藏本"王孝禹藏龍門造像精拓本第一冊"。一北山樓藏本"王孝禹藏龍門造像精拓本第三冊"之一種。一無署名無鈐印框欄題籤"比丘道匠等造像記無年款"，拓本先生鈐印"吳興施舍攷藏"。別一本先生小識"摹刻本"並印"舍之審定"，拓本先生鈐印"施舍所得"。

鄭天意等造像記 有復本。先生小識"鄭天意造像記，用"，拓本先生鈐印"吳興施舍攷藏"，為"北山樓選定北魏龍門造像五十品佳拓"之一。另本北山樓藏本"王孝禹藏龍門造像精拓本第一冊"之一種。

比丘法勝造像記 有復本。先生小識"比丘法勝造像記，用"，拓本先生鈐印"施舍所得"，為"北山樓選定北魏龍門造像五十品佳拓"之一。另本北山樓藏本"王孝禹藏龍門造像精拓本第一冊"之一種，拓本亦鈐"施舍所得"。

比丘慧敢造像記 有復本。先生小識"比丘慧敢造像記，此本較八瓊室本為佳"，拓本先生鈐印"施舍所得"，為"北山樓選定北魏龍門造像五十品佳拓"之一。另本北山樓藏本"王孝禹藏龍門造像精拓本第一冊"之一種，拓本先生鈐印"舍之"。

□起等造像記　　有復本。拓本先生鈐印"施舍所得"。先生嘗作題跋《後魏起等造像記》。（見《北山集古錄》）

魏桃樹等造像記　　有復本。拓本先生鈐印"施舍所得"，為"北山樓選定北魏龍門造像五十品佳拓"之一。另本北山樓藏本"王孝禹藏龍門造像精拓本第二冊"之一種，拓本王氏鈐印"王孝禹攷藏記"。

強弩將軍趙振造像記　　先生小識"強弩將軍趙振"。有復本三種。銅梁王瓘孝禹舊藏，拓本王氏鈐印"王孝禹攷藏記"，先生鈐印"吳興施舍攷藏"，為"北山樓選定北魏龍門造像五十品佳拓"之一。另本北山樓藏本"王孝禹藏龍門造像精拓本第一冊"之一種，拓本先生鈐印"吳興施舍""舍之"。別一本先生鈐印"施舍所得"。

溫香李敬任伯恭等造像記　　有復本。先生小識"李敬任伯恭等造像記，拓本以此本為佳，但右上角泐，不如王本"，拓本先生鈐印"吳興施舍攷藏"，為"北山樓選定北魏龍門造像五十品佳拓"之一。另本北山樓藏本"王孝禹藏龍門造像精拓本第二冊"之一種，拓本王氏鈐印"王孝禹攷藏記"，先生鈐印"施舍所得"。

□捕參軍遆伯榮造像記　　拓本王氏鈐印"王孝禹攷藏記"，先生鈐印"施舍所得"，為北山樓藏本"王孝禹藏龍門造像精拓本第一冊"之一種。

比丘僧峻為弟造像記　　拓本鈐印"吳興施舍攷藏"，為北山樓藏本"王孝禹藏龍門造像精拓本第一冊"之一種。

比丘□□造觀世音像記　　先生小識"比丘□□造觀世音一區供養，魏刻"，拓本先生鈐印"施舍所得"。

河南令魏雙弔造像記　　拓本先生鈐印"吳興施舍攷藏"，為北山樓藏本"王孝禹藏龍門造像精拓本第一冊"之一種。

田顯孫為亡母亡姊造像記　　拓本先生鈐印"吳興施舍攷藏",為北山樓藏本"王孝禹藏龍門造像精拓本第一冊"之一種。

橫野將軍吳安昌為家卷造像記　　有復本。拓本先生鈐印"施舍所得"。另本為北山樓藏本"王孝禹藏龍門造像精拓本第一冊"之一種。

陸元慶等二十五人造像記　　拓本先生鈐印"施舍所得",為北山樓藏本"王孝禹藏龍門造像精拓本第一冊"之一種。

河內野王縣董方祖為父母眷屬造像記　　拓本先生鈐印"施舍所得",為北山樓藏本"王孝禹藏龍門造像精拓本第一冊"之一種。

郭紹仙造像記　　拓本先生鈐印"吳興施舍攷藏",為北山樓藏本"王孝禹藏龍門造像精拓本第一冊"之一種。

馬慶安為身造像記　　拓本先生鈐印"施舍所得",為北山樓藏本"王孝禹藏龍門造像精拓本第一冊"之一種。

鄭英造像記　　拓本先生鈐印"施舍所得",為北山樓藏本"王孝禹藏龍門造像精拓本第一冊"之一種。

安定王為女夫閒散騎因故入法造觀世音像記　　有復本。拓本先生鈐印"施舍所得"。另本為北山樓藏本"王孝禹藏龍門造像精拓本第一冊"之一種,拓本先生鈐印"舍之"。

黑瓫生為亡妻並息㡱子造像記　　有復本。拓本先生鈐印"施舍所得"。另本為北山樓藏本"王孝禹藏龍門造像精拓本第一冊"之一種,拓本亦鈐"施舍所得"。

黑瓮生兄弟三人為亡父母造像記　　有復本。拓本先生鈐印"施舍所得"。另本為北山樓藏本"王孝禹藏龍門造像精拓本第一冊"之一種，拓本亦鈐"施舍所得"。

王婆羅門為亡母造像十區　　有復本。拓本鈐印"舍之審定"。另本為北山樓藏本"王孝禹藏龍門造像精拓本第一冊"之一種，拓本先生鈐印"施舍所得"。

比丘惠鑒願病患除減造像記　　拓本先生鈐印"施舍所得"。

比丘惠鑒為亡父母造像記　　有復本。先生小識"此亦魏齊時刻，'元受佛'即'無量壽佛'，奪'量'字"，拓本鈐印"施舍所得"。另本為北山樓藏本"王孝禹藏龍門造像精拓本第三冊"之一種。先生嘗作著録，《龍門造像例》記云"元受佛：比丘惠鑒一刻稱'元受佛'，蓮花洞"。（見中盈堂藏本《甎碑雜録》）

清信女楊寶勝為亡庫多汗王造彌勒像記　　有復本三種，先生小識"為亡庫多汗王造像"，拓本先生鈐印"施舍所得"。另本亦鈐"施舍所得"。別一本為北山樓藏本"王孝禹藏龍門造像精拓本第一冊"之一種。

清信女楊寶勝為亡女□法益造像記　　有復本。拓本先生鈐印"施舍所得"。另本為北山樓藏本"王孝禹藏龍門造像精拓本第一冊"之一種。

羅騰月等十一人造彌勒像記　　有復本。拓本鈐印"施舍所得"。另本為北山樓藏本"王孝禹藏龍門造像精拓本第一冊"之一種，亦鈐"施舍所得"。

比丘尼法惠為亡祖亡父亡母造像記　　拓本無鈐印。

董僧智為亡女造彌勒像記　　有復本。拓本先生鈐印"施舍所得"。另本為北山樓藏本"王孝禹藏龍門造像精拓本第一冊"之一種，拓本亦鈐"施舍所得"。

焦寶妻造像記　　拓本先生鈐印"施舍所得"，為北山樓藏本"王孝禹藏龍門造像精拓本第一册"之一種。

張石子妻荀娥姬造像記　　拓本先生鈐印"吳興施舍攷藏"，為北山樓藏本"王孝禹藏龍門造像精拓本第一册"之一種。

沙彌法寧造釋迦坐像記　　拓本先生鈐印"施舍所得"。

比丘尼妙暈為父母己身造像記　　三月十五日　有復本三種。一拓本先生鈐印"施舍所得"。一北山樓藏本"王孝禹藏龍門造像精拓本第一册"之一種，拓本先生鈐印"吳興施舍"。又北山樓藏本"王孝禹藏龍門造像精拓本第二册"之一種，拓本王氏鈐印"王孝禹攷藏記"，先生鈐印"施舍所得"。

清信女張法香為亡兄造釋迦文佛記　　有復本。拓本先生鈐印"施舍所得"。另本為北山樓藏本"王孝禹藏龍門造像精拓本第一册"之一種。

趙阿四造像一區記　　拓本先生鈐印"施舍所得"，為北山樓藏本"王孝禹藏龍門造像精拓本第一册"之一種。

比丘僧力僧恭造像記　　有復本三種。一北山樓藏本"王孝禹藏龍門造像精拓本第一册"之一種，拓本先生鈐印"施舍所得"。一北山樓藏本"王孝禹藏龍門造像精拓本第二册"之一種，拓本王氏鈐印"王孝禹攷藏記"，先生鈐印"施舍所得"。別一種僅拓題記本，拓本先生鈐印"舍之審定"。

竺榮寶造像記　　拓本先生鈐印"施舍所得"，為北山樓藏本"王孝禹藏龍門造像精拓本第一册"之一種。

僧慧暉為國王造佛記　　有復本。拓本先生鈐印"施舍所得"。另本為北山樓藏本"王孝禹藏龍門造像精拓本第一冊"之一種。

劉高為七世父母所生父母兄弟姊妹造佛記　　有復本。拓本先生鈐印"施舍所得"。另本為北山樓藏本"王孝禹藏龍門造像精拓本第一冊"之一種。

比丘道濟為身患願差復願一切眾生無患造像記　　有復本。先生小識"此魏齊時刻"，拓本先生鈐印"施舍所得"。另本為北山樓藏本"王孝禹藏龍門造像精拓本第一冊"之一種，拓本亦鈐"施舍所得"。先生嘗作著録，《龍門造像例》記云"為患病而造像：比丘道濟身患願苍，無年月，蓮花洞""劉聲木'續補訪碑録'以'苍'為'著'，誤也。此即'差'字"。（見中盈堂藏本《瓿碑雜録》）

姚三娘造像記　　為北山樓藏本"王孝禹藏龍門造像精拓本第一冊"之一種。

王洛樹麻令姿口海妃等造像記　　拓本先生鈐印"施舍所得"，為北山樓藏本"王孝禹藏龍門造像精拓本第一冊"之一種。

邑子王洛樹邑子李勝妻等造像記　　為北山樓藏本"王孝禹藏龍門造像精拓本第一冊"之一種。

比丘尼道□為亡父母造像記　　□□四年四月十日　　拓本先生鈐印"吳興施舍攷藏"，為北山樓藏本"王孝禹藏龍門造像精拓本第一冊"之一種。

李豐德及妻皇甫造像記　　拓本王氏鈐印"王孝禹攷藏記"，先生鈐印"施舍所得"，為北山樓藏本"王孝禹藏龍門造像精拓本第二冊"之一種。

今遊祖為亡父母造釋迦像記　　兩段合拓本之一，拓本王氏鈐印"王孝禹攷藏記"，先生鈐印"施舍所得"，為北山樓藏本"王孝禹藏龍門造像精拓本第二冊"之一種。

　　今遊祖韓富文共造釋迦牟尼像記　　兩段合拓本之一，皆同上。

　　尼僧道等為國造像記　　有復本。拓本先生鈐印"施舍所得"。另本為北山樓藏本"王孝禹藏龍門造像精拓本第一冊"之一種，拓本先生鈐印"吳興施舍攷藏"。

　　清信女劉僧香造釋迦牟尼像記　　拓本無鈐印。

　　王惠□妻蔡阿妃共造釋迦牟尼像記　　拓本無鈐印。

　　闕口邏隊主和道恭造石像記　　拓本王氏鈐印"王孝禹攷藏記"，先生鈐印"施舍所得"，為北山樓藏本"王孝禹藏龍門造像精拓本第二冊"之一種。

　　清信女李前貴造釋迦文佛記　　兩段合拓本之一，有復本。拓本先生鈐印"施舍所得"。另本北山樓藏本"王孝禹藏龍門造像精拓本第二冊"之一種，拓本王氏鈐印"王孝禹攷藏記"，先生亦鈐"施舍所得"。

　　溫需慈為張思宜造像記　　兩段合拓本之一，有復本。拓本先生鈐印"施舍所得"。另本北山樓藏本"王孝禹藏龍門造像精拓本第二冊"之一種，拓本王氏鈐印"王孝禹攷藏記"，先生亦鈐"施舍所得"。

　　僧妙□願萬病除愈造像記　　拓本無鈐印。

　　比丘惠遷為忘母造像記　　拓本王氏鈐印"王孝禹攷藏記"，為北山樓藏本"王孝禹藏龍門造像精拓本第二冊"之一種。

佛弟子趙瓮生妻曹阿容為養蠶造釋迦聞佛記　　拓本王氏鈐印"王孝禹攷藏記"，為北山樓藏本"王孝禹藏龍門造像精拓本第二冊"之一種。

汲郡備徵蠻軍主樂法奇為父母造像記　　拓本王氏鈐印"王孝禹攷藏記"，為北山樓藏本"王孝禹藏龍門造像精拓本第二冊"之一種。

清信士趙□為亡父母造像記　　拓本王氏鈐印"王孝禹攷藏記"，為北山樓藏本"王孝禹藏龍門造像精拓本第二冊"之一種。

□一心為亡子往生天國又為眾生造像記　　有復本。拓本先生鈐印"施舍所得"。另本王氏鈐印"王孝禹攷藏記"，為北山樓藏本"王孝禹藏龍門造像精拓本第二冊"之一種。

奚道奴為忘妹造像記　　拓本王氏鈐印"王孝禹攷藏記"，為北山樓藏本"王孝禹藏龍門造像精拓本第二冊"之一種。

騎官周惠壽造像記　　拓本王氏鈐印"王孝禹攷藏記"，為北山樓藏本"王孝禹藏龍門造像精拓本第二冊"之一種。

任寄生合門大小造像記　　兩段合拓本之一。拓本王氏鈐印"王孝禹攷藏記"，為北山樓藏本"王孝禹藏龍門造像精拓本第二冊"之一種。

何僧安造像記　　兩段合拓本之一，皆同上。

清信孫法力造彌勒像記　　拓本王氏鈐印"王孝禹攷藏記"，為北山樓藏本"王孝禹藏龍門造像精拓本第二冊"之一種。

比丘惠密為父母造彌勒像記　　拓本王氏鈐印"王孝禹攷藏記"，為北山樓藏本"王孝禹藏龍門造像精拓本第二冊"之一種。

比丘僧隆僧照曇惠道智等造像記　　拓本王氏鈐印"王孝禹攷藏

記",為北山樓藏本"王孝禹藏龍門造像精拓本第二冊"之一種。

  清信士張惠慶為父母妻子兄弟屬眷造像記 拓本王氏鈐印"王孝禹攷藏記",為北山樓藏本"王孝禹藏龍門造像精拓本第二冊"之一種。

  艾雅為亡弟阿貴造像記 兩段合拓本之一。拓本王氏鈐印"王孝禹攷藏記",為北山樓藏本"王孝禹藏龍門造像精拓本第二冊"之一種。

  惠暈為父母造像記 拓本王氏鈐印"王孝禹攷藏記",為北山樓藏本"王孝禹藏龍門造像精拓本第二冊"之一種。

  佛弟子朱忘愁造像記 兩段合拓本之一。拓本王氏鈐印"王孝禹攷藏記",為北山樓藏本"王孝禹藏龍門造像精拓本第二冊"之一種。

  清信士魯博陵造觀世音像記 兩段合拓本之一,同上。

  清信弟子王江奴造釋迦牟尼佛記 兩段合拓本之一。拓本王氏鈐印"王孝禹攷藏記",為北山樓藏本"王孝禹藏龍門造像精拓本第二冊"之一種。

  清信士佛弟子奚莫芶仁造像記 拓本王氏鈐印"王孝禹攷藏記",為北山樓藏本"王孝禹藏龍門造像精拓本第二冊"之一種。

  橫野將軍鉤楯署洪池丞權六煩造像記 兩段合拓本之一。拓本王氏鈐印"王孝禹攷藏記",為北山樓藏本"王孝禹藏龍門造像精拓本第二冊"之一種。

  楊思禮為父母造像記 拓本王氏鈐印"王孝禹攷藏記",為北山樓藏本"王孝禹藏龍門造像精拓本第二冊"之一種。

  大統寺比丘道緣為己身眷屬造無量壽像記 為北山樓藏本

"王孝禹藏龍門造像精拓本第三冊"之一種。

　　佛弟子王宗欣為亡阿姑亡妹造世加像記　　為北山樓藏本"王孝禹藏龍門造像精拓本第三冊"之一種。

　　偏將軍龍寧為父母造釋迦像記　　為北山樓藏本"王孝禹藏龍門造像精拓本第三冊"之一種。

　　李三娘為亡女劉大娘造像記　　為北山樓藏本"王孝禹藏龍門造像精拓本第三冊"之一種。

　　佛弟子魏步仙為七世父母所生父母造像記　　有復本。拓本先生鈐印"施舍所得"。另本為北山樓藏本"王孝禹藏龍門造像精拓本第一冊"之一種，拓本先生鈐印"吳興施舍攷藏"。

　　比丘尼僧暉為亡母惠好造像記　　拓本先生鈐印"施舍所得"。

　　沈舍洛為父母合家造像記　　有復本。先生小識"沈舍洛造象"，拓本先生鈐印"施舍所得"。另本為北山樓藏本"王孝禹藏龍門造像精拓本第五冊"之一種。

　　李五德造七佛　　有復本。拓本先生鈐印"施舍所得"。另本北山樓藏本"王孝禹藏龍門造像精拓本第二冊"之一種，拓本王氏鈐印"王孝禹攷藏記"。

　　比丘曇義為亡母造像記　　拓本無鈐印。

　　比丘智和為皇帝造像記　　拓本無鈐印。

　　比丘曇宗造像記　　文泐　　為北山樓藏本"王孝禹藏龍門造像精拓本第三冊"之一種。

比丘曇安比丘僧朗為尊師十九人造像記

田僧敬造玉像記　　年月泐失　尚存八日二字。

彭三娘造像　　為北山樓藏本"王孝禹藏龍門造像精拓本第三冊"之一種。

社老李懷璧等造像題名　　有復本。無署名無鈐印題簽"社老李懷璧等題名"，拓本先生鈐印"無相庵藏本"。另本北山樓藏本"王孝禹藏龍門造像精拓本第五冊"之一種。

張大娘等造像記　　有復本。北山樓藏本"王孝禹藏龍門造像精拓本第二冊"之一種，拓本王氏鈐印"王孝禹攷藏記"。另本分拓二紙，拓本先生鈐印"吳興施舍攷藏"。

北 周

強獨樂為文皇帝造像碑　　有額正書陽文　元年丁丑（閔帝元年）　先生題封"強獨樂為文王造像記　北周明［閔］帝元年"，又題簽"強獨樂文帝廟造象碑並額　北周明［閔］帝元年"並印"吳興施舍攷藏"，拓本先生鈐印"吳興施舍北山樓藏碑"。

宇文恪造像記　　殘石　三年正月八日　先生題封"北周宇文恪造像記　三年正月八日"並印"施舍金石"，拓本先生鈐印"施舍讀碑記""蟄存之印"，別有兩印漫漶。先生嘗作著録並跋"北周宇文恪造像記殘石，民廿三年河南魯山縣出土，徐玉諸君覓得，石為半月形，半徑二尺，文十七行，行八字，字寸六分，分隸兼体。見'攷古社刊'第四期（廿五年六月）"。（見中盈堂藏本《瓿碑雜録》）

□□造道君像　　保定二年正月三十日　整紙全形精拓本，掛軸裱本。拓本先生鈐印"吳興施舍北山樓藏碑"。

檀泉寺宇文貞造像記　　保定二年九月二十六日　三段合拓一紙

先生題封"檀泉寺宇文貞造像記　北周保定二年九月",先生題簽"檀泉寺宇文貞造像記　保定二年九月,《山右石刻叢編》著録,'藝風堂目'無此刻"並印"吳興施舍攷藏",附印製簽條"七　北周檀泉寺碑　保定二年"。又先生鋼筆小識"檀泉寺造像,《山右石刻叢編》云,中21行；左側15行,實16行；右側22行,實23行"。拓本先生鈐印"無相庵""吳興施舍攷藏"。

開府儀同賀屯植墓誌　　保定四年四月二十一日　有復本。拓本先生鈐印"施舍金石"。

隋故薩海石府君墓誌銘　　保定五年三月辛卯　先生題簽"隋故薩海石府君墓誌　保定五年三月辛卯"並印"吳興施舍攷藏",拓本先生鈐印"施舍所得"。先生嘗作題跋,《石府君墓誌》記云"未見著録""此誌殆文理不通者所撰,北朝墓誌如此者,猶罕見,然可必其非偽刻也"。(見《北山集古録》)

豆盧恩碑　　庾信文　天和元年二月六日　先生題識"豆盧恩碑此本雖近拓,已甚漫漶,然是全拓。文末數行,上下猶有十許字可見"並印"施蟄存"。

甘州刺史宋金保等十七人造像記　　天和元年十一月二十日　金山姚石子復廬舊藏。先生題封"甘州刺史宋金保等造像記　北周天和元年十一月廿日",又題簽"甘州刺史宋金保等十七人造象記　天和元年十一月,陝西,'存佚攷',跋"。拓本先生小識"右九字舊拓本未泐失,'邑子嚴''邑子魏''邑子李'"。拓本姚氏鈐印"復廬審定金石文字",先生鈐印"吳興施舍攷藏",別有一印"沈氏建中珍賞"。拓本紙背鈐印"坶堂"。

苟法護為亡妻魯恭姬造像記　　天和二年六月十□日　先生題封"苟法護為亡妻魯恭姬造像記　北周天和□年六月",又題簽"苟法護為亡妻

魯恭姬造象　　天和□年六月，甘肅"，拓本先生鈐印"吳興施舍所得古金石專瓦文"。

西嶽華山神廟碑　　有額篆書　萬紐于瑾文　趙文淵書　天和二年十月十日

道民張□洛造老子像記　　天和二年十一月八日　托裱本，寧波周氏四明石室贈本。先生題封"張□洛造老子象記　天和二年十一月九［八］日"。拓本周氏題簽"北周造像三種　癸未仲夏退密樓珍藏，應作'己未'，誤"，拓本鈐印"退密樓"。

新義郡開國公韓木蘭銘　　天和三年十一月十八日　三原于右任鴛鴦七誌齋傳拓本，三原劉海天藏本。拓本劉氏題簽"後周韓木蘭墓誌　老農夫記"，拓本鈐印"夗央七誌齋""海天""平生志在金石"，先生鈐印"吳興施舍所得古金石專瓦文"。

宜州崇慶寺法師張僧妙碑　　天和五年三月十五日　拓本先生鈐印"吳興施舍攷藏"。

譙郡太守曹恪碑　　天和五年十月　有復本。先生題簽"曹恪碑　天和五年，山西安邑"並印"吳興施舍攷藏"。另本為剪裱線裝合刊本"隋龍華碑　隋寇文約修孔子廟碑　北周曹恪碑"之一種，涵九、開封李白鳳蟬盦遞藏，先生題記"此本較王蘭泉著錄本為佳，'子啓''祖智''父緦'諸字尚可辨識，《金石萃編》均闕如。舍之識"並印"舍之審定"，拓本先生鈐印"吳興施舍攷藏"。

李元海兄弟七人造元始天尊像碑　　有碑陰並碑兩側　建德元年九月十五日　四紙　恭城馬君武舊藏。拓本馬氏題簽"李元海造像一君武藏"，拓本鈐印"馬君武""吳興施舍攷藏"；拓本馬氏題簽"李元海造像

二　　君武藏"，拓本鈐印"馬君武""吳興施舍北山樓藏碑"；拓本馬氏題簽"李元海造像三　　君武藏"，拓本鈐印"馬君武""吳興施舍所得古金石專瓦文""吳興施舍攷藏"；拓本馬氏題簽"李元海造像四　　君武藏"，拓本鈐印"馬君武""吳興施舍所得古金石專瓦文"。先生小識"舍之著錄訖"。

建崇寺造像碑　　有碑陰　　建德三年二月二十一日　　二紙　　先生題封"建崇寺造像　兩面刻，北周建德三年二月廿一日"並印"施舍之印"，又題簽"北周建崇寺造像　兩面刻，建德三年二月廿一日，關中"，拓本先生鈐印"吳興施舍北山樓藏碑"，碑陰鈐印"蟄存之印"。

齊安戍主時珎墓誌　　宣政元年十二月九日　　三原于右任鴛鴦七誌齋傳拓本，三原劉海天舊藏。先生題簽"時珎誌　宣政元年十二月九日"並印"舍之"，拓本鈐印"夗央七誌齋""三原劉氏""海天之印"，先生鈐印"吳興施舍所得古金石專瓦文"。

邵州刺史寇嶠妻薛氏墓誌　　宣政二年正月四日　　婁縣俞粟廬韜盦舊藏。俞氏題簽"後周襄城君薛夫人誌銘"，又題識"後周邵州刺史寇嶠妻襄城君薛夫人誌銘，純用方筆，古峭堅勁，唐人皆不能及此。此誌無銘辭，本年出土有蓋正書九字"並印"俞宗海"。拓本先生鈐印"吳興施舍攷藏"。

汝北郡中正寇胤哲墓誌銘　　誌蓋正書　　宣政二年正月四日　　二紙　　北山樓藏本"武進陶氏涉園藏魏誌石拓本　齊周隋唐坿"全函硃拓之一種，印製框欄簽條"魏汝北郡中正寇胤哲誌　有蓋，宣政二年正月四日"，拓本先生鈐印"吳興施舍攷藏"；誌蓋拓本印製框欄簽條"魏汝北郡中正寇胤哲誌蓋"，先生鈐印"北山樓文房"。

襄城順陽二郡太守寇熾墓誌　　宣政二年正月四日

馬龜墓銘文　　大象二年十月二十一日　　無署名無鈐印題簽"馬龜墓銘文"，先生小識"馬龜，大象二年十月廿一日"。拓本先生鈐印"施舍長年""吳興施舍攷藏"。

敦煌岷州廟殘石刻　　漢文並古印度婆羅迷文，上婆羅迷文十一行，下漢文三十八字。按：失年月，據攷附北周末。

芮城"陳羅漢"等造像殘石　　三石　芮城出土　按：據先生攷為北周時所刻。拓本先生鈐印"施舍金石"。先生嘗作題跋，《芮城造像殘石》記云"其一存記文一段，四十九字，又題名二榜，記文中有'陳羅漢'字，因稱'陳羅漢造像'。其二存侍佛畫像及題名一列，第一榜全者曰'邑子驍騎將軍姚仲遠'，故定名曰'姚仲遠造像'。其三存題名兩列，皆張氏，因稱'張氏造像'""此題名中諸州縣名，皆魏周間所用，此像必北周物也"。(見《北山集古錄》)

隋

豆盧通等造像題記　　開皇元年四月八日　　先生嘗作著録，記云"都督定州諸軍事豆盧通世子僧奴等造像，正書，開皇元年四月八日，在山西平定州。石刻見《藝風堂金石目》《續補訪碑録》《八瓊室金石補正》均無此目，《山右金石記》亦無，惟見於《山右石刻叢編》，題跋則惟有丁紹基《求是齋碑跋》一文"。（見中盈堂藏本《甎碑雜録》）

濟寧晉陽山□遵妻叚蔡造像題名　　開皇元年十一月十五日　　先生題簽"晉陽山□遵妻叚蔡造像殘石　　山東濟寧"，拓本先生鈐印"施捨金石"。

彌姐及合邑母人等造像碑　　開皇二年九月二十五日　　三紙　　先生題封"隋彌姐氏及合邑母人等造像　　開皇二年九月廿五日，三紙"，又題簽"隋彌姐及合邑母人等造像　　開皇二年九月廿五日，附唐乾封九年正月八日粧嚴記及題名，三紙"並印"吳興施捨北山樓藏碑"，拓本先生鈐印"吳興施捨北山樓藏碑"。先生嘗作題跋，《隋彌姐後息造四面像記》記云"拓本三紙""此乃碑陰也，別二紙為碑兩側，然則尚欠碑正一紙，當有佛龕也""在此刻前三十年，當時民間文字，或皆以'母'或'毋'為'婦'也。"（見《北山集古錄》）

申貴墓誌　　開皇三年九月二十三日卒　潮陽陳運彰玉延樓舊藏。拓本陳氏鈐印"蒙厂所得金石"，先生鈐印"吳興施舍攷藏"。

濩澤公寇遵考墓誌銘　　誌蓋正書　開皇三年十月十九日　二紙　誌蓋有復本。拓本鈐印"稽廬所藏金石文字""寶端樓"，先生鈐印"吳興施舍攷藏"。誌蓋拓本鈐印"寶端樓"，先生鈐印"施蟄存"；別有一紙，先生小識"寇遵考誌蓋，此拓本不佳，石已坏"並印"蟄存"，拓本先生鈐印"吳興施舍攷藏"。

寇夫人姜敬親墓誌　　誌蓋有二　開皇三年十月十九日　三纸　此誌有二蓋，皆正書，一陰文一陽文。三原于右任鴛鴦七誌齋傳拓本，鹿原劉海天畊鋤草堂藏本。拓本鈐印"夗央七誌齋""老農夫""海天私印"，先生鈐印"吳興施舍攷藏"。

奉朝請梁邕墓誌　　分書　誌蓋篆書　開皇三年十月二十日　二紙　西安碑林博物館傳拓本。拓本鈐印"西安碑林精拓"，先生鈐印"吳興施舍攷藏""舍之長物"。

亳州刺史昌國公寇奉叔墓誌　　誌蓋正書　開皇三年十月　二紙　誌蓋有復本。拓本鈐印"寶端樓"等，先生鈐印"吳興施舍攷藏"。誌蓋別有一紙，先生小識"寇奉叔誌蓋　開皇三年十月，重"，拓本先生鈐印"吳興施舍攷藏"。

潘城錄事參軍楊居墓誌　　誌蓋正書　蓋有圖像　開皇四年三月十日　二紙　"山陰吳氏鍾玉書室藏歷朝石刻拓本"印製封，記錄"隋，開皇四年三月，楊居墓誌，蓋一，共計二張，河南洛陽出土"。拓本先生鈐印

"吳興施舍攷藏""無相盦",誌蓋亦鈐"吳興施舍攷藏"。

潁州別駕元英及妻崔氏墓誌銘　　誌蓋正書　開皇五年十月一日
二紙　拓本先生鈐印"施舍所得"。誌蓋拓本別有復本一紙,先生小識"潁州別駕元英及妻崔氏誌蓋,開皇五年十月一日,誌未得"。

龍藏寺碑　　張公禮撰　有碑額正書並碑陰　開皇六年十二月五日　二紙　無署名無鈐印題簽"龍藏寺碑碑陰　隋開皇六年,直隸正定"。先生未得左側題名,小識"上碑陰六列右碑泐三列"。

"具如來""□禪成"造像殘石　　二紙　開皇七年　山東金石保存所傳拓本。先生題簽"隋造像殘石　開皇七年,二紙"。拓本鈐印"山東金石保存所藏",先生鈐印"施舍所得""無相盦劫後所聚"。

王蘭蔻造像記　　開皇八年八月八日

零陽縣令任顯墓誌銘　　分書　誌蓋篆書　開皇八年十一月二十日　二紙　拓本鈐印"施蟄存印""無相盦"等。

東內府錄事參軍張禮墓誌銘　　誌蓋篆書　開皇九年十月二十四日　二紙　有復本。三原于右任鴛鴦七誌齋傳拓本,鹿原劉海天畊鋤草堂藏本。拓本鈐印"右任藏石""鴛鴦七誌齋""海天道人"並農夫肖形印,先生鈐印"吳興施舍攷藏";誌蓋拓本鈐印"老農"並農夫肖形印,先生鈐印"無相庵藏本"。

定州刺史暴永墓誌銘　　分書　誌蓋篆書　開皇九年十月二十四日　二紙　拓本先生鈐印"施蟄存印",誌蓋鈐印"吳興施舍攷藏"。

虎賁郎將關明墓誌　　分書　誌蓋篆書　開皇九年十月二十五日　二紙　三原于右任鴛鴦七誌齋傳拓本,鹿原劉海天畊鋤草堂藏本。拓本鈐印

"夗央七誌齋""畊鉏草堂主人所藏金石書畫""海天",先生鈐印"吳興施舍攷藏"。

版授浮陽郡守王曜墓誌銘　　　誌蓋篆書　開皇十年八月十七日　二紙

車騎大將軍秘書郎張景略墓誌銘　　分書　開皇十一年正月二十六日　有復本。托裱本,拓本先生鈐印"吳興施舍攷藏"。另本未托裱。

臨渠二州刺史鄭道育殘誌　　誌蓋篆書　開皇十一年閏十二月　二紙　先生題簽"鄭道育殘誌　開皇十一年閏十二月",拓本先生鈐印"舍之""吳興施舍攷藏"。

蘄州刺史李則墓誌銘　　誌蓋正書　開皇十二年十一月七日　有復本。分拓二紙本,北流陳柱守玄閣舊藏,無署名無鈐印題簽"蘄州刺史李則墓誌",拓本陳氏鈐印"柱尊珍賞",先生鈐印"施舍金石"。另本為剪裱線裝與《主簿吳嚴墓誌》合刊,合刊本題簽"李吳二君墓誌"並印"志光"。

郡中正兼相州治中李欽墓誌　　開皇十二年十二月十三日　三原于右任鴛鴦七誌齋傳拓本,鹿原劉海天畊鋤草堂藏本。拓本劉氏題記落款為"[民國] 廿四年老農夫題簽",拓本鈐印"關西餘子""關中于氏藏石","畊鉏草堂主人珍賞"先生鈐印"吳興施舍攷藏"。

諸葛子恒平陳頌　　開皇十三年四月十五日　恭城馬君武舊藏,馬氏題簽"諸葛子恒平陳頌　君武"。拓本馬氏鈐印"馬君武",先生鈐印"吳興施舍攷藏""施蟄存印"。

羅寶奴造像記　　開皇十三年五月二日　托裱本,蘭溪劉焜甓園舊藏。先生題封又題簽"羅寶奴造像記　隋開皇十三年五月二日",另見"無相奄"箋紙先生題識"隋羅寶奴造像在益都，文載《八瓊室金石補正》，無附說。又《十二硯齋金石過眼錄》有題跋。一九五九年十月得之，仲山"。拓本鈐印"蘭溪劉氏家藏""筆研精良"，先生鈐印"吳興施舍攷藏"。

陳思王曹子建廟碑

又稱"曹植廟碑"　開皇十三年　先生題簽"隋曹子建廟碑"並印"施蟄存"。

慧日道場惠雲法師墓誌

開皇十四年三月十二日　文末一行刻于石側　先生題識"隋惠雲法師墓誌，開皇十四年三月十二日，'存佚'攷亡，此石久逸"並印"舍之"，又識"此誌拓本極少，一九三六年售價二十元，一九六五年朵雲軒有一紙，標價四十元"。拓本先生鈐印"吳興施舍攷藏"。

征虜將軍中散大夫張盛及夫人之銘

誌蓋篆書　開皇十五年十一月十八日　二紙　先生嘗作著錄，記云"此誌於一九五九年五月出於安陽墓中，全文見《攷古》一九五九年十月號。張盛《隋書》無傳"。（見中盈堂藏本《翫碑雜錄》）

周驃騎將軍鞏賓墓誌銘

有蓋　開皇十五年十一月二十四日　有復本。無署名無鈐印題簽"周故驃騎將軍鞏賓誌　初拓本"，拓本先生鈐印"吳興施舍攷藏""蟄存"。另本托裱本，無署名無鈐印框欄題簽"隋驃騎將軍鞏君墓誌　開皇十五年"，拓本先生鈐印"吳興施舍攷藏"，別有印戳"文林堂記"。

淮安定公趙芬殘碑

開皇十五年十二月　按：先生據《文館詞林》卷四百五十二，攷為薛道衡撰。甘泉毛鳳枝蟫叟寓意於物齋舊藏。毛氏題記"此趙芬殘碑也。芬隨時人，史有傳。此碑在之［中］兆村，隨碑中書法最方整者。攷證詳《雍州金石記》中"並印"廣陵毛子林氏審定金石文字"。拓本先生鈐印"吳興施舍攷藏"。

陳黑闥造像記

開皇十六年二月十一日　與趙暉造像記合拓一紙。

先生题封"陈黑闥造像　附赵晖造像，隋开皇十六年二月十一日"，又题合签"陈黑闥造像　隋开皇十六年二月十一日，赵晖造像，無年月，见'十二砚斋金石過眼録'"並印"施舍之印"，拓本先生钤印"吴興施舍攷藏""蛰庵經眼"。

侯延為女夫張仕嶽造像　　　開皇十六年三月□日　　濰縣陳介祺簠齋傳拓本。無署名無钤印題簽"隋侯延造像精拓本　開皇十[六]年"，拓本钤印"蛰庵經眼"等。先生嘗作題跋，《隋侯延造像》記云"陳簠齋所藏精品也，今已為賈胡收去，雖拓本亦不可求矣。此本已精裱為小立軸""拓本佛像用淡墨，佛龕銘文用濃墨，此必簠齋所監拓，故極精妙"。（見《北山集古録》）

海陵郡公賀若誼碑　　　有額篆書　開皇十六年八月　　先生題簽"賀若誼碑　開皇十六年八月"並印"吴興施舍攷藏"，又識"此全拓本，又有額，頗不易得"並印"舍之"，拓本先生钤印"施舍校碑"。

安喜公李使君碑　　　分書　有額篆書　開皇十七年二月　　分拓二紙　先生題簽"隋安喜公李使君碑　有額，開皇十七年"並印"吴興施舍攷藏"，拓本先生钤印"施舍校碑"，碑額拓本钤印"舍之審定"。

張通妻陶貴墓誌　　　開皇十七年三月二十六日　　有復本，另本為摹刻本。先生嘗作題跋，《隋張通妻陶氏墓誌》記云"清光緒初出土，楷書秀雅，一時盛傳。然其石不久即無蹤跡，而原拓罕見，遂與王居士磚塔銘、董美人誌等價。摹刻本滋多。徐乃昌藏一石，劉鐵雲以為摹本之最佳者。其石損'竹鏡'二字，世稱'竹鏡本'，即此拓也""書法雖善，文理殊不稱。然幸有《兩京新記》殘文，足為釋義，亦可喜也"。（見《北山集古録》）

縣令桑泉□君頌德碑　　　殘石　開皇十七年卒　　剪裱本，先生嘗作題跋《隋縣令□君殘碑》。（見《北山集古録》）

淮南縣令劉明墓誌銘　　　開皇十八年五月二日　　三原于右任鴛鴦七誌齋傳拓本，鹿原劉海天畔鋤草堂藏本。拓本钤印"鴛鴦七誌齋""老農夫""畊鋤草堂主人""平生志在金石",先生鈐印"吳興施舍攷藏"。

版授安定縣令宋睦墓誌銘　　開皇十八年□月二日　會稽顧燮光金
佳石好樓舊藏。拓本顧氏鈐印"鼎梅審定",先生鈐印"吳興施舍攷藏"。

魏涇州刺史孟顯達碑　　有額篆書　開皇二十年十月二十八日
整紙全形拓本,先生題封"隋立孟顯達碑",又題簽"隋立魏涇州刺史孟顯達碑　開皇廿年十月廿八日"並印"吳興施舍攷藏"。

龍山縣開國公□質墓誌銘　　開皇二十年十二月四日　有復本。
石本應有題識和鈐印,失記。

張信寶造觀音石像記　　開皇□年三月十五日　分拓三紙。會稽
顧燮光金佳石好樓舊藏。附顧氏"金佳石好樓收藏金石目錄"印製封,記錄"隋,張信寶造象,共三幅",先生補識"湯陰,'河朔新碑目'著錄,舍之著錄"並印"吳興施舍攷藏"。先生題封"張信寶造像　隋開皇□年三月十五日",又拓本紙背小識"隋張信寶,選錄",拓本先生鈐印"吳興施舍攷藏""吳興施舍北山樓藏碑",另兩紙皆鈐"無相庵藏本"。

盧文機墓誌銘　　誌蓋篆書　仁壽元年二月十九日　二紙　三
原于右任鴛鴦七誌齋傳拓本,鹿原劉海天畊鋤草堂藏本。拓本鈐印"關西餘子""關中于氏藏石""老農夫"並農夫肖形印,先生鈐印"吳興施舍攷藏"。

魯司寇鄒國公孔宣文靈廟碑　　分書　有額篆書　仁壽元年四
月十一日　涵九、開封李白鳳蟬盦遞藏,剪裱線裝合刊本"隋龍華碑　隋寇文約修孔子廟碑　北周曹恪碑"之一種,末附題記並印"涵九攷藏金石文字"。先生小識"此碑在河北完縣,《京畿金石攷》未著其目"並印"蟄存",又題識"莫友芝《金石筆識》云'此種書品,在曹子建碑之上,隋碑之甲乙也',涵九識語,實襲取之。舍之"並印"舍之審定"。拓本先生鈐印"吳興施舍攷藏"。先生嘗作題跋,《隋孔宣文靈廟碑》記云"余所得乃剪裝本,無

碑額，亦無碑側題名""今此本'約'字完整不損，可知是吳榮光誤錄，羅振玉妄糾也"。（見《北山集古錄》）

齊洛州默曹參軍趙韶墓誌銘　　仁壽元年七月十八日　會稽顧燮光金佳石好樓舊藏。附"山陰吳氏鍾玉書室藏歷朝石刻拓本"印製封，記錄"隋，仁壽元年七月，趙韶墓誌，共計一張，河南洛陽出土"。拓本顧氏鈐印"鼎梅審定"，先生鈐印"吳興施舍攷藏"。

鄧州大興國寺舍利塔下銘　　仁壽二年四月八日　合肥李悔庵蛻廬、沈氏石華館等遞藏，寧波周氏四明石室贈本。無署名無鈐印題簽"隋鄧州大興國寺舍利塔銘"，另箋紙題記"是銘書體秀整，實為唐初歐虞之先河"並印"悔庵"。拓本題記"隋舍利塔銘多佳構，此□□□□。乙卯三月石農記"並印"石農"，周氏題記"舍之先生抱殘守缺，與余有同嗜之雅，檢此奉贈清賞。退密謹記"並印"周昌樞"。拓本鈐印"石華館""沈氏石華館秘笈印"，先生鈐印"無相庵""吳興施舍攷藏"。

信州金輪寺舍利塔下銘　　仁壽二年四月八日　先生題簽"隋信州金輪寺舍利塔下銘　仁壽二年四月八日，同治十二年出土，'八瓊室'錄"並印"舍之長物"，拓本先生鈐印"吳興施舍攷藏""施舍金石"。

版授同州武鄉縣令劉寶墓誌銘　　仁壽二年十月二十一日　有復本。拓本先生鈐印"吳興施舍攷藏"。

洪州總管蘇慈墓誌銘　　仁壽三年三月七日　復本三種，未刻跋本、有跋本、去跋本。

魏寧朔將軍左箱直長王榮及夫人劉氏墓誌　　分書　誌蓋篆書　仁壽三年十月十七日　二紙　拓本先生鈐印"吳興施舍攷藏"。

龍華道場碑　　有額篆書　仁壽三年　有復本。先生題簽"隋龍華寺

碑　仁壽三年，八瓊室"並印"舍之寓心"。另本為剪裱線裝合刊本"隋龍華碑　隋寇文約修孔子廟碑　北周曹恪碑"之一種，涵九、開封李白鳳蟫盦遞藏，拓本無署名無鈐印題記曰"北朝及隋唐人額書，往往似此佛頭著糞，殊費人解。若漢魏間碑，則不然。其額書無不與碑文相稱者""此碑裱上半段，下半段闕"，拓本鈐印"涵九攷藏金石文字""守默金石"。

馮夫人盧旋芷墓誌　　分書　仁壽四年十一月四日　會稽顧燮光金佳石好樓舊藏。先生題簽"齊馮夫人盧璇［旋］芷墓誌　隋仁壽四年，輝縣箭北村"並小識"此本已泐甚"，拓本顧氏鈐印"鼎梅審定"，先生鈐印"舍之寓心""吳興施舍攷藏"。

馬老生繼室張姜墓誌　　分書　仁壽四年十一月二十八日　三原于右任鴛鴦七誌齋傳拓本，鹿原劉海天畊鋤草堂藏本。拓本鈐印"夗央七誌齋""畊鋤草堂""老農夫"，先生鈐印"吳興施舍攷藏"。

沙門僧修□造像記　　趙超越隸書　大業元年二月二十六日　拓本先生鈐印"北山樓""吳興施舍攷藏"。

王善來墓誌銘　　誌蓋篆書　大業元年十月二十二日　二紙　有復本。蘭溪劉焜甓園舊藏。先生題識"王善來墓誌銘　大業元年十月，有蓋九字，佚第八字'墓'"，拓本劉氏鈐印"蘭溪劉氏家藏"，先生鈐印"舍之長物""吳興施舍攷藏"，另本亦鈐"舍之長物""吳興施舍攷藏"。

尚食劉氏墓誌銘　　誌蓋正書　大業二年十月二十一日　二紙　拓本先生鈐印"吳興施舍攷藏"，誌蓋拓本鈐印"無相庵藏本"。

大營主行軍長史劉珍墓誌銘　　分書　兩面刻　大業二年十月二十八日　秀水沈子培寐叟海日樓舊藏。拓本鈐印"靈詹閣"等，先生鈐印"吳興施舍攷藏"。

邯鄲縣令蔡君妻張貴男墓誌　　大業二年十二月二十九日　　拓本
鈐印"稽廬所藏金石文字""陳宛書",先生鈐印"吳興施舍攷藏"。

□弘秤墓誌銘　　大業二年十二月　　拓本題記鈐印,失記。

衛將軍尚食監張怦墓誌銘　　誌蓋篆書　大業三年十月九日　　先生未得誌蓋,小識"張怦誌,大業三年十月九日,少蓋",拓本先生鈐印"吳興施舍攷藏"。

元夫人崔遑墓誌　　分書　誌蓋篆書　大業三年十一月二十七日
"山陰吳氏鍾玉書室藏歷朝石刻拓本"印製封,記錄"隋,大業三年十一月,崔遑墓誌,共計一張,河南洛陽出土"。先生小識"此誌有蓋未得,蓋文四字,曰'崔夫墓銘',夫即夫人二字之合文",拓本鈐印"馬甲",先生鈐印"吳興施舍攷藏"。

汴州浚儀縣令劉淵墓誌銘　　大業三年十一月二十七日　　會稽顧燮光金佳石好樓舊藏。拓本顧氏鈐印"金佳石好樓",先生鈐印"施舍所得"。

將作少監建節尉任軌墓誌銘　　分書　誌蓋篆書　大業四年二月九日　　二紙　拓本鈐印"稽廬所藏金石文字""寶端樓",先生鈐印"舍之長物""吳興施舍攷藏"。

板授趙州鉅鑊縣令楊德墓誌銘　　分書　大業四年十月二十一日
三原于右任鴛鴦七誌齋傳拓本,鹿原劉海天畊鋤草堂藏本。拓本鈐印"宛央七誌齋""畊鋤草堂""老農夫",先生鈐印"吳興施舍攷藏"。

主簿吳嚴墓誌銘　　分書　誌蓋篆書　大業四年十月　　有復本。
分拓二紙,楓林黃石、北流陳柱守玄閣遞藏。拓本黃氏鈐印"楓林黃氏攷藏金石文字之記",陳氏鈐印"柱尊珍賞"並誌蓋。另本為剪裱線裝與《蘄州刺史李則墓誌》合刊,合刊本題簽"李吳二君墓誌"並印"志光"。

寧越郡欽江縣正議大夫甯贙碑　　有額正書　大業五年四月　先生題識"甯贙碑　隋大業五年四月，道光六年出土，此道咸間拓本"並印"舍之審定"，拓本先生鈐印"施舍校碑"。

宮人歸義鄉君元氏墓誌銘並序　　大業五年十月二十七日　先生鈐印"吳興施舍攷藏"，為先生輯"隋宮人墓誌十二種"之一。

前陳散騎侍郎劉猛進墓銘　　兩面刻　大業五年十一月三日　托裱二紙，恭城馬君武舊藏。題簽和鈐印失記。

參軍呂胡墓誌銘　　誌蓋篆書　大業五年十一月十日　二紙　三原于右任鴛鴦七誌齋傳拓本，鹿原劉海天畊鋤草堂藏本。拓本鈐印"宛央七誌齋""畊鉏草堂珍玩"並農夫肖形印，先生鈐印"吳興施舍攷藏"。

處士范高墓誌銘　　大業六年四月十七日　拓本鈐印失記。

齊淮陽王府長史兼行參軍張喬墓誌銘　　大業六年四月十八日　拓本先生鈐印"吳興施舍攷藏"。

牟州長史梁瓌墓誌銘　　誌蓋正書　大業六年七月二十九日　二紙　拓本先生鈐印"吳興施舍攷藏"。

東陽府鷹揚郎將羊煒墓誌銘　　大業六年九月十五日　有復本。會稽顧燮光金佳石好樓舊藏。拓本顧氏鈐印"鼎梅審定"，先生鈐印"吳興施舍攷藏"。

宮人五品司仗程氏墓誌銘　　大業六年九月二十四日

齊王國治書楊秀墓誌銘　　分書　誌蓋篆書　大業六年十月八日　有復本。三原于右任鴛鴦七誌齋傳拓本，鹿原劉海天畊鋤草堂藏本。拓本鈐印"宛央七誌齋""海天金石自樂"並農夫肖形印，先生鈐印"吳興施舍攷藏"。

汝南主簿董穆墓誌銘　　大業六年十一月三日　有復本。拓本先生鈐印"舍之長物""吳興施舍攷藏"。

平州刺史薛保興墓誌銘　　大業六年閏十一月一日　拓本先生鈐印"吳興施舍攷藏"。

大將軍府參軍事段摸墓誌銘　　大業六年十二月五日　北山樓藏本"武進陶氏涉園藏魏誌石拓本　齊周隋唐坿"全函硃拓之一種，印製框欄簽條"周段摸誌　大業六年十二月五日"，拓本先生鈐印"吳興施舍北山樓藏碑"。

斛斯樞墓誌銘　　大業七年四月二十一日　三原于右任鴛鴦七誌齋傳拓本，拓本鈐印"右任藏石""鴛鴦七誌齋"等。

陳叔毅修孔子廟碑　　仲孝俊撰　有額篆書　大業七年七月　有復本。先生題簽"隋陳叔毅修孔子廟碑　有額，大業七年"並印"施蟄存"，拓本鈐印"施舍校碑"。另本無碑額，先生題簽"隋陳叔毅修孔子廟碑"，拓本先生鈐印"吳興施舍攷藏""施舍讀碑記"。

宮人尚寢衣魏氏墓誌銘並序　　大業七年十二月二十二日　三原于右任鴛鴦七誌齋傳拓本，鹿原劉海天畊鋤草堂藏本。拓本鈐印"夗央七誌齋"，及"老農夫"，先生鈐印"吳興施舍攷藏"。為先生輯"隋宮人墓誌十二種"之一。

孟孝敏妻劉氏墓誌　　大業八年二月二十二日　三原于右任鴛鴦七誌齋傳拓本，鹿原劉海天畊鋤草堂藏本。拓本鈐印"夗央七誌齋""平生志在金石"並農夫肖形印，先生鈐印"吳興施舍攷藏"。

宮人何氏六品墓誌銘　　大業八年二月二十二日　拓本先生鈐印

"吳興施舍攷藏"。為先生輯"隋宮人墓誌十二種"之一。

宮人沈氏墓誌銘並序　　大業八年七月一日　拓本先生鈐印"吳興施舍攷藏"。為先生輯"隋宮人墓誌十二種"之一。

宮人蕭氏墓誌銘並序　　大業八年七月二十五日　三原于右任鴛鴦七誌齋傳拓本，鹿原劉海天畊鋤草堂藏本。拓本鈐印"關西餘子""關中于氏藏石""畊鋤草堂珍玩"。先生鈐印"吳興施舍攷藏"，為先生輯"隋宮人墓誌十二種"之一。

陶丘簡侯蕭瑒墓誌銘　　誌蓋篆書　大業八年八月十三日　二紙　嘉善徐聲越夢松風閣藏本。拓本徐氏鈐印"唐柳宋梅之館"，先生鈐印"施舍所得"。別有石印一本。先生小識"隋陶簡侯蕭瑒誌蓋，誌有石印本"。

左驍衛虎賁郎將高緊墓誌　　大業八年八月二十五日　三原于右任鴛鴦七誌齋傳拓本，鹿原劉海天畊鋤草堂藏本。拓本鈐印"畊鋤草堂主人""老農夫""夗央七誌齋"，先生鈐印"吳興施舍攷藏"。

田光山夫人李氏墓誌　　誌蓋篆書　大業八年十月十四日　二紙　三原于右任鴛鴦七誌齋傳拓本，鹿原劉海天畊鋤草堂藏本。拓本劉氏題簽"隋京兆郡田光山夫人李氏墓誌、蓋　老農夫珍藏"，拓本鈐印"關西餘子""關中于氏藏石""老農夫"，先生鈐印"吳興施舍攷藏"。誌蓋拓本鈐印"關西餘子""關中于氏藏石"，先生鈐印"無相庵藏本"。

河陽都尉孔神通墓誌　　誌蓋篆書　大業八年十一月八日　拓本附"山陰吳氏鍾玉書室藏歷朝石刻拓本"印製封，記錄"隋，大業八年十一月，孔神通墓誌，共計一張，河南洛陽出土"。先生小識"隋故河陽都尉孔公銘，篆蓋三行九字，未得"，拓本先生鈐印"吳興施舍攷藏"。

太原王君妻成公夫人墓誌　　誌蓋篆書　大業八年十一月二十六

日　二紙　鹿原劉海天畊鋤草堂舊藏。拓本題簽"隋太原王成公夫人墓誌　老農夫藏"並印"老農"。先生小識"太原王君妻""當作王夫人成公氏，成公乃復性""成公夫人誌'趙氏集釋'未收此誌蓋"。拓本劉氏鈐印"三原劉氏金石書畫"，先生鈐印"吳興施舍攷藏"。

純德府鷹揚副郎將張伏敬之銘　　大業八年十二月二十七日　先生題簽"張伏敬誌　大業八年十二月廿七日"並印"舍之長物"，拓本先生鈐印"吳興施舍攷藏"。

宮人陳氏墓誌銘　　大業九年正月十六日　三原于右任鴛鴦七誌齋傳拓本，鹿原劉海天畊鋤草堂藏本。拓本鈐印"關西餘子""關中于氏藏石""海天所藏""子孫永寶"。先生鈐印"吳興施舍攷藏"，為先生輯"隋宮人墓誌十二種"之一。

齊漢陽王府記室參軍皇甫深墓誌銘　　分書　大業九年二月二十八日　拓本先生鈐印"吳興施舍攷藏"。

湘陰縣令張業墓誌　　誌蓋篆書　大業九年二月二十八日　二紙　先生題識"'趙氏集釋'錄張業誌蓋，與此不同，僅四字，文云'張君墓銘'，乃為碑估所欺，非原蓋也"，拓本先生鈐印"無相庵藏本"。

周上儀同姜明墓誌銘　　大業九年二月二十八日　題簽"周姜明墓誌銘　大業九年"並印"宛書"，拓本鈐印"陳宛書"，先生鈐印"施蟄存印""舍之長物"。

朝散大夫張盈墓誌銘　　誌蓋篆書　大業九年三月十日　二紙　題簽"隋張盈墓誌銘　大業九年"並印"宛書"，拓本鈐印"穭廬所藏金石文字""寶端樓"，先生鈐印"施舍長年"。誌蓋有復本，先生小識"張盈誌蓋"，鈐印"舍之長物"；另本題簽"張盈誌蓋　大業九年三月，重"並印"舍之審定"。

張盈妻蕭餝墓誌銘　　誌蓋篆書　大業九年三月十日　二紙　拓本鈐印"稽廬所藏金石文字""寶端樓"，先生鈐印"舍之長物"。誌蓋有復本。誌蓋題簽"張盈妻蕭氏誌蓋"，另本題簽"張盈妻蕭餝性誌蓋　大業九年三月"並印"舍之審定"。

金紫光禄大夫豆盧寔墓誌銘　　分書　誌蓋篆書　大業九年十月三日　二紙　無署名無鈐印題簽"隋豆盧寔墓誌銘　大業九年"，又題"豆盧寔墓誌蓋文"。拓本鈐印"寶端樓""稽廬所藏金石文字"，先生鈐印"吳興施舍攷藏"。

洛州從事郭寵墓誌銘　　誌蓋篆書　大業九年十一月二日　二紙　無署名無鈐印題簽"隋洛州從事郭寵字仲貴墓誌銘　大業九年十一月二日，有蓋"並先生鈐印"吳興施舍攷藏"。拓本先生鈐印"施舍所得"，誌蓋拓本鈐印"施舍金石"。

齊清河郡太守陳常墓誌　　誌蓋正書　大業九年十二月十三日　二紙。拓本先生鈐印"吳興施舍攷藏"，誌蓋鈐印"無相庵藏本"。

齊梁州□曹參軍宋仲墓誌　　三體書　大業九年十二月十六日　有復本。河南圖書館傳拓本，開封李白鳳蟬盦藏本。無署名無鈐印題簽"隋宋仲夫婦合志"，拓本鈐印"河南圖書館藏石"，李氏題記"是志集三體於一爐，頗通雅馴，在隋志之中應為別裁。予素昧碑碣之學，以其異於他志而取之也。白鳳"並印"存矣"，先生鈐印"吳興施舍所得古金石專瓦文"。另本先生題簽"隋宋仲誌　大業九年十二月十六日"，拓本先生鈐印"吳興施舍攷藏"。

新鄭縣令蕭瑾墓誌銘　　分書　誌蓋篆書　大業九年十二月二十八日　二紙　先生先得誌蓋拓本，小識"隋故滎陽郡新鄭縣令蕭明府墓誌之銘，篆蓋十六字，拓本未得"。後得誌銘拓本，附"山陰吳氏鍾玉書室藏歷朝石刻拓本"印製封，記錄"隋，大業九年十二月，蕭瑾墓誌，共計一張，河南洛陽出土"。拓本鈐印"無相盦"等。

牛弘第三女暉墓誌　　分書　大業十年三月二十六日　三原于右任鴛鴦七誌齋傳拓本，鹿原劉海天畊鋤草堂藏本。拓本鈐印"夗央七誌齋""畊鋤草堂"並農夫肖形印，先生鈐印"吳興施舍攷藏"。

崔上師妻封依德墓誌　　大業十年四月六日　先生小識"此為隋誌之小品"，拓本先生鈐印"吳興施舍攷藏"。

馬夫人稱心墓誌　　有碑陰碑側　大業十年四月卒

宮人采女田氏墓誌銘並序　　大業十年六月二十四日　三原于右任鴛鴦七誌齋傳拓本，鹿原劉海天畊鋤草堂藏本。拓本鈐印"夗央七誌齋""海天珍藏書畫"，先生鈐印"吳興施舍攷藏"。為先生輯"隋宮人墓誌十二種"之一。

宮人尚食矦氏墓誌銘　　大業十年十月二十七日　拓本先生鈐印"吳興施舍攷藏"。為先生輯"隋宮人墓誌十二種"之一。

宮人三品樊氏墓誌銘並序　　大業十年十一月十五日　拓本先生鈐印"吳興施舍攷藏"。為先生輯"隋宮人墓誌十二種"之一。

魏郡太守張軻墓誌　　誌蓋篆書　大業十年十一月十五日　二紙　三原于右任鴛鴦七誌齋傳拓本，鹿原劉海天畊鋤草堂藏本。拓本鈐印"夗央七誌齋""子子孫孫保用"等，先生鈐印"吳興施舍攷藏"。

苟夫人宋玉艷墓誌　　誌蓋篆書　大業十一年二月二十一日　二紙

帥都督唐該墓誌銘　　分書　誌蓋篆書　大業十一年二月二十一日　有復本。墨拓本一紙，"山陰吳氏鍾玉書室藏歷朝石刻拓本"印製封，記錄"隋，大業十一年二月，唐該墓誌，共計一張，河南洛陽出土"，附先生小識"大隋帥都督故唐君故蘇夫人墓誌銘，篆蓋三行十五字，未得"，拓本鈐印"吳興施舍攷藏"。另本二紙，北山樓藏本"武進陶氏涉園藏魏誌石拓本齊周隋唐坿"全函砵拓之一種，印製框欄簽條"都督唐該誌　有蓋，大業十一年二月廿一日"，拓本先生鈐印"施蟄存"；誌蓋拓本印製框欄簽條"都督唐該誌蓋"，先生鈐印"無相庵"。

桃林縣令王袞墓誌　　蔡允恭撰　誌蓋篆書　大業十一年二月二十一日　二紙　嘉善徐聲越夢松風閣藏本。拓本徐氏鈐印"唐柳宋梅之館"，先生鈐印"施舍所得"。

右翊衛大將軍張壽墓誌　　大業十一年二月二十二日　三原于右任鴛鴦七誌齋傳拓本，鹿原劉海天畊鋤草堂藏本。拓本鈐印"夗央七誌齋""關中鐳氏""海天所藏""老農夫"，先生鈐印"吳興施舍攷藏"。

參軍嚴元貴墓誌　　誌蓋篆書　大業十一年三月二日　二紙　三原于右任鴛鴦七誌齋傳拓本，鹿原劉海天畊鋤草堂藏本。拓本鈐印"海天""門外漢""關西餘子""關中于氏藏石"，先生鈐印"吳興施舍攷藏"。

張波墓誌銘　　誌蓋篆書　大業十一年三月二十二日　有復本。誌與蓋整紙全形拓本，題簽"隋張波墓誌銘　大業十一年"並印"宛書"，拓本鈐印"穭廬所藏金石文字""寶端樓"，先生鈐印"吳興施舍所得古金石專瓦文""舍之長物"。另本誌與蓋分拓二紙，拓本先生鈐印"施舍金石""舍之長物"。

尉富娘墓誌文　　大業十一年五月十七日　有復本三種。蘭溪劉焜甓園舊藏，拓本劉氏鈐印"蘭溪劉氏家藏"，先生鈐印"吳興施舍攷藏"。別有一紙為摹刻本。

陳倉縣令曹海凝墓誌　　誌蓋篆書　大業十一年六月十五日　二

紙　三原于右任鴛鴦七誌齋傳拓本，鹿原劉海天畊鋤草堂藏本。拓本題簽"隋陳倉縣令曹海凝墓誌、蓋　老農夫藏"，拓本鈐印"夗央七誌齋"及農夫肖形印等，先生鈐印"吳興施舍攷藏"。誌蓋拓本鈐印"關西餘子""關中于氏藏石"。

太僕卿元公墓誌銘　　大業十一年八月二十四日　　殘誌拓本一紙，先生題合存封"元智夫婦墓誌殘石"，拓本鈐印"吳興施舍攷藏"。附有石印一本，楊守敬題跋"此元公墓誌，道光間出土，陽湖陸氏攜之藏其家。庚申之亂，為兵所碎。此據香山甘氏拓本"並印"楊守敬印"，先生題簽"元公墓誌　石印本，大業十一年八月廿四日"，印本鈐印"吳興施舍所得古金石專瓦文"。先生嘗作題跋，《隋元公夫婦墓誌殘石》記云"元公誌殘存一角，夫人誌殘存二角，即此所拓是也。未碎時拓本，余亦既得之，因以此殘拓裝入小冊。此二誌為隋誌之名品，雖殘石，亦有摹刻本，可知癖好者眾矣"。（見《北山集古錄》）

太僕卿元公夫人姬氏之誌　　大業十一年八月二十四日　　殘誌拓本二紙，先生題合存封"元智夫婦墓誌殘石"，拓本兩紙分別鈐印"施蟄存""北山樓文房"。附有石印一本，楊守敬題跋"此姬氏墓誌，與元公同時出，並為陸氏所得，咸豐庚申亦碎于兵"並印"楊守敬印"，印本鈐印"吳興施舍所得古金石專瓦文"。先生嘗作題跋《隋元公夫婦墓誌殘石》記云，同上。（見《北山集古錄》）

宮人司饎丁氏墓誌銘並序　　大業十一年八月二十五日　　三原于右任鴛鴦七誌齋傳拓本，鹿原劉海天畊鋤草堂藏本。拓本鈐印"關西餘子""關中于氏藏石"，及"三原劉氏金石書畫""海天書畫"，先生鈐印"吳興施舍攷藏"。為先生輯"隋宮人墓誌十二種"之一。

上黨郡司功書佐蕭汎墓誌　　大業十一年十一月十四日　　三原于右任鴛鴦七誌齋傳拓本，鹿原劉海天畊鋤草堂藏本。拓本鈐印"關西餘子""關中于氏藏石""老農"並農夫肖形印,先生鈐印"吳興施舍攷藏"。

左候衛大將軍范安貴墓誌銘　　誌蓋篆書　大業十一年十一月十四日　二紙　拓本先生鈐印"吳興施舍攷藏"。

齊開府行參軍李元墓誌　　誌蓋篆書　大業十二年二月三日　二紙　拓本先生鈐印"吳興施舍攷藏",誌蓋鈐印"無相庵藏本"。

突厥人諱徹墓誌　　大業十二年三月十日　有復本。拓本先生鈐印"吳興施舍攷藏"。

滕王長子楊厲之銘　　大業十二年七月十八日　北山樓藏本"武進陶氏涉園藏魏誌石拓本　齊周隋唐坿"全函硃拓之一種,印製框欄簽條"滕王長子楊厲誌　大業十二年七月十八日"並印"施蟄存"。

朝散大夫王世琛墓誌　　誌蓋篆書　大業十二年七月三十日　二紙　三原于右任鴛鴦七誌齋傳拓本,鹿原劉海天畊鋤草堂藏本。拓本鈐印"關西餘子""關中于氏藏石""畊鋤草堂主人""平生志在金石"等,先生鈐印"吳興施舍攷藏"。

澂州東垣主簿張濬墓銘　　大業十二年十月二日　先生小識"張濬,缺蓋",拓本先生鈐印"吳興施舍攷藏"。

蘇威妻宇文氏墓誌　　大業十二年十月十三日　三原于右任鴛鴦七誌齋傳拓本,鹿原劉海天畊鋤草堂藏本。拓本鈐印"夗央七誌齋""畊鉏草堂珍玩""劉海天印",先生鈐印"吳興施舍攷藏"。

將陵縣令明質墓誌　　大業十二年十月十九日

宮人常泰夫人房氏墓誌銘並序　　大業十二年十一月三日　三原于右任鴛鴦七誌齋傳拓本。拓本鈐印"夗央七誌齋",先生鈐印"吳興施舍攷藏"。為先生輯"隋宮人墓誌十二種"之一。

左御衛府長史宋永貴墓誌銘　　大業十二年十一月二十一日　有復本。無署名無鈐印框欄題簽"隋宋永貴墓誌　大業十二年",拓本鈐印"吳興施舍攷藏"。另本蘭溪劉焜甓園舊藏,拓本劉氏鈐印"蘭溪劉氏家藏",先生鈐印"吳興施舍攷藏"。

馮夫人叱李綱子墓誌　　誌蓋篆書　大業十二年十二月二日　二紙　三原于右任鴛鴦七誌齋傳拓本,鹿原劉海天畊鋤草堂藏本。拓本鈐印"夗央七誌齋"及"老農夫"並農夫肖形印,先生鈐印"吳興施舍攷藏"。

內史舍人牛方大墓誌　　大業十二年十二月二十日　鹿原劉海天畊鋤草堂舊藏,拓本鈐印"畊鋤草堂""關中鐠氏海天珍藏",先生鈐印"吳興施舍攷藏"。

洛陽龍門山成都縣募人李子斌造像記　　大業十三年四月二十五日　先生小識"隋大業十三年,賓晹洞"並印"吳興施舍攷藏",拓本先生鈐印"舍之審定"。

宮人司計劉氏墓誌銘　　大業十三年七月四日　三原于右任鴛鴦七誌齋傳拓本。拓本鈐印"關西餘子""關中于氏藏石",先生鈐印"吳興施舍攷藏"。為先生輯"隋宮人墓誌十二種"之一。

河東郡首山棲巖道場舍利塔銘　　賀德仁撰　有額正書　大業年間立　拓本先生鈐印"吳興施舍攷藏"。

趙暉造像記殘石　　年月缺　附"陳黑闥造像記"後並合拓一紙,先生題封"陳黑闥造像　附趙暉造像,隋開皇十六年二月十一日",又題合簽"陳黑闥造像　隋開皇十六年二月十一日,趙暉造像,無年月,見'十二硯齋金石過眼錄'"並印"施舍之印",拓本先生鈐印"吳興施舍攷藏""蟄庵經眼"。

雷音洞寶梁經　　無年月　　先生題封"佛說寶梁經　隋，無年月"，拓本先生鈐印"北山樓""吳興施舍攷藏"，拓本紙背舊藏者小識"寶梁經"。先生嘗作詩詠之，記云"小楷寶梁經一石，凡三千餘字，筆致妍妙，蓋房山雷音洞中隋人刊石經也。端匋齋竊取得之，深諱其事，故《匋齋藏石記》中言之惝恍"。（見《金石百詠》）

唐

女子蘇玉華墓誌銘　　歐陽詢撰並書　武德二年五月二十五日　誌末題刻"耕書堂藏石"　偽刻　有復本。無署名無鈐印框欄題簽"蘇玉華墓誌銘　歐書，武德二年，偽"，拓本鈐印"施舍所得"。另本無署名無鈐印題簽"女子蘇玉華墓志　武德二年，歐陽詢撰書"，又題記"女子蘇玉華墓誌　武德二年五月九日"，拓本先生鈐印"施舍金石"。

卧龍寺黃葉和尚墓誌銘　　許敬宗製　歐陽詢書　武德三年九月四日　偽刻　有復本。北流陳柱守玄閣舊藏，無署名無鈐印題簽"卧龍寺黃葉和尚墓志　武德三年，許敬宗，歐陽詢書"，又題"黃葉和尚墓志"，拓本鈐印"柱尊珍賞"。另本蘭溪劉焜甓園舊藏，先生小識"黃葉和尚墓誌銘，偽刻"，拓本劉氏鈐印"蘭溪劉氏家藏""鐵漢"，先生鈐印"吳興施舍"。

新建觀音寺碣　　陸德明撰　武德五年　先生題簽"觀音寺碣"，拓本鈐印"河南通志館收藏之章"，先生鈐印"吳興施舍所得古金石專瓦文"。

先生嘗作題跋，《新建觀音寺碣》記云"此刻不見宋人著錄，《寶刻叢編》氾水碑目中亦不載，《中州金石記》始有此目""按畢氏之疑是也""初唐文體，猶尚駢儷，建寺立碑，皆為鉅製，觀'等慈寺''昭仁寺'諸碑，文極綺靡，無如此刻之率爾者。此必宋以後人偽撰，恐未必有原刻也"。（見《北山集古錄》）

隋曇詢禪師碑　　武德五年十二月十三日　　拓本先生題簽"隋曇詢禪師碑　唐武德五年"，又題識"隋故曇詢禪師碑　唐武德五年立，在輝縣栢尖山寺，此碑著錄僅見於葉九來《金石錄補》"並印"施舍金石"。先生嘗作題跋，《唐立隋曇詢禪師碑》記云"葉氏列此碑於隋碑卷中，蓋未見下文有'武德五年闍毗遺體'諸言耳。此碑當立於唐武德六年，亦唐碑之最早者""無書撰人名及立碑年月，銘文至末行而盡，恐別有刻文在陰側，未得拓至，不可知。碑文隸書方整，猶是隋碑正目，蓋隸體至開元帝始大變，今人所謂唐隸，皆當謂玄宗以後諸家"。（見《北山集古錄》）

宗聖觀記　　歐陽詢撰序並分書　　陳叔達撰銘　　碑額正書　　武德九年二月十五日

孔子廟堂碑　　虞世南撰並書　　武德九年十二月立　　有復本。宋初重刻本，碑末宋王彥超重建題記，拓本先生題簽"虞書廟堂碑　宋初重刻本"。另本為城武本，元至元間重刻。為先生著錄《唐碑百選》第一種。先生嘗作詩詠之，記云"原石在唐末已毀失，拓本流傳絕少""今世所傳有西安、城武兩本""臨川李氏藏此碑唐拓，曾經翁氏［方綱］詳為攷校者，有影印本可得，然終不如墨本之有實感。余玩碑不為臨池，雖宋刻庸何傷"。（見《金石百詠》）

偽鄭大將軍舒懿公韋匡伯墓誌　　誌蓋篆書　　開明二年七月二十□日　　二紙　　按：開明二年當武德三年，故附於武德末。涇陽端午橋陶齋傳拓本，婁縣俞粟廬韜盦舊藏，拓本俞氏題簽"隋舒匡伯誌銘"並印"宗海"，又題記三則，有曰"此石出土未久為匋齋所得。舒匡伯仕於隋，卒於大業十三年，至王世充僭號時始葬。因其女為世充子婦，贈大將軍。此誌隋人所作，清勁絕倫。韜盦記"並鈐"俞（押印）"，又曰"陶齋藏此石，不及十年，今不知轉徙何處，多藏厚亡，信然"云云。先生小識"此乃韋匡伯墓誌，有篆蓋，文曰'鄭故大將軍韋公之銘'，三行，行三字，未得"。拓本鈐印"陶齋藏石"，先生鈐印"吳興施舍攷藏"。

偽鄭處士王仲墓誌　　開明二年九月十八日　按：開明二年當武德三年，故附于武德末。先生題簽"處士王仲墓誌　大鄭開明二年九月十八日"，拓本先生鈐印"吳興施舍攷藏"。

安定胡永墓誌　　貞觀二年十一月三十日　三原于右任鴛鴦七誌齋傳拓本，鹿原劉海天畊鋤草堂藏本。拓本題簽"胡永墓誌　畊鋤草堂主人珍藏"並印"畊鉏草堂主人所藏金石書畫"，拓本鈐印"關西餘子""關中于氏藏石"。

等慈寺碑　　顏師古撰　有額篆書　無年月　按：《金石錄》以為貞觀二年，《金石萃編》以為貞觀三年，故附於此。先生題簽"等慈寺碑"並印"無相庵"。為先生著錄《唐碑百選》第三種。

昭仁寺碑　　朱子奢撰　有額篆書　貞觀四年十月　分拓五紙本，拓本先生鈐印"吳興施舍攷藏""華亭施氏無相庵藏""吳興施舍北山樓藏碑"。為先生著錄《唐碑百選》第二種。

綿州萬安縣令毛祐墓誌　　貞觀四年十一月十二日　有復本。

徐州都督房彥謙碑　　李伯藥撰　歐陽詢分書　有額分書　貞觀五年三月二日　先生嘗作題跋，《唐碑六題·房彥謙碑》記云"歐陽詢書碑有正書、隸書二體。今所存五碑，惟宗聖觀、房彥謙為隸書，其字體猶是隋隸，於孔宣尼碑為近，置之隋碑中，未為上品。余初不欲以此碑入選，特以歐陽名重一代，姑取之，以存其分隸一格"。（見《北山談藝錄》）為先生著錄《唐碑百選》第四種。

涼州刺史郭雲墓誌銘　　　貞觀五年十月六日　　無署名無鈐印題簽"唐郭雲墓誌　貞觀五年　歐陽詢書"。拓本鈐印"施舍金石"等。

九成宮醴泉銘　　　魏徵撰　歐陽詢書並篆額　貞觀六年四月　先生題簽"唐九成宮醴泉銘"並印"舍之審定"，又題"九成宮醴泉銘　額及兩側宋明人題名"並印"吳興施舍攷藏"。無署名無鈐印題記一小紙。拓本鈐印"麟遊縣印（並滿文）"。為先生著錄《唐碑百選》第六種。

處士張叡墓誌　　　分書　貞觀七年二月一日　　三原于右任鴛鴦七誌齋傳拓本，鹿原劉海天畊鋤草堂藏本。拓本題簽"處士張叡墓誌　畊鋤草堂主人藏"，拓本鈐印"關西餘子""關中于氏藏石""畊鋤草堂"。

□遠墓誌　　　貞觀七年十月二十八日　　拓本先生鈐印"吳興施舍攷藏"。

清淇縣開國公孟孝敏墓誌　　　貞觀八年十一月五日

太倉粟窖題銘　　　貞觀八年十二月二十日　　涇陽端午橋陶齋藏本。無署名無鈐印框欄題簽"轉敖倉粟題名　貞觀八年"，先生題識"'匋齋藏石記'題作'太倉窖銘專'，參看'唐書職官誌太倉令'。'八瓊室'題作'敖倉粟窖題字'"，拓本先生鈐印"吳興施舍攷藏"，上端另有鈐印略漫漶。先生嘗作題跋，《唐太倉粟窖銘磚》記云"此拓本端方所得，著錄於'匋齋藏石記'"。（見《北山集古錄》）

隋儀同三司王護及夫人路氏墓誌　　　貞觀十一年二月二十九日

虞恭公溫彥博碑　　　岑文本撰　歐陽詢書　有額篆書　貞觀十一年六月四日　為先生著錄《唐碑百選》第八種。

隋益州總管府司馬裴鏡民碑　　李百藥撰　殷令名書　有額篆書　貞觀十一年十月二十一日　托裱本。無署名無鈐印題簽"唐裴鏡民碑有額"，先生鈐印"吳興施舍攷藏"。為先生著錄《唐碑百選》第七種。

睦州刺史張琮碑　　于志寧撰　有額篆書　貞觀十三年二月十日　先生題合存封"皇甫誕碑　隋人，唐初立碑　唐張琮碑"並印"施蟄存印"。先生題簽"睦州刺史張琮碑　貞觀十三年二月，缺額"並印"吳興施舍攷藏"。

青州錄事參軍李良墓誌　　貞觀十三年七月十八日

左屯衛將軍姜行本紀功碑　　有額正書　貞觀十四年閏六月二十五日　先生題簽"姜行本紀功碑　貞觀十四年"並印"施舍所得"，拓本先生鈐印"吳興施舍攷藏"。

濮陽令于孝顯碑　　有額篆書　貞觀十四年十一月十日　二紙

慧靜法師靈塔銘　　貞觀十五年四月二十三日　會稽顧燮光金佳石好樓舊藏。附顧氏"金佳石好樓收藏金石目錄"印製封，記錄"慧靜法師"，先生補識"貞觀十五年，安陽，已錄。未見著錄，'河朔新碑目'有此品"，拓本先生鈐印"吳興施舍攷藏"。為先生輯"唐禪師塔銘五種"之一。

夫人薄氏墓誌銘　　誌蓋篆書　貞觀十五年五月二十五日　二紙　拓本鈐印"舍之長物"。

洛陽處士李英墓誌　　貞觀十五年十囗月五日　愛儷園睢寧姬覺彌舊藏，拓本姬氏鈐印"覺彌長壽"，先生鈐印"施舍所得"。

伊闕佛龕碑　　岑文本撰　褚遂良書　貞觀十五年十一月　為先生著錄《唐碑百選》第九種。先生嘗作題跋，《唐伊闕佛龕碑》記云"此褚書

之最早入石刻者，猶存魏齊筆法，瑰偉剛勁，古意不失。至'聖教序'，便成唐楷"。（見《北山集古錄》）

褒壯公段志玄碑　　無撰書者姓名　有額篆書　貞觀十六年□月十八日　先生題簽"段志玄碑　有額，貞觀十六年"並印"吳興施舍攷藏"，又小識"段志玄"，拓本先生鈐印"施舍讀碑記"。碑額拓本小識"段志玄額"並印"舍之審定"。為先生著錄《唐碑百選》第十種。

文州總管陸讓碑　　郭儼書　碑額正書　貞觀十七年十□月□六日　整紙全形拓本，拓本先生鈐印"施舍金石""吳興施舍攷藏"。

贈比干太師詔並祭文　　薛純陁分書　貞觀十九年二月三十日　宋重刻本。為先生著錄《唐碑百選》第十一種。

晉祠銘　　太宗御撰並行書　有額飛白書　貞觀二十年正月二十六日　為先生著錄《唐碑百選》第十二種。

宋氏妻斑夫人墓誌　　貞觀二十年二月二十七日　愛儷園睢寧姬覺彌舊藏，拓本姬氏鈐印"覺彌長壽"。

崇政鄉君齊夫人墓誌銘　　誌蓋篆書　貞觀二十年五月十一日　二紙　拓本鈐印"穭廬所藏金石文字""寶端樓""宛書"，先生鈐印"吳興施舍攷藏"。誌蓋別有復本一紙，先生小識"齊夫人銘，重"，拓本先生鈐印"舍之審定"。

齊府功曹參軍尹貞墓誌　　貞觀二十年五月二十九日　先生題識"齊府功曹參軍尹善幹誌，尹貞，貞觀廿年五月廿九日。僅見'香南精舍金石契'"，拓本先生鈐印"吳興施舍攷藏""舍之長物"。附無署名無鈐印題跋一紙。

齊王府記室參軍李護墓誌銘　　誌蓋篆書　貞觀二十年六月一

日　二紙　先生題簽"李護道周墓誌　貞觀廿年六月一日",拓本鈐印"寶端樓""宛書",誌蓋拓本先生鈐印"華亭施氏無相庵藏"。

申文獻公高士廉塋兆記　　許敬宗撰　趙模書　有額篆書　貞觀二十一年二月二十六日　為先生著錄《唐碑百選》第十三種。

太常卿褚亮碑　　分書　無撰書者姓名　有額篆書　貞觀二十一年十月　無署名無鈐印紅箋題簽"康公褚亮碑",拓本先生鈐印"施舍校碑"。為先生著錄《唐碑百選》第十五種。

趙昭墓誌　　貞觀二十二年三月四日

文安縣主墓誌　　無撰書者姓名　貞觀二十二年三月二十二日　為先生著錄《唐碑百選》第十四種。

張行滿墓誌　　貞觀二十二年四月二十三日　愛儷園睢寧姬覺彌舊藏,拓本姬氏鈐印"覺彌長壽"。

殿中直長張通墓誌　　貞觀二十二年七月二十七日　拓本鈐印"穭廬所藏金石文字""寶端樓""宛書",先生鈐印"吳興施舍攷藏"。

中書令馬周碑　　殷仲容分書　有額篆書　貞觀二十三年三月四日　有復本。先生題簽"馬周碑　有額",又題識"馬周碑,許敬宗撰,殷仲容書。每行拓廿二字,碑之上截第一、二行全泐未拓",拓本先生鈐印"吳興施舍攷藏"。另本為剪裱冊頁本,無署名題簽"高唐縣公馬公碑　一卷"並印"孫鴻達""沈巽嘉言""巽父书画""巽甫""沈""嘉言""澹萝居藏"等,冊內鈐印"巽父书画""錢塘夏甫氏章""孫鴻達"等。

青州錄事參軍李良墓誌　　貞觀二十三年七月十八日　愛儷園睢寧姬覺彌舊藏,拓本姬氏鈐印"覺彌長壽"。先生鈐印"無相庵藏本""施舍所得"。

集州録事參軍王文隋夫人趙氏墓誌銘　　貞觀二十三年九月四日
愛儷園睢寧姬覺彌舊藏，拓本姬氏鈐印"覺彌長壽"，先生鈐印"吳興施舍攷藏"。

濟州別駕李君絢墓誌銘　　貞觀二十三年十二月十二日　　初拓本。
拓本鈐印"吳興施舍攷藏""華亭施氏無相庵藏"等。

太倉和糴粟窖磚文　　貞觀二十三年十二月二十九日　　無署名無鈐印框欄題簽"籴米題名　貞觀二十三年十二月廿九日"。拓本上端鈐印漫漶，先生鈐印"無相盦"。先生嘗作題跋，《唐太倉粟窖銘磚·又一磚》記云"此即《金石續編》所著録'和糴粟窖磚文'四種之一。'續編'誤録'監事'為'監車'，誤'大使'為'大任'"。（見《北山集古録》）

蜀王師蓋文達碑　　于志寧撰　　李仁和書　　貞觀二十三年　　先生題簽"蜀王師蓋文達碑　貞觀二十三年"並印"舍之長物"，拓本先生鈐印"無相庵藏本"。先生未得碑陰和碑左側，又為碑右側題簽"蜀王師蓋文達碑側"並印"舍之審定"，拓本先生鈐印"吳興施舍所得古金石專瓦文"。

晉州刺史裴藝碑額　　上官儀撰文　　書者姓名泐失　　貞觀二十三年　　先生僅得碑額，小識"晉州刺史順義公碑，僅有此額，碑佚"，拓本先生鈐印"吳興施舍攷藏"。按：據《京兆金石録》《寶刻叢編》著録書者為褚遂良，待攷。

國子祭酒孔穎達碑　　于志寧撰　　有額篆書　　貞觀二十六年　　先生未得碑額，題簽"孔穎達碑　全拓本，缺額"，拓本先生鈐印"吳興施舍攷藏"。

隋柱國弘義明公皇甫誕碑　　于志寧撰　　歐陽詢書　　有額篆書
按：未見年月，附貞觀末。先生題合存封"皇甫誕碑　隋人，唐初立碑　唐張琮碑"並印"施蟄存印"。為先生著録《唐碑百選》第五種。先生嘗作題跋，攷為立碑約在貞觀初，又《唐碑六題·皇甫誕碑》記云"此碑不甚損泐，石面猶極光緻。余審視拓本，疑其為宋元人重刻，然前人未嘗有此記載，姑誌於此"。（見《北山談藝録》）另《奪情》記云"王蘭泉云，'奪情'二字始見於皇甫誕碑，恐不然，書以待攷"。（見中盈堂藏本《翫碑雜録》）

梁文昭公房玄齡碑　　撰者姓名泐缺　褚遂良書　有額篆書
按：未見年月，附貞觀末。拓本紙背先生小識"房玄齡，每行拓二十字，無額"，另紙小識"房玄齡碑上截，每行拓二十字，據'昭陵碑録'則此碑無書撰人名。褚遂良書"並印"施蟄存印"，拓本先生鈐印"施舍讀碑記"，別有一印漫漶。為先生著録《唐碑百選》第十八種。

幽州都督牛秀碑　　有額篆書　未見年月，附貞觀末。有復本。附先生圓珠筆題寫小簽，拓本先生鈐印"吳興施舍攷藏"。另本為剪裱册頁本，册內鈐印"孫鴻達"等。

柱國德陽公碑　　有額篆書　二紙　未見年月，附貞觀末。拓本先生鈐印"舍之長物"。

廣濟寺尊勝陁羅尼經咒石鼓　　未見年月，附貞觀末。先生題合存封"唐　陀羅尼經三種，石鼓尊勝經一[種]"並印"吳興施舍攷藏"。先生題簽"廣濟寺石鼓尊勝經"並印"蟄存"，拓本先生鈐印"無相盦劫後所聚"。

洛陽龍門山唐貞觀造像記十段　　先生題簽"龍門山唐人造像記　太宗朝、貞觀"。

　　明相總持造像記　貞觀十二年八月二十六日　為北山樓藏本"王孝禹藏龍門造像精拓本第四册"之一種。

　　清信女王吉祥造像記　貞觀十三年八月五日　為北山樓藏本

"王孝禹藏龍門造像精拓本第四冊"之一種。

　　洛陽宮留守閻武為亡考造像記　　貞觀十□年十月二十五日

　　張世相［祖］夫妻兒子等為亡父母造尊像記　　貞觀二十年三月二日　有復本。拓本先生鈐印"施舍所得"。另本北山樓藏本"王孝禹藏龍門造像精拓本第四冊"之一種。

　　韓文雅及妻唐造石龕並二菩□記　　貞觀二十年五月五日
無署名無鈐印框欄題簽"韓文雅造像　貞觀二十年"，先生小識"賓陽洞石刻"，拓本先生鈐印"吳興施舍攷藏"。

　　新息縣令田弘道共妻造像記　　貞觀二十一年四月七日　有復本三種。一先生小識"此當是貞觀廿一年刻"，一先生小識"田弘道共妻"，此兩本先生皆鈐印"施舍所得"。別一本北山樓藏本"王孝禹藏龍門造像精拓本第六冊"之一種。

　　洛陽思順坊老幼等造像記　　貞觀二十二年四月八日

　　比丘□□為師僧父母造像記　　貞觀二十二年十月一日　為北山樓藏本"王孝禹藏龍門造像精拓本第四冊"之一種。

　　清信女□□為亡女□□造像一坩記　　貞觀二十二年十月二十日　為北山樓藏本"王孝禹藏龍門造像精拓本第六冊"之一種。

　　楊君雅為合家造像記　　貞觀二十三年十二月二十一日　共兩刻，有復本。先生小識"楊君雅別有貞觀廿三年一則"，兩本先生皆鈐印"施舍所得"。另本北山樓藏本"王孝禹藏龍門造像精拓本第五冊"之一種。

左監門大將軍樊興碑　　無撰書者姓名　有額篆書　永徽元年七月九日　有復本，皆為二紙本。先生題簽"唐左監門大將軍樊興碑　永徽元年"並印"舍之審定",又前人小記"道光八年新發現",拓本鈐印"吳興施舍北山樓藏碑"。另本鈐印"吳興施舍所得古金石專瓦文"等,碑額鈐印"舍之審定"並有小識"樊興"。為先生著錄《唐碑百選》第十六種。

芮定公豆盧寬碑　　李義府撰　有額篆書　永徽元年　有復本。分拓二紙本,先生題簽"豆盧寬碑　有額",又題識"豆盧寬碑下截缺第一行'李義府書[撰]',每行拓十八字",拓本先生鈐印"吳興施舍攷藏"。另本一紙,未得碑額,拓本亦鈐"吳興施舍攷藏"。

荊州松資縣令湯君妻傷大妃墓誌　　永徽二年正月十五日　拓本先生小識"續語堂、八瓊室有著錄"。

西閣祭酒蕭勝墓誌　　褚遂良書　永徽二年八月二十二日　按:先生攷為偽刻。拓本先生小識"蕭勝墓誌,褚遂良書,偽"。

弘農楊藝墓誌銘　　永徽二年九月十六日　北山樓藏本"武進陶氏涉園藏魏誌石拓本　齊周隋唐坿"全函硃拓之一種,印製框欄籤條"楊藝誌永徽二年九月十六日"並印"施舍所得",拓本先生鈐印"吳興施舍攷藏"。

故漢太史司馬公侍妾隨清娛墓誌　　撰文並書姓名泐失　永徽二年九月　北流陳柱守玄閣舊藏,拓本陳氏鈐印"柱尊珍賞"。

襄邑王李神符碑　　無撰者姓名　殷仲容分書　永徽二年十月八日　為先生著錄《唐碑百選》第十七種。

將仕郎劉裕墓誌　　永徽四年二月二十日　愛儷園睢寧姬覺彌舊藏,拓本姬氏鈐印"覺彌長壽",先生鈐印"舍之長物"。

隋千人校尉周藻墓誌銘　　永徽四年七月二十三日　先生小識"此誌應屬唐誌",拓本先生鈐印"吳興施舍攷藏"。

史夫人田氏墓誌　　永徽四年八月十一日　　愛儷園睢寧姬覺彌舊藏，拓本姬氏鈐印"覺彌長壽"，先生鈐印"吳興施舍攷藏"。

三藏聖教序記　　序太宗撰　記高宗撰　褚遂良書　永徽四年十二月十日　二紙　先生小識"聖教序，褚書，甲"，又識"此本'豪''偽'兩字未損"並印"舍之審定"。為先生著錄《唐碑百選》第十九種。

朔坡府折衝都尉段會墓誌銘　　永徽四年十二月十九日　有復本。拓本先生鈐印"吳興施舍攷藏"。

萬年宮銘　　高宗御製御書　行書　有額篆書　永徽五年五月十五日　為先生著錄《唐碑百選》第二十種。

韓通墓誌　　永徽五年十月三十日　先生嘗作著錄，《韓通妻董氏》記云"'韓通夫人董氏誌'待求得以成璧合，此誌羅雪堂甚重視之，石已佚矣。鄴城府校尉韓通誌云妻彭氏，恐非此韓通"。（見中盈堂藏本《瓿碑雜錄》）

王寬墓誌銘　　誌蓋篆書　永徽五年五月九日　二紙　拓本鈐印"寶端樓""稽盧所藏金石文字""宛書"，先生鈐印"吳興施舍攷藏"。誌蓋拓本先生小識"王寬，王君志"，亦鈐"吳興施舍攷藏"。

潁川定公韓仲良碑　　于志寧撰　王行滿書　有額篆書　永徽六年三月十四日　先生嘗作題跋提及，《跋舟齋藏王行滿"聖教序"》記云"然則行滿固自有其不朽者在，'韓仲良碑'亦行滿書，立石於永徽六年。余幸得一打本，使筆微為瘦勁，殆是其本色"。（見《北山談藝錄續編》）

趙勘墓誌　　永徽六年五月二十七日　拓本先生鈐印"施舍所得"。

梓州玄武縣丞王禮墓誌　　永徽六年十月十日

汾陰獻公薛收碑　　于志寧撰　有額篆書　永徽六年囗月二十三

日　分拓二紙，先生題識"薛收碑上截前後均缺數行，前缺七行。《金石錄》云于志寧撰，無書人名"，拓本先生鈐印"吳興施舍攷藏"。

洛陽龍門山永徽造像記三十二段　　先生題簽"龍門山唐人造像記　高宗朝一　永徽、顯慶"，另有小識"永徽"並印"施舍所得"。

　　淨土寺主智傅造像記　　永徽元年四月八日　　有復本。先生拓本題識"近拓龍門全份僅此七行矣"並印"舍之"。另本北山樓藏本"王孝禹藏龍門造像精拓本第五冊"之一種。

　　清信仕女劉感夢造像記　　永徽元年十月一日　　為北山樓藏本"王孝禹藏龍門造像精拓本第五冊"之一種。

　　洛陽鄉望父老等卅人造像記　　淳于敬一製文　永徽元年　按：此段又題"王師德等造像記"。有復本。無署名無鈐印框欄題簽"王師德造像記　永徽元年，《金石萃編》著錄"，拓本先生鈐印"吳興施舍攷藏"。另本先生小識"此近年拓本，末行已缺"並印"舍之"，拓本鈐印"舍之"。為"北山樓選定洛陽龍門山唐人造像三十品集釋"之一。

　　沙門智觀造維衛佛等七彿記　　永徽二年六月二日　　為北山樓藏本"王孝禹藏龍門造像精拓本第六冊"之一種。

　　樊慶為亡慈兄玄道造等身救苦觀世音像記　　永徽二年九月三十日功畢　　為北山樓藏本"王孝禹藏龍門造像精拓本第五冊"之一種。

　　右街率長史崔元祐兄弟造像記　　永徽二年十一月十五日　為北山樓藏本"王孝禹藏龍門造像精拓本第六冊"之一種。

　　張善同為芮國公造彌陀像記　　永徽三年三月一日　　有復本。拓本先生鈐印"施舍所得"。另本北山樓藏本"王孝禹藏龍門造像精拓本第四册"之一种。

　　　　张善同为清信女翟清信女玄转等造像记　　未刻年月　　为北山楼藏本"王孝禹藏龙门造像精拓本第四册"之一种。

　　　　王宝英妻张氏为亡女造救苦观世音菩萨记　　永徽三年四月八日　　有复本。拓本先生钤印"施舍所得"。另本北山楼藏本"王孝禹藏龙门造像精拓本第五册"之一种。

　　　　杨行□为慈母刘氏造释迦像记　　永徽三年四月□日　　有复本。拓本先生钤印"施舍所得"。另本北山楼藏本"王孝禹藏龙门造像精拓本第五册"之一种。

　　　　清信女赵善胜造救苦观世音像记　　永徽三年八月二十七日　　有复本三种。一拓本先生钤印"施舍所得"。一北山楼藏本"王孝禹藏龙门造像精拓本第四册"之一种。又北山楼藏本"王孝禹藏龙门造像精拓本第五册"之一种。

　　　　李君政愿男德刚病早差造弥勒像记　　永徽三年十二月九日

　　　　李夫人摩诃造浮图七佛像记　　永□三□　　为北山楼藏本"王孝禹藏龙门造像精拓本第四册"之一种。

　　　　左文福为亡男宽儿造像记　　永徽四年正月二日　　有复本。拓本先生钤印"施舍所得"。另本北山楼藏本"王孝禹藏龙门造像精拓本第四册"之一种。

　　　　吏部主事许思言为母杜氏造像记　　永徽四年四月八日　　为北山楼藏本"王孝禹藏龙门造像精拓本第六册"之一种。

　　　　信女陈为亡女造阿弥陁像记　　永徽四年八月六日　　为北山

楼藏本"王孝禹藏龍門造像精拓本第六冊"之一種。

　　王師亮為兄造阿彌陁像記　　永徽四年八月十日　有復本。拓本先生鈐印"施舍所得"。另本北山樓藏本"王孝禹藏龍門造像精拓本第四冊"之一種。

　　周智冲上為皇帝下保父母造阿彌陁像記　　永徽四年十月八日　為北山樓藏本"王孝禹藏龍門造像精拓本第六冊"之一種。

　　涪州司馬息郭愛同為大女造像記　　永徽四年十月八日　為北山樓藏本"王孝禹藏龍門造像精拓本第六冊"之一種。

　　清信女□□造像記　　永徽四年十月十五日

　　□□為弟遠行造佛一龕記　　永徽四年□月五日

　　騫思歸願合家無病造像記　　永徽五年二月二十九日　有復本。拓本先生鈐印"施舍所得"。另本亦鈐"施舍所得",為北山樓藏本"王孝禹藏龍門造像精拓本第一冊"之一種。

　　鄧思孝思信等為母梁造像記　　永徽五年三月三日　為北山樓藏本"王孝禹藏龍門造像精拓本第五冊"之一種。

　　竹奴子及妻宋為亡女造像記　　永徽五年三月二十日　為北山樓藏本"王孝禹藏龍門造像精拓本第四冊"之一種。

　　清信女韓造阿彌陁像記　　永徽五年三月□□　拓本先生鈐印"施舍所得"。

　　辛崇敏造像一坩記　　永徽五年五月二十日　有復本。拓本先生鈐印"施舍所得"。另本北山樓藏本"王孝禹藏龍門造像精拓本第六冊"之一種。

　　　王暕造像記　　永徽五年五月□日　有復本。拓本先生鈐印"施舍所得"。另本北山樓藏本"王孝禹藏龍門造像精拓本第五冊"之一種。

　　　清信女□□造像記　　永徽五年□月二十九日　拓本先生鈐印"施舍所得"。

　　　何世進為亡爹造像記　　永徽五年　為北山樓藏本"王孝禹藏龍門造像精拓本第六冊"之一種。

　　　比丘□□為亡父母造優填王像記　　永徽六年十月十五日　有復本。拓本先生鈐印"施舍所得"。另本北山樓藏本"王孝禹藏龍門造像精拓本第六冊"之一種。

　　　田□為身□眷屬造觀世音像記　　永徽六年□月六日　拓本先生鈐印"施舍所得"。

　　　張玄德及妻宋造彌陁像記　　永徽……　有復本。拓本先生鈐印"施舍所得"。另本北山樓藏本"王孝禹藏龍門造像精拓本第四冊"之一種。

王師感墓誌　　顯慶元年十一月十二日

桑泉府司馬程隝墓誌銘　　顯慶元年十二月十二日　拓本先生鈐印"吳興施舍攷藏"。

祁縣令成徵墓誌銘　　顯慶元年十二月十九日　拓本先生鈐印"施蟄存""吳興施舍攷藏"。

崗州錄事參軍元則墓誌銘　　顯慶二年三月八日　有復本。拓本先生钤印"无相庵藏本""施蛰存"。

河间县丞段秀墓志铭　　志盖篆书　显庆二年三月二十一日　二纸　有复本。拓本先生钤印"施蛰存"。

陇州吴山县丞王立墓志铭　　志盖篆书　显庆二年六月三日　二纸　有复本。爱俪园睢宁姬觉弥旧藏，拓本姬氏钤印"觉弥长寿"。

緵綱墓志铭　　显庆二年七月十六日　拓本先生钤印"吴兴施舍攷藏"。

桂州善兴寺葬佛舍利铭记　　显庆二年十一月十三日　大兴刘子重校经堂旧藏，先生题记"'艺风堂目'无此品，同治以前出土，大兴刘氏旧藏，叶氏云此是伪刻"。拓本钤印"刘铨福印长寿年宜子孙"，先生钤印"吴兴施舍攷藏"。

处士姚忠节墓志铭　　显庆二年十一月二十二日　拓本先生钤印"吴兴施舍攷藏"。

偃师本三藏圣教序记　　王行满书　显庆二年十二月十五日　为先生著录《唐碑百选》第二十一种。先生尝作题跋提及，《跋舟斋藏王行满"圣教序"》记云"则此碑，或有规抚褚公之意"。（见《北山谈艺录续编》）

处士安静墓志　　显庆二年十二月十九日

曹夫人慕容丽墓志铭　　显庆三年正月二十三日　拓本先生钤印"吴兴施舍攷藏"。

化度寺僧海禅师方坟记　　显庆三年二月二十五日　按：先生攷为伪刻。复本三种。一无署名无钤印框栏题签"海禅师坟记　显庆三年"并先生小识"伪"，拓本先生钤印"吴兴施舍攷藏"，别有印戳"文林堂记"。一无署名無鈐印題簽"唐化度寺僧海禪師志",拓本先生鈐印"吳興施舍"。一貴池劉之泗畏齋舊藏,拓本劉氏鈐印"劉公魯讀碑記"。

禮部尚書張胤碑　　有額篆書　顯慶三年三月　二紙　先生題簽"張後胤碑　有額",又題識"書撰人不詳,[按:先生後改為李義府撰。]上截首六行未拓。每行亦較《昭陵碑錄》所據本少十餘字,每行拓廿一字"。拓本先生鈐印"吳興施舍攷藏"。

隨邵州錄事參軍楊道綱墓誌　　顯慶三年九月十二日　先生題簽"楊道綱墓誌　顯慶三年",又小識"楊道綱,文載'芒洛冢墓遺文',石已至海外",拓本先生鈐印"施舍金石"。

處士馬壽墓誌銘　　顯慶三年九月十五日　貴池劉之泗畏齋舊藏。先生題簽"處士馬壽誌　顯慶三年九月十五[日]"。拓本劉氏鈐印"劉公魯讀碑記",先生鈐印"吳興施舍攷藏"。

舒州同安縣丞爨君夫人張端墓誌　　顯慶三年九月二十三日　有復本。愛儷園睢寧姬覺彌舊藏,拓本姬氏鈐印"覺彌長壽"。

王居士磚塔銘　　上官靈芝製文　敬客書　顯慶三年十月十二日　七石本。華亭王季友寶奎堂、順德翁汝遂竹夢生等遞藏,大埔溫廷敬止齋舊藏,拓本番禺汪伯序微尚齋題跋,有曰"丹銘先生得此,出以見眎,爰綴如言歸之。丙子小暑後一日,汪兆鏞題記,時年七十六"。先生嘗作詩詠之,記云"原石初碎為三,再碎為七,求者不已,遂滋偽本""余得此七石本,有王鴻緒、溫遂之、張子政印,又汪伯序跋,流傳有緒,亦堪寶惜"。(見《金石百詠》)

暴賢墓誌　　顯慶三年十月二十四日　潮陽陳運彰玉延樓舊藏,拓本陳氏鈐印"蒙厂所得金石"。先生鈐印"吳興施舍攷藏"。

太子左衛長史杜延基妻薛瑤華墓誌銘　　顯慶三年十二月一日
有復本。拓本先生鈐印"吳興施舍攷藏"。

霍萬墓誌銘　　顯慶三年十二月十三日　有復本。拓本先生鈐印"吳興施舍攷藏"。

衛景武公李靖碑　　許敬宗撰　王知敬書　有額篆書　顯慶三年
為先生著錄《唐碑百選》第二十二種。

石州臨泉縣令楊士墓誌　　顯慶四年三月二十五日　先生題識"楊士，顯慶四年三月廿五日，僅見'芒洛冢墓遺文'"，拓本先生鈐印"吳興施舍攷藏"。

將仕郎張安都墓誌銘　　顯慶四年四月三日　按：先生攷為偽刻。無署名無鈐印題簽"唐張安都墓志"，先生題識"張安都誌，偽刻""此偽刻也，文與翟惠隱誌同，略改數字，而不成文"，拓本先生鈐印"吳興施舍攷藏"。

鄂國忠武公尉遲敬德碑　　許敬宗撰　有額篆書　顯慶四年四月十四日　二紙　托裱本。無署名無鈐印題簽"唐尉遲敬德碑"，先生題簽"尉遲敬德碑　有額，全張拓本"並印"吳興施舍北山樓藏碑"，又為碑額拓本小識"尉遲恭碑額"。為先生著錄《唐碑百選》第二十三種。

支懷墓誌銘　　顯慶四年七月九日　拓本先生鈐印"施舍金石"。

紀功頌　　高宗撰並行書　碑額飛白書　顯慶四年八月十五日
先生題封"大唐紀功頌　高宗御製並行書，顯慶四年八月"，又題簽"大唐紀功頌　缺額，顯慶四年八月"並印"施舍所得"。

駙馬都尉衛尉少卿息豆盧遜墓誌銘　　顯慶四年八月十八日　有

復本。一"先得本"為近拓石裂本，無署名無鈐印題簽"豆盧遜墓志"，先生小識"此石已碎，舊拓本不碎"，並附"無相庵"箋紙先生題識，有云"今以此本較魏所注，正是魏所稱重鑿本，殊不足珍，當更求舊"；拓本陳氏鈐印"柱尊珍賞"，先生鈐印"吳興施舍攷藏"。一"後得"為舊拓未裂本，無署名無鈐印框欄題簽"豆盧遜墓誌　駙馬之子，顯慶四年"，先生題識"此乃石夫裂碎時拓本，另一本已裂，拓手則較佳"並印"施舍所得"，拓本先生鈐印"舍之寓心""吳興施舍攷藏"。

北平縣令董明及夫人郗氏墓誌　　　顯慶四年十月二十七日　　拓本先生鈐印"吳興施舍攷藏"。

蘭陵長公主碑　　李義府撰　竇懷哲書　有額正書　顯慶四年十月二十九日　　為先生著錄《唐碑百選》第二十四種。

翟惠隱墓誌銘　　　顯慶五年二月二日　　拓本先生鈐印"施舍所得"。

樊寬墓誌　　　顯慶五年二月十三日　　拓本先生鈐印"吳興施舍攷藏"。

晉安縣令蕭君夫人柳氏墓誌銘　　　顯慶五年二月十三日

武昌監丞韓行妻解摩墓誌　　　顯慶五年七月十六日

関預仁妻茹氏墓誌　　誌蓋篆書　顯慶五年九月四日　　二紙

綿州博士張武墓誌銘　　　顯慶六年二月七日　　拓本先生鈐印"吳興施舍攷藏"。

洛陽龍門山顯慶造像記二十五段　　　先生題簽"龍門山唐人造像記 高宗朝一　永徽、顯慶"，另有小識"顯慶"並印"施舍所得"。

　　李智海造阿彌陀像記　　　顯慶元年二月二十三日　　有復本三

種。一拓本先生鈐印"施舍所得"。一北山樓藏本"王孝禹藏龍門造像精拓本第四冊"之一種。別一本為豎幅拓本，先生小識"顯慶元年二月廿三日"，拓本亦鈐"施舍所得"。

  清信女趙善勝造像記 顯慶元年六月三十日 先生小識"顯慶元年六月十〔卅〕日，清信女趙善勝造像"，拓本先生鈐印"施舍所得"。

  陳僧受造阿彌陁像一龕記 顯慶元年八月□日 有復本。拓本先生鈐印"施舍所得"。另本北山樓藏本"王孝禹藏龍門造像精拓本第六冊"之一種。

  宋海寶妻緒造阿彌陁像記 顯慶元年十一月□日 有復本。拓本先生鈐印"施舍所得"。另本北山樓藏本"王孝禹藏龍門造像精拓本第四冊"之一種。

  □副為七代父母造彌陁佛記 顯慶二年三月四日 拓本先生鈐印"施舍所得"。

  封曾客造釋迦像記 顯慶二年九月二十五日 為北山樓藏本"王孝禹藏龍門造像精拓本第五冊"之一種。

  楊真藏為七祖造像記 顯慶二年□月癸□朔 有復本。拓本先生鈐印"施舍所得"。另本兩段合拓本之一，為北山樓藏本"王孝禹藏龍門造像精拓本第六冊"之一種。

  相原府校尉王寶為亡父造像記 顯慶二年十二月六日 有復本。先生小識"顯慶二年□月六日，'藝風堂目'作'□州□城縣相原府校尉柱國長上王寶造像'，顯慶二年十二月六日"，拓本先生鈐印"施舍所得"。另本北山樓藏本"王孝禹藏龍門造像精拓本第五冊"之一種。

清信女弟子□□為過去二親造像記　　顯慶三年四月三日
有復本。拓本先生鈐印"施舍所得"。另本北山樓藏本"王孝禹藏龍門造像精拓本第六冊"之一種。

　　洛陽縣武騎尉文林郎爨君協為亡妻張氏造優填王像記　　顯慶四年二月八日　有復本。拓本先生鈐印"施舍所得"。另本北山樓藏本"王孝禹藏龍門造像精拓本第四冊"之一種。

　　比丘僧義行造釋迦像記　　顯慶四年四月七日　有復本。拓本先生鈐印"施舍所得"。另本北山樓藏本"王孝禹藏龍門造像精拓本第四冊"之一種。

　　佛弟子唐德威造像記　　顯慶四年四月十五日　有復本。拓本先生鈐印"施舍所得"。另本北山樓藏本"王孝禹藏龍門造像精拓本第四冊"之一種。

　　郟城縣武上希為妻高氏造像記　　顯慶四年四月十五日　有復本。拓本先生鈐印"施舍所得"。另本北山樓藏本"王孝禹藏龍門造像精拓本第四冊"之一種。

　　馬伏□及妻劉婆造阿彌陁像記　　顯慶四年五月二十一日　拓本先生鈐印"施舍所得"。

　　豫州司功參軍王有□為考妣造龕像銘　　顯慶四年夏□月十四日　王友方修文　無署名無鈐印框欄題簽"豫州參軍造像［按：先生又題名《王氏塔銘》。］　顯慶四年，'補訪碑錄'收，石在洛陽"，先生小識"已錄文"，拓本先生鈐印"吳興施舍攷藏"。為"北山樓選定洛陽龍門山唐人造像三十品集釋"之一。

　　李大娘為亡夫斯法才造優填王像記　　顯慶四年七月一日

有復本。拓本先生鈐印"施舍所得"。另本北山樓藏本"王孝禹藏龍門造像精拓本第四冊"之一種。

　　　藁城縣丞劉弘義為亡姒造像記　　顯慶四年八月朔　有復本。拓本先生鈐印"施舍所得"。另本北山樓藏本"王孝禹藏龍門造像精拓本第四冊"之一種。

　　　清信女□婆造彌陁像記　　顯慶四年十一月六日　為北山樓藏本"王孝禹藏龍門造像精拓本第四冊"之一種。

　　　陪戎校尉直內侍省趙玄慶造像記　　顯慶五年正月四日　有復本。拓本先生鈐印"施舍所得"。另本北山樓藏本"王孝禹藏龍門造像精拓本第四冊"之一種。

　　　劉□□及妻張婆在趙客師龕內造像記　　顯慶五年二月十日　有復本三種。一無署名無鈐印框欄題簽"趙客師造像記　顯慶五年",先生小識"已錄文",拓本先生鈐印"吳興施舍攷藏"。一拓本先生鈐印"舍之審定"。別一本北山樓藏本"王孝禹藏龍門造像精拓本第五冊"之一種。為"北山樓選定洛陽龍門山唐人造像三十品集釋"之一。

　　　王行寶造觀世音像記　　顯慶五年四月二十日　有復本。拓本先生鈐印"施舍所得"。另本北山樓藏本"王孝禹藏龍門造像精拓本第六冊"之一種。

　　　御侮副尉楊君植為妻蕭造像記　　顯慶五年八月十日　有復本三種。一無署名無鈐印框欄題簽"楊君植造觀音像記　儀鳳五年",拓本先生鈐印"吳興施舍攷藏"。一北山樓藏本"王孝禹藏龍門造像精拓本第五冊"之一種。別一本先生小識"此乃龍門全拓中物,僅拓一角,欺人至此"。為"北山樓選定洛陽龍門山唐人造像三十品集釋"之一。

内侍省行府局令王文詻造像記　　顯慶五年　拓本先生鈐印"施舍所得"，為北山樓藏本"王孝禹藏龍門造像精拓本第四冊"之一種。

　　長安縣張道家人劉典豐造阿彌陁像記　　顯慶□年七月廿……　有復本。拓本先生鈐印"施舍所得"。另本北山樓藏本"王孝禹藏龍門造像精拓本第四冊"之一種。

　　孫冬扇等造觀音像記　　顯慶年間　有復本三種。一先生小識"此顯慶時刻，年月日已泐失"，拓本先生鈐印"施舍所得"。一先生小識"顯慶刻"並印"舍之審定"。別一本北山樓藏本"王孝禹藏龍門造像精拓本第五冊"之一種。

河南縣錄事王寬墓誌　　龍朔元年三月十九日　拓本先生鈐印"吳興施舍攷藏"。

陰夫人好兒墓誌　　龍朔元年四月朔卒

雲騎尉王朗及妻魏氏墓誌　　誌蓋篆書　龍朔元年四月二十一日　二紙　拓本鈐印"寶端樓""稽廬所藏金石文字""宛書"。先生鈐印"吳興施舍攷藏"。

侯夫人譚二娘墓誌　　龍朔元年八月二十一日　愛儷園睢寧姬覺彌舊藏，拓本姬氏鈐印"覺彌長壽"，先生鈐印"無相庵藏本"

夫人竹妙墓誌銘　　誌蓋篆書　龍朔元年九月二十三日　二紙　拓本先生鈐印"無相庵"。

文林郎爨君墓誌銘　　龍朔元年十月八日　誌文無諱字。題簽"唐爨君墓誌銘　龍朔元年"並印"宛書"，拓本鈐印"稽廬所藏金石文字""寶端樓"，先生鈐印"吳興施舍攷藏"。

處士郭壽墓誌銘　　龍朔元年十月十一日　　拓本先生鈐印"吳興施舍攷藏"。

處士張興墓誌　　龍朔元年十月二十三日　　婁縣俞粟廬韜盦舊藏。拓本俞氏題簽"唐處士張興誌銘　精拓本，韜盦"鈐印"宗海鑑定"，又題記"此誌出於彰德即唐時相州也，近年洛陽彰德出土魏齊周隋唐初至五代，以及宋遼金元明，不下二三千之多。而洛陽皆元魏之初，又有晉時諸石。彰德惟東魏北齊周隋唐及五代遼金宋元明而已，皆眾人集資購地掘出。其中或售與洋人者甚多，可歎"並印"韜盦"；又記"初唐書法猶有古意，此誌銘大約道光中出土，未見著錄。此是初出土時所拓，十年前秦中碑賈來，亦購一紙，而神采全無。舊拓之可寶，當珍護之。光緒丁未秋初得於吳門市上，韜盦記"並印"宗海攷訂金石文字印"。拓本鈐印"吳興施舍攷藏"等。

處士張士高墓誌　　兩面刻　龍朔元年十月二十三日　二紙　拓本先生鈐印"吳興施舍攷藏"。

樀神智造阿彌陁像　　龍朔元年十一月八日　整紙全形精拓本，掛軸裱本。無署名無鈐印題簽"唐佛弟子樀神智造阿彌陁像　龍朔元年十一月"。

隋立信尉袁相墓誌銘　　龍朔元年十二月十□日　拓本先生鈐印"吳興施舍攷藏"。

涇陽縣令周顯墓誌　　龍朔二年正月三十日　潮陽陳運彰玉延樓舊藏，拓本陳氏鈐印"蒙厂所得金石"。

潞州上黨縣丞劉君夫人賈氏墓誌銘　　龍朔二年四月十四日　拓本先生鈐印"吳興施舍攷藏"。

陪戎副尉張伯通墓誌　　龍朔二年四月十四日　有復本。拓本先生钤印"吴兴施舍攷藏"。

龙西王府侯司马妻宝夫人墓志铭　　龙朔二年五月二十六日　爱俪园睢宁姬觉弥旧藏,拓本姬氏钤印"觉弥长寿",先生钤印"吴兴施舍攷藏"。

卫州共城县令尔朱君妻董氏墓志　　龙朔二年六月二日　拓本先生钤印"吴兴施舍攷藏"。

处士张礼及夫人尹氏墓志　　龙朔二年六月二十七日　拓本先生钤印"吴兴施舍攷藏"。

开府索玄及夫人左氏墓志　　龙朔二年七月二十二日

越州诸暨县令宫君夫人秦氏墓志　　龙朔二年八月十日　拓本先生钤印"吴兴施舍攷藏"。

左监门将军许洛仁碑　　有额篆书　龙朔二年十一月十七日　拓本另纸先生题识"许洛仁碑每行拓廿二字,碑之上截,《昭陵碑录》所据本每行多十七字。书撰人无攷"。

孙君夫人宋氏墓志　　志盖篆书　龙朔三年二月十二日　二纸志文中无孙君及宋氏讳字。有复本。拓本钤印"宝端楼""稽庐所藏金石文字",先生钤印"吴兴施舍攷藏",志盖拓本亦钤"吴兴施舍攷藏"。另本无署名无钤印题签"唐宋夫人志　有盖",拓本先生钤印"吴兴施舍攷藏"。

左戎卫大将军杜君綧碑　　李俨撰　高正臣书　有额篆书　龙朔三年二月十八日　分拓二纸,先生题签并印"舍之长物",又题识"杜君綧碑　李俨仲思文、高正臣书,每行拓二十字,中截左右上下均缺",拓本先生钤印"吴兴施舍攷藏"。

段文會墓誌　　龍朔三年四月二日　　有復本。愛儷園睢寧姬覺彌舊藏，拓本姬氏鈐印"覺彌長壽"，先生鈐印"吳興施舍攷藏"。

三藏聖教序記　　褚遂良書　龍朔三年六月二十三日建　　按：此紙為同州本。

滄州景城縣令獨孤澄墓誌　　龍朔三年七月十日

張夫人程令秀墓誌銘　　龍朔三年八月二十一日　　拓本先生鈐印"舍之長物""吳興施舍攷藏"。

樊秀墓誌　　龍朔三年八月二十一日

道因法師碑　　李儼撰　歐陽通書　龍朔三年十月十日　　有復本。無署名無鈐印題簽"唐歐陽通道因法師碑　光緒丙子"，拓本先生鈐印"華亭施氏無相庵藏"。另本先生題簽"唐道因法師碑　歐陽通書，龍朔三年十月"並印"吳興施舍攷藏"。為先生著錄《唐碑百選》第二十五種。先生嘗作題跋，《唐道因法師碑》記云"此碑余先得一本，拓工甚粗，字多缺失。此本後得，黑黝紙堅，缺字僅五，與《金石萃編》著錄本同。有前人光緒丙子題簽，椎拓當更在其前，殆乾嘉間物。如此整紙拓本，今已罕見，因誌此以貽後賢"。（見《北山集古錄》）

定襄參軍古弘節墓誌　　龍朔三年十一月五日

洛陽龍門山龍朔造像記十四段　　先生題簽"龍門山唐人造像記　高宗朝二　龍朔、麟德、乾封"，另有小識"龍朔"並印"施舍所得"。

　　李玄奕兄弟為亡父造阿彌陁像記　　龍朔元年三月八日　　有復本。拓本先生鈐印"吳興施舍攷藏"。另本北山樓藏本"王孝禹藏龍門造像精拓本第四冊"之一種。

吳吉甫造像記　　龍朔元年四月二十日　為北山樓藏本"王孝禹藏龍門造像精拓本第四冊"之一種。

佛弟子張婆造像記　　龍朔元年九月二十三日　有復本。拓本先生鈐印"吳興施舍攷藏"。另本北山樓藏本"王孝禹藏龍門造像精拓本第六冊"之一種。

司農寺李鈞造彌陁像記　　龍朔元年□月二十一日　拓本先生鈐印"施舍所得"。

沈裒為亡妻婁氏造優填王像記　　龍朔元年十一月二十三日　有復本　先生題簽"沈裒為亡妻婁氏造象　龍朔元年"，又小識"一本缺'尉貞押'一行"，拓本先生鈐印"吳興施舍攷藏"。為"北山樓選定洛陽龍門山唐人造像三十品集釋"之一。

洛州人楊□□妻韓造阿彌陁像記　　龍朔元年　有復本。拓本先生鈐印"吳興施舍攷藏""施舍所得"。另本北山樓藏本"王孝禹藏龍門造像精拓本第五冊"之一種。

陳□□為父母造像記　　龍朔元年　拓本先生鈐印"吳興施舍攷藏"。

偃師縣楊□□為亡考妣造盧舍那像記　　龍朔二年七月四日　有復本。拓本先生鈐印"吳興施舍攷藏"。另本北山樓藏本"王孝禹藏龍門造像精拓本第五冊"之一種。

李君懷妻□為亡父造像記　　龍朔二年七月二十五日　有復本。先生小識"龍朔二年，李君懷妻造像"，拓本先生鈐印"施舍所得"。另本橫紙拓，先生鈐印"吳興施舍攷藏"。

　　　　金老田婆阿奴女金阿磨各造觀世音菩薩記　　龍朔二年十二月二十八日　先生小識"龍朔"，拓本先生鈐印"施舍所得"。

　　　　龍朔二年殘刻　　龍朔二年十二月　按：存"龍朔二年十二月"諸字。拓本先生鈐印"吳興施舍"。

　　　　清信女司馬及男馮英劇英疑英岌為父造像記　　龍朔三年四月八日　有復本，兩本先生皆鈐印"吳興施舍攷藏"。

　　　　"隆万"造像殘刻　　龍朔三年四月　按：存"隆万"諸字。有復本三種。一先生小識"似龍朔三年四月"並印"蟄存"。一先生小識"龍朔三年四月殘刻"，拓本先生鈐印"施舍所得"。別一本北山樓藏本"王孝禹藏龍門造像精拓本第五冊"之一種。

　　　　崔玄造像記　　殘石　龍朔□年五月一日　先生小識"龍朔□年五月一日，崔玄殘刻"，拓本先生鈐印"施舍所得"。

騎都尉李文墓誌銘　　麟德元年二月十八日　有復本。無署名無鈐印框欄題簽"騎都尉李君墓誌　麟德元年"，又記"《金石萃編》著録，石在同州"，拓本先生鈐印"吳興施舍攷藏"。另本先生鈐印"無相庵藏本"。

王才及夫人毛氏墓誌銘　　麟德元年三月十三日　拓本先生鈐印"吳興施舍攷藏"。

清河長公主碑　　李儼撰　釋暢整書　有額篆書　麟德元年十月　先生僅得碑下截及碑額，題簽"清河長公主碑　此乃碑之下截，每行拓十五字。李儼撰，暢整書"並印"吳興施舍攷藏"，拓本鈐印"施舍讀碑記"。為先生著録《唐碑百選》第二十六種。

洛中處士孟師墓誌銘　　麟德元年十一月二日　拓本先生鈐印"吳

興施舍攷藏"。

涇陽縣令梁秀及夫人曹氏墓誌　　麟德元年十一月五日　　拓本先生鈐印"吳興施舍所得古金石專瓦文"。

段䂖及夫人藺氏墓誌　　麟德元年十一月五日　　拓本先生鈐印"北山石交""吳興施舍攷藏"。

台州錄事參軍袁弘毅墓誌銘　　麟德元年十一月十六日　　先生題簽"袁弘毅季嚴墓誌　麟德元年十一月十六日",拓本鈐印"稽廬所藏金石文字""寶端樓",先生鈐印"吳興施舍攷藏"。

王達墓誌銘　　麟德元年十一月二十八日　　有復本。愛儷園睢寧姬覺彌舊藏,拓本姬氏鈐印"覺彌長壽"。

功曹參軍梁君妻成淑墓誌　　麟德元年十二月十一日　　北流陳柱守玄閣舊藏,無署名無鈐印題簽"成夫人墓誌",拓本陳氏鈐印"柱尊珍賞",先生鈐印"吳興施舍攷藏"。別有摹刻兩本。一摹刻本,無署名無鈐印框欄題簽"梁妻成氏墓誌銘　麟德元年",先生題識"此志有兩本,別一本較此本大一倍,字亦好。此是摹刻本"並印"施舍金石",拓本鈐印"吳興施舍攷藏"。又摹刻一本,貴池劉之泗畏齋舊藏,先生小識"梁妻,故夫人成氏淑誌,麟德元年,摹刻本",拓本劉氏鈐印"劉公魯讀碑記",先生鈐印"吳興施舍攷藏"。

懷音府隊正侯僧達墓誌銘　　麟德二年閏三月二十八日　　拓本先生鈐印"無相庵藏本""舍之長物"。

河東王夫人師墓誌銘　　麟德二年五月十三日　　拓本先生鈐印"吳興施舍所得古金石專瓦文"。

史信墓誌銘　　麟德二年七月十二日　　拓本先生鈐印"無相庵藏本""吳興施舍攷藏"。

楊客僧墓誌銘　　麟德二年九月二十五日　　先生題簽"楊客僧墓誌　麟德二年九月廿五日",拓本鈐印"河南圖書館藏石",先生鈐印"吳興施舍攷藏"。

周夫人墓誌　　麟德二年十月十一日　　愛儷園睢寧姬覺彌舊藏,拓本姬氏鈐印"覺彌長壽",先生鈐印"吳興施舍攷藏"。

洛陽龍門山麟德造像記二段　　先生題簽"龍門山唐人造像記　高宗朝二　龍朔、麟德、乾封",另有小識"麟德"並印"施舍所得"。

　　張君寶造像記　　麟德元年五月六日　　有復本。先生小識"麟德□年五月六日,麟德止於二年,所缺字非'元'即'二',是元年",拓本先生鈐印"吳興施舍"。另本亦鈐"施舍所得"。

　　清信女朱為亡夫王子開造像記　　麟德二年八月二十三日　　有復本。拓本先生鈐印"施舍所得"。另本北山樓藏本"王孝禹藏龍門造像精拓本第六冊"之一種。

聞喜縣令蘇昱德政碑　　有額正書　□克忠撰　無年月　按:據先生之攷,附麟德末。分拓二紙本,先生題簽"絳州聞喜縣令蘇昱德政碑並額　無年月,附麟德末[按:先生又曾作附天寶末。]"並印"吳興施舍攷藏",拓本先生鈐印"吳興施舍北山樓藏碑",碑額拓本鈐印"吳興施舍攷藏"。

騎都尉郭君夫人楊氏墓誌銘　　乾封元年九月七日　　拓本先生鈐印"吳興施舍所得古金石專瓦文""吳興施舍攷藏"。

秦君莫造像　　三面刻　乾封元年十月十一日　山陰范鼎卿循園、會稽顧燮光金佳石好樓遞藏。附顧氏"金佳石好樓收藏金石目錄"印製封，由先生記錄"唐，秦君莫造像，乾封元年十月十一日"，又題封"唐秦君莫造像　乾封元年十月十一日，一紙"並印"舍之審定"，拓本鈐印"紹興范氏攷藏金石文字記"，先生鈐印"吳興施舍北山樓藏碑""施舍之印"。先生嘗作題跋《唐秦君莫造像》。（見《北山集古錄》）

燕國公于志寧碑　　令狐德棻撰　于立政書　有額篆書　乾封元年十一月二十二日　先生未得碑額，題簽"于志寧碑　乾封元年"並印"舍之審定"，又小識"于志寧碑，無額，每行拓五十三字"並印"華亭施氏無相庵藏"。

紀國先妃陸氏碑　　有額篆書　乾封元年　有復本。分拓二紙本，先生題簽"紀國先妃陸氏碑　有額"並印"吳興施舍攷藏"，又題識"紀國陸先妃碑，此碑所拓少中段，每行上尚有十餘字，故碑額不能黏在字上。無書撰人名"。另本先生題簽"唐紀國陸妃碑　缺額"。兩本皆鈐印"吳興施舍攷藏"。

贈泰師魯國孔宣公碑　　崔行功撰　孫師範分書　有額篆書　乾封元年二月　按：據清方若《校碑隨筆》又儀鳳二年一行刻於碑左竝隸書。為先生著錄《唐碑百選》第三十一種。

張爽墓誌銘　　乾封二年二月十日

李表墓誌銘　　乾封二年四月七日　拓本先生鈐印"吳興施舍攷藏""吳興施舍所得古金石專瓦文"。

陳壽墓誌銘　　乾封二年七月二日　拓本先生鈐印"吳興施舍所得古金石專瓦文""吳興施舍攷藏"。

董榮及夫人衛氏墓誌　　乾封二年八月十四日　拓本先生鈐印"吳

興施舍攷藏"。

咸陽府長上果毅楊智積及夫人程氏墓誌　　乾封二年八月十八日
拓本先生鈐印"吳興施舍攷藏"。

箕州楡社縣令王和墓誌銘　　誌蓋篆書　乾封二年十月二十二日
二紙　拓本鈐印"稽廬所藏金石文字""寶端樓""宛書"。先生鈐印"吳興施舍攷藏"，誌蓋鈐印"施舍所得"。

隰州大寧縣令王纂墓誌銘　　乾封二年十月二十二日　拓本先生鈐印"吳興施舍攷藏"。

牛君彥墓誌銘　　乾封二年十二月二十三日　潮陽陳運彰玉延樓舊藏，拓本陳氏鈐印"蒙厂所得金石"，先生鈐印"吳興施舍攷藏"。

處士許國墓誌銘　　乾封二年閏十二月五日

郭君副墓誌銘　　乾封二年閏十二月五日

安毅府右果毅都尉婁敬墓誌銘　　乾封二年閏十二月十七日　拓本先生鈐印"吳興施舍攷藏"。

謝通墓誌銘　　乾封二年閏十二月十七日　拓本先生鈐印"無相庵藏本""吳興施舍攷藏"。

張朗及夫人樊氏墓誌　　子崇珪述　乾封二年閏十二月二十七日　拓本鈐印"稽廬所藏金石文字""寶端樓""宛書"，先生鈐印"吳興施舍攷藏"。

張對之銘　　乾封三年正月二十五日　拓本先生鈐印"吳興施舍攷藏"。

淨住寺釋迦文賢刼千佛像銘並序殘石　　　分書　未見年月　按：先生據宋人著錄攷為崔行功撰，附乾封末。

洛陽龍門山乾封造像記六段　　　先生題簽"龍門山唐人造像記　高宗朝二　龍朔、麟德、乾封"，另有小識"乾封"並印"施舍所得"。

　　　丁孝範為亡考及妻王氏造像記　　乾封元年七月十五日　為北山樓藏本"王孝禹藏龍門造像精拓本第六冊"之一種。

　　　司列主事許大德並妻楊造像記　　乾封元年七月十五日　為北山樓藏本"王孝禹藏龍門造像精拓本第六冊"之一種。

　　　□藏為父母兄弟姊妹造像記　　乾封二年四月十五日　拓本先生鈐印"施舍所得"。

　　　清信女齊造阿彌陁像記　　乾封二年四月十五日　先生小識"乾封二年四月十五日，清信女齊造像記"，拓本先生鈐印"施舍所得"。

　　　孟善應及妻趙知身無常造阿彌陁像記　　乾封二年四月□日　有復本。拓本先生鈐印"施舍所得"。另本北山樓藏本"王孝禹藏龍門造像精拓本第四冊"之一種。

　　　比丘惠□為父母眷屬造像記　　乾封二年五月二十四日　先生小識"乾封二年"，拓本先生鈐印"施舍所得"。

驍騎尉張願墓誌銘　　　總章元年七月二十日

李泰及夫人楊氏墓誌　　　總章元年十一月二日　先生小識"李泰，總章元年"，拓本先生鈐印"吳興施舍攷藏"。

蘭州錄事參軍徐羅母薛氏墓版　　　總章二年十二月二十五日　拓

本先生鈐印"吳興施舍攷藏"。

道安禪師塔銘　　總章三年二月十五日　　貴池劉之泗畏齋舊藏。先生題簽"道安禪師塔銘　總章三年二月十五日",拓本劉氏鈐印"劉公魯讀碑記",先生鈐印"吳興施舍攷藏"。

洛陽龍門山總章造像記十三段　　先生題簽"龍門山唐人造像記　高宗朝三　總章、咸亨、上元、儀鳳",另有小識"總章"並印"施舍所得"。

　　王尹農為合家眷屬大小造像記　　總章元年四月八日　　有復本。拓本先生鈐印"吳興施舍攷藏"。另本北山樓藏本"王孝禹藏龍門造像精拓本第四冊"之一種。

　　李鉢頭母王造觀音像記　　總章元年五月一日　　有復本。拓本先生鈐印"吳興施舍攷藏"。另本北山樓藏本"王孝禹藏龍門造像精拓本第四冊"之一種。

　　王大遠願離苦厄造像記　　總章元年五月四日　　有復本。先生小識"'總章元年''四'字可辨",拓本先生鈐印"施舍所得"。另本北山樓藏本"王孝禹藏龍門造像精拓本第四冊"之一種。

　　王玄藏為亡夫朱景徽造像記　　總章元年六月　　有復本。拓本先生鈐印"吳興施舍攷藏"。另本北山樓藏本"王孝禹藏龍門造像精拓本第四冊"之一種。

　　王操為父母己身造像記　　總章元年九月八日　　拓本先生鈐印"吳興施舍攷藏"。

　　王合為妻患得差造像記　　總章元年九月八日　　有復本。拓本先生鈐印"施舍所得"。另本北山樓藏本"王孝禹藏龍門造像精拓本第四冊"

之一種。

清信女陰願自身平安造像一鋪記　　總章元年　拓本先生鈐印"吳興施舍攷藏"。

王旡尋為父母合家造像記　　總章元年　拓本先生鈐印"施舍所得"。

高昌縣人張安為亡父造像記　　總章二年四月十日　為北山樓藏本"王孝禹藏龍門造像精拓本第六冊"之一種。

孔士□稽首和南十方造像記　　總章二年七月六日　為北山樓藏本"王孝禹藏龍門造像精拓本第五冊"之一種。

葉藏安等造地藏菩薩記　　總章二年八月八日　有復本。拓本先生鈐印"吳興施舍攷藏"。另本北山樓藏本"王孝禹藏龍門造像精拓本第四冊"之一種。

姜義琮為亡者造阿彌陁像記　　總章二年十月十五日　有復本。拓本先生鈐印"吳興施舍攷藏"。另本北山樓藏本"王孝禹藏龍門造像精拓本第三冊"之一種。

失名造尊像記　　惟存"孖獨歎辥"等字　總章二年十月　有復本。拓本先生鈐印"施舍所得"。另本北山樓藏本"王孝禹藏龍門造像精拓本第二冊"之一種，拓本王氏鈐印"王孝禹攷藏記"，先生鈐印"施舍所得"。

淄川郡公李孝同碑　　撰者姓名殘缺　諸葛思楨書　有額篆書　咸亨元年五月二十四日　為先生著録《唐碑百選》第二十七種。

左領軍翊府親衛劉明墓誌銘　　咸亨元年六月一日　拓本先生鈐

印"施舍金石""吳興施舍攷藏"。先生嘗作題跋《唐劉明墓誌》。(見《北山集古錄》)

張軌墓誌銘　　咸亨元年閏九月二十日　　拓本先生鈐印"吳興施舍攷藏"。

右武衛武賁郎將張曉墓誌銘　　咸亨元年閏九月二十日

趙夫人墓誌銘　　咸亨元年十月一日　　拓本先生鈐印"吳興施舍攷藏"。

隋騎都尉司馬興及夫人張氏墓誌　　兩面刻　　咸亨元年十月四日　　涇陽端午橋陶齋傳拓本。拓本鈐印"陶齋藏石",先生鈐印"施舍所得""吳興施舍攷藏"。

趙德合及夫人杜氏墓誌　　咸亨元年十月十五日　　有復本。拓本先生鈐印"吳興施舍攷藏""吳興施舍所得古金石專瓦文"。另本為三原于右任鴛鴦七誌齋傳拓本,三原劉海天藏本。

汴州中牟縣丞樂玄及夫人趙氏墓誌　　咸亨元年十月二十八日

開福府扳帥仵欽墓誌銘　　咸亨元年十一月三日　　先生題識"唐開福府扳帥仵欽墓誌,咸亨元年十一月三日,錄訖",拓本先生鈐印"施舍蟄存"。

李義豐造像記　　咸亨元年十二月二十二日　　砆拓本,寧波周氏四明石室藏本。先生題封"李義豐造像記　咸亨元年十二月廿二日",拓本周氏鈐印"忍冬齋""周退密"。

碧落碑　　篆書　無撰書者姓名　咸亨元年　　托裱舊本,先生題簽"唐碧落碑　總章三年"並印"無相庵",為先生著錄《唐碑百選》第二十八種。

　　附碑陰釋文　　鄭承規書　咸通十一年七月六日　托裱舊本，先生題簽"碧落碑釋文"並印"舍之審定"。

荊州大都督郯襄公孫女張無量墓誌　　咸亨二年四月二十二日

先生題簽"郯襄公孫女張無量墓誌　咸亨二年四月廿二日，舍之著錄"並印"吳興施舍攷藏"，拓本亦鈐"吳興施舍攷藏"。

內侍汶江縣侯張阿難碑　　僧普昌書　有額篆書　咸亨二年□月二十日　二紙

有復本且兩本相同。先生題簽"張阿難碑　咸亨二年，有額，又一本"並印"吳興施舍攷藏"，又題識"瑤臺寺僧普昌正書，二份同，下截每行拓廿四字，'昭陵碑錄'每行拓得廿六字"。

王玄墓誌銘　　咸亨三年五月二十四日　偽刻

先生題識"上柱國王玄誌，咸亨三年，'芒洛四編'著錄。此偽作也"，拓本先生鈐印"吳興施舍所得古金石專瓦文"。

揚州大都督府長史盧承業墓誌銘　　咸亨三年八月十四日

北山樓藏本"武進陶氏涉園藏魏誌石拓本　齊周隋唐坿"全函硃拓之一種，印製框欄簽條"盧承業誌　咸亨三年八月十四日"，拓本先生鈐印"吳興施舍攷藏"。

金剛經殘石十九方　　王知敬書　咸亨三年十月三日　十九紙，

鄭州崔氏耕堂藏本。先生題簽"王知敬書金剛經殘石　咸亨三年□月三日，存十九方塊"。先生嘗作題跋，《王知敬書金剛經》記云"與天后發願文同時出土者，有小石十餘塊，皆五角六張，無方正者。余得拓本七[十九]紙，大者存三四十字，小者存十許字，驗其文，金剛經也。其一石末行有'知敬書'三字，又有'咸亨三年'，乃知其為王知敬書金剛經也。檢諸家碑目，惟趙明誠《金石錄》有'金剛經，咸亨三年十月'，而無書人名，殆趙氏所得拓本失其末一行耶。此刻自趙録後絶無記述，可知元明間已碎為殿基矣"。（見《嵩洛新出石刻小記》）又述"王知敬書《金剛經》，你寄我十九紙，大者有二百餘字，我寫此文時，找不到拓片，故隨便寫了，待將來出單行本時改正。"（見《北山致耕堂書簡·1987年8月22日函》）

萬歲府折衝都尉韓昭墓誌 　　咸亨三年十一月十五日　　騰衝李根源曲石精廬傳拓本。先生嘗作題跋，《唐韓昭墓誌》記云"騰衝李氏藏石"。（見《北山集古録》）

三藏聖教序記並心經 　　太宗撰序　　高宗撰記　　沙門懷仁集王羲之行書　　咸亨三年十二月八日　　為先生著録《唐碑百選》第二十九種。

三品孫慕容知禮墓誌銘 　　咸亨四年二月二十八日

絳州司戶參軍慕容知敬墓誌 　　咸亨四年二月二十八日　　拓本先生鈐印"吳興施舍攷藏"。

道王府典軍朱遠墓誌 　　咸亨四年二月二十八日

左親衛裴可久墓誌銘 　　咸亨四年二月二十九日　　有復本。無署名無鈐印框欄題簽"裴親衛墓誌　咸亨四年"並先生鈐印"施舍所得"，先生題記"'萃編''補訪碑録'皆未載"，又小識"同治時出土於咸寧，今未詳所在"，拓本先生鈐印"吳興施舍攷藏"。另本先生題簽"左親衛裴可久墓誌　咸亨四年二月廿九日"，拓本亦鈐"吳興施舍攷藏"。

王夫人墓誌銘 　　咸亨四年四月五日　　拓本先生鈐印"吳興施舍攷藏"。

邊真墓誌銘 　　咸亨四年六月二十六日　　拓本先生鈐印"吳興施舍攷藏"。

處士王儉及夫人劉氏墓誌　　咸亨四年十月四日　　拓本先生鈐印"無相庵藏本"。

處士任君夫人孫氏墓誌　　咸亨四年十一月二十二日

長安韓寶才墓誌　　咸亨四年十二月九日　　有復本四種。一拓本鈐印"北山樓"。一拓本鈐印"袞臣"等，先生鈐印"吳興施舍攷藏"。另一本無署名無鈐印框欄題簽"韓寶才墓誌　咸亨四年"，拓本先生鈐印"吳興施舍"。別有一本，先生小識"'金石續編'云，此是翻刻本"。

史氏夫人墓誌銘　　咸亨五年二月二十九日

秘閣曆生劉守忠墓誌銘　　咸亨五年八月十三日　　有復本。先生題簽"唐秘閣曆生劉守忠墓誌　咸亨五年"，拓本先生鈐印"施舍金石""吳興施舍攷藏"。另本先生題簽"秘閣曆生劉守忠誌，年月泐"。

洛陽龍門山咸亨造像記四段　　先生題簽"龍門山唐人造像記　高宗朝三　總章、咸亨、上元、儀鳳"，另有小識"咸亨　上元　儀鳳"並印"施舍所得"。

　　王二娘為亡女造菩薩記　　咸亨二年九月　　有復本。拓本先生鈐印"施舍所得"。另本為北山樓藏本"王孝禹藏龍門造像精拓本第一冊"之一種。

　　薛仁貴造像記　　咸亨四年五月　　元和錢氏仁壽堂藏本。托裱本。無署名無鈐印題簽"唐薛仁貴造像"，另鋼筆小記"薛仁貴造像"，拓本鈐印"元和錢氏仁壽堂珍藏"，先生鈐印"吳興施舍北山樓藏碑""無相庵"，別一印"沈建中鑑賞"。先生嘗作題跋，《唐薛仁貴造像記》記云"舊在洛陽龍門山，為康長素鑿取去，今不知安在"。（見《北山集古錄》）又嘗著錄，記云"據《石交錄》云龍門造像題記被盜者：薛仁貴，歸南海康氏"。（見中盈堂藏本

《翫碑雜錄》）為"北山樓選定洛陽龍門山唐人造像三十品集釋"之一。

西京海□寺僧惠簡造彌勒像記　　咸亨四年十一月七日　為北山樓藏本"王孝禹藏龍門造像精拓本第五冊"之一種。先生嘗作題跋《唐僧惠簡造像記》。（見《北山集古錄》）

奚行儼為亡息慈明造像記　　咸亨四年十二月　有復本。先生小識"咸亨四年癸酉"，拓本先生鈐印"施舍所得"。另本先生亦識"咸亨四年癸酉"，為北山樓藏本"王孝禹藏龍門造像精拓本第五冊"之一種。

文林郎王君夫人墓誌銘　　上元元年八月二十九日

處士王義墓誌銘　　上元元年十一月二十五日　拓本先生鈐印"吳興施舍攷藏"。

薛公阿史郍忠碑　有額篆書　上元二年七月十三日　分拓二紙，先生題識"阿史郍忠碑下截，又缺最末一行，不知書撰人名，每行拓二十七字"，拓本先生鈐印"施舍校碑"。

劉洪及夫人王氏墓誌　　上元二年十月二十七日　拓本先生鈐印"吳興施舍攷藏"。

岐州司戶參軍楊茂道墓誌銘　　上元二年十一月五日　拓本先生鈐印"吳興施舍攷藏"。

昌黎□壽墓誌　　上元二年十一月二十一日　有復本。愛儷園睢寧姬覺彌舊藏，拓本姬氏鈐印"覺彌長壽"，先生鈐印"施舍所得"。

鄭州中牟縣主簿楊軌墓誌銘　　上元二年十一月二十一日　拓本先生鈐印"吳興施舍攷藏"。

晉陽縣令李羨妻劉氏墓誌　　上元二年十二月一日　有復本。河南圖書館傳拓本，拓本鈐印"河南圖書館藏石"，先生鈐印"施蟄存印""華亭施氏無相庵藏"。

陳懷儼及夫人皇甫氏墓誌　　上元三年正月二十二日　拓本先生鈐印"吳興施舍攷藏"。

史氏趙夫人墓誌銘　　詞七行行書餘正書　上元三年正月二十二日　拓本先生鈐印"吳興施舍攷藏"。

上輕車都尉馬懷墓誌銘　　上元三年二月二十二日　拓本先生鈐印"吳興施舍攷藏"。

攝山棲霞寺明徵君碑　　高宗撰　高正臣行書　王知敬篆額　上元三年四月二十五日　為先生著錄《唐碑百選》第三十種。先生嘗作題跋，記云"此碑陰有'棲霞'二大字，高宗御書，見王漁洋'攝山遊記'"。（見中盈堂藏本《翫碑雜錄》）

處士武懷亮墓誌　　上元三年四月二十九日　有復本。

巂州邛都縣丞張客墓誌銘　　上元三年十月八日　拓本先生鈐印"吳興施舍攷藏"。

洛陽龍門山上元造像記七段　　先生題簽"龍門山唐人造像記　高宗朝三　總章、咸亨、上元、儀鳳"，另有小識"咸亨　上元　儀鳳"並印"施舍所得"。

　　清信女侯為亡男李胡子造像記　　上元二年正月二日　為北山樓藏本"王孝禹藏龍門造像精拓本第六冊"之一種。

　　王仁恪造阿彌陁像記　　上元二年三月十五日　有復本。拓本先生鈐印"施舍所得"。另本北山樓藏本"王孝禹藏龍門造像精拓本第六冊"之一種。

　　比丘尼法貴等造像記　　上元二年五月十日

　　宣義郎周遠志等造阿彌陁像記　　上元二年十二月八日　　無署名無鈐印框欄題簽"阿彌陁像文　上元二年，周遠志造像"，先生補識"洛陽"，拓本先生鈐印"吳興施舍攷藏"。

　　不可思宜清信女王婆為兒宋玄慶東行願平安造觀音像記　　上元三年二月　　有復本。拓本先生鈐印"施舍所得"。另本北山樓藏本"王孝禹藏龍門造像精拓本第六冊"之一種。

　　清信女趙婆為己身造觀音菩薩像記　　上元三年十月二十日　　有復本。拓本先生鈐印"施舍所得"。另本北山樓藏本"王孝禹藏龍門造像精拓本第六冊"之一種。

　　勅使司農卿韋機造盧舍那大石像記　　上元三年十二月三十日　　拓本王氏鈐印"王孝禹攷藏記"，先生鈐印"施舍所得"，為北山樓藏本"王孝禹藏龍門造像精拓本第六冊"之一種。

代州都督許洛仁妻宋善主墓誌　　儀鳳元年五月二十四日　　有復本。托裱本，貴池劉之泗畏齋舊藏，無署名無鈐印框欄題簽"許洛仁妻宋夫人墓誌　儀鳳元年"，拓本劉氏鈐印"劉公魯讀碑記"，先生鈐印"吳興施舍"。另本未裱，拓本先生鈐印"吳興施舍攷藏"。

英貞武公李勣碑　　高宗撰並行書　　有額篆書　　儀鳳二年十月六日　　先生小識"英貞武公李勣碑　有額"，又題識"李勣碑　每行拓三十四五字，上截。《昭陵碑錄》所據本每行多五十餘字，御製御書"，拓本先生鈐印"吳興施舍北山樓藏碑"，為先生著錄《唐碑百選》第三十二種。

周廣墓誌銘　　儀鳳三年正月十四日　　溧陽端午橋陶齋傳拓本。拓本鈐印"托活洛氏端方藏石"，先生鈐印"吳興施舍攷藏"。

梵境寺舍利銘　　張毅撰　儀鳳三年四月八日　　先生題封"梵境寺舍利銘　唐儀鳳三年四月八日"。無署名無鈐印小識"梵境寺舍利銘，《山右石刻叢編》著録，儀鳳三年四月八日"。

處士司馬道墓誌銘　　儀鳳三年五月十七日　　拓本先生鈐印"吳興施舍攷藏"。

王文曉墓誌銘　　儀鳳三年十二月二十日　　拓本先生鈐印"吳興施舍攷藏"。

雍州同官縣武定村造像殘石　　張懷志書　儀鳳三年　　拓本先生鈐印"吳興施舍攷藏"。

霍王府親事姬恭仁殯誌　　儀鳳四年三月十一日　　有復本。無署名無鈐印題簽"霍王府親事姬恭仁殯誌"，先生題簽"姬恭仁誌　儀鳳四年"，拓本先生鈐印"吳興施舍攷藏"。另本亦鈐"吳興施舍攷藏"。

王畱墓誌銘　　儀鳳四年五月五日　　有復本三種，一北流陳柱守玄閣舊藏，無署名無鈐印題簽"王畱墓誌"，先生小識"唐誌，蛀蝕本""此本較勝"，拓本陳氏鈐印"柱尊珍賞"，先生鈐印"施舍所得"。一無署名無鈐印框欄題簽"王罶生墓誌　咸亨五年葬，儀鳳四年刻石，是年即改調露"，拓本先生鈐印"施舍金石"。一拓本先生鈐印"施舍所得"。

洛陽龍門山儀鳳造像記八段　　先生題簽"龍門山唐人造像記　高宗朝三　總章、咸亨、上元、儀鳳"，另有小識"咸亨　上元　儀鳳"並印"施舍所得"。

蘇州長史崔元久妻盧造像記　　儀鳳二年五月十五日　為北山樓藏本"王孝禹藏龍門造像精拓本第六冊"之一種。

　　　弟子陳外生造阿彌陀一龕記　　儀鳳二年十月二日　為北山樓藏本"王孝禹藏龍門造像精拓本第六冊"之一種。

　　　劉寶嚴為亡妻趙二娘造像記　　儀鳳二年十月□日　為北山樓藏本"王孝禹藏龍門造像精拓本第六冊"之一種。

　　　清明寺比丘尼八正造像記　　儀鳳三年三月九日　有復本。拓本先生鈐印"施舍所得"。另本北山樓藏本"王孝禹藏龍門造像精拓本第六冊"之一種。

　　　劉寶嚴妻范為姙身造藥師像記　　儀鳳三年五月二十七日　為北山樓藏本"王孝禹藏龍門造像精拓本第六冊"之一種。

　　　□大□為亡□造觀音菩薩記　　儀鳳三年九月二十六日　為北山樓藏本"王孝禹藏龍門造像精拓本第四冊"之一種。

　　　太常主簿高光復為兄造阿彌陁像記　　儀鳳四年六月八日　有復本。無署名無鈐印框欄題簽"高光復造像記　儀鳳四年",拓本先生鈐印"吳興施舍攷藏"。另本北山樓藏本"王孝禹藏龍門造像精拓本第四冊"之一種。為"北山樓選定洛陽龍門山唐人造像三十品集釋"之一。

　　　弟子趙為愛兒造像一鋪記　　儀鳳……十五日　有復本。拓本先生鈐印"施舍所得"。另本北山樓藏本"王孝禹藏龍門造像精拓本第六冊"之一種。

處士李弘裕墓誌銘　　調露元年七月十九日

將仕郎王慶墓誌銘　　調露元年八月十二日　拓本先生鈐印"吳興

施舍攷藏"。

馬琛及夫人匡氏墓誌　　孫馬志靜撰　鐫字人孫弘秀　調露元年十月□日　拓本先生鈐印"吳興施舍攷藏"。

管真墓誌　　調露元年十月十四日　先生題簽"管真誌　調露元年十月十四日",拓本先生鈐印"無相庵"。

辰溪縣令張仁墓誌　　調露元年十月二十三日　有復本。托裱本,另本為未裱本。

王通及夫人常氏墓誌銘　　調露元年十一月七日

特進行右衛大將軍泉男生墓誌　　王德真撰　歐陽通書　誌蓋篆書　調露元年十二月二十六日　二紙　先生題簽"泉男生墓誌　有蓋,共二紙,王德真撰,歐陽通書,調露元年"並印"施舍長年",拓本先生鈐印"吳興施舍所得古金石專瓦文""吳興施舍攷藏"。為先生著錄《唐碑百選》第三十三種。

安神儼墓誌銘　　調露二年二月二十八日　拓本先生鈐印"吳興施舍攷藏"。

洛陽龍門山調露造像記七段　　先生題簽"龍門山唐人造像記　高宗朝四　調露、永隆、開耀、永淳、弘道",另有小識"調露"並印"施舍所得"。

　　張感仁任文藝等為天王天后造像記　　調露二年二月　為北山樓藏本"王孝禹藏龍門造像精拓本第五冊"之一種。

　　為真瑩師造像記　　調露二年七月十五日　分拓二紙,為北山樓藏本"王孝禹藏龍門造像精拓本第四冊"之一種。

　　　　胡貞普造像記　　調露二年七月十五日　有復本。拓本先生鈐印"施舍所得"。另本北山樓藏本"王孝禹藏龍門造像精拓本第五冊"之一種。

　　　　玄照造觀世音像記　　調露二年七月十五日　有復本。拓本先生鈐印"施舍所得"。另本北山樓藏本"王孝禹藏龍門造像精拓本第六冊"之一種。

　　　　胡處貞造像記　　調露二年七月十五日　拓本先生鈐印"施舍所得"。

　　　　陳七娘造菩薩二區記　　調露二年……　有復本。拓本先生鈐印"施舍所得"。另本北山樓藏本"王孝禹藏龍門造像精拓本第四冊"之一種。

　　　　比丘尼智境為七代父母造像記　　調露二年　拓本先生鈐印"施舍所得"。

大都督王善相夫人禄氏墓誌銘　　永隆二年二月九日　有復本。

濟度寺比丘尼法樂法師墓誌銘　　永隆二年三月二十三日　有復本。貴池劉之泗畏齋舊藏，先生題簽"濟度寺尼法樂法師　永隆二年三月廿三日"，拓本劉氏鈐印"劉公魯讀碑記"，先生鈐印"施舍所得"。另本先生鈐印"吳興施舍攷藏"。

王才及夫人張氏墓誌　　永隆二年四月十日　潮陽陳運彰玉延樓舊藏，拓本陳氏鈐印"蒙厂所得金石"。先生鈐印"吳興施舍攷藏"。

强三娘為亡夫及父婆男女眷屬鐫心經　　永隆二年五月四日　無署名無鈐印框欄題簽"心經　强三娘　永隆二年"，先生補識"關中"；題記

"'補訪碑録載之，書不工而有古意，定為真品"，先生補識"'藝風堂目'作'多心經'，張萬荃刻，誤也"；又記"按碑末書款是強三娘也，末行經下張上有二字，一疑是男，一不辨"。拓本先生鈐印"吳興施舍攷藏"。

幽州範陽縣令楊君妻韋檀特墓誌銘　　永隆二年八月十八日　　無署名無鈐印題記"此石出土未久，石在呂曼叔觀察處，書甚挺秀，定為真品"。先生小識"此石同治時出於咸寧，今不詳所在"，拓本先生鈐印"吳興施舍攷藏"。

濬縣造像記二段

　　闡法寺僧大滿造像記　　永隆元年十二月十五日

　　王思遠造像記　　永隆二年六月二十八日

洛陽龍門山永隆造像記十七段　　先生題簽"龍門山唐人造像記　高宗朝四　調露、永隆、開耀、永淳、弘道"，另有小識"永隆"並印"施舍所得"。

　　侯玄熾造彌陁像十區記　　永隆元年四月八日　拓本先生鈐印"施舍所得"。

　　處貞造彌勒像五百區記　　永隆元年九月三十日　有復本。拓本先生鈐印"施舍所得"。另本北山樓藏本"王孝禹藏龍門造像精拓本第四冊"之一種。

　　比丘尼光相造彌陁像一鋪記　　永隆元年十一月八日　有復本。拓本先生鈐印"施舍所得"。另本北山樓藏本"王孝禹藏龍門造像精拓本第六冊"之一種。

　　范初為父宣議郎獻可造像記　　永隆元年十一月十九日　有復本。拓本先生鈐印"施舍所得"。另本北山樓藏本"王孝禹藏龍門造像精拓本第六冊"之一種。

韓文則為父寶仁母孟造像記　　永隆元年十一月二十日　　有復本。拓本先生鈐印"施舍所得"。另本北山樓藏本"王孝禹藏龍門造像精拓本第五冊"之一種。

杜曰果造彌勒像記　　永隆元年十一月二十日　　有復本。拓本先生鈐印"施舍所得"。另本北山樓藏本"王孝禹藏龍門造像精拓本第五冊"之一種。

胡弘實合家造菩薩二區記　　永隆元年十一月二十九日　　有復本。拓本先生鈐印"施舍所得"。另本北山樓藏本"王孝禹藏龍門造像精拓本第四冊"之一種。

失名造像記　　惟存"出家修道"等字　　永隆元年十二月三十日　　為北山樓藏本"王孝禹藏龍門造像精拓本第六冊"之一種。

侯紳□並婆張造像記　　永隆二年正月十三日　　為北山樓藏本"王孝禹藏龍門造像精拓本第五冊"之一種。

侯二娘造像記　　永隆二年正月十五日　　為北山樓藏本"王孝禹藏龍門造像精拓本第六冊"之一種。

房山縣人崔懷儉在軍之日造像記　　永隆二年正月二十日　　有復本。拓本先生鈐印"施舍所得"。另本兩段合拓本之一，北山樓藏本"王孝禹藏龍門造像精拓本第五冊"之一種。

處貞造地藏菩薩記　　永隆二年二月四日　　為北山樓藏本"王孝禹藏龍門造像精拓本第五冊"之一種。

李德貞亡女大娘造像記　　永隆二年四月八日　　有復本。拓本先生鈐印"施舍所得"。另本北山樓藏本"王孝禹藏龍門造像精拓本第六冊"之一種。

  清明寺比丘尼惠境造像記 永隆二年四月八日 為北山樓藏本"王孝禹藏龍門造像精拓本第六冊"之一種。

  比丘尼智隱造釋迦像記 永隆二年四月八日 有復本。拓本先生鈐印"施舍所得"。另本北山樓藏本"王孝禹藏龍門造像精拓本第四冊"之一種。

  許州儀鳳寺比丘尼真智造阿彌陀像一鋪記 永隆二年四月九日 為北山樓藏本"王孝禹藏龍門造像精拓本第六冊"之一種。

  許州儀鳳寺比丘尼真智造觀世音記 永隆二年五月八日 有復本。拓本先生鈐印"施舍所得"。另本北山樓藏本"王孝禹藏龍門造像精拓本第四冊"之一種。

燕懷王造像記 開耀元年二月二十日 有復本。拓本先生鈐印"吳興施舍攷藏"。另本先生亦鈐"北山樓"。

李公捨開業寺碑 李尚一撰 蘇文舉書 開耀二年二月八日 太倉陸增祥八瓊室舊藏，拓本鈐印"陸增祥印"。為先生著錄《唐碑百選》第三十四種。

公孫神欽、石知古造像記 濬縣 開耀二年二月八日

正議大夫李聞禮墓誌銘 永淳元年七月十八日 渒陽端午橋陶齋傳拓本。拓本端氏鈐印"陶齋藏石"，先生鈐印"吳興施舍攷藏"。

僕寺廄牧令蘭師墓誌 永淳元年八月十四日 有復本三種。先生小識"蘭師，姓名不可識。唐永淳元年誌"，拓本先生鈐印"吳興施舍攷藏"。

另本二種皆失記。

頻陽府長上果毅康留買墓誌　　誌蓋篆書　永淳元年十月十四日　二紙　無署名無鈐印題簽"唐康府君墓誌"，拓本鈐印"寶端樓""稽廬所藏金石文字"，先生鈐印"吳興施舍攷藏"，誌蓋亦鈐"吳興施舍攷藏"。

遊擊將軍康磨伽墓誌　　誌蓋篆書　永淳元年十月十四日　二紙　有復本。先生題簽"康磨伽墓誌　有蓋，永淳元年四月三日卒"，拓本鈐印"宛書""寶端樓"，先生鈐印"吳興施舍攷藏"。另本先生小識"唐遊擊將軍康磨伽，重"，拓本亦鈐"吳興施舍攷藏"。

淄州高苑縣丞趙義墓誌銘　　王允元撰　永淳元年十一月二十五日

帶方郡王扶餘隆墓誌　　永淳元年十二月二十四日　拓本先生鈐印"吳興施舍攷藏"。

房州竹山縣主簿楊君夫人杜芬墓誌銘　　永淳二年二月十四日

朝請大夫張懿墓誌銘　　永淳二年二月十五日　有復本。貴池劉之泗畏齋舊藏，拓本劉氏鈐印"劉公魯讀碑記"，先生鈐印"吳興施舍攷藏"。另本先生鈐印"施舍所得"。

天后御製詩　　王知敬書　有額篆書　永淳二年九月二十五日

天后御製願文殘石　　王知敬書　有額篆書　永淳二年九月　鄭州崔氏耕堂傳拓本。先生題簽"唐天后御製願文　永淳二年九月立，王知敬書，此碑在嵩山，久佚，一九七六年訪得殘石，今在少林寺"並印"華亭施氏無相庵藏"，別有一印"謙約齋藏本"。拓本先生鈐印"施""舍""吳興施舍北山樓藏碑"。先生嘗作題跋，《天后發願文》記云"此碑無近代著錄，歐趙《金石》《集古》二録亦未有，惟宋人《寶刻類編》及明于奕正《天下金石誌》有此目""于奕正書皆哀集古記成之，未必目驗，則此碑湮没，殆數百年矣""雖斷殘，亦足珍異"。（見《嵩洛新出石刻小記》）

僧王寶明造像記　　濬縣　永淳二年□月二十六日

洛陽龍門山永淳造像記四段

　　唐州覺意寺尼好因造像記　　永淳二年九月八日　為北山樓藏本"王孝禹藏龍門造像精拓本第五冊"之一種。

　　衛州共城縣人蘇鋗造像記　　永淳二年九月八日　為北山樓藏本"王孝禹藏龍門造像精拓本第五冊"之一種。

　　蘇鋗為亡父母造像記　　永淳二年九月八日　拓本先生鈐印"吳興施舍攷藏"，為北山樓藏本"王孝禹藏龍門造像精拓本第一冊"之一種。

　　蘇鋗為亡弟越金造像記　　永淳二年九月八日　為北山樓藏本"王孝禹藏龍門造像精拓本第五冊"之一種。

劉弘墓誌銘　　弘道元年十二月二十日

洛陽龍門山文明造像記二段

　　雍州明唐縣人趙奴子造像記　　文明元年四月八日　為北山樓藏本"王孝禹藏龍門造像精拓本第四冊"之一種。

　　陳阿積為父母造像記　　文明元年　先生小識"元年陳阿□造像"，拓本先生鈐印"施舍所得"。

夫人程氏塔銘殘石　　文明元年十月五日　無署名無鈐印框欄題簽

"程氏塔銘　文明元年"。先生小識"誌石久佚，此精拓本，珍之"並印"舍之"，拓本先生鈐印"吳興施舍攷藏""施舍金石"。

常州無錫縣令楊君妻王俱夷墓誌銘　　光宅元年九月二十三日

有復本。無署名無鈐印題簽"唐楊夫人王氏志　二份"，拓本先生鈐印"吳興施舍攷藏"。另本又題"唐楊夫人王氏志　王俱夷"，拓本先生鈐印"無相庵藏本"。

瀛州東城縣令宋君妻王氏墓誌銘　　光宅元年十月二十四日　拓

本先生鈐印"吳興施舍攷藏"。

盧承業妻李灌頂墓誌銘　　光宅元年十一月十三日　北山樓藏本

"武進陶氏涉園藏魏誌石拓本　齊周隋唐坿"全函硃拓之一種，印製框欄簽條"盧承業妻李灌頂誌　光宅元年十一月十三日"，拓本先生鈐印"吳興施舍攷藏"。

將仕郎孟仁墓誌銘　　垂拱元年正月二十六日　無署名無鈐印題簽

"唐孟仁志　李氏石"，拓本先生鈐印"吳興施舍攷藏"。

洛州河南縣張夫人貞墓誌銘　　垂拱元年三月十六日　無署名無

鈐印題簽"唐張夫人無醜志　張貞"，拓本先生鈐印"吳興施舍攷藏"。

處士張護墓誌　　垂拱元年四月二十七日

泉州刺史柳永錫墓誌銘　　垂拱元年七月二十一日　無署名無鈐印

題簽"唐柳永錫墓志"，拓本先生鈐印"吳興施舍攷藏"。

處士張倫墓誌銘　　垂拱元年十月二十五日　有復本。先生小識

"唐處士張倫，垂拱元年十月"，拓本先生鈐印"吳興施舍攷藏"。另本鈐印"無相庵藏本"。

管基墓誌　　垂拱二年六月四日　拓本先生鈐印"北山樓""吳興施舍攷藏"。

田玄善妻張起墓誌　　垂拱二年十月二十三日　潮陽陳運彰玉延樓舊藏，題簽"唐田玄善妻張氏夫人起墓誌銘　垂拱二年十月廿三日"，拓本陳氏鈐印"蒙厂所得金石"，先生鈐印"吳興施舍攷藏"。

潞州長子縣白鶴觀碑　　无撰书人名氏　有額分書　垂拱二年　拓本右側上方有鈐印，失記。

張文珪為二親造像銘　　芮智璨撰　垂拱三年三月八日　太倉陸增祥八瓊室舊藏，附陸增祥題簽"張文珪造象碑銘　垂拱三年三月"，先生鈐印"施舍所得"。又先生題簽"唐張文珪造象銘"，拓本陸氏鈐印"陸增祥印"。

樂師及夫人張氏墓誌　　垂拱三年十月二十九日　愛儷園睢寧姬覺彌舊藏，先生題簽"樂師及夫人張氏墓誌　垂拱三年十月廿九日"並印"吳興施舍攷藏"，拓本姬氏鈐印"覺彌長壽"，先生亦鈐"吳興施舍攷藏"。

懷州河內縣丞李善智墓誌　　垂拱四年正月二十三日　愛儷園睢寧姬覺彌舊藏，先生題簽"河內縣丞李善智誌　垂拱四年"。拓本姬氏鈐印"覺彌長壽"，先生鈐印"吳興施舍所得古金石專瓦文"。

慧讀禪師塔記　　垂拱四年四月八日　先生題簽"慧讀禪師塔記　垂拱四年四月八日"，拓本先生鈐印"吳興施舍攷藏"，為先生輯"唐禪師塔銘五種"之二。

美原神泉詩並序　　韋元旦撰序　徐彥伯等撰詩　尹元凱篆書　兩面刻　垂拱四年四月

汲郡呂行端墓誌銘　　　垂拱四年七月十七日　　無署名無鈐印題簽"唐呂張仵墓志"並先生小識"呂行端"。拓本先生鈐印"吳興施舍攷藏"。

忻州司戶參軍陳平墓誌銘　　　載初元年十二月一日　　潮陽陳運彰玉延樓舊藏，題簽"唐忻州司戶參軍事陳平墓誌銘　載初元年臘月一日"並跋記又鈐印"蒙厂"。拓本陳氏鈐印"蒙厂所得金石"。先生鈐印"吳興施舍攷藏"。

左領軍衛將軍乙速孤神慶碑　　　苗神客撰　釋行滿書　有額篆書　載初二年二月十九日　　分拓二紙，先生題簽"乙速孤神慶碑　有額"並印"吳興施舍攷藏"，又題識"乙速孤神慶碑，苗神客撰，釋行滿書。此僅左下一方，可識之，字無幾，每行拓得約廿五六字"，碑額拓本先生鈐印"舍之長物"。

均州武當縣令李叔及夫人董氏墓誌　　　天授元年正月二十四日

河南郡丞格善義妻斛斯氏墓誌　　　天授二年二月七日　　先生題簽"河南郡丞格善義妻斛斯氏誌　天授二年"，拓本先生鈐印"吳興施舍所得古金石專瓦文"。

常州無錫縣令楊陶墓誌銘　　　天授二年二月二十八日　　無署名無鈐印題簽"楊陶安師志"。拓本先生鈐印"吳興施舍攷藏"。

魏州録事參軍王裕墓誌銘　　　行書　天授二年四月八日　　潮陽陳運彰玉延樓舊藏，拓本題簽和鈐印失記。

唐夫人小姑墓誌　　　天授二年六月三日

東市署令張君妻田氏墓誌文　　　天授二年六月三日　　有復本。初拓托裱本，先生題識"此初拓本，別一紙未裱者，已稍後，然亦罕得矣"並印

"舍之"。

益州大都督府功曹參軍張玄弼墓誌　　子束之撰序　李行廉撰銘　永昌三年九月三日夫人丘氏卒誌文無葬日　按：永昌三年即天授二年，用唐正朔也。先生小識"張玄弼，永昌三年九月三日"，拓本先生鈐印"吳興施舍攷藏"。

杜山威兄弟造觀世音菩薩像銘　　天授二年九月七日　先生題封"杜山威兄弟造像記　唐天授二年九月七日"，又題簽"杜山威造像　天授二年九月七日，舍之著錄"並印"舍之"。拓本先生鈐印"北山樓文房""吳興施舍攷藏"。

王朋及夫人李氏墓誌　　天授二年九月十八日　潮陽陳運彰玉延樓舊藏，拓本題簽和鈐印失記。

銀青光禄大夫行籠州刺史屈突詮墓誌　　天授二年十月十八日　有復本。按：此兩本由洛陽趙光潛先生於二〇〇一年九月寄贈，可謂北山樓"最后的收藏"。

遂州方義縣主簿元罕墓誌　　天授二年十月二十四日

文林郎焦松墓誌銘　　天授二年十月二十四日　有復本。先生小識"焦松"，拓本先生鈐印"無相庵藏本"。

處士張景之墓誌銘　　天授三年正月六日　有復本。婁縣俞粟廬韜盦舊藏。拓本俞氏題簽，拓本先生鈐印"華亭施氏無相庵藏"。另本先生題簽"張景之仲陽墓誌　天授三年正月六日"，拓本先生鈐印"吳興施舍攷藏"。

孝廉張慶之墓誌銘　　誌蓋篆書　天授三年正月六日　二紙　拓本先生鈐印"吳興施舍攷藏"。

處士申屠寶及夫人李氏墓誌　　　行書　天授三年正月十七日　　潮陽陳運彰玉延樓舊藏。拓本題識"周申屠寶墓誌銘　天授三年正月十七日，諱寶名達，名當作字之解"，拓本陳氏鈐印"蒙厂所得金石"，先生鈐印"吳興施舍所得古金石專瓦文"。

桑大亮妻姬氏造像記　　　濬縣　如意元年九月八日

洛陽龍門山摩崖刻尊勝陀羅尼經及心經　　　無年月　　按：先生攷為如意元年。沈氏石華館舊藏。拓本先生題簽"唐刻陀羅尼經心經　龍門山摩崖"，又小識"上海沈氏石華館藏舊拓本，此刻無年月，然當是武后時刻"並印"吳興施舍攷藏"，附舊藏記號"廿八號唐經"，拓本鈐印"上海沈氏石華館攷藏金石文字之印記"等。

許君妻贊皇縣君李氏墓誌銘　　　長壽二年正月二十九日　　無署名無鈐印題簽"周許琮妻李氏志"，拓本先生鈐印"吳興施舍攷藏"。

程仵郎及夫人韓氏墓誌　　　長授〔壽〕二年八月十七日　　按："壽"誤刻"授"。先生小識"程君墓誌，諱某，字仵郎，長壽二年"，拓本先生鈐印"吳興施舍攷藏"。

右豹韜衛翊府右郎將昝斌墓誌銘　　　長壽二年八月二十八日　　拓本先生鈐印"吳興施舍所得古金石專瓦文""吳興施舍攷藏"。

嵩山隆唐觀造元始天尊像記　　　分書　長壽二年十月十五日　　先生嘗作題跋，《武周造天尊像銘》記云"登封老君殿內有石彫像，以五稜石柱承之。年久，石柱沉埋，世不知其有刻文。近年整治石像，昇起石座，始見五面皆鏤像龕，其一面像龕上有銘記五行，行六字，分書。第二至四行第一字泐失，可意會得之"。（見《嵩洛新出石刻小記》）

處士程玄景墓誌銘　　　誌蓋篆書　長壽三年正月二十二日　　有復

本。貴池劉之泗畏齋舊藏，先生小識"處士程玄景，長壽三年""別得一裱本，有額[蓋]"，拓本劉氏鈐印"劉公魯讀碑記"，先生鈐印"吳興施舍所得古金石專瓦文"。另本為托裱本二紙，先生鈐印"吳興施舍攷藏"。

茂州都督府司馬張懷寂墓誌銘　　長壽三年二月六日　嘉善徐聲

越夢松風閣藏本。拓本徐氏鈐印"唐柳宋梅之館"，先生鈐印"施舍所得"。先生嘗作著錄，記云"清宣統二年十月巡檢張清在吐魯番之三堡掘取古跡得之，以廬俿尺度之，長三尺廣二尺七寸，正書，共三十三行，行三十五字。吐魯番廳王秉章聞之，戒土人勿妄動，輦歸省垣，途中不慎又殘毀數十字。""此誌著錄於王樹枏《新疆訪古錄》及羅振玉《西陲石刻記[錄]》，石已風損，不可拓矣"。（見中盈堂藏本《翫碑雜錄》）

興聖寺主諸葛始興等造像記　　長壽三年三月八日

石艾縣石艾鄉郝貴溫兄弟造像記　　長壽三年五月八日　太倉陸

增祥八瓊室舊藏，陸氏題簽"郝貴溫興兄弟二人造象記　長壽二[三]年五月八日，山西平定縣，得於廠肆，未詳所在"，拓本陸氏鈐印"增祥著錄"，先生鈐印"吳興施舍攷藏"。

孫夫人平原郡君陸氏墓誌　　延載元年七月二十日

王義和□敬德等修橋碑　　延載元年八月十五日　太倉陸增祥八瓊

室舊藏，題簽"義和□敬德等修橋碑　延載元年八月十五日，殘"並印"曾羊所得金石"，拓本陸氏鈐印"增祥著錄""丁丑"，先生鈐印"施舍所得"。

將仕郎房懷亮墓誌銘　　延載元年十月二十三日　有復本。貴池劉

之泗畏齋舊藏，先生題簽"房懷亮智玄墓誌　延載元年十月廿三日"，拓本劉氏鈐印"劉公魯讀碑記"，先生鈐印"吳興施舍攷藏"。另本蘭溪劉焜甕園舊藏，拓本劉氏鈐印"蘭溪劉氏家藏""鐵漢"，先生鈐印"吳興施舍攷藏"。

封抱墓誌銘　　　天冊萬歲元年十月二十八日　　無署名無鈐印題簽"周封府君志　封抱",拓本先生鈐印"吳興施舍攷藏"。

上柱國牛高墓誌銘　　　萬歲通天元年正月十日　　潮陽陳運彰玉延樓舊藏,題簽"周上柱國牛高墓誌銘　萬歲通天元年正月十日"。拓本陳氏鈐印"蒙厂所得金石",先生鈐印"吳興施舍所得古金石專瓦文"。

國子監律學直講仇道朗墓誌　　　萬歲通天元年五月二十六日　　有復本。無署名無鈐印題簽"唐仇道朗墓志",拓本先生鈐印"無相庵藏本"。另本先生題簽"仇道朗　萬歲通天元年",拓本先生鈐印"吳興施舍攷藏"。

崔銳妻高漆娘墓誌　　　萬歲通天元年七月六日　　無署名無鈐印題簽"周崔夫人高氏志　高漆娘",拓本先生鈐印"吳興施舍攷藏"。

廖州刺史韋敬辨智城山碑　　　韋敬一撰　無書者姓名　萬歲通天二年四月七日　　太倉陸增祥八瓊室舊藏,拓本鈐印失記。為先生著錄《唐碑百選》第三十五種。

馮善廓造浮圖銘　　　趙頵撰　姚璟書　萬歲通天二年四月十四日　　北流陳柱守玄閣舊藏。無署名無鈐印題簽"浮圖銘　馮善廓",拓本鈐印"柱尊珍賞",先生鈐印"吳興施舍攷藏"。附"無相庵"箋紙先生題識"此碑在長葛,《中州金石記》云新出土,則乾隆間也。又云趙頵撰,今二字已泐。佛龕下有'書銘人佛弟子姚璟',則書者亦具見,'金石記'未及此。此舊拓亦甚不經見。'藝風堂目'具載書撰人名,又云銘在象四面,似未見整張拓本,今此本可證其說之非"。

珍州榮德縣丞梁師亮墓誌銘　　　萬歲通天二年八月二日　　有復本。先生題簽"梁師亮墓誌　萬歲通天囗年",並識"舊拓見全文,石不裂;次拓石裂為三;此則愈裂矣",拓本鈐印"吳興施舍所得古金石專瓦文"。另本鈐印"吳興施舍攷藏"。先生嘗作著錄,記云"禪師塔院殘字,'北大金石拓片

草目'亦依'藝風堂金石目'之誤，入殘誌類，不知其為梁師亮墓誌左下角也"。（見中盈堂藏本《翫碑雜錄》）

文林郎韓仁惠及夫人皇甫氏墓誌　　萬歲通天二年八月二十一日
無署名無鈐印題簽"周韓府君墓志　韓仁惠"，拓本先生鈐印"吳興施舍攷藏"。

上柱國張素及夫人趙氏墓誌　　神功元年十月二十二日　　拓本先生鈐印"吳興施舍所得古金石專瓦文""吳興施舍攷藏"。

韶州樂昌縣令王師協及夫人蕭氏墓誌　　神功元年十月二十二日

神都揔監王緒太夫人郭五墓誌銘　　賈膺福撰　誌蓋篆書　神功元年十月二十二日　二紙　北山樓藏本"武進陶氏涉園藏魏誌石拓本齊周隋唐坿"全函砆拓之一種，印製框欄簽條"王緒母郭氏誌　有蓋，神功元年"並印"施舍所得"，拓本先生鈐印"施蟄存"；誌蓋拓本印製框欄簽條"王緒母郭氏誌蓋"，拓本先生鈐印"吳興施舍攷藏"。

李府君修莫高窟佛龕碑　　張大忠書　有額篆書　聖曆元年五月十四日　三紙　沙州雷音寺傳拓本，常州謝氏魚飲溪堂、平湖陳氏安持精舍遞藏。先生題合存封"敦煌碑四種　唐二，元二"並印"舍之長物"，又題簽"周李君修佛龕碑　聖曆元年，三紙"並印"吳興施舍攷藏"。拓本三紙分別鈐印"沙州雷音寺印""吳興施舍北山樓藏碑"。

上柱國高邈墓誌銘　　聖曆元年十月二日　　先生題簽"高邈墓誌聖曆元年十月二日"，拓本先生鈐印"施舍所得"。

陳州溵水縣主簿周善持墓誌　　聖曆二年二月十一日

燕國公黑齒常之墓誌　　聖曆二年二月十七日

龍龕道場銘　　陳集原撰　聖曆二年二月二十三日　太倉陸增祥八

瓊室舊藏，別有摹刻一本。先生題簽"武周龍龕道場銘　聖曆二年，原刻本一，摹刻本一"，兩本先生皆鈐印"吳興施舍所得古金石專瓦文"。原刻本題識"龍龕道場銘在廣東羅定州，聖曆二年二月，碑有翻刻本，此其原石，可寶也"，拓本鈐印"曾羊所得金石"。另本為摹刻本，原楊翰樗盦舊藏，拓本鈐印"海琴所得金石"，後歸八瓊室所藏。拓本題識"此拓甚精完善，無少鈹損，較諸曩所得本，特薦完備。以前得拓本勘之，此翻刻本耳，大失所望矣。翌日又記"。

□素墓誌銘　　聖曆二年三月十七日　先生小識"諱素，聖曆二年三月十七日"，拓本先生鈐印"吳興施舍攷藏"。

西平大長公主墓誌銘　　姚崇撰　誌蓋篆書　聖曆二年三月十八日　二紙

昇仙太子廟碑　　武后撰書並題額　碑文行書　碑額飛白書　有碑陰　聖曆二年六月十九日　有復本。先生稱"舊拓本"，為太倉陸增祥八瓊室舊藏，分拓三紙，拓本題簽"昇仙太子碑　有飛白額"並印"曾羊所得金石"，先生題簽"昇仙太子碑　舊拓本"，為碑額題簽"武則天書飛白碑額"並印"北山樓"，又為碑陰題簽"昇仙太子碑陰　舊拓本"。另本先生稱"新拓本"，先生題簽"昇仙太子碑　新拓本"，為碑陰題簽"昇仙太子碑陰　新拓本，有宣統元年菊月韓人金秉萬李重翊題詩"，又小識"昇仙太子碑陰""新拓本，有宣統元年韓人金秉萬李重翊題詩"。為先生著錄《唐碑百選》第三十六種。

左肅政臺侍御史慕容知廉墓誌　　聖曆二年八月九日

洛州汜鄉縣尉慕容昇墓誌　　聖曆二年八月九日

慕容夫人張氏墓誌　　聖曆二年八月九日

夏官郎中慕容君夫人費婉墓誌銘　　聖曆二年八月九日　　有復本。
先生題簽"慕容婉　聖曆二年八月九日"，拓本先生鈐印"舍之長物"。

夫人袁氏權殯誌　　聖曆三年正月十五日　　無署名無鈐印題識"'補訪碑錄'載之，志其祖父而不志其夫為何人，亦不志其年歲，可怪也"。拓本先生鈐印"吳興施舍攷藏"。

明堂令于大猷碑　　有額篆書　聖曆三年十一月十二日　二紙
先生題簽"明堂令于大猷碑　半截，有額，聖曆三年"並印"吳興施舍攷藏"，又小識"存上截，每行廿八字"並印"舍之審定"。

夏日遊石淙詩並序　　武后及諸臣撰　薛曜書　久視元年五月十九日　　為先生著錄《唐碑百選》第三十七種。

薛剛墓誌銘　　用元一撰　誌蓋正書　久視元年五月二十四日　二紙　北流陳柱守玄閣舊藏，無署名無鈐印題簽"唐薛剛墓志"，拓本陳氏鈐印"柱尊珍賞"。

上騎都尉李君墓誌銘　　久視元年十一月八日　　先生題簽"上騎都尉李君志　久視元年"，拓本鈐印"吳興施舍所得古金石專瓦文"。

苑北面監積翠屯主楊君墓誌　　大足元年二月十九日

大雲寺碑　　賈膺福撰並書　分書　有額篆書　大足元年五月十五日　為先生著錄《唐碑百選》第三十八種。

處士張嘉墓誌銘　　長安二年二月十七日　　先生小識"處士張嘉，長安二年"，拓本先生鈐印"吳興施舍攷藏"。

京兆男子杜并墓誌銘　　長安二年四月十二日　　有復本，先生題簽"杜并誌　長安二年四月十二日"並印"施舍所得"，兩本先生均鈐印"吳興施舍攷藏"。

遼陽郡公泉男産墓誌銘　　誌蓋篆書　長安二年四月二十三日　二紙　拓本紙背先生小識"泉男産""泉男産，大足元年［長安二年］四月廿三日"，拓本先生鈐印"吳興施舍所得古金石專瓦文"；又誌蓋紙背小識"泉男産誌蓋"，拓本先生鈐印"舍之長物"。

司馬論及夫人郭氏墓誌　　長安二年四月　先生小識"司馬論，長安二年四月"，拓本先生鈐印"吳興施舍攷藏"。

漢忠烈紀信碑　　盧藏用撰並分書　有碑陰　長安二年七月　為先生著錄《唐碑百選》第三十九種。

平原府左果毅都尉王嘉及夫人李氏墓誌　　長安三年二月十七日　河南圖書館傳拓本。拓本鈐印"河南圖書館藏石"，先生鈐印"施蟄存印"。

益州郫縣丞周履潔墓誌銘　　長安三年二月二十八日　拓本先生鈐印"吳興施舍攷藏"。

遊擊將軍趙智倜墓誌銘　　長安三年二月二十八日　先生小識"趙智倜，長安三年二月廿八日，僅見'存佚攷'，別無著錄，亦不見題跋"，拓本先生鈐印"吳興施舍所得古金石專瓦文"。

居士尚真之銘　　長安三年八月九日　先生題簽"尚真墓誌　長安三年"，拓本先生鈐印"吳興施舍攷藏"。

宋州司倉參軍關儉墓誌　　長安三年十月十二日

司稼寺卿楊君妻杜夫人墓誌　　長安三年十月十五日　有復本四種。先生題簽"杜夫人志　長安三年，三本"。一本先生小識"長安三年杜夫人誌舊拓本，此本較勝"，拓本先生鈐印"吳興施舍攷藏"。另兩本皆鈐印

"吳興施舍所得古金石專瓦文"。別一本無署名無鈐印框欄題簽"楊妻杜夫人墓誌　長安三年"，拓本先生鈐印"吳興施舍攷藏"。

潤州刺史王美暢夫人長孫氏墓誌　　誌蓋正書　長安三年　二紙

有復本。拓本先生鈐印"舍之審定"。另本一紙，未得誌蓋拓本。

衛州共城縣百門陂碑　　辛怡諫文　張元憬記　孫去煩行書　有額篆書　長安四年九月九日

先生未得碑陰碑側，拓本先生鈐印"吳興施舍所得古金石專瓦文"。

長安華塔寺造像記七段

先生曾有小識"華塔寺題名三段，蕭元眘、韋均接元景"。

王璿造像記　王無惑書　長安三年七月二十七日

有復本三種。一無署名無鈐印框欄題簽"王璿造像記　長安三年"，先生小識"王璿造像記今在西安南門內書院門街寶慶寺塔上，[見]'存佚攷'。塔即花塔，然花塔寺則在寶慶寺之東"，拓本先生鈐印"吳興施舍攷藏"。另兩本先生皆鈐印"北山樓"。

韋均造像銘　長安三年九月三日

拓本先生鈐印"無相庵藏本"。

姚元之造像記　長安三年九月十五日

蕭元眘造像記　長安三年九月十五日

拓本先生鈐印"北山樓"。

李承嗣造像記　長安三年九月十五日

高延貴造像記　長安三年九月十五日

姚元景光宅寺造像銘　　長安四年九月十八日

洛陽龍門山武后朝造像記六十九段　　先生題簽"龍門山唐人造像記武后朝"。

尼法淨造像記　　垂拱元年十二月□日　有復本。拓本先生鈐印"施舍所得"。另本北山樓藏本"王孝禹藏龍門造像精拓本第五冊"之一種。

張師滿為見在師僧父母及亡弟敬賓造像記　　垂拱二年二月十日　有復本。拓本先生鈐印"施舍所得"。另本北山樓藏本"王孝禹藏龍門造像精拓本第五冊"之一種。

弟子戴婆等造一佛二菩薩記　　垂拱二年二月十六日　有復本三種。一拓本先生鈐印"舍之審定"。一拓本先生鈐印"施舍所得"。另本北山樓藏本"王孝禹藏龍門造像精拓本第五冊"之一種。

□孝郎造觀世音像記　　垂拱二年四月八日

龍豐倫為七世父母造像記　　垂拱二年五月八日　有復本。拓本先生鈐印"施舍所得"。另本北山樓藏本"王孝禹藏龍門造像精拓本第四冊"之一種。

王君意父母造阿彌陀像記　　垂拱二年七月十五日　有復本三種。兩本先生皆鈐印"施舍所得"。別一本北山樓藏本"王孝禹藏龍門造像精拓本第六冊"之一種。

魏莊妻阿□造阿彌陀像記　　垂拱二年七月十五日　有復本。拓本先生鈐印"施舍所得"。另本兩段合拓本之一，北山樓藏本"王孝禹藏龍門造像精拓本第六冊"之一種。

左玉鈐衛將軍薛國公史夫人李氏造像記　　垂拱二年十二月八日　為北山樓藏本"王孝禹藏龍門造像精拓本第六冊"之一種。

　　洛州河南縣人□□□造像記　　垂拱二年　有復本。拓本先生鈐印"施舍所得"。另本北山樓藏本"王孝禹藏龍門造像精拓本第六冊"之一種。

　　比丘僧思亮弟子陳天養妻魏等造像　　垂拱三年正月十五日　為北山樓藏本"王孝禹藏龍門造像精拓本第六冊"之一種。

　　雍州蘓伏寶造一佛二菩薩記　　垂拱三年二月十六日　有復本。拓本先生鈐印"施舍所得"。另本北山樓藏本"王孝禹藏龍門造像精拓本第五冊"之一種。

　　雍州都督府戶曹路敬潛妻盧氏為亡姚造像記　　垂拱三年三月五日　有復本。先生小識"雍州都督府戶曹路敬潛妻范陽盧氏為亡姚造"，拓本先生鈐印"施舍所得"。另本北山樓藏本"王孝禹藏龍門造像精拓本第六冊"之一種。

　　劉孝光造阿彌陀像一龕記　　垂拱三年四月八日　為北山樓藏本"王孝禹藏龍門造像精拓本第六冊"之一種。

　　莫神怢為合家大小造像記　　垂拱三年四月八日　有復本三種。先生小識"垂拱三年"，拓本先生鈐印"施舍所得"。別有兩本皆為北山樓藏本"王孝禹藏龍門造像精拓本第六冊"之一種。

　　徐節為亡姚周年造像記　　垂拱三年六月二十五日　有復本。拓本先生鈐印"施舍所得"。另本兩段合拓本之一，北山樓藏本"王孝禹藏龍門造像精拓本第六冊"之一種。

劉志榮造像記　　垂拱三年九月二十三日　有復本。拓本先生鈐印"施舍所得"。另本北山樓藏本"王孝禹藏龍門造像精拓本第五冊"之一種。

　　　薛福妻韓什柱造一佛二菩薩記　　垂拱三年□月十六日　有復本。拓本先生鈐印"施舍所得"。另本北山樓藏本"王孝禹藏龍門造像精拓本第五冊"之一種。

　　　秦弘等為皇太后皇帝皇后造像記　　垂拱四年三月二十一日　為北山樓藏本"王孝禹藏龍門造像精拓本第四冊"之一種。

　　　□□侯為合家造業道像五十區記　　垂拱□年五月五日　拓本先生鈐印"施舍所得"。

　　　張師滿為兄楚師造救苦觀音菩薩記　　無年月　附垂拱末。有復本。先生小識"張師滿為兄楚師造"，拓本先生鈐印"施舍所得"。另本北山樓藏本"王孝禹藏龍門造像精拓本第四冊"之一種。

　　　安多富造像記　　永昌元年三月七日　為北山樓藏本"王孝禹藏龍門造像精拓本第六冊"之一種。

　　　市香行社社人孫香表史玄策等造像記　　永昌元年三月八日　為北山樓藏本"王孝禹藏龍門造像精拓本第五冊"之一種。

　　　右玉鈐衛大將軍造像記　　太后載初元年二月十日　為北山樓藏本"王孝禹藏龍門造像精拓本第六冊"之一種。

　　　雍州萬年縣張元福為患得差造像記　　載初元年五月二日　有復本三種。一拓本先生鈐印"施舍所得"。一先生圓珠筆小識"載初元年"，拓本亦鈐"施舍所得"。別一本北山樓藏本"王孝禹藏龍門造像精拓本第五冊"之一種。

胡元慶造像記　　載初元年五月十五日　為北山樓藏本"王孝禹藏龍門造像精拓本第四冊"之一種。

劉大獎妻姚為亡姑及身患造像記　　載初元年六月三日　有復本三種。一先生小識"載初元年六月三日劉大獎"並印"舍之審定"。另本三段合拓本之一，拓本先生鈐印"無相庵藏本"。別一本北山樓藏本"王孝禹藏龍門造像精拓本第五冊"之一種。

尼法淨造一佛二菩薩記　　載初元年十二月

棓義縣尉楊行剴並妻王造盧舍那像記　　天授二年二月五日　有復本三種。一兩段合拓本之一，拓本鈐印"施舍所得"。另本三段合拓本之一，拓本先生鈐印"無相庵藏本"。別一本北山樓藏本"王孝禹藏龍門造像精拓本第五冊"之一種。

張乾勗妻王造阿彌陁像記　　天授二年三月十五日　有復本。拓本先生鈐印"施舍所得"。另本北山樓藏本"王孝禹藏龍門造像精拓本第四冊"之一種。

佛弟子石大娘造像記　　天授二年三月二十八日　拓本先生鈐印"施舍所得"。

張元福為身患德差年年造像一龕記　　天授二年三月三十日　有復本。拓本先生鈐印"施舍所得"。另本北山樓藏本"王孝禹藏龍門造像精拓本第六冊"之一種。先生嘗作著録，《龍門造像例》記云"為患病而造像：張元福為身患德茗，天授二年，蓮花洞""劉聲木'續補訪碑錄'以'茗'為'著'，誤也。此即'差'字"。（見中盈堂藏本《甎碑雜録》）

李大娘二娘共造像記　　天授二年四月八日　有復本。先生小識"天授二年"，拓本先生鈐印"施舍所得"。另本北山樓藏本"王孝禹藏龍門造像精拓本第四冊"之一種。

蔡大娘生存日造像記　　天授二年四月十四日　有復本。拓本先生鈐印"施舍所得"。另本北山樓藏本"王孝禹藏龍門造像精拓本第六冊"之一種。

蔡大娘生存日願造藥師像記　　天授二年四月十四日　有復本。拓本先生鈐印"施舍所得"。另本北山樓藏本"王孝禹藏龍門造像精拓本第四冊"之一種。

李居士造像記　　天授二年四月　拓本先生鈐印"施舍所得"。先生嘗作著録，《龍門造像例》記云"一鋪：李居士造阿彌陀象一鋪，天授二年，蓮花洞"。（見中盈堂藏本《甎碑雜録》）

成仁感為亡考造觀音像記　　天授二年□月十五日　三段合拓本之一，拓本先生鈐印"無相庵藏本"。

失名造像記　　惟存"一切苦厄"等字　天授二年□月□日

周行者造觀音像記　　天授二年　為北山樓藏本"王孝禹藏龍門造像精拓本第五冊"之一種。

丁君義造像記　　如意元年閏五月五日　為北山樓藏本"王孝禹藏龍門造像精拓本第五冊"之一種。

杜智滿為亡母造彌勒像記　　長壽二年四月二十三日　有復本。拓本先生鈐印"施舍所得"。另本北山樓藏本"王孝禹藏龍門造像精拓本第五冊"之一種。

佛弟子達奚靜造像記　　延載元年五月十三日　　為北山樓藏本"王孝禹藏龍門造像精拓本第五冊"之一種。

孔思義造彌勒尊像記　　萬歲通天元年五月二十三日　　有復本。拓本先生鈐印"施舍所得"。另本北山樓藏本"王孝禹藏龍門造像精拓本第五冊"之一種。

左豹韜衛洛汭府長史李客師造像記　　萬歲通天元年六月　　為北山樓藏本"王孝禹藏龍門造像精拓本第六冊"之一種。

聖曆元年殘存造像　　人名泐失　聖曆元年二月十五日　　為北山樓藏本"王孝禹藏龍門造像精拓本第六冊"之一種。

比丘林春為報恩造像　　聖曆元年五月十四日

馬神貴為父母及身並亡妻造阿彌陁像記　　聖曆二年四月貳拾叁日　　拓本先生鈐印"施舍所得"。

裴大娘造像　　聖曆二年五月二日　　先生小識"裴大娘"，拓本先生鈐印"施舍所得"。

龍思忠為亡妻造像記　　長安二年七月二十五日　　為北山樓藏本"王孝禹藏龍門造像精拓本第六冊"之一種。

高文妻黃造阿彌陁像記　　長安二年九月一日　　拓本先生鈐印"施舍所得"。

失名殘造像記　　長安三年二月十二日　　北山樓藏本"王孝禹藏龍門造像精拓本第四冊"之一種。

宋越客妻展三娘造像記　　長安三年臘月□日　　為北山樓藏本

"王孝禹藏龍門造像精拓本第六冊"之一種。

　　喬書昌為七世父母造釋迦牟尼像記　　長安四年二月二十四日　　有復本。拓本先生鈐印"施舍所得"。另本先生鈐印"施舍所得"，為北山樓藏本"王孝禹藏龍門造像精拓本第一冊"之一種。

　　清信弟子宋婆造一佛二菩薩一鋪記　　長安四年二月二十四日　　拓本先生鈐印"施舍所得"。

　　韓寄生造像記　　長安四年二月二十七日　　有復本。拓本先生鈐印"施舍所得"。另本北山樓藏本"王孝禹藏龍門造像精拓本第一冊"之一種，拓本亦鈐"施舍所得"。

　　失名殘造像記　　長安四年三月二十四日　　為北山樓藏本"王孝禹藏龍門造像精拓本第四冊"之一種。

　　中山郡王隆業為四哥孃造觀世音石像銘　　長安四年三月二十七日　　有復本。先生題簽"中山郡王造觀世音石像銘　長安四年"，拓本先生鈐印"吳興施舍攷藏"。另本北山樓藏本"王孝禹藏龍門造像精拓本第六冊"之一種。為"北山樓選定洛陽龍門山唐人造像三十品集釋"之一。

　　梓潼縣丞梁照之造像記　　長安四年七月二十九日　　為北山樓藏本"王孝禹藏龍門造像精拓本第四冊"之一種。

　　魏懷緒造像記　　長安四年十二月二十四日　　拓本王氏鈐印"王孝禹攷藏記"，為北山樓藏本"王孝禹藏龍門造像精拓本第二冊"之一種。

　　□州合宮縣□忠福造像記　　長安□年□月十九日　　拓本先生鈐印"施舍所得"。

　　陝州芮城縣陳昌宗為七世父母造像記　　長安□年□月

二十三日　　有復本。拓本先生鈐印"施捨所得"。另本北山樓藏本"王孝禹藏龍門造像精拓本第五冊"之一種。

按：以下皆無號年或石泐不可辨，然記文內皆用武后新製字，故列於武后朝之後。

甘大娘為二親及自身造觀世音及埊藏菩薩記　　有復本。拓本先生鈐印"施捨所得"。另本北山樓藏本"王孝禹藏龍門造像精拓本第五冊"之一種。

霍三娘為疢患得差造業道像六龕記　　……七月十五日　　有復本。拓本先生鈐印"施捨所得"。另本北山樓藏本"王孝禹藏龍門造像精拓本第四冊"之一種。

楊婆為亡夫石義造埊藏菩薩記　　有復本。先生小識"'地'作'埊'，此武后時刻也"，拓本先生鈐印"捨之寓心"。另本北山樓藏本"王孝禹藏龍門造像精拓本第四冊"之一種。

裴素月造像記　　兩段合拓本之一，有復本。先生小識"裴素月造像，吳沖兒造像""武后時刻"，拓本先生鈐印"無相庵"。

吳沖兒造像記　　兩段合拓本之一，皆同上。

雍州萬年縣孟素及郭大娘造像記　　有復本。先生小識"雍州萬季縣孟素及郭大娘。此武后時刻，'年'作'季'"，拓本先生鈐印"施捨所得"。另本北山樓藏本"王孝禹藏龍門造像精拓本第四冊"之一種。

王超子為亡父造像記　　拓本先生鈐印"施捨所得"。

陳暉為七世父母造像一區記　　拓本先生鈐印"施捨所得"，為北山樓藏本"王孝禹藏龍門造像精拓本第一冊"之一種。

佛弟子普光為驢造坔藏菩薩記　　先生小識"此有'坔藏'字，乃武后時刻。佛弟子普光為驢造像記"，拓本鈐印"施舍所得"。先生嘗作著錄，《龍門造像例》記云"為驢造：佛弟子普光為驢造坔藏菩薩像，雙窯"。（見中盈堂藏本《瓠碑雜錄》）

公士安令節墓誌銘　　鄭休文撰　石抱璧書　神龍元年三月五日　有復本。溵陽端午橋陶齋傳拓本，拓本鈐印"托活洛氏端方藏石"，先生鈐印"吳興施舍攷藏"。

神龍批製　　神龍二年四月五日　先生題簽"神龍批製　神龍二年四月五日"，拓本先生鈐印"吳興施舍攷藏"。

翊府中郎將黑齒俊墓誌銘　　神龍二年八月十三日　拓本先生鈐印"施舍所得"。

太原王君夫人李清禪墓誌銘　　神龍三年四月六日　拓本先生鈐印"施舍所得""吳興施舍攷藏"。

蜀王府記室參軍蔡行基墓誌　　韓覃撰　景龍二年正月十五日

申州羅山縣令王素臣及夫人劉氏墓誌　　景龍二年二月二十四日　拓本先生鈐印"吳興施舍攷藏"。

陳州參軍袁景慎墓誌銘　　景龍二年四月二十三日

蘇州司馬張利賓墓誌銘　　孤子迦羅奉撰　景龍二年六月

許公夫人楊氏墓誌殘石　　李為仁書　景龍三年七月十九日　有復本。先生題識"恒州司馬殘墓誌，僅見《平津讀碑記三續》及《香南精舍金石契》，全文無著錄，《趙氏訪碑錄》稱殘墓誌""此殘誌也，原少上段，在碑林"，拓本先生鈐印"吳興施舍攷藏"。另本先生小識"恒州司馬殘志，碑林"，拓本先生鈐印"吳興施舍攷藏"。

西城令梁嘉運墓誌銘　　　景龍三年十月二日　　有復本三種。石未斷本，先生題簽"梁嘉運墓誌　景龍三年"，拓本先生鈐印"施舍所得""無相庵藏本"。別有兩本，未記。

婺州義烏縣主簿臧君夫人白光倩墓誌　　　高幾撰　景龍三年十一月二十日

洛陽龍門山中宗朝造像記八段　　　先生題簽"龍門山唐人造像記　中宗　神龍、景龍，睿宗　景雲、太極，玄宗　先天、開元、天寶"。

　　辛六娘為□病在床枕造菩薩像記　　　神龍元年三月八日　　為北山樓藏本"王孝禹藏龍門造像精拓本第六冊"之一種。

　　尼恩恩為亡考忌日造像記　　　神龍三年七月七日　　三段合拓一紙，北山樓藏本"王孝禹藏龍門造像精拓本第四冊"之一種。

　　比丘尼恩恩為七世亡靈造像記　　　神龍三年七月十四日　　三段合拓一紙，同上。

　　比丘尼恩恩為亡姚造像記　　　神龍三年七月二十日　　三段合拓一紙，同上。

　　殘造像記　人名泐失　景龍元年八月三十日　　為北山樓藏本"王孝禹藏龍門造像精拓本第四冊"之一種。

　　佛弟子□大娘二為亡父造觀世音菩薩像一軀記　　　景龍二年三月二日　　先生小識"此刻在鼓山"並印"施舍金石"。

　　政信人王非賤造像記　　　啟吉書文　景龍三年七月八日　　有

復本。拓本先生鈐印"吳興施舍"。另本北山樓藏本"王孝禹藏龍門造像精拓本第二冊"之一種，拓本王氏鈐印"王孝禹攷藏記"。

辛六娘願合家平安造像記　　景龍四年三月　　拓本先生鈐印"吳興施舍"。

司空文貞公蘇瓌碑　　盧藏用撰序並分書　張說撰銘　有額篆書　景雲元年十一月　拓本先生鈐印"吳興施舍所得古金石專瓦文"。

雍州長安縣丞蕭思亮墓誌銘　　顏惟貞撰　景雲二年二月十五日　有復本。北流陳柱守玄閣舊藏，無署名無鈐印題簽"唐蕭思亮墓誌"，拓本陳氏鈐印"柱尊珍賞"。另本先生鈐印"施蟄存印"。

殿中省尚乘局直長張遊恪墓誌　　景雲二年二月十五日

行兗州都督上護軍獨孤仁政碑　　劉待價撰　劉珉書　有額篆書　景雲二年二月二十七日　為先生著錄《唐碑百選》第四十種。

張冬至及夫人趙氏墓誌　　景雲二年五月四日　有復本。愛儷園睢寧姬覺彌舊藏，先生題簽"張冬至誌　景雲二年五月四日"並印"施舍所得"，拓本姬氏鈐印"覺彌長壽"，先生鈐印"施舍所得"。另本無署名無鈐印題簽"唐張府君妻趙氏志"，拓本先生鈐印"吳興施舍攷藏"。

王屋縣丞白知新妻鄭叔墓誌銘　　景雲二年十月十九日　拓本先生鈐印"吳興施舍攷藏"。

孝子郭思訓墓誌銘　　景雲二年十二月十五日　有復本。無署名無鈐印題簽"郭思訓墓志"。另本先生題簽"孝子郭思訓墓誌　景雲二年十二月十五日"並印"施舍金石"。

左屯衛將軍盧玠墓誌銘　　景雲三年四月九日　北山樓藏本"武進

陶氏涉園藏魏誌石拓本　齊周隋唐坿"全函硃拓之一種，印製框欄簽條"盧汾誌　景雲三年四月九日"，拓本先生鈐印"吳興施舍攷藏"。

太子率更令崔孝昌墓誌銘　　太極元年二月二十一日　北山樓藏

本"武進陶氏涉園藏魏誌石拓本　齊周隋唐坿"全函硃拓之一種，印製框欄簽條"崔孝昌誌　太極元年二月廿一日"，拓本先生鈐印"吳興施舍攷藏"。

杭州於潛縣尉賀玄道墓誌　　太極元年三月四日　愛儷園睢寧姬覺

彌舊藏，拓本姬氏鈐印"覺彌長壽"，先生鈐印"施舍所得"。

處士王天墓誌　　行書　太極元年三月十五日　浭陽端午橋陶齋傳

拓本。拓本端氏鈐印"托活洛氏端方藏石"，先生鈐印"吳興施舍攷藏"。

遊擊將軍蕭貞亮墓誌銘　　延和元年七月十八日　無署名無鈐印小

記"唐蕭貞亮志，即太極元年"，拓本先生鈐印"吳興施舍攷藏"。

柱國史公石像銘　　延和元年七月十□日　拓本先生鈐印"舍之審

定""施舍金石"。先生嘗作題跋，《唐柱國史公石像銘》記云"小楷書甚精，《金石萃編》著錄全文，僅缺四字，今此本已泐失四十字矣""唐碑以延和紀元者，惟此一刻耳"。（見《北山集古錄》）又嘗作著錄，記云"武授堂跋文云此石後列'延和元年歲次壬子七月'，余所得本'歲次壬子'四字已泐盡，然'七月'下有'戊辰朔十'四字，尚清晰，武氏未言有此"。（見中盈堂藏本《翫碑雜錄》）

亳州錄事參軍馮本紀孝碑　　閻朝隱撰　子敦直分書　有額篆書

先天元年十一月七日　為先生著錄《唐碑百選》第四十一種。

涼國公契苾明碑　　婁師德撰　殷元祚書　有額篆書　先天元年

十二月

洛陽龍門山張□妻裴氏造像記　　先天二年五月六日　有復本。

拓本先生鈐印"施舍所得"。另本北山樓藏本"王孝禹藏龍門造像精拓本第四冊"之一種。

宣勞靺鞨使崔忻造井記　　開元二年五月十八日　　潮陽陳運彰玉延樓藏本。整紙裱本為板夾經折裝，舊藏者題簽"唐崔忻井題記"，先生鈐印"吳興施舍攷藏"。拓本陳氏題記"金州唐井題字，蒙父"並印"陳蒙安"。拓本鈐印"九華薌林"，先生鈐印"吳興施舍攷藏"。

六度寺侯莫陳大師壽塔銘　　崔寬撰　王玄貞書　開元二年六月十日入涅槃　會稽顧燮光金佳石好樓舊藏。附顧氏"金佳石好樓收藏金石目錄"印製封，記錄"侯莫陳大師"，先生補識"壽塔銘，開元二年，汲縣，見'河朔新碑目'"，拓本鈐印"吳興施舍攷藏"。為先生輯"唐禪師塔銘五種"之三。

喬難及夫人杜氏墓誌　　開元二年十一月□日　　愛儷園睢寧姬覺彌舊藏。先生小識"喬難墓誌，□元二年十一月□日"。拓本姬氏鈐印"覺彌長壽"，先生鈐印"吳興施舍攷藏"。

右衛中郎將鄭玄果墓誌銘　　開元二年十二月二十九日　　有復本。蘭溪劉焜甓園舊藏。拓本劉氏鈐印"蘭溪劉氏家藏"，先生鈐印"吳興施舍攷藏"。另本先生鈐印"吳興施舍攷藏""舍之"。

少林寺戒壇銘　　開元三年正月十五日　　李邕書　按：先生攷為偽刻。拓本先生小識"偽刻"並印"無相庵藏本"，別有印戳"文林堂記"。

處士王頎墓誌銘　　開元三年三月二十四日　　拓本先生鈐印"舍之長物""吳興施舍攷藏"。

將作監主簿孟友直女十一娘墓誌　　開元三年四月九日　　有復本三種，先生題識"孟友直女墓誌，不知孰為原石"。一北流陳柱守玄閣舊藏，拓本陳氏鈐印"柱尊珍賞"。一貴池劉之泗畏齋舊藏，先生題簽"孟友直女十一娘誌　開元三年四月九日"，拓本劉氏鈐印"劉公魯讀碑記""施舍所得"。一無署名無鈐印框欄題簽"孟友直女墓誌　開元四［三］年"，先生小識"此紙疑為摹刻"，拓本先生鈐印"施舍金石""吳興施舍攷藏"。

文獻公姚懿碑　　胡晧撰　徐嶠之書　開元三年十月十三日　為先生著錄《唐碑百選》第四十二種。

蜀王府記室蔡君夫人張氏墓誌　　分書　趙雲虬撰　開元三年十月二十五日

陝州夫子廟堂碑　　田義暅撰並分書　四面刻　開元四年五月一日　先生題簽"唐陝州先聖廟堂碑　田義暅分書　開元四年　碑陰一紙"並印"施蟄存"，小識"此碑四面刻，茲僅得碑陰一面"又鈐"施蟄存"。

太僕寺典牧署令袁仁墓誌銘　　開元四年五月二十七日　拓本先生鈐印"無相盦"。

淨域寺法藏禪師塔銘　　田休光撰　開元四年五月二十七日

高應及夫人孟氏墓誌　　開元四年十一月十九日　拓本先生鈐印"施舍所得"。

太常協律郎裴君妻賀蘭氏墓誌銘　　開元四年十二月十日　拓本先生鈐印"吳興施舍攷藏"。

有道先生葉國重碑　　李邕撰並書　額遜卦　開元五年三月七日　東武劉喜海嘉蔭簃舊藏。拓本先生題簽"葉國重墓碑　李邕撰並書，開元五年三月七日"並印"吳興施舍攷藏"。拓本無署名無鈐印小記"唐葉有道碑，李邕正書"，拓本劉氏鈐印"燕庭珍藏"等兩印。

光禄少卿姚彝神道碑　　　崔沔撰　徐嶠之書　開元五年四月二十七日　　為先生著錄《唐碑百選》第四十三種。

梓州長史劉彥之墓誌　　　開元五年八月五日　　無署名無鈐印題簽"唐劉彥之志"，拓本先生鈐印"吳興施舍攷藏"。

洺州泜鄉縣尉慕容昇及夫人魚氏墓誌　　　開元五年十月十九日

吏部常選蔣楚賓夫人于氏墓誌銘　　　開元六年七月十日　　有復本。愛儷園睢寧姬覺彌舊藏，先生題簽"蔣楚賓妻于氏誌　開元六年七月十日"並印"施舍所得"，拓本姬氏鈐印"覺彌長壽"，先生鈐印"施舍所得"。另本先生鈐印"吳興施舍所得古金石專瓦文""吳興施舍攷藏"。

幽棲寺尼正覺浮圖銘　　　開元六年七月十五日　　先生題簽"幽棲寺尼正覺浮圖之銘　開元六年七月十五日"，拓本先生鈐印"舍之"。

廣府兵曹賈黃中墓誌銘　　　開元六年十月二十四日　　先生題簽"賈黃中誌　開元六年十月廿四日"，拓本先生鈐印"吳興施舍攷藏"。

儀州遼城府左果毅劉元超及夫人李氏墓誌　　　誌蓋篆書　開元六年十一月十九日　二紙　有復本。拓本鈐印"寶端樓""稽廬所藏金石文字""宛書"，先生鈐印"吳興施舍攷藏"。

河南縣王城鄉劉府君及夫人張氏遷措誌　　　開元六年十一月十九日　　拓本先生鈐印"華亭施氏無相庵藏"。

東海縣鬱林觀東巖壁記　　　崔逸撰　無書者姓名　分書　開元七年正月　有復本。先生題簽"東海鬱林觀東巖壁記　崔逸撰，隸書，開元七年，八紙，尚缺末行題名"並印"吳興施舍攷藏"。另本先生題識"唐海州鬱林觀東巖壁記，八幅全，一九九二年展閱，北山"並印"施舍讀碑記"，又小識"缺二幅，在別處，未失"，拓本亦鈐"施舍讀碑記"。為先生著錄《唐碑百選》第四十四種。先生嘗作題跋，《唐東海鬱林觀東巖壁記》記云"余收得兩本，皆分拓八紙。其一本紙已渝敝，字畫完好。其一本紙經裱背，可耐久，然崖石崩裂，字多中斷。前拓本不能在乾嘉以上，後拓本不能晚於同光，然則百年之間，遽已損泐如許，今恐愈益漫滅，甚或不可尋矣"。（見《北山集古錄》）

賀君夫人賈待墓誌銘　　　開元七年四月二十六日　拓本先生鈐印"舍之審定"。

兗州都督于知微碑　　姚崇撰　無書者姓名　有額篆書　開元七年六月三日　為先生著錄《唐碑百選》第四十五種。

錦州參軍王庭芝墓誌銘　　有額篆書　開元七年十一月六日

鄴縣修定寺傳紀　　僧玄昉建　分書　兩面刻　有額篆書　開元七年　二紙　會稽顧燮光金佳石好樓舊藏。附顧氏"金佳石好樓收藏金石目錄"印製封。先生題簽"唐鄴縣修定寺記　開元七年"，又題識"鄴縣修定寺記，唐開元七年，兩面刻，見《安陽金石錄》"並印"施舍所得"。拓本碑正碑陰先生皆鈐印"吳興施舍所得古金石專瓦文"。

京兆府功曹韋希損墓誌銘　　　子璞玉述　開元八年正月八日　有復本。拓本先生鈐印"施舍金石""吳興施舍攷藏"。

居德寺碑　　裴□□撰　僧崇志書　開元八年四月八日　無署名無鈐印框欄題簽"唐居德寺碑　正書，開元八年四月"，先生鈐印"施舍金石"。拓本先生題簽"唐居德寺碑　開元八年"並印"吳興施舍攷藏"。

雲麾將軍李思訓碑　　　李邕撰並行書　開元八年六月二十八日　為先生著錄《唐碑百選》第四十六種。

定王府國尉李明遠墓誌　　　開元八年八月十六日

周利貞墓誌銘　　　孫浩然撰　賈庭芝書　開元八年十月十八日
新安張鈁友石千唐誌齋傳拓本。先生嘗作題跋，《唐周利貞墓誌》記云"張氏千唐誌齋藏石傳拓，利貞'兩唐書'俱入'酷吏傳'""文既悖謬，字亦不見佳處"。（見《北山集古錄》）

綿州參軍張思道墓誌銘　　　開元九年十月十日　有復本。貴池劉之泗畏齋舊藏，無署名無鈐印題簽"唐張思道勤王志"，先生小識"開元九年，□思道墓誌"，拓本劉氏鈐印"劉公魯讀碑記"，先生鈐印"施舍所得"。

澤王府戶曹參軍裴自強及夫人杜氏墓誌　　　開元九年十月十一日
拓本先生鈐印"吳興施舍攷藏"。

鎮軍大將軍□文殘碑　　　僧大雅集王羲之行書　開元九年十月二十三日　拓本先生鈐印"吳興施舍攷藏""舍之審定""舍"。按：此碑又稱"興福寺半截碑""吳文殘碑"。

蘇州常熟縣令郭思謨墓誌銘　　　孫翌撰　開元九年十一月十七日
有復本。無署名無鈐印題簽"唐郭思謨志"，先生小識"孝子郭思謨誌　開元九年"，又識"郭思謨墓誌銘"。兩本先生皆鈐印"吳興施舍攷藏"。

處士韓德墓誌銘　　　正篆草三體雜書　開元九年十一月二十九日
潮陽陳運彰玉延樓舊藏，拓本鈐印"蒙厂所得金石"。先生鈐印"吳興施舍攷藏"。

雲居寺李公石浮圖銘　　　梁高望撰並行書　開元十年四月八日
有復本。順德鄧實風雨樓藏本，先生題簽"唐李文安造易州石浮圖銘　開元十年，梁高望書"並印"北山樓文房"，舊藏者題識"此本有風雨樓印，鄧秋枚物也"，先生鈐印"吳興施舍"；拓本鈐印"風雨樓"，先生鈐印"吳興施舍攷藏"。另本武進丁听彝求是齋舊藏，先生題簽"雲居寺李公石浮圖銘　唐開元十年四月八日"，拓本鈐印"丁氏汀鷺碑籍""武進丁紹基求是齋"，先生鈐印"吳興施舍攷藏"。

申屠公墓誌銘　　開元十年九月十六日　潮陽陳運彰玉延樓舊藏。拓本陳氏鈐印"蒙厂所得金石"，先生鈐印"無相庵""施舍金石"。

洛陽龍門山奉先寺大盧舍那像龕記　　開元十年十二月五日　無署名無鈐印框欄題簽"奉先寺像龕記　開元十年"，拓本先生鈐印"無相庵藏本"。

滕王府記室參軍田嵩及夫人張氏墓誌　　開元十一年正月二十八日　拓本先生鈐印"舍之長物""吳興施舍攷藏"。

雍君及夫人張氏墓誌　　開元十一年四月二十六日　拓本先生鈐印"吳興施舍攷藏"。

孔子顏子贊殘石　　睿宗御製　開元十一年五月　先生題簽"孔子顏子贊殘石　曲阜，開元十一年五月"並印"吳興施舍攷藏"。先生嘗作題跋，《唐孔子顏子讚殘石》記云"此本得於曲阜諸碑拓中，石當在孔林"。（見《北山集古録》）

賢力毗伽公主阿郍氏墓誌銘　　開元十一年十月十日　初拓本。

洛州肥鄉縣丞田靈芝及夫人王氏墓誌　　開元十一年　愛儷園睢寧姬覺彌舊藏，拓本姬氏鈐印"覺彌長壽"，先生鈐印"舍之長物""吳興施舍攷藏"。

御史臺精舍碑銘　　崔湜撰　梁昇卿分書　有額篆書　碑陰御史題名　開元十一年　二紙　為先生著録《唐碑百選》第四十七種。

內侍高延福墓誌銘　　孫翌撰　開元十二年正月二十一日　無署名無鈐印框欄題簽"高延福墓誌　力士乃其養子，開元十二年"，拓本先生鈐印"吳興施舍攷藏"。

左武衛中郎將軍石暎墓誌銘　　姚崇撰並書　開元十二年四月七日　按：先生攷為偽刻。無署名無鈐印框欄題簽"武衛中郎石君墓誌　姚崇撰書，開元十二年四月"。先生題識"此是北漢天會八年刻，見'金石續編'。此本改題書撰人，又改題開元年號，是偽刻之工妙者"，拓本先生鈐印"吳興施舍攷藏"。

右金吾衛翊衛宋運及夫人王氏墓誌　　開元十二年五月十四日　貴池劉之泗畏齋舊藏，先生小識"宋運及夫人誌　開元十二年"。拓本劉氏鈐印"劉公魯讀碑記"，先生鈐印"舍之長物""吳興施舍攷藏"。

香積寺主淨業法師靈塔銘　　畢彥雄撰　開元十二年六月十五日　先生題簽"香積寺淨業法師塔銘　畢彥雄撰"並印"蟄存"，拓本先生鈐印"吳興施舍攷藏"。為先生輯"唐禪師塔銘六種"之一。

殿中少監唐昭女端墓誌　　開元十二年六月二十六日　有復本三種。一新安張鈁友石千唐誌齋傳拓本，先生題識"有蓋，張鈁藏，見'千[唐]誌齋誌目'"，拓本鈐印"幼舲欣賞"等。一貴池劉之泗畏齋舊藏，先生題簽"女子唐端誌　開元十二年六月廿六日"，拓本劉氏鈐印"劉公魯讀碑記"，先生鈐印"施舍所得"。一拓本先生鈐印"施舍金石"。

長安華塔寺造像記三段

　　楊將軍新莊像銘　　開元十二年十月八日　先生題簽"楊將軍新莊像銘　唐開元十二年十月八日"，拓本先生鈐印"吳興施舍攷藏"。

　　虢國公楊花臺銘　　申屠液撰　無年月

梁義深等九人造像題名　　無年月　有復本，無署名無鈐印框欄題簽"內侍題名"，拓本先生鈐印"無相庵藏本"。另本先生題識"梁義深造象在寶慶寺殿壁"，拓本先生鈐印"北山樓"。

右領軍衛八諫府隊副郭馮德墓誌　　正行雜書　開元十二年十一月十一日

潮陽陳運彰玉延樓舊藏，拓本陳氏鈐印"蒙厂所得金石"，先生鈐印"吳興施舍攷藏"。

吳善及夫人劉氏墓誌　　開元十二年十一月二十六日

溳陽端午橋陶齋傳拓本。拓本端氏鈐印"托活洛氏端方藏石"，先生鈐印"吳興施舍攷藏"。

涼國長公主碑　　蘇頲撰　玄宗分書　有額篆書　開元十二年十一月

拓本先生鈐印"吳興施舍所得古金石塼瓦文"。

鄎國長公主碑　　張說撰　玄宗分書　開元十三年四月

述聖頌　　達奚珣撰序　呂向撰銘並書　開元十三年六月九日

拓本先生鈐印"吳興施舍所得古金石塼瓦文"。為先生著錄《唐碑百選》第四十九種。先生嘗作題跋，《唐碑六題·述聖頌》記云"余以其碑石完好，字無殘缺，初學唐楷，自此入門，不失平正端莊，故選錄之"。（見《北山談藝錄》）

右武衛大將軍乙速孤行儼碑　　劉憲撰　白[田]義晊分書　有額分書　開元十三年二月十六日

先生題識"乙速孤行儼碑　下截，每行拓四十六字，劉憲撰，白義晊書，分書"並印"舍之審定"，又為碑額小識"乙速孤行儼碑額"。拓本先生鈐印"施舍校碑""舍之審定"。為先生著錄《唐碑百選》第四十八種。

索崇墓誌　　開元十三年十一月二十三日

三原于右任鴛鴦七誌齋傳拓本，鹿原劉海天畊鋤草堂藏本。拓本鈐印"關中于氏藏石""關西餘子""老農夫"並農夫肖形印,先生鈐印"吳興施舍攷藏"。

尚舍直長薛君夫人裴氏墓誌銘　　開元十四年二月二十三日　有復本。北流陳柱守玄閣舊藏,無署名無鈐印題簽"薛夫人裴氏墓志",拓本陳氏鈐印"柱尊珍賞",先生鈐印"施舍所得"。另本亦鈐"施舍所得"。

潭州衡山縣令鄭戎墓誌　　開元十四年五月十九日　愛儷園睢寧姬覺彌舊藏,先生題簽"鄭戎誌　開元十四年",拓本姬氏鈐印"覺彌長壽",先生鈐印"吳興施舍攷藏"。

紀泰山銘　　玄宗撰並分書　年月正書　題額分書　開元十四年九月十二日　為先生著録《唐碑百選》第五十種。

沁州安樂府別將張詮墓誌銘　　開元十四年十一月十日　拓本先生鈐印"吳興施舍所得古金石專瓦文""吳興施舍攷藏"。

太子賓客陳憲墓誌銘　　分書　開元十四年十一月十六日　先生題簽"舊拓陳憲墓誌　分書,開元十四年十一月十六日",拓本先生鈐印"吳興施舍攷藏"。

薦福寺思恒律師塔銘　　常□□撰　開元十四年十二月十三日　先生題簽"薦福寺思恒律師塔銘　常□□撰,開元十四年,'萃編'"並印"吳興施舍攷藏",拓本亦鈐"吳興施舍攷藏",紙背別有鈐印"朴齋""□墀"。為先生輯"唐禪師塔銘六種"之二。

端州石室記　　李邕撰並正書　開元十五年正月二十五日　拓本紙背小記"端州石室記　李北海書",另有鈐印"陳兆祥"。拓本先生鈐印"吳興施舍攷藏"。

袁州參軍李和墓誌銘　　誌蓋篆書　開元十五年六月十三日　二

紙　愛儷園睢寧姬覺彌舊藏，拓本姬氏鈐印"覺彌長壽"。先生題簽"袁州參軍李和誌　開元十五年六月十三日"，拓本先生鈐印"施舍所得"。

楚州安宜縣令王君及夫人劉氏墓誌　閭玄亮撰　開元十五年十月五日　會稽顧燮光金佳石好樓、吳興周湘舲夢坡室遞藏。拓本顧氏鈐印"鼎梅審定"，周氏鈐印"夢坡心賞"。

崔嚴墓誌銘　開元十五年十月二十八日　吳興周湘舲夢坡室舊藏，拓本鈐印"周慶雲金石書畫印"，先生鈐印"吳興施舍攷藏"。

嵩岳少林寺碑　裴漼撰並書　有額分書　開元十六年七月十五日　鄭州崔氏耕堂傳拓本。上截刻武德四年秦王告少林寺主教，一石刻兩碑，另有碑陰。先生後得碑陰，為先生著錄《唐碑百選》第五十一種。先生嘗作題跋，《秦王告少林寺教書》記云"近年修葺寺宇，毀壁出碑，始發現碑陰亦有刻文，乃'秦王告少林寺教書'祖刻也""明昌三年，利用此碑陰刻觀世音像，嵌樹壁間，遂使碑陰轉為碑面。八百年來，無人知有分書之秦王教碑，乃疑《金石錄》之著錄為誤。今此碑忽爾顯露，羣疑盡釋，唐碑又增一石"。（見《嵩洛新出石刻小記》）

開元寺楊澹造尊勝陀羅尼經幢　八面刻　開元十六年十一月八日　先生題合存封"唐　陀羅尼經三種，石鼓尊勝經一[種]"並印"吳興施舍攷藏"。先生題簽"開元寺尊勝陀羅尼經幢　開元十六年"並印"吳興施舍攷藏"。

左驍衛將軍折君夫人曹明照墓誌銘　開元十六年十一月二十三日

泗州刺史王同人墓誌銘　趙不為撰　于遵孝書　開元十七年八月二十六日　拓本先生鈐印"吳興施舍攷藏"。

郭㑉墓誌銘　開元十七年十月十六日　潮陽陳運彰玉延樓舊藏，拓本陳氏鈐印"蒙厂所得金石"，先生鈐印"吳興施舍攷藏""舍之長物"。

靖策墓誌銘　　開元十七年十月二十八日　　潮陽陳運彰玉延樓舊藏，拓本陳氏鈐印"蒙厂所得金石"，先生鈐印"吳興施舍所得古金石專瓦文"。

處士梁爽及夫人王氏墓誌　　開元十七年十一月二十三日　　潮陽陳運彰玉延樓舊藏，拓本陳氏鈐印"蒙厂所得金石"。先生鈐印"吳興施舍攷藏""舍之長物"。

興聖寺主尼法澄塔銘　　嗣彭王志暕撰並書　　開元十七年十一月二十三日

麓山寺碑　　李邕撰並行書　　有額篆書　　開元十八年九月十一日
按：先生未得碑陰。為先生著錄《唐碑百選》第五十二種。

河南府懷音府長上折衝劉庭訓墓誌銘　　開元十八年十月十六日
拓本先生鈐印"吳興施舍攷藏"。

陪戎尉孟頵墓誌銘　　開元十八年十月二十八日　　拓本先生鈐印"吳興施舍所得古金石專瓦文"。

華州鄭縣主簿李景陽墓誌銘　　開元十九年二月十七日　　拓本先生鈐印"舍之長物""吳興施舍攷藏"。

汝州魯陽府別將胡明期母曹夫人誌銘　　鶱國俊撰　　開元十九年四月七日　　拓本先生鈐印"舍之長物""吳興施舍攷藏"。

騎都尉劉祿墓誌銘　　開元十九年四月十九日

金州參軍李侯墓誌銘　　開元十九年十一月十五日

鄭進思墓誌銘　　　開元十□年□月二十八日　　先生小識"鄭進思，開元十□年□月廿八日"，拓本先生鈐印"吳興施舍攷藏""舍之長物"。

尹川府長史王希俊墓誌銘　　　開元二十年七月二十一日

河南府澠池縣丞慕容瑾墓誌銘　　　開元二十年八月十四日

潞州長子縣尉王怡墓誌銘　　　雍惟良撰　　開元二十年九月二日
拓本先生鈐印"北山樓""吳興施舍攷藏"。

闕特勤碑　　　玄宗撰並分書　　有額正書　　開元二十年十月七日
先生題簽"唐闕特勤碑　玄宗分書，在蒙古，開元廿年十月"。

冠軍大將軍李仁德墓誌銘　　　開元二十一年四月十三日　　無署名
無鈐印框欄題簽"冠軍將軍李公墓誌　開元二十一年"，先生小識"李仁德墓誌，此初拓本，石久逸"並印"舍之"。

宣化寺比丘尼堅行禪師塔銘　　　開元二十一年閏六月十日　　拓本
先生鈐印"吳興施舍攷藏"。

河南府參軍張軫墓誌銘　　　呂巖說撰　　開元二十一年十月十六日
拓本先生鈐印"吳興施舍攷藏"。

秀士張點墓誌銘　　　兄愿撰　　開元二十一年十月十六日　　拓本先生鈐印"施蟄存"。

徐州滕縣主簿王眘疑及夫人張氏墓誌　　　王仲丘撰　　開元二十二年四月二十日卒

吏部常選段貞墓誌　　　開元二十二日八月十四日　　先生題簽"吏部常選段貞誌　開元廿二日八月十四日"，拓本先生鈐印"吳興施舍攷藏"。

清夷軍倉曹兼本軍總管張休光墓誌銘　　万俟餘慶撰　張若芬分書　開元二十二年十月二十二日　拓本先生鈐印"吳興施舍攷藏""舍之長物"。

代國長公主碑　　鄭萬鈞撰　子聰書　開元二十二年十二月三日　先生題合存封"妬神頌　代國長公主碑",又題簽"唐代國長公主碑　鄭萬鈞撰,鄭聰正書,無額,僅拓半截,開元二十二年十二月三日建"並印"吳興施舍攷藏"。

太原府太原縣丞蕭令臣墓誌銘　　開元二十三年二月十日　有復本三種。一溴陽端午橋陶齋傳拓本,拓本鈐印"托活洛氏端方藏石",先生鈐印"無相庵藏本"。一先生題簽"蕭令臣禎之墓誌　開元廿三年二月十日",拓本先生鈐印"舍之長物"。別一本先生題簽"唐太原縣丞蕭令臣墓誌　開元廿三年,佳",拓本先生鈐印"吳興施舍攷藏"。

青州刺史鄭諶及夫人楊氏墓誌　　楊宗撰　元光濟書　陳須達鐫　開元二十三年二月二十三日　拓本先生鈐印"舍之長物""吳興施舍攷藏"。

董靜志為亡父母造像記　　開元二十三年七月三十日身故　拓本先生鈐印"吳興施舍攷藏"。

嵩山會善寺景賢大師石塔銘　　羊愉撰　僧溫古行書　開元二十三年八月二十五日

鄜州大同府折衝都尉公孫孝遷墓誌　　彭炎撰　開元二十三年十月二十七日

御製令長新誡　　王良輔書　有額分書　開元二十四年二月七日　拓本紙背前人題記"唐御製令長新誡,開元廿四年,王良輔書,正書頗佳"。

先生題簽"唐令新誡　玄宗御製，王良輔書，開元廿四年二月七日，乾州，舍之著録"並印"吳興施舍攷藏"。

大智禪師靈塔銘　　杜昱撰　開元二十四年七月六日　　有復本。先生題簽"大智禪師塔銘　杜昱撰，開元廿四年七月六日"並印"華亭施氏無相庵藏"，拓本先生鈐印"施舍所得"，為先生輯"唐禪師塔銘六種"之三。另本無署名無鈐印題簽"唐杜昱撰大智禪師志"，附紙先生小識"大智禪師塔銘，見'金石續編'，'唐書·方技傳'"，拓本先生鈐印"吳興施舍攷藏"。

大智禪師碑　　嚴挺之撰　史惟則分書並篆額　開元二十四年九月十八日　　拓本先生鈐印"吳興施舍攷藏"。為先生著錄《唐碑百選》第五十三種。

　　附碑陰記　　陽伯成撰　史惟則分書　開元二十九年五月十八日

　　又附一本　　碑陰宋金題名　宋淳化四年三月　先生題識"大智禪師碑陰宋金題名四段，宋：呂文仲、崔承業（殘），金：馬烜、刁璧。'八瓊室'著錄"，拓本先生鈐印"吳興施舍"。

京兆府美原縣尉張昕墓誌銘　　開元二十四年十一月十日　偽刻　無署名無鈐印框欄題簽"張昕墓誌銘　開元廿四年，偽書"，先生小識"芃手本"。

處士成君及夫人韓氏墓誌　　開元二十四年十一月十日　　潮陽陳運彰玉延樓舊藏，拓本陳氏鈐印"蒙厂所得金石"，先生鈐印"吳興施舍攷藏"。

西山廣化寺不空法師塔記　　開元二十五年八月一日　　按：先生攷為偽刻。有復本。無署名無鈐印框欄題簽"不空法師塔記　開元二十五年"，先生鋼筆小識"偽刻"。另本先生小識"不空和尚塔銘，開元二十五年"，又硃筆加識"妄人偽作"。

開州録事參軍李勗及夫人鄧氏誌銘　　滕少逸撰　開元二十五年十一月十四日　拓本先生鈐印"舍之長物""吳興施舍攷藏"。先生嘗作題跋，《唐李勗墓誌》記云"正書豐潤，近顏魯公，完好不損一字，亦唐誌之佳品""此文失書鄧氏卒年，故顧鼎梅《古誌新目》列於開元廿五年十一月十四日，羅振玉《芒洛冢墓遺文》同，皆誤也""此誌當是上元大曆年間之物"。（見《北山集古録》）

尉遲迴廟碑　　閻伯嶼序　顏真卿銘　蔡有鄰分書　開元二十六年正月　為先生著録《唐碑百選》第五十四種。

錢塘縣丞殷履直妻顏氏碑　　顏真卿撰並書　有額篆書　四面環刻　開元二十六年正月　二紙　按：另有攷為顏真卿書於大曆十二年。先生未得碑兩側，題簽"錢唐丞殷君夫人顏氏碑"並印"施蟄存印""吳興施舍攷藏"，拓本兩紙先生皆鈐印"吳興施舍攷藏""吳興施舍北山樓藏碑"。

大安國寺惠隱禪師塔銘　　開元二十六年二月六日　有復本。先生題簽"大安國寺惠隱禪師塔銘　開元廿六年二月"並印"吳興施舍攷藏"，拓本鈐印"吳興施舍攷藏"等。另本先生題簽"惠隱禪師塔銘　開元廿六年，'金石續編'著録"並印"舍之"，拓本鈐印"徵三"，先生鈐印"吳興施舍攷藏"。為先生輯"唐禪師塔銘五種"之四。

薛夫人優婆夷未曾有塔銘　　杜昱撰並書　張乾愛刻字　開元二十六年五月十五日　先生題簽"薛夫人優婆夷未曾有塔銘　杜昱撰，開元廿六年，'萃編補正'"並印"吳興施舍攷藏"。

河南朱氏夫人墓誌銘　　誌蓋篆書　開元二十六年五月十七日　二紙　愛儷園睢寧姬覺彌舊藏，拓本先生鈐印"吳興施舍所得古金石專瓦文""吳興施舍攷藏"，誌蓋拓本姬氏鈐印"覺彌長壽"，先生亦鈐"無相庵藏本"。

忠王府文學王固已墓誌銘　　開元二十六年閏八月六日　拓本先生鈐印"吳興施舍攷藏"。

代樂王慕容明墓誌銘　　開元二十六年十二月七日　拓本先生鈐印"北山樓文房""吳興施舍攷藏"。

易州鐵像碑頌　　王端撰　蘇靈芝行書　開元二十七年五月三日　先生題封"唐蘇靈芝書碑　易州鐵象頌"並印"舍之長物"，又題簽"易州鐵象頌　王端撰，蘇靈芝書，開元二十七年五月"亦鈐"舍之長物"。

汴州封丘縣令白知新及夫人鄭氏墓誌　　開元二十七年十月十四日

右驍衛倉曹參軍鄭齊閔墓誌銘　　鄭日成撰　開元二十七年十月二十五日

尚書比部員外郎崔玄隱墓誌銘　　開元二十七年十月二十六日　拓本先生鈐印"吳興施舍攷藏"。

台州司倉參軍趙庭秀墓誌銘　　開元二十七年十月二十六日　無署名無鈐印題簽"唐趙庭秀志"，先生題簽"趙庭秀墓誌　開元廿七年十月廿六日"，拓本先生鈐印"吳興施舍攷藏"。

和州歷陽縣主簿張易墓誌銘　　開元二十七年十一月二十六日

潁王府錄事參軍郜崇烈墓誌銘　　張諤撰　開元二十八年七月二十二日

豫州郾城縣丞張孚墓誌銘　　姪繟述　開元二十八年七月　拓本

先生鈐印"吳興施舍攷藏"。

綿州涪城縣丞張承祚墓誌銘　　　開元二十八年十一月二十九日
騰衝李根源曲石精廬傳拓本。先生嘗作題跋,《唐綿州涪城縣丞張承祚墓誌》記云"騰衝李氏藏石"。(見《北山集古錄》)

果毅都尉裴坦墓誌銘　　　開元二十九年二月二十日　　拓本先生鈐印"吳興施舍攷藏"。

祠部員外郎裴稹墓誌　　　裴胐撰兼書　　開元二十九年二月二十日
無署名無鈐印框欄題簽"祠部員外裴君墓誌　開元二十九年",拓本先生鈐印"吳興施舍攷藏"。

莒國公唐儉碑　　　無撰書者姓名　　有額分書　　開元二十九年二月　　二紙　先生題簽"唐儉碑　有額"並印"吳興施舍攷藏",又小識"唐儉碑,開元時之一。此乃碑之上段,從第一字起,每行拓廿三字。無書撰人名",拓本先生鈐印"吳興施舍北山樓藏碑",碑額拓本先生鈐印"吳興施舍攷藏"。為先生著錄《唐碑百選》第五十五種。

李氏造多寶塔銘並序　　　開元二十九年閏四月十八日　　有復本,先生題簽"郭楚貞母李氏造多寶塔銘　開元二十九年閏四月十八日",拓本先生鈐印"北山樓"。另本先生鈐印"吳興施舍攷藏"。

石壁寺鐵彌勒像頌　　　林諤撰　　房鱗妻高氏行書　　開元二十九年六月二十四日　　金泰和四年重刻題記　為先生著錄《唐碑百選》第五十六種。

隴西縣君牛氏像龕碑　　　張九齡撰　　分書　　年月缺　　附開元末。無署名題簽"唐隴西縣君牛氏像龕碑　張九齡文,年月泐",又題簽"唐牛氏像龕碑"並印"唐齋石墨",先生亦鈐"吳興施舍攷藏";先生題簽"唐牛氏像

龕碑"並印"舍之"。拓本鈐印"唐齋石墨",先生鈐印"北山樓文房""吳興施舍攷藏"。

洛陽龍門山開元造像記十九段

先生題簽"龍門山唐人造像記　中宗　神龍、景龍,睿宗　景雲、太極,玄宗　先天、開元、天寶"。

雍州乾封縣張胡師造像記　為北山樓藏本"王孝禹藏龍門造像精拓本第四冊"之一種。

雍州萬年縣張一淨造像記　有復本。先生小識"張一淨造像",拓本先生鈐印"施舍所得"。另本北山樓藏本"王孝禹藏龍門造像精拓本第四冊"之一種。

雍州慶山縣樊思敬為亡故七代及亡父母造像記

雍州雲陽縣張法海造像記　有復本。先生小識"開元元年十二月改雍州為京兆,此當是開元以前刻",拓本先生鈐印"施舍所得"。另本北山樓藏本"王孝禹藏龍門造像精拓本第五冊"之一種。

雍州□□縣段法智为父造像记　先生小識"段法智造像"並印"蟄存",拓本先生鈐印"施舍所得"。

雍州□禮縣王君章為父母造像記　拓本無鈐印。

雍州雲陽縣宋思德造像記　有年月,已泐失。

雍州都督府戶曹路敬潛妻范陽盧氏造像記

雍州岐山縣段仁師為亡考造石像十坩記　先生小識"雍州岐山縣段仁師為亡考造",拓本先生鈐印"施舍所得"。

雍州長安縣通義鄉王仕朗為七代父母造像記　　為北山樓藏本
"王孝禹藏龍門造像精拓本第六冊"之一種。

雍州長安縣□□造阿彌陀像記　　□□元年正月二十五日
為北山樓藏本"王孝禹藏龍門造像精拓本第六冊"之一種。

按：以上十一段皆不可知年月，惟雍州以開元元年十二月改為京兆府，可知此諸刻當在改府之前，故列於開元元年之首。

杜潛輝為一切發心作仏者造一仏二菩薩記　　開元二年二月九日秀珪記　有復本。拓本先生鈐印"吳興施舍"。另本北山樓藏本"王孝禹藏龍門造像精拓本第四冊"之一種。

仏弟子任令瓌為亡□任六娘造像記　　開元二年四月八日
為北山樓藏本"王孝禹藏龍門造像精拓本第四冊"之一種。

韋利器等造彌陁像贊　　邱悅撰　韋利涉書　開元三年八月十日

比丘僧真性為父母及一切眾生造阿彌陁佛像記　　開元三年九月八日　有復本。拓本先生鈐印"吳興施舍"。另本北山樓藏本"王孝禹藏龍門造像精拓本第四冊"之一種。

張惟誚造像記　　開元七年三月二十日　為北山樓藏本"王孝禹藏龍門造像精拓本第四冊"之一種。

河南府陸渾縣程奉一造像記　　開元九年　為北山樓藏本"王孝禹藏龍門造像精拓本第六冊"之一種。

吳藏師為亡女造觀世像記　　開元七年正月二日　兩段合拓本之一，為北山樓藏本"王孝禹藏龍門造像精拓本第五冊"之一種。

雍文矩造像記　　　開元十四年十二月十四日　　拓本先生鈐印"吳興施舍"。

相州臨河縣令賈令琬墓誌銘　　　王弼撰　題分書　誌文正書　天寶元年三月二十八日

潁川陳令望造心經碑　　　有額正書　四面刻　天寶元年四月八日　　先生未得碑陰及碑兩側。蘭溪劉焜甓園舊藏，拓本劉氏鈐印"蘭溪劉氏家藏"，紙背鈐印"鐵漢"，先生鈐印"吳興施舍所得古金石專瓦文""吳興施舍攷藏""施蟄存印"。先生嘗作題跋，《陳令望造心經碑》記云"此本烏金墨拓甚精細工緻""《匋齋藏石記》云'碑上截自左角至右斜斷，經文約缺四十字'，今此本獨完好，則在歸匋齋以前所拓矣"。（見《北山談藝錄續編》）

告泰華府君文　　　韓賞撰　韓擇木分書　天寶元年四月　　為先生著錄《唐碑百選》第五十七種。

兗公頌　　　張之宏撰　包文該書　有額分書　天寶元年四月二十三日　　先生題簽"兗公之頌　張之宏撰，包文該書，唐天寶元年"並印"舍之審定"，為先生著錄《唐碑百選》第五十八種。

左威衛倉曹參軍何簡墓誌銘　　　妻辛氏撰　天寶元年七月三十日　　先生題簽"何簡墓誌　妻隴西辛氏撰，天寶元年七月卅日"鈐印"吳興施舍攷藏"，又題識"此唐隴西辛氏為其夫何簡撰墓誌，婦女書撰之墓誌，自來著錄不過三四本，余所見所得惟此一本。此文已錄入羅振玉'芒洛冢墓遺文'。誌石已去日本，拓本不可再得，後人其寶之"並印"施舍金石"，拓本亦鈐"施舍金石"。先生嘗作題跋《唐何簡墓誌》。（見《北山集古錄》）

袁州別駕苑玄亮墓誌銘　　　梁普撰　天寶元年十一月十九日　　拓本先生鈐印"吳興施舍攷藏"。

陝郡忠孝府折衝袁仁爽墓誌銘　　　天寶元年十二月一日

文安郡文安縣尉王之渙墓誌銘　　　靳能撰　天寶二年五月二十二日

洪州高安縣令護軍崔君夫人獨孤氏墓誌銘　　　子崔季梁撰並書　天寶二年十一月二日　先生題識"此初拓本，第九行善、無二字未泐"並印"舍之"，拓本鈐印"興倉道人"，先生鈐印"吳興施舍攷藏"。

五品孫陳周子墓誌銘　　　父齊卿述　天寶二年十一月十四日　無署名無鈐印題簽"唐陳周墓誌銘　正書，天寶二年十一月十四日"，拓本先生鈐印"華亭施氏無相庵藏"。

隆闡大法師懷惲碑　　　無撰書者姓名　行書　天寶二年十二月十一日　為先生著錄《唐碑百選》第六十種。

玉真公主靈壇祥應記　　　蔡瑋撰　蕭誠行書　天寶二年　為先生著錄《唐碑百選》第五十九種。

嵩陽觀紀聖德感應頌　　　李林甫撰　徐浩分書　裴迴篆額　天寶三載二月五日　先生題封"唐聖德感應頌　徐浩分書"並印"蟄存"，又題簽"徐浩隸書嵩陽觀記　天寶三載五［二］月，唐碑之尤巨麗者"並印"舍之"。另無署名無鈐印小簽"唐聖德感應頌"。為先生著錄《唐碑百選》第六十一種。

濟王府典軍李禕妻呂氏墓誌銘　　　天寶三載閏二月三日　拓本先生鈐印"吳興施舍攷藏"。

左清道率忠武將軍索思禮墓誌銘　　　天寶三載八月十二日

宇文琬墓誌銘　　　周珎撰　曹惟良書　天寶三載十月二十日　有

復本。先生題簽"宇文琬墓誌　曹惟良書，天寶三載十月廿日"，拓本有鈐印，失記。

桂陽郡臨武縣令王訓及夫人朱氏墓誌　　　天寶四載二月二十一日
拓本先生鈐印"舍之長物""吳興施舍攷藏"。

司馬元禮及夫人田氏墓誌　　鄭茗萊撰　李鈞書　天寶四載八月十七日　　無署名無鈐印題簽"司馬元禮墓志名[銘]"並先生鈐印"施舍所得"，先生題識"司馬元禮，不見著錄，亦無題跋，'藝風堂目'有"並印"施舍所得"。

石臺孝經　　玄宗製序並注及分書　皇太子亨篆額　四面刻　天寶四載九月一日

大奉國寺比丘喬守忠龕塋記　　石穎撰　崔英書　天寶四載九月二十五日　　先生題簽"高[喬]守忠龕塋記　石穎文，天寶四載九月廿五日，'芒洛冢墓遺文補遺'著錄"，拓本先生鈐印"吳興施舍攷藏"。

賈令琬夫人馬氏祔葬誌　　梁德□撰　天寶四載十月二十五日

隴關道遊奕使任令則碑　　李邕撰並行書　天寶四載十月二十六日　　先生題簽"任令則碑　李邕撰並行書，天寶四載十月"並印"施蟄存"，拓本先生鈐印"吳興施舍北山樓藏碑"。

吳郡常熟縣令張泚墓誌銘　　行書　天寶四載十一月十九日

苗君及夫人竇氏胡氏墓誌　　天寶四載十一月二十日　　潮陽陳運彰玉延樓舊藏，拓本陳氏鈐印"蒙厂所得金石"。先生鈐印"吳興施舍攷藏"。

陪戎副尉雷詢及夫人趙氏墓誌　　天寶五載六月五日　　蘭溪劉焜甓園舊藏。拓本鈐印"鐵漢"等，先生鈐印"吳興施舍攷藏""舍之寓心"。

唐

河南府浿梁府左果毅都尉胡肅墓誌銘　　　天寶五載六月二十一日

大府寺南市令朱公夫人王氏墓誌　　　張萬封撰　天寶五載十月六日

嵩山會善寺淨藏禪師身塔銘　　　天寶五載十月二十六日　　有復本。先生題簽"嵩山會善寺淨藏禪師身塔銘　天寶五載十月廿六日"並印"吳興施舍攷藏"。拓本先生鈐印"舍之長物"。另本先生鈐印"吳興施舍攷藏"。為先生輯"唐禪師塔銘六種"之四。

朱氏新婦婁氏墓誌銘　　　行書　天寶六載正月三十日　　先生題簽"朱氏新婦婁氏誌　天寶六載正月卅日"，拓本先生鈐印"施舍所得"。

逸人竇居士碑　　　李邕撰　段清雲行書　有額分書　天寶六載二月八日　　先生題簽"逸人竇居士碑　有額，李邕撰，段清雲書，天寶六載二月"並印"舍之寓心"，為先生著錄《唐碑百選》第六十二種。

上騎都尉王貞及夫人李氏墓誌　　　天寶六載二月二十四日　　潮陽陳運彰玉延樓舊藏，先生題簽"唐上騎都尉王貞墓誌銘　天寶六載二月廿四日"。拓本陳氏鈐印"蒙厂所得金石"，先生鈐印"吳興施舍攷藏"。

新平郡宜祿府折衝都尉成公墓誌銘　　　天寶六載十月二十八日　清道光十年李僎題刻　　有復本。甘泉毛鳳枝蟬叟寓意於物齋舊藏，毛氏題識一紙並印"廣陵毛子林氏審定金石文字"，先生題識"此道光十年庚寅秋刻跋後拓本，石出土後一年也。今石已碎裂，此本為可珍矣。舍之，一九六五年四月望"。另本先生小識"宜祿府折衝都尉成君……天寶六載十月"，又小識"此近拓本，以備參證"並印"施舍金石"。

清河郡宗城縣尉李迪墓誌銘　　　天寶六載十一月二十五日　　拓本先生鈐印"吳興施舍攷藏"。

嗣曹王李戢墓誌銘　　李庭堅撰　　駱從愁書　天寶六載十二月二十日　　北山樓藏本"武進陶氏涉園藏魏誌石拓本　齊周隋唐坿"全函硃拓之一種，印製框欄簽條"嗣曹王李戢誌　天寶六年十二月廿日"，拓本先生鈐印"吳興施舍攷藏"。

北嶽封安天王銘　　李荃撰　　戴千齡分書並篆額　碑陰康傑撰戴千齡書　天寶七載五月二十五日　　剪裱線裝本，封面無署名無鈐印題簽"北嶽恒山安天王銘　唐天寶七載"，冊內鈐印"吳興施舍北山樓藏碑"，先生題識箋紙二頁，有曰"盛仲交、朱竹垞極賞之，陳子文謂為唐碑中最奇者。余求之十年，乃今始得之。筆致極蒼古，直紹鍾、梁衣缽""方其時也，千齡則掉臂獨行，希蹤魏隸，可謂書苑之畸人矣。唐碑中如此面目，殆無第二本，誠足珍異。然其結體不免過於愛奇""丙辰四月一日舍記"並印"施舍長年"。越日又曰"碑建七年而祿山叛，賈馮諸人或有附逆者，此碑竟得存而不毀"並印"施"。為先生著錄《唐碑百選》第六十三種。先生嘗作題跋《唐北嶽封安天王銘》。(見《北山集古錄》)

吏部常選潘智昭墓誌銘　　天寶七載七月五日　　北流陳柱守玄閣舊藏，無署名無鈐印題簽"潘智昭墓誌"，拓本陳氏鈐印"柱尊珍賞"。

河南府洛陽縣尉李琚及夫人薛氏墓誌　　天寶七載七月丁酉　張潛序　韓液銘　蔡希寂書

漢中郡都督府西曹李公妻寶氏墓誌　　盧沼撰　天寶七載十一月二十四日　　拓本先生鈐印"吳興施舍攷藏""舍之長物"。

子產廟碑殘刻　　分書　天寶七載　三紙　　嘉興張叔未清儀閣傳拓本。先生題識"此唐子產廟殘碑，張叔未得之琢為硯，梁山舟銘，翁覃谿題字。此全拓三紙，未易得也"並印"施舍金石"，拓本三紙先生分別鈐印"施舍所得""施舍金石""施"。先生嘗作題跋，《唐子產廟碑殘石》記云"明清之間，殘石猶存百許字，至乾隆時乃缺失其大半矣。嘉慶間，張叔未得仁和趙晉齋藏舊拓本，面、陰共一百十許字，殆與黃叔儆所見者同。其後黃思堂官新鄭縣，訪得殘石七片，攜歸嘉禾，以存字最多之一片贈張叔未。張氏琢以為硯，乞梁山舟銘之，翁覃谿為摹張遷碑'東里潤色'四字刻於硯匣，即右三紙所拓是也"。（見《北山集古錄》）

青田石門郭密之詩刻　　二段　天寶八載　先生題簽"青田石門摩崖郭密之詩　二紙，天寶八載冬仲"，拓本先生鈐印"吳興施舍攺藏""北山樓"。

譙郡城父縣尉盧復墓誌銘　　杜脊言撰　天寶九載二月十三日　拓本先生鈐印"吳興施舍所得古金石專瓦文""吳興施舍攺藏"。

西河郡平遙縣尉王君墓誌銘　　天寶九載三月十四日　有復本。無署名無鈐印題簽"唐王某墓志　天寶九載三月十四日，在孟縣，《古誌石華》第十二著錄"。另本先生小識"唐平遙縣尉王君誌"。兩本先生皆鈐印"吳興施舍攺藏"。

右武衛將軍高欽德墓誌銘　　徐察撰　天寶九載七月朔

李係墓誌銘　　桺成撰　天寶九載十一月十七日　先生小識"天寶九載李係誌"，拓本先生鈐印"吳興施舍所得古金石專瓦文""吳興施舍攺藏"。

平原郡長河縣令盧全貞及夫人李氏墓誌　　天寶十載十月二十四日　有復本三種。先生題簽"長河縣令盧全貞誌　天寶十載"並小識"未見著錄"，拓本鈐印"吳興施舍攺藏"等。另本失記。

千福寺多寶佛塔感應碑　　岑勛撰　顏真卿書　徐浩分書額　天寶十一載四月二十一日　先生題簽"多寶塔感應碑　有額，精拓本"並印"吳興施舍北山樓藏碑"。為先生著錄《唐碑百選》第六十四種。

京兆府三原縣尉崔澄墓誌銘　　　行書　書撰人名泐失　天寶十一載八月十日　拓本先生鈐印"吳興施舍攷藏"。

彭城劉君夫人王光贊墓誌　　　天寶十一載十一月二十七日　拓本先生鈐印"施舍長年""施蟄存印"。

秦州參軍張璈及夫人王氏墓誌　　　張晏撰　誌蓋正書　天寶十二載二月十二日　二紙　有復本三種。一初拓托裱本，先生題簽"張璈墓誌　張晏撰，天寶十二載"並印"舍之審定"。一未裱本，拓本鈐印"吳興施舍攷藏"等。別一本為摹刻本。

新定太守張朏及夫人李氏墓誌　　　天寶十二載八月二十六日　拓本先生鈐印"北山樓""吳興施舍攷藏"。

王晉造九級浮圖記殘石　　　天寶十二載十月二十二日　先生題簽"王晉造九級浮圖記　天寶十二載十月廿二日"，並題識"天寶十二年十月廿二日王晉等造像，左右中上均有銘刻，此是右面所刻，中左未得。'匋齋藏石記'著錄。此拓本較'藏石記'微有不同，'記'稱'亡過祖禰'，下空一格，此猶可辨半字；但'記'稱'祖母'下有'隴西'二字，則此本所無也"。

左龍武軍將軍彭城公劉感墓誌銘　　　李震撰　席彬書　天寶十二載十月三十日　有復本。北流陳柱守玄閣舊藏，無署名無鈐印題簽"劉感墓誌"，先生小識"每行第一字均泐，已非舊拓，然亦非摹刻本"，拓本陳氏鈐印"柱尊珍賞"。另本先生鈐印"吳興施舍攷藏"。

內侍張元忠妻令狐氏墓誌銘　　　行書　天寶十二載十二月四日　蘭溪劉焜甓園舊藏。先生題簽"張公夫人令狐氏墓誌　天寶十二載十二月四日"並小識"此誌似田穎書"，拓本劉氏鈐印"蘭溪劉氏家藏""鐵漢"。

優婆姨段常省塔銘　　　天寶十二載　無月日　有復本。蘭溪劉焜甓園舊藏。先生題簽"優婆夷段常省塔銘　天寶十二載",又小識"毛鳳枝云此石未詳所在,方藥雨以為偽刻",拓本劉氏鈐印"蘭溪劉氏家藏""鐵漢",先生鈐印"施舍所得"。另本先生又題"優婆姨段常省塔銘　天寶十二載",拓本亦鈐"施舍所得"。

天水郡秦悚墓誌銘　　天寶十三載正月十三日

鄴郡成安縣尉高君夫人張氏墓誌　　天寶十三載六月二日

栖巖寺智通禪師塔銘　　沙門復珪撰　行書　天寶十三載六月三日　先生題簽"栖巖寺智通禪師塔銘　行書,沙門復珪撰,天寶十三載,'八瓊室''山右石刻'"並印"吳興施舍攷藏",拓本亦鈐"吳興施舍攷藏"。為先生輯"唐禪師塔銘六種"之五。

內常侍孫志廉及夫人趙氏墓誌　　申堂構撰　韓獻之行書　天寶十三載六月八日　嘉興張氏清儀閣傳拓本。先生題簽"唐內常侍孫志廉墓誌　精拓本,天寶十三載六月八日"並印"吳興施舍攷藏"。拓本鈐印"嘉興張邦梁鑑定金石記""張邦梁印""叔平金石長壽""古瀛龔儁儕氏珍玩品",先生鈐印"吳興施舍攷藏"。

安鄉郡長史黃君夫人劉氏龕銘　　劉庭玲撰　天寶十三載□月□日　有復本。托裱本,拓本先生鈐印"吳興施舍攷藏"。另本為未裱一紙。

晉陵郡長史護軍段承宗墓誌銘　　孔崇道撰　天寶十三載閏十一月十一日　騰衝李根源曲石精廬傳拓本。先生嘗作題跋,《唐晉陵長史段承宗墓誌》記云"騰衝李氏藏石。承宗,段志玄之曾孫也,然誌文中序其先世官爵,頗有與唐史異者"。(見《北山集古錄》)

鄭夫人姇莫陳氏墓誌銘　　天寶十四載正月十三日

雲麾將軍張安生墓誌銘　　　天寶十四載二月十二日　　無署名無鈐印框欄題簽"雲麾將軍張公墓誌　天寶十四載"，先生亦題簽，拓本先生鈐印"舍之長物""吳興施舍攷藏"。

武部常選韋瓊墓誌銘　　　范朝撰　誌蓋篆書　天寶十四載五月十三日　二紙　有復本。托裱本，先生題簽"韋瓊墓誌　天寶十四載"，拓本先生鈐印"吳興施舍攷藏"。另本先生小識"韋瓊，別有一裱本，有額〔蓋〕"。

太子左贊善大夫李朏墓誌銘　　　陽浚撰　分書　天寶十四載十一月十一日

馬邑郡尚德府折衝都尉張希古墓誌銘　　　田穎行書　天寶十五載四月一日　為先生著錄《唐碑百選》第六十五種。

武部常選劉智及夫人孫氏墓誌　　　張邁撰　題蘇靈芝書　天寶十五載五月十九日　有復本。拓本先生鈐印"北山樓""吳興施舍攷藏"。別一本為摹刻本。

洛陽龍門山唐人無年月造像記二百六十段　　　先生曾題記"龍門山唐人造像記　無年月者"，凡"萬佛洞""敬善寺""蓮花洞""老君洞"等。按：先生嘗曰"龍門山唐人造像，刻於開元以後者極不經見，疑刊山造像之風至此而替"。現以所見先生收藏無年月或年月泐失諸刻拓本，列目於此。而其人名亦不可審者，皆不錄。

　　韓曳雲等造優填王像北龕題記　　　兩刻合拓一紙，有復本。杭州項藻馨竹景居舊藏，拓本項氏鈐印"竹景居""項蘭生""劫後所得"。另本無署名無鈐印框欄題簽"優填王南北龕刻字"，拓本先生鈐印"無相庵"。

　　司徒端等造優填王像南龕題記　　　兩刻合拓一紙，皆同上。

沙門智運造一萬五千尊像記　　有復本。無署名無鈐印框欄題簽"唐智運造像記　'補訪碑錄'收之，石在洛陽"，拓本先生鈐印"吳興施舍攷藏"。另本北山樓藏本"王孝禹藏龍門造像精拓本第六冊"之一種。

傅法師石龕彌勒像讚　　有復本三種。一無署名無鈐印框欄題簽"傅法師彌勒像讚"，拓本先生鈐印"吳興施舍攷藏"。一拓本先生鈐印"北山樓"。別一本北山樓藏本"王孝禹藏龍門造像精拓本第六冊"之一種。為"北山樓選定洛陽龍門山唐人造像三十品集釋"之一。

棣州陽信縣令元□造釋迦像銘　　無署名無鈐印框欄題簽"棣州陽信令元公造像記　隋置棣州　洛陽"。先生小識"無年月，'八瓊室'定為唐刻，'昬'已作'昏'，可知是唐刻"，拓本先生鈐印"吳興施舍攷藏"。

楊三娘張二娘張大娘願家平安共造像記　　有復本。先生小識"楊三娘張二娘張大娘共造阿彌陁像三區"，拓本鈐印"舍之"。另本三段合拓本之一，北山樓藏本"王孝禹藏龍門造像精拓本第四冊"之一種，拓本王氏鈐印"王孝禹攷藏記"。

劉二娘周大娘等共造救苦觀世音像記　　三段合拓本之一，北山樓藏本"王孝禹藏龍門造像精拓本第四冊"之一種，拓本王氏鈐印"王孝禹攷藏記"。

杜善寶妻張造像記　　為北山樓藏本"王孝禹藏龍門造像精拓本第四冊"之一種。

李處月造像記　　為北山樓藏本"王孝禹藏龍門造像精拓本第四冊"之一種。

貴和造無量壽佛記　　為北山樓藏本"王孝禹藏龍門造像精拓本第四冊"之一種。

尼智業造像記　尼修行造像記　　兩刻合拓一紙。先生小識"尼智果（業），尼修行"，拓本先生鈐印"施舍金石"。

李哲為眷屬造像記　　有復本。拓本先生鈐印"吳興施舍攷藏"。另本北山樓藏本"王孝禹藏龍門造像精拓本第四冊"之一種。

使婆羅為父母造石像記　　為北山樓藏本"王孝禹藏龍門造像精拓本第四冊"之一種。

王奇奴願身平安造像記　　有兩刻　有復本。兩刻皆為北山樓藏本"王孝禹藏龍門造像精拓本第四冊"之一種。別一本先生鈐印"施舍所得"。

柳常住為生日造像記　　有復本。拓本先生鈐印"施舍所得"。另本北山樓藏本"王孝禹藏龍門造像精拓本第四冊"之一種。先生嘗作著錄，《龍門造像例》記云"為生日：柳常住為生日造"。（見中盈堂藏本《瓻碑雜錄》）

清信士田遵義田□顯同造像記　　為北山樓藏本"王孝禹藏龍門造像精拓本第四冊"之一種。

都督祁迴造像記　　為北山樓藏本"王孝禹藏龍門造像精拓本第四冊"之一種。

千牛高儉為亡妻造救苦觀世音像記　　有復本三種，兩本先生皆鈐印"施舍所得"，一鈐右側，一鈐左側。別一本北山樓藏本"王孝禹藏龍門造像精拓本第四冊"之一種。

石作張珂造菩薩一尊記　　有復本。先生小識"石作張珂造菩薩一尊"並印"施舍所得"。另本北山樓藏本"王孝禹藏龍門造像精拓本第四冊"之一種。

王威為亡妻泉造像記　　為北山樓藏本"王孝禹藏龍門造像精拓本第四冊"之一種。

清信女嚴三娘為媚媚醜醜造像記　　有復本。拓本鈐印"施舍所得"。另本北山樓藏本"王孝禹藏龍門造像精拓本第四冊"之一種。

席波造像記　　為北山樓藏本"王孝禹藏龍門造像精拓本第四冊"之一種。

仏弟子清信女李為母造阿彌陁像記　　有復本。拓本先生鈐印"施舍所得"。另本北山樓藏本"王孝禹藏龍門造像精拓本第四冊"之一種。

任藥尚為亡母造像記　　為北山樓藏本"王孝禹藏龍門造像精拓本第四冊"之一種。

僧祀造像記　　為北山樓藏本"王孝禹藏龍門造像精拓本第四冊"之一種。

段朋光為□胡造像記　　有復本。拓本先生鈐印"施舍所得"。另本北山樓藏本"王孝禹藏龍門造像精拓本第四冊"之一種。

吉婆造像記　　為北山樓藏本"王孝禹藏龍門造像精拓本第四冊"之一種。

趙義成為己身造像記　　為北山樓藏本"王孝禹藏龍門造像精拓本第四冊"之一種。

王二娘造像記　　兩段合拓本之一,為北山樓藏本"王孝禹藏龍門造像精拓本第四冊"之一種。

高仁德造像記　　兩段合拓本之一,同上。

惠為亡父造像記　　　七月九日　　為北山樓藏本"王孝禹藏龍門造像精拓本第四冊"之一種。

　　僧惠澄造像記　　　為北山樓藏本"王孝禹藏龍門造像精拓本第四冊"之一種。

　　河東縣董法素造像記　　　為北山樓藏本"王孝禹藏龍門造像精拓本第四冊"之一種。

　　楊大娘為夫造像記　　　為北山樓藏本"王孝禹藏龍門造像精拓本第四冊"之一種。

　　郭九娘為娠身造佛兩堪記　　　有復本。拓本先生鈐印"施舍所得"。另本北山樓藏本"王孝禹藏龍門造像精拓本第四冊"之一種。先生嘗作著録，《龍門造像例》記云"為娠：郭九娘為娠□敬造佛兩區，蓮花洞，無年月"。（見中盈堂藏本《翫碑雜録》）

　　劉□義張仵郎造像記　　　為北山樓藏本"王孝禹藏龍門造像精拓本第四冊"之一種。

　　任成為亡父母及亡妻又為王三娘造像記　　　有復本。拓本先生鈐印"舍之"。另本北山樓藏本"王孝禹藏龍門造像精拓本第四冊"之一種。

　　南陽郡張□□為男岳奴造像記　　　兩段合拓本之一，為北山樓藏本"王孝禹藏龍門造像精拓本第四冊"之一種。

　　太原王調為母造像記　　　兩段合拓本之一，同上。

　　弟子劉崇春造像記　　　為北山樓藏本"王孝禹藏龍門造像精拓本第四冊"之一種。

　　　　王倫妻陳女婆造左相觀音像記　　十月一日　有復本。先生小識"王倫妻陳女婆"，拓本先生鈐印"施舍所得"。另本北山樓藏本"王孝禹藏龍門造像精拓本第四冊"之一種。

　　　　郭文雅造像題名　　有復本。拓本先生鈐印"施舍所得"。另本北山樓藏本"王孝禹藏龍門造像精拓本第四冊"之一種。

　　　　張師政兄弟為亡父造像記　　□□六年三月三十日　有復本。先生小識"張師政為亡父造像"，拓本先生鈐印"施舍所得"。另本北山樓藏本"王孝禹藏龍門造像精拓本第四冊"之一種。

　　　　張息貞造像記　　為北山樓藏本"王孝禹藏龍門造像精拓本第四冊"之一種。

　　　　侯元貞為亡父見存母造像記　　為北山樓藏本"王孝禹藏龍門造像精拓本第四冊"之一種。

　　　　僧善寂造像記　　為北山樓藏本"王孝禹藏龍門造像精拓本第四冊"之一種。

　　　　郁王阿妳造像記　　有復本三種。拓本兩種先生皆鈐印"施舍所得"。別一本北山樓藏本"王孝禹藏龍門造像精拓本第四冊"之一種。

　　　　樊山隱為亡過七代見存母造像記　　為北山樓藏本"王孝禹藏龍門造像精拓本第四冊"之一種。

　　　　梁縣任大娘為夫造像記　　為北山樓藏本"王孝禹藏龍門造像精拓本第四冊"之一種。

　　　　比丘惠明造石像記　　為北山樓藏本"王孝禹藏龍門造像精拓本第四冊"之一種。

□二娘為弟正行造藥師佛記　　為北山樓藏本"王孝禹藏龍門造像精拓本第四冊"之一種。

　　宋九娘為自身造像記　　為北山樓藏本"王孝禹藏龍門造像精拓本第四冊"之一種。

　　清信女樂為男造像記　　為北山樓藏本"王孝禹藏龍門造像精拓本第四冊"之一種。

　　清信女樂為身造觀音像記　　為北山樓藏本"王孝禹藏龍門造像精拓本第四冊"之一種。

　　李□□造觀世音像記　　為北山樓藏本"王孝禹藏龍門造像精拓本第四冊"之一種。

　　郭愛同為父造像記　　為北山樓藏本"王孝禹藏龍門造像精拓本第四冊"之一種。

　　何万安造仏像記　　為北山樓藏本"王孝禹藏龍門造像精拓本第四冊"之一種。

　　李文德妻張造像記　　為北山樓藏本"王孝禹藏龍門造像精拓本第四冊"之一種。

　　皇甫文罡並妻造優填王像記　　有復本。拓本先生鈐印"施舍所得"。另本北山樓藏本"王孝禹藏龍門造像精拓本第四冊"之一種。

　　孔文昌造像記　　有復本。拓本先生鈐印"施舍所得"。另本北山樓藏本"王孝禹藏龍門造像精拓本第四冊"之一種。

　　朝議大夫守潁州刺史來宣明造像記　　有復本。拓本先生鈐印常文才女舍利為家內鬼神不安造阿彌陁像一坩記　　有復本。拓本先生鈐印"施舍所得"。另本北山樓藏本"王孝禹藏龍門造像精拓本第四冊"之一種。先生嘗作著錄，《龍門造像例二》記云"為家內鬼神不安、一坩：常文才女舍利為家內鬼神不安敬造阿彌陀像一坩，敬善寺"。（見中盈堂藏本《瓵碑雜錄》）

許昌令容胡造寶勝如來像記　　有復本。拓本先生鈐印"施舍所得"。另本北山樓藏本"王孝禹藏龍門造像精拓本第四冊"之一種。

許昌令容胡造像記　　為北山樓藏本"王孝禹藏龍門造像精拓本第四冊"之一種。

崔囗泌造像記　　為北山樓藏本"王孝禹藏龍門造像精拓本第四冊"之一種。

沙門惠菀造像記　　有復本。拓本先生鈐印"施舍所得"。另本為北山樓藏本"王孝禹藏龍門造像精拓本第四冊"之一種。

宋思忠造像記　　年月泐失　　為北山樓藏本"王孝禹藏龍門造像精拓本第四冊"之一種。

王囗基造像記　　有復本。先生小識"此乃王某造像記，為後人鑿龕所損"，拓本先生鈐印"施舍所得"。另本北山樓藏本"王孝禹藏龍門造像精拓本第四冊"之一種。

梁持戒為父澤大娘為母造像記　　有復本。拓本先生鈐印"施舍所得"。另本北山樓藏本"王孝禹藏龍門造像精拓本第四冊"之一種。

劉天庥為流端州敬造救苦觀音菩薩記　　有復本。先生小識

"劉天鹿為流端州造像，'藝風堂目'。'鹿'審是'麃'"，拓本鈐印"施舍所得"。另本北山樓藏本"王孝禹藏龍門造像精拓本第四冊"之一種。

兗州金鄉縣令願得平安早歸還造像記　　二段　按：疑為一事分刻兩段。

妙憘郭敬忠齊阿六造像記　　為北山樓藏本"王孝禹藏龍門造像精拓本第四冊"之一種。

永耀寺主善相供養記　　有復本。拓本先生鈐印"施舍所得"。另本北山樓藏本"王孝禹藏龍門造像精拓本第四冊"之一種。

楊隱妻觀音造像記　　有復本。拓本先生鈐印"施舍所得"。另本北山樓藏本"王孝禹藏龍門造像精拓本第四冊"之一種。

佛弟子□典書造像一鋪供養記　　有復本。拓本先生鈐印"施舍所得"。另本北山樓藏本"王孝禹藏龍門造像精拓本第四冊"之一種。

典書為不識父母造像記　　有復本三種。一拓本先生鈐印"施舍所得"。一先生小識"'識'字簡筆，前人釋作'誠'，非"。別一本北山樓藏本"王孝禹藏龍門造像精拓本第四冊"之一種。先生嘗作著錄，《龍門造像例二》記云"為不誠父母：典書為不誠父母造，'誠'當是'識'字，敬善寺"。（見中盈堂藏本《靦碑雜錄》）

交州都督府戶曹韋尅諧及妻皇甫造像記　　有復本。拓本先生鈐印"施舍所得"。另本北山樓藏本"王孝禹藏龍門造像精拓本第四冊"之一種。

梁文雄母韋供養記　　有復本。拓本先生鈐印"施舍所得"。另本北山樓藏本"王孝禹藏龍門造像精拓本第四冊"之一種。

梁文雄為父造像記　　有復本。拓本先生鈐印"施舍所得"。另本北山樓藏本"王孝禹藏龍門造像精拓本第四冊"之一種。

劉王買母姬造像記　　有復本。先生小識"清信女姬造"，拓本先生鈐印"施舍所得"。另本北山樓藏本"王孝禹藏龍門造像精拓本第四冊"之一種。

王鹿琬造像記　　為北山樓藏本"王孝禹藏龍門造像精拓本第四冊"之一種。

張文節妻造像記　　為北山樓藏本"王孝禹藏龍門造像精拓本第四冊"之一種。

李大娘為郎忠造彌勒像記　　拓本先生鈐印"施舍所得"。先生嘗作著録，《龍門造像例》記云"一鋪：李大娘造像一鋪，無年月，蓮花洞"。（見中盈堂藏本《甎碑雜録》）

淨土寺上坐法惠造像記　　為北山樓藏本"王孝禹藏龍門造像精拓本第四冊"之一種。

徐乙德並妻曹為女大娘造像記　　有復本。拓本先生鈐印"施舍所得"。另本北山樓藏本"王孝禹藏龍門造像精拓本第四冊"之一種。

孟大娘造阿彌陁像記　　□□年四月八日　有復本。拓本先生鈐印"施舍所得"。另本北山樓藏本"王孝禹藏龍門造像精拓本第四冊"之一種。

佛弟子杜靜本造像記　　有復本。拓本先生鈐印"舍之"。另本北山樓藏本"王孝禹藏龍門造像精拓本第四冊"之一種。

晉州襄陵縣霍元裕為見存父母造像記　　有復本。拓本先生鈐印"無相庵"。另本北山樓藏本"王孝禹藏龍門造像精拓本第四冊"之一種。

　　劉仁為法界倉生造像記　　為北山樓藏本"王孝禹藏龍門造像精拓本第四冊"之一種。

　　高二娘造仏一軀記　　為北山樓藏本"王孝禹藏龍門造像精拓本第四冊"之一種。

　　比丘尼道進法明為父母平安造像記　　為北山樓藏本"王孝禹藏龍門造像精拓本第四冊"之一種。

　　清信女徐大娘願往生淨度造像記　　有復本。拓本先生鈐印"施舍所得"。另本北山樓藏本"王孝禹藏龍門造像精拓本第四冊"之一種。

　　清信女趙二娘為身患造像記　　為北山樓藏本"王孝禹藏龍門造像精拓本第四冊"之一種。

　　太州鄭縣王思業為亡女妙法造像記　　有復本。先生小識"'哉鄣'即'災障'"，拓本先生鈐印"施舍所得"。另本北山樓藏本"王孝禹藏龍門造像精拓本第五冊"之一種。

　　佛弟子楊大福造觀世音佛一區一心供養記　　有復本。拓本先生鈐印"施舍所得"。另本北山樓藏本"王孝禹藏龍門造像精拓本第五冊"之一種。

　　李元哲為亡考造阿彌陁像記　　有復本。拓本先生鈐印"施舍所得"。另本北山樓藏本"王孝禹藏龍門造像精拓本第五冊"之一種。

　　孫處德為兄處義造像記　　有復本。拓本先生鈐印"施舍所得"。另本北山樓藏本"王孝禹藏龍門造像精拓本第五冊"之一種。

陳恒山造像一軀記

清信女王霙怜張寶玉麻令姿等造像記　　為北山樓藏本"王孝禹藏龍門造像精拓本第五冊"之一種。

劉大娘為亡母造觀音菩薩像記　　有復本。拓本先生鈐印"施舍所得"。另本兩段合拓本之一，北山樓藏本"王孝禹藏龍門造像精拓本第五冊"之一種。

佛弟子朱顯愚造石屋彌勒像記　　有復本，為兩段合拓本之一。先生小識"此刻左方即裴沼造像"，拓本先生鈐印"施舍所得"。另本北山樓藏本"王孝禹藏龍門造像精拓本第五冊"之一種。

衛州司功參軍事裴沼為卌生日發心造阿彌馳像記　　有復本，為兩段合拓本之一，皆同上。先生嘗作著錄，《龍門造像例》記云"為生日：前衛州司功參軍事裴沼時年卌，三月廿八日生，發心造一區阿彌陁像。無年月，蓮花洞"。（見中盈堂藏本《甄碑雜錄》）

嚴大娘報仏恩造像記　　為北山樓藏本"王孝禹藏龍門造像精拓本第五冊"之一種。

王休母董造像記　　為北山樓藏本"王孝禹藏龍門造像精拓本第五冊"之一種。

王元禮為己身造阿彌陁像記　　有復本。先生小識"王元禮為己身造像"，拓本先生鈐印"舍之"。另本北山樓藏本"王孝禹藏龍門造像精拓本第五冊"之一種。

趙懷義為亡母□婆造像記　　有復本。拓本先生鈐印"施舍所得"。另本北山樓藏本"王孝禹藏龍門造像精拓本第五冊"之一種。

比丘尼德智為累劫師僧造像記　　有復本。拓本先生鈐印"施舍所得"。另本北山樓藏本"王孝禹藏龍門造像精拓本第五冊"之一種。

　　三原縣史毛等劉婆等造像記　　有復本，兩段合拓本之一。拓本先生鈐印"施舍所得"。另本北山樓藏本"王孝禹藏龍門造像精拓本第五冊"之一種。

　　同州下邽縣駱思忠造像記　　按：原刻"邽"誤作"桂"。有復本。拓本先生鈐印"施舍所得"。另本北山樓藏本"王孝禹藏龍門造像精拓本第五冊"之一種。

　　河南縣靈臺鄉淳于知道願平安造像記　　有復本。拓本先生鈐印"施舍所得"。另本北山樓藏本"王孝禹藏龍門造像精拓本第五冊"之一種。先生嘗作著錄，《龍門造像例》記云"為保平安：願平安造阿彌陁仏一龕，河南縣靈臺鄉淳于知道，無年月"。（見中盈堂藏本《翫碑雜錄》）

　　清信女□意為母造觀世音菩薩像記　　為北山樓藏本"王孝禹藏龍門造像精拓本第五冊"之一種。

　　王乾福妻為母張婆造像記　　為北山樓藏本"王孝禹藏龍門造像精拓本第五冊"之一種。

　　杜法力為太山府君造像一區記　　拓本先生鈐印"施舍所得"。

　　杜法力為天曹地府各造五區牛頭獄卒記　　有復本。拓本先生鈐印"施舍所得"。另本兩段合拓本之一，為北山樓藏本"王孝禹藏龍門造像精拓本第五冊"之一種。

　　杜法力為五道將軍及夫人□□錄事造像記　　有復本。拓本先生鈐印"施舍所得"。另本兩段合拓本之一，同上。

杜法力為……　　拓本先生鈐印"施舍所得"。

尼淨命淨寶法衛造像記　　有復本。先生小識"尼淨命、尼淨寶、尼法衛"，拓本先生鈐印"施舍金石"。另本北山樓藏本"王孝禹藏龍門造像精拓本第五冊"之一種。

佛弟子吳善徹造阿彌陁像記　　有復本。拓本先生鈐印"施舍所得"。另本北山樓藏本"王孝禹藏龍門造像精拓本第五冊"之一種。

大唐唐永興供養記　　為北山樓藏本"王孝禹藏龍門造像精拓本第五冊"之一種。

趙敬福弟敬本造像記　　為北山樓藏本"王孝禹藏龍門造像精拓本第五冊"之一種。

王智泰一心敬造記　　為北山樓藏本"王孝禹藏龍門造像精拓本第五冊"之一種。

段二娘願身平安造像記　　拓本無鈐印。

清信女可敦造像記　　有復本。拓本先生鈐印"施舍所得"。另本北山樓藏本"王孝禹藏龍門造像精拓本第五冊"之一種。

仁爽惠覽供養記　　為北山樓藏本"王孝禹藏龍門造像精拓本第五冊"之一種。

景福寺比丘尼九娘為亡母郭造像記　　有復本。先生小識"景福寺比丘尼九娘造像記"，拓本先生鈐印"施舍所得"。另本北山樓藏本"王孝禹藏龍門造像精拓本第五冊"之一種。先生嘗作著錄，《龍門造像例》記云"一鋪：景福寺比丘尼九娘為亡母造阿彌陁象一鋪，無年月，蓮花洞"。（見中盈堂藏本《翫碑雜錄》）

左中孚為亡妻薛氏造像記　　有復本。無署名無鈐印框欄題簽"左中孚造像記",拓本先生鈐印"無相庵藏本"。另本北山樓藏本"王孝禹藏龍門造像精拓本第五冊"之一種。為"北山樓選定洛陽龍門山唐人造像三十品集釋"之一。

　　清信女蕭為亡夫鄧明府造觀音菩薩像記　　為北山樓藏本"王孝禹藏龍門造像精拓本第五冊"之一種。

　　祝三兒為亡父母及現存身造業道佛十軀記　　有復本。拓本先生鈐印"施舍所得"。另本北山樓藏本"王孝禹藏龍門造像精拓本第五冊"之一種。

　　清信女劉為七代父母造阿彌陀像四軀記　　有復本。拓本先生鈐印"施舍所得"。另本北山樓藏本"王孝禹藏龍門造像精拓本第五冊"之一種。

　　邊義忠為父母及己身造像記　　為北山樓藏本"王孝禹藏龍門造像精拓本第五冊"之一種。

　　佛弟子段扶□為患造像記　　十月二十八日　　有復本。拓本先生鈐印"施舍所得"。另本北山樓藏本"王孝禹藏龍門造像精拓本第五冊"之一種。

　　趙州元氏縣張元貞造□一區記　　先生小識"趙州元氏縣張元貞造像",拓本先生鈐印"吳興施舍攷藏"。

　　佛弟子周有意為亡男造救苦觀音菩薩記　　有復本。拓本先生鈐印"施舍所得"。另本北山樓藏本"王孝禹藏龍門造像精拓本第六冊"之一種。

佛弟子孫華仁為七世父母造像記　　拓本無鈐印。

清信女任王二人為亡比丘尼靜行造像記　　有復本三種。一拓本先生鈐印"無相庵"。一拓本鈐印"舍之寓心"。別一本北山樓藏本"王孝禹藏龍門造像精拓本第六冊"之一種。

楊仁□為亡姪造像記　　拓本先生鈐印"舍之"。

梁喜王造觀世音像記　　有復本。拓本先生鈐印"舍之"。另本北山樓藏本"王孝禹藏龍門造像精拓本第六冊"之一種。

清信女□為亡母造阿彌陀像一龕記　　為北山樓藏本"王孝禹藏龍門造像精拓本第六冊"之一種。

仏弟子王仁則為妻杜願合家平安造業道像七區記　　有復本。拓本先生鈐印"無相庵"。另本北山樓藏本"王孝禹藏龍門造像精拓本第四冊"之一種。

安邑縣楊普會為亡過七代見存父母造像記　　有復本。拓本先生鈐印"吳興施舍攷藏"。另本鈐印"無相庵"。

蒲州程禮為妻楊造藥師仏一區記　　拓本先生鈐印"吳興施舍攷藏"。

李大娘為父母願平安造業道像廿區記　　有復本。拓本先生鈐印"舍之"。另本北山樓藏本"王孝禹藏龍門造像精拓本第六冊"之一種。

清信女鄭□□勝姊妹造像記　　有復本。拓本先生鈐印"施蟄存"。另本北山樓藏本"王孝禹藏龍門造像精拓本第六冊"之一種。

張仁軌為父母己身法界倉生同利苦難造像記　　先生小識"張

行［仁］軌為父母造像"，拓本先生鈐印"舍之"。

吳行軌為父母造像記　　有復本。先生小識"吳行軌為父母造"，拓本先生鈐印"施舍所得"。另本北山樓藏本"王孝禹藏龍門造像精拓本第六冊"之一種。

李惠命為亡父造觀音一區記　　拓本先生鈐印"施舍所得"。

索惠命為亡父敬造薩記　　先生小識"索惠命為亡父造薩"，拓本先生鈐印"施舍所得"。

清信仕夏侯迴洛清信女常願子萇命造像記　　拓本先生鈐印"施舍所得"。

佛弟子康□□行李至此願造觀音世至菩薩記　　拓本先生鈐印"施舍所得"。

清信女高為亡夫造阿彌陁像記　　有復本。拓本先生鈐印"施舍所得"。另本北山樓藏本"王孝禹藏龍門造像精拓本第六冊"之一種。

李桃樹母造像供養記　　為北山樓藏本"王孝禹藏龍門造像精拓本第六冊"之一種。

清信女楊公主為亡夫祁文雅造像記　　為北山樓藏本"王孝禹藏龍門造像精拓本第六冊"之一種。

騰王府殘造像　　拓本無鈐印。

張大溫造像記　　為北山樓藏本"王孝禹藏龍門造像精拓本第六冊"之一種。

王婆敬像一區記　　按：原刻脫"造"字。兩段合拓本之一，為北山樓藏本"王孝禹藏龍門造像精拓本第六冊"之一種。

　　　母張婆造像記　　有復本。拓本先生鈐印"施舍所得"。另本北山樓藏本"王孝禹藏龍門造像精拓本第六冊"之一種。

　　　惠景造像記　　為北山樓藏本"王孝禹藏龍門造像精拓本第六冊"之一種。

　　　王貴為七世父母造像記　　有復本。先生小識"弟子王貴"，拓本先生鈐印"施舍所得"。另本北山樓藏本"王孝禹藏龍門造像精拓本第六冊"之一種。

　　　沙門知道為孃造像記　　有復本。兩段合拓本之一，拓本先生鈐印"施舍所得"。另本三段合拓本之一，為北山樓藏本"王孝禹藏龍門造像精拓本第六冊"之一種。先生嘗作著録，《龍門造像例二》記云"為孃：沙門知道為孃敬造，敬善寺"。（見中盈堂藏本《翫碑雜録》）

　　　李慶造地藏菩薩像記　　有復本，皆同上。

　　　衛迥造觀世音像記　　有復本，皆同上。

　　　弁空、小光、淨如、深解造像記　　有復本。分拓三紙，先生小識"其上為弁空、小光、淨如造像記，共三紙"，拓本三紙先生皆鈐印"施舍所得"。另本為整紙全形拓本，北山樓藏本"王孝禹藏龍門造像精拓本第六冊"之一種。

　　　清信女孫□□為七世父母造像記　　有復本。拓本先生鈐印"施舍所得"。另本北山樓藏本"王孝禹藏龍門造像精拓本第六冊"之一種。

　　　清信女韓□□為□造阿彌陁像記　　為北山樓藏本"王孝禹藏龍

門造像精拓本第六冊"之一種。

  弟子史玄貴為父母造像記　　為北山樓藏本"王孝禹藏龍門造像精拓本第六冊"之一種。

  楊婆為身為亡女為外生造像記　　有復本。拓本先生鈐印"施舍所得"。另本北山樓藏本"王孝禹藏龍門造像精拓本第六冊"之一種。

  徐師杜為耶造像記　　為北山樓藏本"王孝禹藏龍門造像精拓本第六冊"之一種。

  前侍中宇文莭夫人鄭造像記　　為北山樓藏本"王孝禹藏龍門造像精拓本第六冊"之一種。

  鄭州司功任逌造像記　　為北山樓藏本"王孝禹藏龍門造像精拓本第六冊"之一種。

  靖空真晤供養記　　有復本。拓本先生鈐印"施舍所得"。另本北山樓藏本"王孝禹藏龍門造像精拓本第六冊"之一種。

  王守寯為己身造像記　　為北山樓藏本"王孝禹藏龍門造像精拓本第六冊"之一種。

  李德深外甥女造藥師琉璃光佛一區記　　為北山樓藏本"王孝禹藏龍門造像精拓本第六冊"之一種。

  妻張為夫敬博在京患造觀世音二區記　　為北山樓藏本"王孝禹藏龍門造像精拓本第六冊"之一種。

  清信女朱為息造觀音菩薩一軀記　　為北山樓藏本"王孝禹藏龍門造像精拓本第六冊"之一種。

劉金仁為亡男敬真造觀音像記　　有復本。拓本先生鈐印"施舍所得"。另本北山樓藏本"王孝禹藏龍門造像精拓本第六冊"之一種。

　　弟子王崇造像記　　為北山樓藏本"王孝禹藏龍門造像精拓本第六冊"之一種。

　　清信女宮為亡夫造阿彌陁佛記　　元年功畢　　有復本。拓本先生鈐印"施舍所得"。另本北山樓藏本"王孝禹藏龍門造像精拓本第六冊"之一種。

　　佛弟子李保妻楊造浮圖一所並阿彌陁像一區記　　有復本。拓本先生鈐印"施舍所得"。另本北山樓藏本"王孝禹藏龍門造像精拓本第六冊"之一種。

　　王二娘願母子早□造像記　　有復本。先生小識"王二娘願母……"，拓本先生鈐印"施舍所得"。另本北山樓藏本"王孝禹藏龍門造像精拓本第六冊"之一種。

　　田弘慶造地藏菩薩一區記　　為北山樓藏本"王孝禹藏龍門造像精拓本第六冊"之一種。

　　田弘慶造一區記　　為北山樓藏本"王孝禹藏龍門造像精拓本第六冊"之一種。

　　清信女賈造七佛又造地藏菩薩一區記　　為北山樓藏本"王孝禹藏龍門造像精拓本第六冊"之一種。

　　清信女張上為皇帝下為七世師僧父母造阿彌陁像一鋪記　　有復本。拓本先生鈐印"施舍所得"。另本北山樓藏本"王孝禹藏龍門造像精拓本第六冊"之一種。

弟子趙行憨比為患得可造像記　　為北山樓藏本"王孝禹藏龍門造像精拓本第六冊"之一種。

清信弟子阿難為阿毗地獄受苦眾生造像記　　為北山樓藏本"王孝禹藏龍門造像精拓本第六冊"之一種。

盧永吉為身患造阿彌陀像記　　有復本。拓本先生鈐印"施舍所得"。另本北山樓藏本"王孝禹藏龍門造像精拓本第六冊"之一種。先生嘗作著錄，《龍門造像例》記云"為患病而造像：盧永吉為身患敬造阿彌陀像一軀，無年月，敬善［寺］"。（見中盈堂藏本《瓻碑雜錄》）

弟子王□仁為亡父母造阿彌陀像一區記　　為北山樓藏本"王孝禹藏龍門造像精拓本第六冊"之一種。

侯李五造觀音一區供養記　　有復本。拓本先生鈐印"施舍所得"。另本北山樓藏本"王孝禹藏龍門造像精拓本第六冊"之一種。

姚祚願平安造觀音菩薩兩軀記　　有復本三種。一先生小識"姚祚願平安造像"，拓本先生鈐印"施舍所得"。一拓本亦鈐"施舍所得"。別一本為兩段合拓本之一，北山樓藏本"王孝禹藏龍門造像精拓本第三冊"之一種。

佛弟子唐徹身患得差造觀音一區記　　先生小識"佛弟子唐徹身患得差造觀音像記"，拓本先生鈐印"施舍所得"。

伊闕縣河晏鄉清信女王為亡女造像記　　拓本先生鈐印"施舍所得"。

趙婆為身及七代父母造優填王一區記　　有復本。拓本先生鈐印"吳興施舍攻藏"。另本北山樓藏本"王孝禹藏龍門造像精拓本第三冊"之一種。

  佛弟子王歡欣為亡父母造像一區 有復本。拓本先生鈐印"施舍所得"。另本北山樓藏本"王孝禹藏龍門造像精拓本第四冊"之一種。

  弟子張景齊造仏十區記 先生小識"張真仕、李葆。張景齊造仏十區",拓本鈐印"施舍所得"。

  佛弟子李去泰造像記 先生小識"'藝風堂目'作'李去泰',下有'三年己卯'字",拓本鈐印"施舍所得"。

  清信士田道義妻□迴香為一切造像記 拓本先生鈐印"施舍所得"。

  周行立妻聶男思恭造像記 有復本。先生小識"周行立妻聶男思恭造像",拓本先生鈐印"施舍所得"。另本北山樓藏本"王孝禹藏龍門造像精拓本第五冊"之一種。

  仵六娘為亡夫杜義延造像記 先生小識"仵六娘為亡夫杜義延造",拓本先生鈐印"施舍所得"。

  陳婆妳造彌陁像一坩記 有復本。拓本先生鈐印"施舍所得"。另本北山樓藏本"王孝禹藏龍門造像精拓本第四冊"之一種。

  清信佛弟子張羅漢為七世父母造像記 拓本先生鈐印"施舍所得"。

  許仁信楊山則造像記 有復本。拓本先生鈐印"舍之審定"。另本北山樓藏本"王孝禹藏龍門造像精拓本第四冊"之一種。

  趙大娘造像 竹弘懿書此龕成 有復本。拓本先生鈐印"施舍所得"。另本北山樓藏本"王孝禹藏龍門造像精拓本第二冊"之一種，拓本先生鈐印"王孝禹攷藏記"。先生嘗作著録，《龍門造像例》記云"有書寫人名者：趙大娘造像，竹弘懿書，老君洞，無年月"。（見中盈堂藏本《甆碑雜録》）

果州南充縣杜穩定供養記　　有復本。拓本先生鈐印"施舍所得"。另本亦鈐"施舍所得"，為北山樓藏本"王孝禹藏龍門造像精拓本第一冊"之一種。

趙盛鐫佛一尊記

王懷忠趙大娘阮四娘王大娘張四娘等一心供侍記　　有復本三種。兩本先生皆鈐印"施舍所得"。别一本為北山樓藏本"王孝禹藏龍門造像精拓本第一冊"之一種，拓本先生鈐印"施舍所得"。

梁鮮為報四恩三有造地藏菩薩一軀記

前相州安陽縣尉王承頴造觀世音像記　　有復本。拓本先生鈐印"施舍所得"。另本北山樓藏本"王孝禹藏龍門造像精拓本第四冊"之一種。

弟子趙五兒造像七軀記　　拓本先生鈐印"施舍所得"。

清信女王為七世父母及見存眷屬造像記　　先生小識"清信女王為七世父母及見存眷屬造"，拓本先生鈐印"施舍所得"。

陳智積造□光像四軀供養記　　有復本。拓本先生鈐印"施舍所得"。另本北山樓藏本"王孝禹藏龍門造像精拓本第四冊"之一種。

石行果妻王為弟買……造像記　　為北山樓藏本"王孝禹藏龍門造像精拓本第五冊"之一種。

石行果妻王為弟四兒身患今得解薩願造救苦觀音一區記　拓本先生鈐印"施舍所得"。

盧玄哲母劉為男金□道路平安造像記　　拓本先生鈐印"施舍所得"。

弟子張慶宗為所生父母造地藏菩薩記　　有復本。先生小識"張慶宗造像",拓本先生鈐印"施舍所得"。另本北山樓藏本"王孝禹藏龍門造像精拓本第四冊"之一種。

朱武政劉要娘採蓮馬玄訓造像記　　有復本。拓本先生鈐印"施舍所得"。另本北山樓藏本"王孝禹藏龍門造像精拓本第六冊"之一種。

僧知道為入遼兄造地藏菩薩記　　有復本。先生小識"僧知道為入遼兄造",拓本先生鈐印"施舍所得"。另本北山樓藏本"王孝禹藏龍門造像精拓本第四冊"之一種。

王惠達為七世父母及法界眾生造像記　　有復本。拓本先生鈐印"施舍所得"。另本北山樓藏本"王孝禹藏龍門造像精拓本第四冊"之一種。

謁者劉子道造像記　　拓本先生鈐印"施舍所得"。

清信女柳為亡姚造觀音像記　　拓本先生鈐印"施舍所得"。

田文基母李為亡姑造阿彌陁像記　　拓本先生鈐印"施舍所得"。

薩孤弘檀為婶造像記　　有復本。拓本先生鈐印"施舍所得"。另本北山樓藏本"王孝禹藏龍門造像精拓本第六冊"之一種。

清信女蔡意娘造觀音菩薩記　　拓本先生鈐印"施舍所得"。

文林郎王忩造像記　　　有復本。拓本先生鈐印"施舍所得"。另本北山樓藏本"王孝禹藏龍門造像精拓本第六冊"之一種。

　　陳儒造像一軀記　　　有復本。拓本先生鈐印"施舍所得"。另本北山樓藏本"王孝禹藏龍門造像精拓本第六冊"之一種。

　　清信田□造業道□區田男十區亡新婦十區田為孫男造兩區記　拓本先生鈐印"施舍所得"。

　　清信張婆造像記　　　拓本先生鈐印"施舍所得"。

　　清信趙婆敬造記　　　拓本先生鈐印"施舍所得"。

　　李瓚造像記　　　拓本先生鈐印"施舍所得"。

　　夏侯叔為合家各造像一軀記　　　有復本三種。兩本先生皆鈐印"施舍所得"。別一本先生鈐印"吳興施舍攷藏"，為北山樓藏本"王孝禹藏龍門造像精拓本第一冊"之一種。

　　趙玉琳為父母眷屬造像記　　　拓本先生鈐印"施舍所得"，為北山樓藏本"王孝禹藏龍門造像精拓本第一冊"之一種。

　　清信士阿陳為亡夫馬永徹造像記　　　拓本先生鈐印"施舍所得"，為北山樓藏本"王孝禹藏龍門造像精拓本第一冊"之一種。

　　龐守一造觀世音像願平安記　　　為北山樓藏本"王孝禹藏龍門造像精拓本第三冊"之一種。

　　弟子朱義造觀世音像記　　　兩段合拓本之一，拓本先生鈐印"施舍所得"，為北山樓藏本"王孝禹藏龍門造像精拓本第一冊"之一種。

清信女真行眾勝姊妹造像記　　拓本無鈐印。

太子通事舍人□郝造像記　　先生小識"太子通事舍人□郝造像",拓本先生鈐印"施舍所得"。

王元慶造像記　　有復本。拓本先生鈐印"施舍所得"。另本北山樓藏本"王孝禹藏龍門造像精拓本第五冊"之一種。

七月八日惠為亡父造像記　　拓本先生鈐印"施舍所得"。

丁義造像記　　先生小識"丁義造像",拓本先生鈐印"施舍所得"。

張普造像記　　為北山樓藏本"王孝禹藏龍門造像精拓本第五冊"之一種。

白七大妻自身造佛供養記　　先生小識"白七大妻自身造佛供養",拓本先生鈐印"施舍所得"。

史百通夫妻造像記　　有復本,兩段合拓本之一。先生小識"史百通夫妻造像",拓本先生鈐印"施舍所得"。另本北山樓藏本"王孝禹藏龍門造像精拓本第五冊"之一種。

崔玄表妻郎造救苦觀世音記　　先生小識"崔玄表妻郎像",拓本先生鈐印"施舍所得"。

趙令則等造像記　　有復本。先生小識"趙令則等造像",拓本先生鈐印"施舍所得"。另本北山樓藏本"王孝禹藏龍門造像精拓本第五冊"之一種。

蒲州安邑縣□四海為母造像記　　有復本。拓本先生鈐印"施舍所得"。另本亦鈐"施舍所得",為北山樓藏本"王孝禹藏龍門造像精拓本第四冊"之一種。

仏弟子張平為七世父母造□供養記　　先生小識"張平造像"，拓本先生鈐印"施舍所得"。

比丘尼法貴比丘僧安為亡母比丘尼□□造像記　　五月十　先生小識"比丘尼法貴比丘僧安為亡母比丘尼造"，拓本先生鈐印"施舍所得"。

景福寺尼淨命造像記　　先生小識"景福寺尼淨命造像"，拓本先生鈐印"施舍所得"。

保為亡父造觀世音記　　先生小識"失名，為亡父造"，拓本先生鈐印"施舍所得"。

周王府錄事王思范妻劉造像記　　二年二月　有復本。先生小識"似乾封刻"，拓本先生鈐印"施舍所得"。另本北山樓藏本"王孝禹藏龍門造像精拓本第五冊"之一種。

伽陁忌日造像記　　正月二十五日　先生小識"伽陁忌日造像"，拓本先生鈐印"施舍所得"。

內侍監中尚□閻師贊父□州長史造像記　　先生小識"內侍監中尚□閻師贊父□州長史造"，拓本先生鈐印"施舍所得"。

□胡子造觀音像記　　拓本先生鈐印"施舍所得"。

佛弟子張阿□造像一鋪記　　拓本先生鈐印"施舍所得"。

弟子李勇為合家造像記　　拓本先生鈐印"施舍所得"。

迦□造觀世音像記　　　拓本無鈐印。

金文妻□為亡女造像記　　　拓本先生鈐印"施舍所得"。

清信女佛弟子□元儀石法□等造　　　拓本先生鈐印"施舍金石"。

□□將軍同男劉雙侯　　　先生小識"將軍同男劉雙侯"，拓本先生鈐印"施舍所得"。

摩訶般若波羅蜜多心經　　　無年月　　有兩刻　　一橫刻一豎刻。橫幅拓本，為北山樓藏本"王孝禹藏龍門造像精拓本第三冊"之一種。豎幅拓本，前半文字泐失，為北山樓藏本"王孝禹藏龍門造像精拓本第五冊"之一種。

福德長壽題記　　　拓本先生鈐印"華亭施氏無相庵藏""舍之審定"。

處士徐懷隱墓誌銘　　　大燕聖武二年十月十六日　　　按：聖武乃安祿山偽號，是年即唐至德二載。三原于右任鴛鴦七誌齋傳拓本，鹿原劉海天畊鋤草堂藏本。先生題簽"徐懷隱墓誌　偽燕聖武二年十月十六日"並印"吳興施舍攷藏"，拓本鈐印"關西餘子""關中于氏藏石""畊鋤草堂主人所藏金石書畫"，先生鈐印"吳興施舍攷藏"。

憫忠寺寶塔頌　　　張不矜撰　　蘇靈芝行書　　至德二載十一月十五日　　為先生著錄《唐碑百選》第六十六種。

興唐寺淨善和尚塔銘　　　王延昌製　　顏真卿書　　乾元元年九月九日　　北流陳柱守玄閣舊藏，無署名無鈐印題簽"淨善和尚塔名［銘］"，拓本陳氏鈐印"柱尊珍賞"。

威神寺大德禪師塔銘　　　行書　　乾元元年十二月二日　　有復本。先生題簽"威神寺大德禪師塔銘　行書，乾元元年十二月二日"，拓本先生鈐印"吳興施舍"。另本鈐印"吳興施舍攷藏"。

處州縉雲縣城隍廟碑　　李陽冰撰並篆書篆額　乾元二年八月　宋宣和五年十月重刻　為先生著錄《唐碑百選》第六十七種。

鮮于氏離堆記　　殘石　顏真卿撰並書　寶應元年五月十六日　五紙本。先生嘗作題跋,《顏魯公離堆記殘石》記云"此刻全文凡一千一百五十字,存於魯公文集。然宋元符三年馬存撰《魯公祠記》云'《離堆記》凡四百餘言',則元符間已因崖石崩落,亡失其大半矣。趙明誠《金石錄目》有此碑,疑其所得拓本亦非全文。宋以後,此碑不見著錄。清道光十年,郭蘭石(尚先)為四川學政,始訪得之,僅存殘字五方,一時始有傳拓,是為五紙本。其後'處置使'一石亦崩落,傳拓僅四紙矣""余收碑拓三十年,此拓極罕見。此五紙亦非一時所得"。(見《北山談藝錄》)

使持節定州諸軍事刺史程公殘誌　　攷為寶應元年十一月　北山樓藏本"武進陶氏涉園藏魏誌石拓本　齊周隋唐坿"全函硃拓之一種,印製框欄簽條"唐程公殘誌　攷為寶應元年十一月"並印"華亭施氏無相庵藏",拓本先生鈐印"吳興施舍攷藏"。

蛑川府長史焦璀墓誌銘　　寶應元年十二月二十七日　有復本。拓本先生鈐印"施舍金石""無相庵藏本"。

京兆府美原縣丞元復業及夫人權氏墓誌　　陳翃撰　正書雜行書　廣德元年八月十四日　拓本先生鈐印"舍之寓心"。

贈工部尚書臧懷恪碑　　顏真卿撰並書　廣德元年十月　先生題簽"臧懷恪碑　顏真卿,一紙"並印"舍之審定",又小識"臧懷恪碑,略舊拓本"。

上定襄郡王郭知運爭坐位書　　顏真卿撰並草書　廣德二年十一

月　西安碑林本　又戲鴻堂帖本　"西安本"先生鈐印"施舍讀碑記"。為先生著錄《唐碑百選》第九十八種。

太子賓客白道生碑　　于益撰　摯宗書並篆額　永泰元年三月二十四日　舊拓本，未托裱。先生題簽"舊拓白道生碑　缺額，于益文，摯宗書篆，永泰元年三月"並印"吳興施舍攷藏"。為先生著錄《唐碑百選》第六十八種。

陽華巖銘　　元結撰　瞿令問三體書　永泰二年五月十一日　托裱本。先生題簽"唐陽華巖銘　元結撰，瞿令問三體書，永泰二年"並印"吳興施舍攷藏"。為先生著錄《唐碑百選》第六十九種。

文林郎姚貞諒墓誌　　永泰二年十月三日　鹿原劉海天畊鋤草堂藏本。先生題簽"文林郎姚貞諒墓誌　永泰二年十月三日"，拓本劉氏鈐印"畊鉏草堂主人所藏金石書畫"，先生鈐印"吳興施舍攷藏"。

光祿卿王訓墓誌銘　　嗣澤王濾撰並書　大曆二年八月七日　拓本先生鈐印"吳興施舍攷藏"。

李氏三墳記　　李季卿撰　李陽冰篆書　大曆二年　二紙　先生題簽"李氏三墳記　大曆二年，二紙"，兩紙分別鈐印"吳興施舍所得古金石專瓦文""無相庵藏本"。

大演禪師張義琬墓誌　　大曆三年八月十九日　涇陽端午橋陶齋傳拓本。拓本端氏鈐印"托活洛氏端方藏石"，先生鈐印"吳興施舍攷藏"。

李氏栖先塋記　　李季卿　李陽冰篆書　大曆三年

"聽松"題刻　　無年月　相傳李陽冰篆書　有復本。先生題封"李陽冰篆聽松二字"，拓本先生鈐印"吳興施舍攷藏"，先生圓珠筆過錄楊守敬

"'聽松'二字跋"一紙。另本先生題簽"唐聽松二字　李陽冰篆書，江蘇無錫"並印"吳興施舍攷藏"，拓本先生鈐印"吳興施舍攷藏"。

大證禪師碑　　王縉撰　徐浩書　有額篆書　大曆四年三月二十四日　　為先生著錄《唐碑百選》第七十種。

汝州司馬李華妻郭氏墓誌　　李華撰　行書　大曆四年七月十日

福興寺碑　　許登撰　張從申行書並題額　大曆五年六月一日
托裱舊本，無署名無鈐印題簽"唐福興寺碑　張從申書，在江寧縣銅井鎮，大曆五年，庚午春日裝於金陵"。

左金吾衛將軍臧希晏碑　　張浮撰　韓秀弼分書　有額篆書　大曆五年十月十五日　有復本。托裱本，先生題簽"臧希晏碑　張浮撰，韓秀弼分書，大曆五年十月"並印"吳興施舍攷藏"，又小識"臧希晏碑　全拓本，有額，獻陵八碑之一"。另本先生題簽"臧希晏碑　大曆五年，韓秀弼分書，有額，上截每行拓廿六七字"，又拓本紙背小識"臧希晏碑　字恭靖，大曆五年，在三原縣。此本亦僅上半截，鐫辭亦短二行"。為先生著錄《唐碑百選》第七十一種。

曹州成武縣丞崔文修改葬誌　　嗣子泚撰　大曆六年八月二十九日　有復本。拓本先生鈐印"吳興施舍攷藏"。另本先生鈐印"吳興施舍攷藏"等。

曹秀臻為亡女造陀羅尼經幢　　八面刻　僧昔真撰　康玢行書　大曆六年十月十四日　先生題合存封"唐　陀羅尼經三種，石鼓尊勝經一[種]"並印"吳興施舍攷藏"。先生題簽"曹秀臻為亡女造陀羅尼經幢　唐大曆六年，陝西富平"並印"舍之審定"。

中興頌　　元結撰　顏真卿書　左行　大曆六年六月

淨住寺智悟律上人墓誌銘　　　裴適時撰　誌蓋正書　大曆六年十二月二十日　二紙　北流陳柱守玄閣舊藏，無署名無鈐印題簽"智悟上人墓誌"並先生鈐印"吳興施舍攷藏"。拓本陳氏鈐印"柱尊珍賞"，先生鈐印"蟄存"。

廣平文貞公宋璟碑　　　顏真卿撰並書　四面刻　大曆七年九月二十五日　為先生著録《唐碑百選》第七十二種。

　　　附碑側記　　　顏真卿撰並書　大曆十三年三月

容州都督元結碑　　　顏真卿撰並書　四面刻　大曆七年十一月二十六日　為先生著録《唐碑百選》第七十三種。

黃石公祠記　　布衣李卓撰　裴平分書　有額篆書　大曆八年七月十五日　秀水張氏銀藤花館舊藏，明拓本，先生未得碑陰。無署名無鈐印題簽"唐黃石公祠記，明拓本"（蛀缺）。拓本鈐印"子祥""雲閣所得碑版文字""學然後知不足"。為先生著録《唐碑百選》第七十四種。

桐廬桐君巖崔頌等題名　　　崔浚篆書　大曆八年九月二十二日　錢塘邊氏君子館藏本。先生題識"桐君巖唐宋人題名四段三紙"之一段，拓本邊氏鈐印"邊成政平攷藏印"，先生鈐印"吳興施舍所得古金石專瓦文"。

桐君巖桐廬縣令獨孤勉等題名　　　行書　大曆八年十月二十四日　先生題識"桐君巖唐宋人題名四段三紙"之一段，拓本先生鈐印"吳興施舍攷藏"。

文宣王廟新門記　　　裴孝智撰　裴平分書　大曆八年十二月八日　平湖張處芳舊藏，題簽"唐文宣王廟新門記　隸書　大曆八年　裴平下丹"並印"平湖張氏"。先生題簽"唐文宣王廟新門記"，未得碑陰碑側，拓本先生鈐印"施舍所得"。

太常寺丞兼江陵府倉曹張銳墓誌　　　錢庭篠撰　父慆書　姊夫李西華題諱　大曆九年三月四日　有復本三種。一貴池劉之泗畏齋舊藏，先生小識"張銳誌，大曆九年"，拓本劉氏鈐印"劉公魯讀碑記"，先生鈐印"吳興施舍攷藏"。一無署名無鈐印題簽"唐張鄭侯銳誌"，拓本先生鈐印"吳興施舍攷藏"。一拓本先生鈐印"施舍金石"。

謁華嶽廟文　　　盧朝徹撰並書　　　大曆九年三月

衢州司士參軍李濤女廿四娘墓誌　　　大曆九年四月二十八日

涪陵司馬郭公季女阿獵墓誌　　　大曆九年十一月二十五日

清源公王忠嗣碑　　　元載撰　王縉行書　趙恁篆額　大曆十年四月三日　　　為先生著錄《唐碑百選》第七十五種。

真化寺多寶塔院寺主尼如願律師墓誌銘　　　沙門飛錫撰　秦昊書　大曆十年七月十八日　無署名框欄題簽"如願尼律師墓誌　大曆十年"並小記"《金石萃編》著錄"，先生鈐印"施舍金石"。拓本先生鈐印"吳興施舍攷藏"。

試光祿卿曹閏國墓誌　　　大曆十年八月六日　潮陽陳運彰玉延樓舊藏。拓本陳氏鈐印"蒙厂所得金石"，先生鈐印"吳興施舍攷藏"。

崔昭遠及夫人常氏墓誌　　　有誌蓋　大曆十年十月二十四日　二紙　拓本先生鈐印"吳興施舍攷藏"。

汝州司法參軍裴涓墓誌　　　從子遵鴻撰　乙卯八月十一日　附大曆十年末。先生小識"此誌無號年，但曰乙卯，大曆十年也"。

妬神頌碑　　　李諲撰　大曆十一年五月十六日　托裱本，先生題合存封"妬神頌　代國長公主碑"，無署名無鈐印題簽"唐妬神頌　李諲撰，大曆十三年，書人姓名闕"，先生鈐印"吳興施舍攷藏"。拓本紙背存托裱前無署名無鈐印題簽"原拓妬神碑"。

恒王府典軍王景秀及夫人魏氏墓誌　　大曆十一年八月二十九日
有復本。涇陽端午橋陶齋傳拓本，拓本鈐印"托活洛氏端方藏石"，先生鈐印"吳興施舍攷藏"。另本無署名無鈐印題簽"唐王景秀墓志"，先生題簽"王景秀墓誌　行書，大曆十一年八月廿九日"，拓本先生鈐印"華亭施氏無相庵藏"。

璩崇胤墓誌銘　　行書　大曆十二年十一月二十四日　潮陽陳運彰玉延樓舊藏，有陳氏題記，拓本陳氏鈐印"蒙厂所得金石"。

明覺寺持律比丘尼喬氏心印記　　大曆十三年正月二十七日　無署名無鈐印框欄題簽"比丘尼喬氏心印記　大曆十三年"，先生小識"'十二硯齋'著錄有脫漏，顧鼎梅'古誌''目錄'兩種俱不載此品。舍之"並印"舍之"，拓本先生鈐印"吳興施舍攷藏"。

太子賓客崔沔墓誌　　李邕撰　徐珙分書　兩面刻　大曆十三年四月八日改葬重刻　拓本先生鈐印"吳興施舍攷藏"，附"無相庵"箋紙先生為此誌題識一頁。

晉陵郡長史段承宗遷葬誌　　張諷撰　行書　大曆十三年五月十五日

贈揚州大都督段行琛碑　　張增書　有額篆書　大曆十四年閏五月十三日　托裱本。葉鵬年舊藏，拓本題簽"唐段行琛碑"並印"葉鵬年"。為先生著錄《唐碑百選》第七十六種。

改修吳延陵季子廟碑　　蕭定記　張從申書　李陽冰篆額　大曆十四年八月二十七日　平湖張處芳舊藏，拓本題簽"唐改修延陵季子

廟碑　　大曆十四年，張從申書"並印"平湖張氏""處芳長壽"。為先生著錄《唐碑百選》第七十七種。

重刻孔子題延陵季子墓碑　　殷仲容摹古篆　　下截有張從申題記　　大曆十四年　　先生題封"唐摹延陵季子墓碑"並印"吳興施舍攷藏"，又拓本題簽"延陵季子墓碑　傳孔子書，唐殷仲容摹"並印"施舍所得"。

蘇州別駕知東都將作監事趙益及夫人楊氏墓誌　　趙曄撰　　趙㩾書　　大曆十四年十一月十六日

蕭俱興及夫人李氏墓誌　　大曆十五年正月十六日　　有復本。無署名無鈐印題簽"蕭君墓志　大曆十五年"，先生改潤為"蕭俱興墓志　大曆十五年正月"。兩本先生皆鈐印"吳興施舍攷藏"。

夔州都督府長史顏勤禮碑　　顏真卿撰並書　　四面刻　　一側已磨滅　　附大曆末　　為先生著錄《唐碑百選》第七十八種。

蕭和尚靈塔銘殘石　　僅存上截　　有碑陰碑側　　碑額篆書　　碑陰額分書　　碑側行書　　按：據《金石錄》為建中元年二月。鄭州崔氏耕堂傳拓本，有復本。先生題簽"唐蕭和上靈塔銘　殘石，二紙"，拓本先生鈐印"吳興施舍北山樓藏碑"，碑陰鈐印"施蟄存""無相庵藏本"。另本題封鋼筆小識"唐蕭和上靈塔銘"，拓本先生鈐印"無相盦劫後所聚"。先生嘗作題跋，《蕭和尚靈塔銘》記云"二十年前，李白鳳自汴梁寄斷碑拓本來，囑為審定""此碑亦僅見於趙氏《金石錄》，明清二代，未聞有見之者。余既以拓本歸白鳳，囑其物色碑石所在""一九八二年夏余遊嵩嶽，……忽見院旁有一石，供遊人坐憩用，趨視之，疇昔所見蕭和尚斷碑也。大驚喜，邀旅伴數人共起之，掃除泥土""碑側字數行，損泐不甚可審，但可知為王維贈乘如禪師詩，唐刻唐詩，亦宜珍視。既歸上海，越月，崔少耘為寄精拓來"。（見《嵩洛新出石刻小記》）

舜廟碑　　韓雲卿撰　韓秀實分書　李陽冰篆額　建中元年三月二日　為先生著錄《唐碑百選》第七十九種。

贈太子太保顏惟貞廟碑　　顏真卿撰並書　李陽冰篆額　四面刻　建中元年七月　分拓五紙本。先生題簽"顏氏家廟碑"並印"吳興施舍北山樓藏碑"，又小識"家廟碑額陰有，齋堂記及宋人題名未得"並印"吳興施舍攷藏"。

大秦景教流行中國碑　　僧景淨製文　呂秀巖書並題額　碑下截及兩側有敘利亞文題名　建中二年正月七日　共四紙。先生題簽"唐大秦景教流行中國碑"並印"吳興施舍攷藏"，拓本先生分別鈐印"施蟄存印""吳興施舍攷藏""華亭施氏無相庵藏"。為先生著錄《唐碑百選》第八十種。

宣城縣尉李君夫人賈氏墓誌銘　　李文則撰並書　建中二年三月二十三日　先生題簽"宣城縣尉李君妻賈氏誌　建中二年三月廿三日"，拓本先生鈐印"北山樓文房"。

明威將軍高君夫人李氏墓誌銘　　徐濯撰　建中二年十月十二日

三藏不空和尚碑　　嚴郢撰　徐浩書　有額正書　建中二年十一月十五日　為先生著錄《唐碑百選》第八十一種。

易州刺史張孝忠再葺池亭記　　王璿撰並行書　建中二年　先生題簽"易州刺史張公再葺山亭記　建中二年，無額"並印"吳興施舍攷藏"。

鴻臚卿宋儼墓誌銘　　誌蓋篆書　建中四年四月二十七日　二紙　浭陽端午橋陶齋傳拓本。拓本鈐印"托活洛氏端方藏石"並鈐誌蓋，先生鈐印"無相庵藏本"，誌蓋鈐印"吳興施舍攷藏"。

絳州聞喜縣令楊君夫人裴氏墓誌銘　　誌蓋正書　李衡撰　貞元

元年十一月十七日　二紙　拓本先生鈐印"吳興施舍攷藏"。

嗣曹王李戢妃鄭氏墓誌銘　　穆員撰　張勸書　貞元二年七月己酉　有復本。拓本有上虞羅叔蘊宸翰樓、定海方若舊雨樓、武進董授經涌芬室、武進陶蘭泉涉園諸印，先生鈐印"吳興施舍攷藏"。另本北山樓藏本"武進陶氏涉園藏魏誌石拓本　齊周隋唐坿"全函砆拓之一種，印製框欄簽條"李戢妃鄭氏誌　建中三年十月九日［此為卒日］"並印"華亭施氏無相庵藏"。

華陽三洞景昭大法師碑　　陸長源撰　竇臮書並篆額　貞元三年正月上元　托裱舊本，無署名無鈐印小篆題簽"唐景昭法師碑"，拓本先生鈐印"吳興施舍攷藏""施舍讀碑記"。先生嘗作題跋，《唐碑六題·景昭法師碑》記云"碑在句容茅山，雖早見於宋人著錄，而傳拓極少，明清書家，多未得見。嘉慶中，王蘭泉纂《金石萃編》，猶未有著錄，可知世間墨本不多，故余亟為選錄之"。（見《北山談藝錄》）為先生著錄《唐碑百選》第八十二種。

孺人鄒夫人潘氏墓誌銘　　貞元四年九月十二日　無署名無鈐印框欄題簽"鄒妻潘氏墓誌　貞元四年，是剡刻，定非唐碑"，拓本先生鈐印"吳興施舍攷藏"。

魏州貴鄉縣尉李巒墓誌銘　　嗣子彙撰並書　貞元五年十二月二十三日

華州下邽縣丞韋端夫人王氏墓誌銘　　子韋縝撰書　貞元六年二月二十三日　拓本鈐印"吳興施舍攷藏"等。

法界寺比丘尼正性墓誌　　誌蓋正書　貞元六年十月八日　二紙　溧陽端午橋陶齋傳拓本。先生題簽"法界寺比丘尼正性　貞元六年十月八日，匋齋"並印"舍之"，拓本先生鈐印"施舍所得"。

南陽張公太夫人王氏墓誌銘　　楊自政撰　誌蓋篆書　貞元八年三月二十二日　二紙　有復本三種。一誌與蓋合裱本，無署名無鈐印框欄題簽"張母王太夫人墓誌　貞元八年，文甚陋亦未言其夫為何如人"。一托裱本，貴池劉之泗畏齋舊藏，拓本劉氏鈐印"劉公魯讀碑記"，先生鈐印"施舍所得"。一未裱本，拓本鈐印"吳興施舍攷藏"等。

蔡崇敏及夫人孟氏墓誌　　行書　貞元九年三月七日　潮陽陳運彰玉延樓舊藏，拓本陳氏鈐印"蒙厂所得金石"。先生鈐印"吳興施舍攷藏"。

嵩山會善寺戒壇記　　陸長源撰　陸郢分書並篆額　貞元十一年七月

聖善寺滿證禪師玄堂銘　　姚公素撰　有誌蓋　貞元十三年十月二十六日　荷葉裝裱本。無署名無鈐印題簽"唐滿證禪師玄堂記　貞元十三年"，先生鈐印"吳興施舍攷藏"。拓本亦鈐"吳興施舍攷藏"。

趙郡李氏子侯七誌　　兄將順撰書　貞元十三年十一月三日　先生題簽"趙郡李氏子侯七誌　貞元十三年十一月三日"並印"施舍所得"，拓本先生鈐印"吳興施舍攷藏"。

澤州別駕蔡公太夫人楊氏墓誌銘　　楊令言撰　貞元十三年十一月三日　潮陽陳運彰玉延樓舊藏，拓本陳氏鈐印"蒙厂所得金石"。先生鈐印"吳興施舍攷藏"。

嵩山少林寺厨庫記　　殘石　顧少連撰　崔溉正書　貞元十四年　先生題簽"少林寺厨庫記殘石　三紙，一九七六年訪得"，拓本二紙先生皆題識"唐少林寺厨庫記殘石，貞元十四年立"並印"施舍長年"，另紙先生題識"唐少林寺厨庫記碑側"並印"舍之長物"。拓本先生鈐印"吳興施舍攷藏""舍之長物"。附周退密題跋一紙並印"退密文字""四明石室""退密""周退密"。先生嘗作題跋，《少林寺厨庫記》記云"此碑見於趙氏《金石錄》，顧炎武《金石文字記》猶有著錄，而王氏《金石萃編》不載，蓋佚於乾隆以前。一九七五年忽於少林寺廢殿基中獲其殘石一段""碑側有唐宋金人題名，惟河南尹盧貞題名五行全，今錄其文於左，此題名向無著錄"。（見《嵩洛新出石刻小記》）

大智力禪師遺德碑　　沙門靈曜撰　□□則行書　僧大悟題額　貞元十五年正月十日　太倉陸增祥八瓊室著錄本。無署名無鈐印題簽"唐智力禪師遺德碑　貞元十五年正月十日，曲陽"，另有題記"錄。智力禪師遺德碑，唐貞元十五年正月十日，曲陽北五十里慧炬寺"。拓本先生鈐印"吳興施舍攷藏"。

河南縣主簿崔程墓誌銘　　陸復禮撰　崔稅書　貞元十五年八月甲申　拓本先生鈐印"吳興施舍所得古金石專瓦文""吳興施舍攷藏"。

彭王傅徐浩碑　　張式撰　子現書並篆額　貞元十五年十一月二十四日　托裱本。先生題簽"太子少師徐浩碑　有額，張式撰，次子現書並篆額，貞元十五年"並印"北山樓文房"，又小識"唐徐浩碑"，為先生著錄《唐碑百選》第八十四種。

太常寺奉禮郎盧瞻妻崔氏墓誌銘　　盧珙撰　鄭□道書　貞元十六年二月五日

清河郡夫人張氏墓誌銘　　裴同亮撰　貞元十六年　有復本四種。一托裱本，貴池劉之泗畏齋舊藏，先生題簽"清河郡夫人張氏墓誌　裴同亮撰，貞元十六年"，拓本劉氏鈐印"劉公魯讀碑記"，先生鈐印"施舍所得"。一托裱本，無署名無鈐印框欄題簽"張氏墓誌　貞元十六年"，拓本先生鈐印"施舍金石"。一未裱本，先生題簽"清河郡夫人張氏墓誌　貞元十六年"，拓本先生鈐印"吳興施舍攷藏"。一未裱本，拓本先生鈐印"吳興施舍攷藏"。

軒轅黃帝鑄鼎原銘　　　王顏撰　袁滋篆書　有額篆書　貞元十七年正月九日　　先生未得碑陰。拓本鈐印"唐齋石墨"，先生鈐印"吳興施舍北山樓藏碑""吳興施舍攷藏"等。為先生著録《唐碑百選》第八十三種。

趙郡李氏殤女墓石記　　　父藩記　從父淳書　貞元十七年十二月三日　　貴池劉之泗畏齋舊藏。先生題簽"趙郡李氏殤女墓石記　父藩記，從父淳書，貞元十七年十二月三日"。拓本劉氏鈐印"劉公魯讀碑記"，先生鈐印"吳興施舍攷藏"。

雲麾大將軍焦銑碑殘石　　　從弟郁撰　朱獻任行書　貞元十八年七月　　拓本鈐印"周退密"等。

殿中侍御史韓弇夫人韋氏墓誌銘　　　貞元十九年正月辛酉　　此誌文無撰人名。按：此文乃李翱作，故先生認為疑似偽刻。有復本三種。一托裱本，貴池劉之泗畏齋舊藏，先生小識"此文載'李翱集'，魚村作某村，弱女作孤女"，拓本劉氏鈐印"劉公魯讀碑記"。一托裱本，無署名無鈐印框欄題簽"韓妻韋夫人墓誌銘　退之先生之嫂，貞元十八年，偽書"。別一本未裱。

洛陽龍門山李公璵題名　　　貞元十九年五月　　為北山樓藏本"王孝禹藏龍門造像精拓本第四冊"之一種。

京兆府涇陽縣主簿王郟墓誌銘　　　嗣澤王潤撰並書　貞元十九年閏十月七日　　貴池劉之泗畏齋舊藏。先生題簽"涇陽縣主簿王郟誌　失紀年"並印"施舍所得"。拓本劉氏鈐印"劉公魯讀碑記"，先生鈐印"吳興施舍攷藏"。

汴州司倉參軍李頡及夫人張氏墓誌　　　貞元十□年　　先生題簽"李頡及夫人張氏，貞元十□年"，拓本先生鈐印"吳興施舍攷藏"。

劍州長史李廣業碑　　鄭雲逵撰並行書　有額篆書　貞元二十年十一月十三日　先生題簽"劍州長史李廣業碑　鄭雲逵撰，貞元二十年，有額，拓半截"並印"吳興施舍攷藏"，又小識"李廣業碑額"並印"舍之審定"。為先生著錄《唐碑百選》第八十五種。

楚金禪師碑　　僧飛錫撰　吳通微書　貞元二十一年七月二十五日　為先生著錄《唐碑百選》第八十六種。

河南府押衙張詵及夫人樊氏墓誌　　沙門至咸撰　永貞元年十月二十日　蘭溪劉焜甓園舊藏。拓本劉氏鈐印"蘭溪劉氏家藏""鐵漢"。先生鈐印"吳興施舍攷藏"。

昭武校尉陳義墓版文　　侯銛撰　丘瀕書　永貞元年十二月二十五日　拓本先生鈐印"吳興施舍攷藏"。

桂林七星巖孟簡題名　　元和元年二月三日　先生題簽"唐孟簡題名　在桂林"並印"舍之審定"，拓本鈐印"蟄庵經眼"等，又拓本紙背小識"唐孟簡題名，廣西"。

招聖寺慧堅禪師碑　　徐岱撰　孫藏器行書　有額分書　元和元年四月十五日　先生題簽"唐招聖寺慧堅禪師碑"，又題記"唐招聖寺慧堅禪師碑，元和元年，徐岱撰，孫藏器書，一九四五年出土初拓"並印"舍之長物"，拓本先生鈐印"吳興施舍北山樓藏碑"。為先生著錄《唐碑百選》第八十七種。

彭城劉公夫人張氏墓誌銘　　元和元年八月二十五日　先生題簽"南陽張夫人墓誌　元和元年八月廿五日"，拓本先生鈐印"吳興施舍攷藏"。

裴承章墓誌銘　　于方撰　元和元年十一月二十六日　有復本。無署名無鈐印框欄題簽"裴庶子墓誌"，拓本印戳"文林堂記"。

昭成寺尼姜氏墓誌　　元和二年二月八日　　貴池劉之泗畏齋舊藏，先生題簽"昭成寺尼姜氏誌　元和二年二月"並印"施舍所得"，拓本劉氏鈐印"劉公魯讀碑記"，先生鈐印"無相庵""吳興施舍攷藏"。

太子左贊善高岑及夫人尚氏墓誌　　高岳撰　元和二年八月十七日　　愛儷園睢寧姬覺彌舊藏，拓本姬氏鈐印"覺彌長壽"。先生鈐印"吳興施舍攷藏"。

大理評事崔倚墓誌銘　　李據撰並書　元和二年十二月十三日

孟再榮造像記　　元和三年七月十二日　　貴池劉之泗畏齋舊藏，拓本劉氏鈐印"劉公魯讀碑記"，先生鈐印"舍之"。

河南少尹裴復墓誌　　元和三年八月壬寅　　拓本鈐印"施舍金石""吳興施舍攷藏"等。

淄州長史知軍州事崔君墓誌銘　　□嗣之撰　元和四年正月　　先生小識"崔府君　□嗣之撰，元和四年正月"，拓本先生鈐印"吳興施舍攷藏"。

諸葛武侯祠堂碑　　裴度撰　柳公綽書　元和四年二月二十九日　　為先生著錄《唐碑百選》第八十八種。

殿中監王大劍墓誌銘　　誌蓋篆書　元和四年十月十三日　二紙　　拓本先生鈐印"吳興施舍攷藏"，誌蓋鈐印"吳興施舍"。

天台智者大師修禪道場碑　　梁肅撰　徐放書　有額篆書　元和六年十一月十二日　　拓本先生題簽"天台智者大師修禪道場銘　有額，梁肅撰，徐放書，元和六年十一月十二日"並印"舍之"。

苻載妻李氏墓誌　　苻載撰並書　誌蓋篆書　元和七年八月七日

二紙　有復本。無署名無鈐印框欄題簽"符監察妻李氏墓誌　貞觀十一年，李氏即符載之妻，載自書孤子，蓋在父服中，斯行文之拙"，拓本鈐印"吳興施舍攷藏"等。另本貴池劉之泗畏齋舊藏，先生題簽"符載妻李氏誌　元和七年八月七日"。

劍南東川節度推官內供奉盧公夫人崔氏墓誌　　盧頊撰　元和七年八月十六日

彭城劉通墓誌銘　　元和八年十月十八日　先生題簽"元和八年劉通誌　十月十八日"並印"吳興施舍"，拓本先生鈐印"施舍所得"。

穀城縣令張曛墓誌　　誌蓋篆書　崔歸美撰　屈賁書並篆蓋　元和八年十一月二十三日　二紙　拓本先生鈐印"吳興施舍攷藏"，誌蓋鈐印"無相庵藏本"。

叔氏墓誌　　元和九年正月十九日　偽刻　有復本。先生小識"偽刻"。一托裱本，貴池劉之泗畏齋舊藏，拓本劉氏鈐印"劉公魯讀碑記"。一未裱本，拓本鈐印"吳興施舍攷藏"等。

內侍李輔光墓誌銘　　崔元略撰　巨雅書　元和九年四月二十五日　有復本，一舊拓未斷本，一石裂後拓本。

嵩山會善寺記　　殘石　王凝撰並行書　有額篆書　據《金石錄》元和九年八月　開封李白鳳蟬盦藏本。殘紙舊藏者題記"唐……石，物色荒山得之"，又另紙題記"唐會善寺記殘石　王凝撰並行書，元和九年八月，據《金石錄》"，先生鈐印"蟄存"。拓本李氏鈐印"守默"，先生鈐印"吳興施舍攷藏"。先生嘗作題跋，《唐會善寺記殘石》記云"此殘石拓本，得於汴梁。石出土未久即佚""此本當即王凝書撰之碑，應出於嵩山""王凝，《舊唐書》附《王正雅傳》，字致平，翃之曾孫，官至宣歙觀察使，亦有文名。其字存於今者，殆惟此三十六字耳"。（見《北山集古錄》）

唐州長史劉密妻崔氏墓誌銘　　辛劭撰　誌蓋篆書　元和九年十月六日　二紙　有復本。

臨洮軍副將陳志清墓誌銘　　步□□撰　元和九年十月六日　附光緒三年題刻　有復本。拓本先生鈐印"吳興施舍攷藏"等。另本亦鈐"吳興施舍攷藏"。

宣州司功參軍魏邈墓誌銘　　子匡贊撰並書　元和十年四月八日　無署名無鈐印題簽，拓本先生鈐印"吳興施舍攷藏"。

東都安國寺比丘尼劉大德墓誌　　劉陟撰　元和十年七月十三日　溧陽端午橋陶齋傳拓本。拓本鈐印"托活洛氏端方藏石"，先生鈐印"吳興施舍攷藏"。

太子賓客臧協妻向氏墓誌　　張季平撰　誌蓋篆書　元和十年十月十二日　二紙　溧陽端午橋陶齋傳拓本。拓本鈐印"托活洛氏端方藏石"並誌蓋，先生鈐印"吳興施舍攷藏"。

易州高陽軍馬軍都知兵馬使石默啜墓誌　　元和十一年八月二十四日　拓本先生鈐印"吳興施舍攷藏"。

張泚得墓誌　　誌蓋篆書　元和十一年十一月二十三日　二紙　吳縣劉鈞仲傳拓本。拓本劉氏鈐印"劉鈞仲手拓"，先生鈐印"吳興施舍攷藏"。

使院新修石幢記　　四面刻　高瑀撰　譚藩書　元和十二年九月十二日　全拓四紙本。

田意真墓誌　　李杲撰並書　元和十二年十二月五日　潮陽陳運彰玉延樓舊藏，有陳氏題記，拓本鈐印"蒙厂所得金石"，先生鈐印"吳興施舍攷藏"。

龍城柳殘石　　又稱"羅池石刻"　柳宗元撰並行書　元和十二年　仁和胡琨次瑤藏本。先生嘗作題跋，"無相庵"箋紙題識"羅池石刻"；又《唐龍城柳殘石》記云"此刻摹本甚多，余所見已三四本，皆一望即知其偽。此為胡次瑤藏舊拓，的是原石，然原石恐亦是宋人好事者所刻耳。此石清雍正間重出於柳州城西柳子厚柑子園舊址，一時盛行，金石家爭欲得之，而遠在粵西，拓本羅致不易，遂啓碑估射利作偽之機"。（見《北山集古錄》）

鹽鐵轉運等使河陰留後巡官楊仲雅墓誌　　橋古夫撰　張從周書　元和十三年七月三日

宮闈令充威遠軍監軍西門珍墓誌　　西門元佐撰　元和十三年七月二十日　有復本三種。一本為初拓本，另兩本為石裂後拓本。拓本先生皆鈐印"吳興施舍攷藏"。

李仍叔女德孫墓誌銘　　李仍叔撰　元和十三年七月二十七日　有復本。貴池劉之泗畏齋舊藏，先生題簽"李仍叔女德孫誌　元和［十］三年七月廿七日"並印"施舍所得"，拓本劉氏鈐印"劉公魯讀碑記"，先生鈐印"施舍所得"。另本先生鈐印"北山樓""吳興施舍攷藏"。

太常寺奉禮郎李繼墓誌　　弟紳撰書　元和十三年七月二十□日　無署名無鈐印框欄題簽"李繼墓誌　弟紳撰書　元和十三年　謂其嫂不得祔葬"，拓本先生鈐印"吳興施舍攷藏"。

龍花寺韋和尚墓誌銘　　韋同翊撰　元和十三年七月乙酉　先生題識"此石久已亡佚，世有摹本，題李吉甫撰並書。此乃真本，後人寶之"並印"舍之"，拓本先生鈐印"吳興施舍攷藏"。

歸州刺史盧璠墓誌　　李行修撰　元和十三年九月九日

興國寺大德憲超塔銘　　沙門玄應撰並行書　元和十三年十月二十日　有復本。拓本先生鈐印"吳興施舍"。

相州彭城郡録事參軍蕭子昂墓誌　　周儇撰　元和十四年三月二十五日　浭陽端午橋陶齋傳拓本。拓本端氏鈐印"托活洛氏端方藏石"，先生鈐印"吳興施舍攷藏""施蟄存印"。

潞府參軍崔公夫人王氏墓誌　　鄭君房撰　元和十四年四月二十六日

冀王府右親事典軍邵才志墓誌銘　　邵仲方撰　魏瓊書　元和十四年十一月十六日　無署名無鈐印框欄題簽"冀王府右典軍邵才志墓誌銘　從姪仲方撰，魏瓊書，元和十四年十一月"，先生鈐印"施舍所得"。拓本先生鈐印"舍之"。

嵩山會善寺岑禪師舍利塔銘　　高元中撰　有額正書　元和十五年閏正月十囗日　先生題簽"岑禪師舍利塔銘　高元中撰　元和〔十〕五年閏正月"並印"吳興施舍攷藏"。

秘書省著作郎韋端玄堂誌　　子紓撰書　元和十五年五月一日　拓本先生鈐印"吳興施舍攷藏"等。

鳳州司倉參軍司馬宗妻孫堅靜墓誌銘　　賈中立撰　元和十五年十一月二十二日　貴池劉之泗畏齋舊藏，先生題簽"司馬夫人孫氏誌　元和十五年十一月廿二日"，拓本劉氏鈐印"劉公魯讀碑記"，先生鈐印"施舍所得"。

趙氏夫人墓誌　　顧方肅撰　永新元年二月十二日　按：即元和十五年。浭陽端午橋陶齋傳拓本。先生題簽"趙夫人墓誌　永新元年二月十二日，匋齋"，拓本鈐印"吳興施舍攷藏"等。

彭城劉晧墓誌　　李洪撰　長慶元年七月十二日

襄州節度押衙卜璀墓誌銘　　盧子政撰　長慶二年十一月十六日
拓本先生鈐印"吳興施舍攷藏"。

邠國公梁守謙功德銘　　楊承和撰並書　陸邳篆額　長慶二年十二月一日　為先生著錄《唐碑百選》第八十九種。

范氏女阿九墓誌銘　　兄鄯述　誌蓋篆書　長慶三年四月十三日　二紙　有復本。北流陳柱守玄閣舊藏，無署名無鈐印題簽"范氏女墓誌　長慶三年"，拓本陳氏鈐印"柱尊珍賞"，先生鈐印"吳興施舍攷藏"，誌蓋鈐印"施舍所得"。另本亦鈐"吳興施舍攷藏"。

交城石壁寺寺莊山林地土四至記　　長慶三年五月二十三日　先生題識"山西交城縣石壁寺寺莊四至記，長慶三年五月廿三日。未見著錄，舍之錄訖"並印"吳興施舍攷藏"，又識"《藝風堂金石文字目》有此刻，雖未注明所在地"。拓本鈐印"無相庵藏本""施"等。

監察御史李君夫人高氏墓誌　　程勉撰　嗣子李玄慶書　檢校人村戶駱從義　長慶三年十一月二十四日

宿州長史崔璆墓誌　　張正薯撰　長慶四年二月十七日

顏永墓誌銘　　李德芳撰　長慶四年三月二十九日　先生題簽"顏永墓誌　李德芳述，長慶四年三月廿九日"，又識"顏永誌"，拓本先生鈐印"吳興施舍攷藏"。

重瘞長干寺阿育王塔舍利記　　李德裕撰並書　長慶乙巳歲正月

石忠政墓誌銘　　寶曆元年八月九日　有復本。托裱本，無署名無鈐印框欄題簽"石忠政墓誌銘　長慶二〔元〕年"，拓本先生鈐印"吳興施舍攷藏"。另本未裱本。

遊石室新記　　桂林七星岩　王化清撰並書　寶曆元年九月二十日　拓本紙背前人記錄"唐　遊石室新記",另有鈐印"小之"。先生題簽"遊石室新記　王化清撰,寶曆元年九月二十日",拓本先生鈐印"吳興施舍攷藏"。

鳳翔節度押衙楊瞻墓誌銘　　任唐詡撰　誌蓋篆書　寶曆二年八月二十五日　二紙　有復本。拓本先生鈐印"吳興施舍攷藏"等,誌蓋鈐印"舍之"。另本先生題簽"弘農楊瞻誌　寶曆二年",拓本鈐印"施舍所得"。

左金吾衛兵曹參軍何允墓誌　　沙門惟一撰　大和元年五月二十五日卒　拓本先生鈐印"吳興施舍攷藏"。

河南府錄事參軍盧士瓊墓誌銘　　歐陽溪書　大和元年九月庚申卒　有復本。北流陳柱守玄閣舊藏,無署名無鈐印題簽"盧士瓊墓誌",拓本陳氏鈐印"柱尊珍賞",背面鈐有"謹封",先生鈐印"施舍所得"。另本先生鈐印"吳興施舍攷藏"。

留別南溪詩　　李渤撰並書　大和二年十一月十三日　按:宋紹興二十年張仲宇重刻本。

重瘞禪眾寺舍利記　　李德裕撰並書　大和三年二月十五日

西平郡王李晟碑　　裴度撰　柳公權書　大和三年四月六日　為先生著錄《唐碑百選》第九十種。

沔王府諮議參軍張侔墓誌　　盧從儉撰　韓逵分書　大和三年十月二十三日　先生題識"沔王府諮議參軍張侔墓誌,大和三年十月廿三日。'關中金石文字存佚攷'云,石已佚"。拓本先生鈐印"吳興施舍攷藏"。

右內率府兵曹參軍鄭準墓誌銘　　陳齊之撰　大和四年八月二十五日　有復本。北流陳柱守玄閣舊藏，先生題簽"鄭準墓誌　太和四年"，拓本陳氏鈐印"柱尊珍賞"。另本無署名無鈐印框欄題簽"兵曹鄭準墓誌　太和四年"。

試洋王府長史吳達墓誌銘　　寇同撰　大和四年十月二十日　有復本。北流陳柱守玄閣舊藏，拓本陳氏鈐印"柱尊珍賞"，先生鈐印"施舍所得"。

左監門衛將軍劉公夫人楊氏墓誌　　魏則之撰　李約書　大和四年十月二十九日

范陽盧景修墓誌銘　　大和五年十一月八日

幽州節度衙前兵馬使王公夫人李氏墓誌銘　　劉礎撰並書　大和六年五月八日　有復本。無署名無鈐印框欄題簽"王妻李氏墓誌　太和六年"，拓本先生鈐印"施舍金石"。另本先生小識"太和六年王夫人李氏志"，拓本先生鈐印"吳興施舍攷藏"。

唐州長史劉密墓誌銘　　誌蓋篆書　大和六年七月十九日　二紙　先生題簽"劉密霞夫墓誌　有蓋，大和六年七月十九日"並印"施舍金石"。

大理司直辛幼昌墓誌　　眭畬撰　大和七年三月二十七日　有復本。無署名無鈐印框欄題簽"辛幼昌墓誌　太和六［七］年"。先生小識"眭畬撰"，拓本先生鈐印"吳興施舍攷藏"。另本亦鈐"吳興施舍攷藏"。

河南府登封縣令崔蕃墓誌　　嵩陽隱士趙□撰　大和七年十一月八日　先生題識"唐崔蕃墓誌，大和七年十一月八日。《古誌石華》著錄"並印"施舍所得"，拓本先生鈐印"吳興施舍攷藏"。

同州司兵參軍杜行方墓誌　　鄭澣撰　杜述甫書　大和七年十一月甲寅　先生題識"杜行方墓誌，'存佚攷'云，石未詳所在"並印"施舍所得"，拓本先生鈐印"吳興施舍攷藏"。

阿育王寺常住田碑　　范齊融撰　范的行書　有額篆書　于季友後記並唱和詩　大和七年十二月一日　為先生著錄《唐碑百選》第九十二種。

太府寺主簿楊迥墓誌銘　　賈文度撰　楊逍書　誌蓋篆書　大和八年八月二十四日　二紙　拓本先生鈐印"吳興施舍攷藏"。

鄂州永興縣尉周著墓誌銘　　侯璉撰　大和八年十一月八日　愛儷園睢寧姬覺彌舊藏，拓本姬氏鈐印"覺彌長壽"。先生鈐印"吳興施舍攷藏"。

鄧州長史兼侍御史楊孝直墓誌　　潘聿撰　大和九年四月二十五日　拓本先生鈐印"吳興施舍攷藏"。

徐府君及夫人劉氏合祔銘　　大和九年十月二十八日　拓本先生鈐印"吳興施舍攷藏"。

王從政及夫人薛氏墓誌　　劉可記撰　開成元年三月三日　拓本有鈐印，失記。

梓州刺史馮宿碑　　王起撰　柳公權書並篆額　開成二年五月　先生未得碑額，題簽"柳書馮宿碑"並印"吳興施舍攷藏"，拓本先生鈐印"吳興施舍北山樓藏碑"。

太常寺奉禮郎李繼妻崔氏墓誌　　李紳撰　開成三年七月乙酉　有復本。拓本先生鈐印"吳興施舍攷藏"。

義陽郡王苻璘碑　　李宗閔撰　柳公權書　無立碑年月　　按：先生以柳公權署銜攷之，書丹當在開成三年；又曾作大和八、九年。為先生著錄《唐碑百選》第九十三種。

三藏大遍覺法師玄奘塔銘　　劉軻撰　沙門建初行書　開成四年五月十六日　　先生題簽"三藏大遍覺法師塔銘　劉軻撰，沙門建初書，開成四年五月十六日"並印"北山樓"，拓本先生鈐印"無相庵藏本"。為先生輯"唐禪師塔銘六種"之六。

慈恩寺大法師基公塔銘　　李弘度撰　沙門建初行書　開成四年五月十六日　　有復本，先生題簽"慈恩寺大法師基公塔銘　李弘度撰　沙門建初書　開成四年五月十六日"並印"吳興施舍攷藏"。另本先生小識"慈恩寺大法師基公塔銘　李弘度撰，開成四年，萃［《金石萃編》著錄］"。

佛頂尊勝陀羅尼經幢　　奚虛己行書　開成四年十一月十四日　　先生題合存封"唐　陀羅尼經三種，石鼓尊勝經一［種］"並印"吳興施舍攷藏"。拓本紙背無署名無鈐印題記"尊勝陀羅尼經幢"，拓本先生鈐印"華亭施氏無相庵藏"。

上福寺尊勝陀羅尼經幢　　奚虛己行書　開成五年三月　　剪裱本經折冊裝，綾緞冊封前人無署名題簽"唐奚虛己書尊勝陀羅尼經"並跋印（蛀缺），冊內鈐印"吳興施舍攷藏"，冊末"無相庵"箋紙先生題識一頁。為先生著錄《唐碑百選》第九十四種。

贈太尉李光顏碑　　李程撰　郭虔書　開成五年八月十四日　　剪裱線裝本。封頁前人無署名題簽"太尉李光顏碑　郭虔，計8元"，有烏婁王氏藏之印，另題"毋自欺齋藏帖"。冊內鈐印"王方琮印""玉如""胡均私印"等，有先生校註，如"此二字'萃編'無，不知在何處""刻字"。先生嘗作題跋，《唐太尉李光顏碑》記云"李氏父子三碑皆在山西榆次，拓本甚不易得，此光顏碑，近始得之，惜已剪裝，不能見其全貌，文尚完好，取《金石萃編》校之，小有漫漶""'萃編'於'趺'字闕疑，今碑本'趺'字雖左旁小泐，猶可識也"。（見《北山集古錄》）

山南東道節度總管趙公夫人夏侯氏墓誌　　唐正辭撰　誌蓋篆書　開成五年十一月二十四日　二紙　拓本先生鈐印"吳興施舍攷藏"。

安國寺寂照和尚碑　　段成式撰　僧無可書　顧玄篆額　開成六年正月六日　先生題簽"寂照和尚碑　有額"，拓本紙背鈐印"小之"。為先生著錄《唐碑百選》第九十一種。

五經文字三卷　　張參撰　乾符三年張自牧重校改刻　附開成末。

九經字樣一卷　　唐玄度撰　附開成末。

陳少公太夫人蔣氏墓誌銘　　呂貞儉撰　會昌元年二月十三日　按：光緒壬午前拓本。　先生題簽"陳少公太夫人蔣氏誌　會昌元年二月十□日"，又題識"此光緒壬午前拓本"，拓本先生鈐印"吳興施舍攷藏"。

河南府司錄參軍李瑈墓誌銘　　崔璵撰　裴儋書　崔礎篆　誌蓋篆書　會昌元年十一月二十四日　二紙　拓本先生鈐印"吳興施舍攷藏"。

大達法師玄秘塔碑　　裴休撰　柳公權書並篆額　會昌元年十二月二十八日　整紙全形拓本，為先生著錄《唐碑百選》第九十五種。

趙公夫人張氏墓誌　　沈櫓撰　安子書　宜郎篆　閭郎刻字　誌蓋篆書　會昌三年五月二十六日　二紙　有復本。拓本先生鈐印"吳興施舍攷藏"。

馮履仁妻秦氏墓誌　　馮履仁撰　會昌三年十一月十二日　拓本

先生钤印"吴兴施舍攺藏"。

洪州武寧縣令于君夫人李氏墓誌　　李庾撰　會昌四年　無月日。

永樂丞韋敏夫人李氏誌銘　　于濆撰　會昌五年正月二十四日
先生題簽"韋敏妻李氏墓誌　會昌五年正月〔廿〕四日"並印"吴興施舍"。

盧貞等少林寺題名　　會昌五年二月二十六日

柳氏殤女老師墓誌　　兄仲郢撰　會昌五年六月二十一日　拓本
先生钤印"吴興施舍攺藏"。

宣州司功參軍魏邈妻趙氏墓誌銘　　王儔撰　會昌五年十一月二十三日　無署名無钤印題簽"魏邈妻趙氏墓誌銘"。

明州刺史御史中丞韋塤夫人溫氏墓誌　　尉琎書　會昌六年五月七日　北山樓藏本"武進陶氏涉園藏魏誌石拓本　齊周隋唐坿"全函硃拓之一種，印製框欄簽條"韋塤妻溫氏誌　會昌六年五月七日"，拓本先生钤印"吴興施舍北山樓藏碑"。

彭城劉舉墓誌銘　　大中元年八月二十一日　光緒壬午前拓本。先生小識"彭城劉舉誌，大中元年八月廿一日，光緒壬午前拓本"，拓本先生钤印"吴興施舍攺藏"。

周公祠靈泉記　　崔珙狀奏　有額　大中二年十月二十日　先生題簽"唐周公祠靈泉記　大中二年十一月"並印"吴興施舍攺藏"，拓本亦钤"吴興施舍攺藏"。

贈司徒劉沔碑　　韋博撰　柳公權書　唐玄度篆額　大中二年十一月七日　按：此碑拓本甚少，金石萃編正續、補正均未著錄。先生小識"誠懸是碑書法極似魏公家廟碑，但石理多磨泐，精神略遜。今石不知所在"。

汴州尉氏縣尉劉搏妻孔氏墓誌　　魏鼎撰並書　大中三年二月十一日

太子賓客翼王府司馬鄭鑰及夫人趙氏墓誌　　劉曾撰　王宗幸書　大中三年二月十七日

內府局丞王守琦墓誌銘　　劉景夫撰　大中四年正月二十三日
有復本。先生題簽"唐內府局丞王守琦墓誌　大中四年正月廿三日　原石舊拓"並印"吳興施舍攷藏"。拓本有張叔未、洪正鈐印，先生鈐印"北山石交""吳興施舍攷藏"。另本無署名無鈐印題簽"唐王守琦志　大中四年正月廿三"，拓本先生鈐印"吳興施舍攷藏"。

太子舍人翟君夫人高氏墓誌　　撰者姓名泐失　大中四年十月五日　有復本，按：兩本相同無差異。"無相庵"箋紙先生題識"文載《續語堂碑錄》，第一行'奉禮'即下原泐，此本尚不惡。惟名辭第四章'松茂栢大'之'松茂'兩字已不清晰。翟妻婉。兩本同"。另本先生題簽"翟府君妻□婉　大中四年"。

內五坊使押衙安珍墓誌銘　　王仇撰　誌蓋篆書　大中四年十月二十日　二紙　拓本鈐印"周挹鍾印"，先生鈐印"吳興施舍攷藏"。

淮西行營糧料使勾檢官史從慶墓誌　　大中四年十二月十七日
拓本先生鈐印"吳興施舍攷藏"。

成都府司錄參軍劉繼墓誌銘　　徐有章撰　大中四年十二月二十九日　溧陽端午橋陶齋傳拓本。無署名無鈐印題簽"唐劉繼嗣卿志　匋齋藏石　大中四年十二月廿九日"，拓本先生鈐印"吳興施舍攷藏"等。

內侍省內僕局丞李從證墓誌銘　　　有誌額　尹震鐸撰　林言書　毛文廣篆額　大中五年正月二十三日　有復本。無署名無鈐印題簽"唐李從證志"。

賜沙州僧政洪䛒勅　　　大中五年五月　沙州雷音寺傳拓本，常州謝氏魚飲溪堂、平湖陳氏安持精舍遞藏。先生題合存封"敦煌碑四種　唐二，元二"並印"舍之長物"，又題簽"唐賜沙州僧政勅"並印"吳興施舍北山樓藏碑"。拓本鈐印"沙州雷音寺印"，先生鈐印"吳興施舍北山樓藏碑"。

董惟靖墓誌　　　鄒敦愿撰　大中六年六月十九日

吏部尚書高元裕碑　　　蕭鄴撰　柳公權書　有額篆書　大中六年十一月十日

再建圓覺大師塔銘　　　陳寬誌　崔倬書　大中七年正月　先生題簽"再建圓覺大師塔銘　達摩，方氏，陳寬誌，崔倬書，大中七年，萃編補正"並印"舍之"，拓本先生鈐印"吳興施舍攷藏"，為先生輯"唐禪師塔銘五種"之五。

耿元成墓誌　　　大中七年四月十三日　先生小識"耿元成，大中七年四月十三日"，拓本先生鈐印"吳興施舍攷藏"。

東都留守宴設使朱敬之妻盧子玉墓誌　　　大中七年四月十三日　有復本。拓本先生鈐印"無相庵藏本"。

易州逐城故鎮遏敵副將趙建逐及妻董氏墓誌　　　大中九年二月十七日　拓本先生鈐印"吳興施舍攷藏"。

圭峯定慧禪師傳法碑　　　裴休撰並書　柳公權篆額　大中九年十月十三日　為先生著錄《唐碑百選》第九十六種。

般若波羅密多心經　　　裴休書　大中九年十月十五日　　蘭溪劉焜甓園舊藏。拓本劉氏鈐印"蘭溪劉氏家藏"，先生鈐印"吳興施舍攷藏"。

韓昶自為墓誌銘　　　孤子綰書誌並篆蓋　大中九年十二月十五日　無署名無鈐印框欄題簽"韓昶墓誌銘　大中九年"，先生鈐印"施舍金石"。先生題識"'世以昧昧為賢'，'世'字《古誌石華》作'廿'，此作'世'，恐是摹刻本"，拓本先生鈐印"吳興施舍攷藏"。

劉氏太原縣君霍夫人墓誌　　　周遇撰　大中十年正月二十九日

滎陽鄭氏女墓誌銘　　　大中十年四月二十五日　　先生小識"滎陽鄭氏女，大中十年四月廿五"，拓本先生鈐印"吳興施舍"。

淄州高宛縣令張茂弘墓誌銘　　　張安節撰　大中十年十月十五日

鄭恕己墓誌銘　　　行書　大中十年十一月九日　　北流陳柱守玄閣舊藏，無署名無鈐印題簽"鄭恕己墓志"（蛀缺），拓本陳氏鈐印"柱尊珍賞"。

劉母姚太夫人權葬石表　　　劉蛻撰　李紳書　誌蓋正書　大中十一年五月庚申　二紙　無署名無鈐印框欄題簽"姚太夫人權葬石表　大中十一年，劉蛻之母，文即蛻作。'補訪碑錄'收之"。先生題識"此誌惟見'關中金石文字存佚攷'，石今不詳所在。羅振玉有一跋，別無著錄"，拓本先生鈐印"吳興施舍攷藏"。

上都唐安寺比丘尼廣惠塔銘　　　令狐專撰　孔□□書　大中十三年六月十八日　有清道光十一年題刻　拓本先生鈐印"吳興施舍攷藏"。

信州玉山縣令盧公則墓誌銘　　　鄭□撰　誌蓋篆書　大中十三年十月十二日　二紙　拓本先生鈐印"吳興施舍攷藏"，誌蓋鈐印"施蟄存印"。先生嘗作題跋,《唐盧公則墓誌》記云"'春秋甲子十有一',蓋享壽七十一也。以甲子代六十,亦所僅見,可補誌銘書年壽例"。(見《北山集古錄》)

軍器使內寺伯袁公夫人王氏墓誌　　王孟諸撰　大中十四年四月五日　拓本先生鈐印"吳興施舍攷藏"。

鄉貢進士鄭堡墓銘　　鄭迪撰　大中十四年十月二十一日　有復本。愛儷園睢寧姬覺彌舊藏,拓本姬氏鈐印"覺彌長壽"。另本先生題簽"滎陽鄭堡墓誌　大中十四年十月廿一日",拓本先生鈐印"無相庵藏本"。

宋州碭山縣令鄭紀及夫人盧氏墓誌　　崔居晦撰　咸通二年五月二十三日

王氏殤女容墓誌　　咸通三年七月十八日

鄂都福田寺三門記　　楊知新撰　李少鴻書丹篆額並鐫字　咸通三年九月十一日　錢塘徐印香復盦藏本。先生題簽"鄂都福田寺三門記　李少鴻書篆鐫,咸通三年九月十一日,缺額"並印"施蟄存"。拓本徐氏鈐印"復盦鑒藏金石文字"。

榮王府長史程修己墓誌銘　　誌蓋篆書　溫憲撰　程進思書　再思篆蓋　咸通四年四月十七日　二紙　無署名無鈐印框欄題簽"廣平程公墓誌　修己,咸通四年",先生小識"較《古誌石華》補增二字",拓本先生鈐印"吳興施舍攷藏"。

幽州節度押衙王公夫人張氏墓誌　　子弘泰撰並行書　咸通四年七月十三日　北流陳柱守玄閣舊藏,無署名無鈐印題簽"王夫人清河張氏墓志",先生小識"高弘泰書,楊君建刻",拓本陳氏鈐印"柱尊珍賞"。

窣堵波塔銘　　布衣高墉述並書　咸通五年八月二十六日　無署

名無鈐印框欄題簽"窣堵波塔銘　咸通五年，毛國汭國崇"，拓本先生鈐印"無相庵藏本"，別有印戳"文林堂記"。

故妓人清河張氏墓誌　　李從質撰並書　咸通六年四月二十日
先生題簽"妓張氏誌　咸通六年四月二十日，舍之著録"，拓本鈐印"之隱長物"，先生鈐印"吳興施舍攷藏"。

高陽許公夫人戴氏墓誌　　左行　咸通六年四月二十日　拓本先生鈐印"無相盦""吳興施舍攷藏""施舍金石"。

處士王仲建墓誌銘　　張魏賓撰兼書　按：先生攷為咸通六年十月二十二日，誌末有乾隆五十四年馮敏昌題刻。拓本先生鈐印"吳興施舍攷藏"。

王虔暢墓誌　　賈當撰　李溫書　咸通八年二月一日

令狐紞墓誌銘　　誌蓋篆書　令狐澄撰　令狐詢書誌篆蓋　二紙　咸通八年八月六日　無署名無鈐印框欄題簽"度支令狐君墓誌　咸通八年"，拓本先生鈐印"吳興施舍攷藏"。

河中府猗氏縣尉苗素墓誌　　兄晦撰並書　咸通八年二月二十日

李郴妻宇文氏墓誌銘　　李郴撰　楚封書　咸通八年八月二十五日

留守兵馬使魏涿墓誌　　郝乘撰　李誡書　咸通九年七月十八日
有復本。拓本先生鈐印"吳興施舍攷藏"。

內莊宅使內侍劉遵禮墓誌銘　　誌蓋篆書　劉瞻撰　崔筠書誌並篆蓋　咸通九年十一月八日　二紙　無署名無鈐印框欄題簽"莊宅使劉遵禮墓誌　崔筠書　咸通九年"，先生鈐印"吳興施舍攷藏"。拓本先生鈐印"舍之長物""施舍金石"。

新修文宣王廟記　　賈防撰　咸通十一年三月十日　先生題簽"唐新修曲阜文宣王廟記　有額，賈防撰，咸通十一年三月十日"。

邕子廿八人造音像記　　磚刻　咸通十一年七月十五日　拓本先生鈐印"蟄存""舍之審定"。先生嘗作題跋，《唐咸通造像磚》記云"《匋齋藏石記》著錄，稱佛頂泥，實亦磚之屬也""此磚銘文，陽刻字為唐楷，似褚字體，工整雋永"。(見《北山談藝錄續編》)

南陽樊駰墓誌　　王鈺撰　徐珙書　咸通十二年十一月十二日　先生題簽"樊駰墓誌　咸通十二年十一月十二日"，拓本先生鈐印"無相盦""吳興施舍攷藏"。

鄭國文貞魏公家廟碑　　崔璵撰　柳公權書　未見年月　拓本無署名無鈐印題簽"柳書魏公廟碑"。按:《寶刻類編》定為大中六年，《金石萃編》定為咸通末，此從《金石萃編》而附咸通末。

彭城劉氏室女定師墓銘　　劉從周記並書　乾符二年八月二十八日　先生小識"彭城劉氏室女定師　乾符二年八月廿八日"，拓本先生鈐印"施舍所得"。

琅琊夫人王氏墓誌　　乾符三年二月二十四日

強瓊妻王氏墓誌　　乾符三年二月

河南府錄事趙虔章墓誌銘　　孫溶撰　姚紃書　誌蓋篆書　乾符三年九月二十日　二紙　先生題識"葉鞠裳盛稱此誌，以為晚唐佳刻，蓋爾時墓誌出土不多。今則此誌在唐誌中，當退居三等矣"，誌蓋拓本先生鈐印"吳興施舍攷藏"。

謁昇仙太子廟詩　　鄭畋撰並書　乾符四年閏二月三日　有復本。

先生题签"唐谒昇仙太子廟詩　乾符四年閏二月三日"，拓本先生鈐印"北山樓""吳興施舍北山樓藏碑"。

隴西牛承宗墓誌銘　　乾符四年五月九日　潮陽陳運彰玉延樓舊藏，拓本陳氏鈐印"蒙厂所得金石"。先生鈐印"吳興施舍攷藏"。

苗夫人劉氏墓誌　　嗣子弇撰並書　乾符四年十月三日

溫州刺史崔紹墓誌銘　　崔兢撰　崔連孫書　乾符四年十一月二十三日

崔夫人李道因墓誌銘　　崔曄撰並書　乾符五年正月六日

嶺南節度使楊發女子書墓誌　　兄檢撰並書　乾符五年十月二十八日　貴池劉之泗畏齋舊藏。先生小識"楊公女子書誌，乾符五歲"，拓本劉氏鈐印"劉公魯讀碑記""吳興施舍攷藏"。

李氏殘墓誌銘　　乾符六年四月　先生小識"李氏殘墓誌，乾符六年四月，'八瓊室'著錄"並印"吳興施舍攷藏"。

信州應天禪院尼善悟塔銘　　誌蓋正書　廣明元年七月九日　二紙　先生小識"信州應天禪院尼善悟，廣明元年七月九日"並印"施舍所得"，拓本先生鈐印"吳興施舍攷藏"。

宣州南陵縣尉張師儒墓誌銘　　蔡德章撰　子溥書　廣明元年十月五日　有復本，失記。

易州頌太守隴西公李縕政理幢　　八面刻　王悰撰　沙門修一書　廣明二年四月九日　分拓八紙。無署名無鈐印題簽"唐廣明李縕政理幢"，又拓本紙背硃筆題記"廣明二祀孟夏月九日，唐李縕政理幢，正書，王悰撰，易州"。拓本八紙先生鈐印"施舍讀碑記""蟄存之印""吳興施舍攷藏""吳興施舍北山樓藏碑"。

幽州節度要籍祖君夫人楊氏墓誌　　　徐膠撰　楊從白書　中和元年十一月八日　溧陽端午橋陶齋傳拓本。拓本端氏鈐印"托活洛氏端方藏石"，先生鈐印"華亭施氏無相庵藏"。

永安山中胡禪院再定封壇碑　　　李又玄撰　釋志長書　有碑側　中和三年十月二十八日　三紙　南陵徐積餘隨庵舊藏，徐氏題記"無額，唐永安山中胡禪院再定封壇碑，並碑側，額正書，李又元［玄］撰，釋志長正書，中和三年，河南輝縣"。先生題簽"永安山中胡禪院再定封壇碑中和三年，河南輝縣，有碑側共三紙"並印"舍之長物"。拓本徐氏鈐印"徐乃昌讀碑記"，先生鈐印"舍之審定"，碑側亦鈐"舍之審定"。

張武及夫人韓氏墓誌　　　中和四年十一月十五日　潮陽陳運彰玉延樓舊藏。拓本陳氏鈐印"蒙厂所得金石"，先生鈐印"吳興施舍攷藏"。

原武縣令王君墓誌銘　　　張道撰　景福四年十月十七日

洛陽龍門山朱全忠造像記　　　光化元年八月三日　分拓三紙，拓本先生鈐印"無相庵"。

孟璠墓誌銘殘石　　　天祐十二年閏二月五日　先生題簽"孟璠墓誌殘，天祐十二年閏二月五日"並印"吳興施舍攷藏"，又小識"楊吳天祐十二年"，拓本先生鈐印"施舍所得""無相庵藏本"。

王琮墓誌　　　天祐十三年二月五日　潮陽陳運彰玉延樓舊藏，有題識並印"蒙厂"，拓本陳氏鈐印"蒙厂所得金石"，先生鈐印"吳興施舍攷藏"。

檢校太子賓客爾朱逵墓誌　　　程彥矩撰　□□十四年十一月　先生題識"此本較黃虎癡所見者為勝，補得五字已錄於黃書眉"並印"蟄存"，拓本先生钤印"吴兴施舍攷藏"。

上骑都尉杜君妻朱氏墓誌銘　　□□□年十一月二十五日　　浭陽端午橋陶齋傳拓本，蘭溪劉焜甓園舊藏。拓本劉氏鈐印"鐵漢""蘭溪劉氏家藏"，先生鈐印"北山樓""吳興施舍攷藏"。

沙彌尼清真塔銘　　沙門季良撰並書　　未見年月　　有復本。貴池劉之泗畏齋舊藏，先生題簽"沙彌尼清真塔銘　失年月"並印"施舍所得"，拓本鈐印"劉公魯讀碑記"。另本蘭溪劉焜甓園舊藏，拓本劉氏鈐印"鐵漢""蘭溪劉氏家藏"，先生鈐印"吳興施舍攷藏"。

沙彌尼勤策塔銘　　沙門季良撰並書　　無年月

唐故人元智惠銘記　　無年月　　先生題簽"元智惠銘記　無年月"並印"吳興施舍攷藏"，拓本先生鈐印"北山樓文房""吳興施舍攷藏"。

鎮墓符敕　　篆書　　無年月　　先生題簽"唐鎮墓符敕　渭南趙氏藏石"，拓本鈐印"施蟄存印"。

張漪墓誌蓋　　篆書　　三行，行三字，文曰"唐故著作郎張公墓誌"。先生題識"張漪墓誌蓋，誌石為桂林唐子實取去，拓本罕傳，誌文見'粵西得碑記'"並印"吳興施舍攷藏"，拓本先生亦鈐"吳興施舍攷藏"。

南安仇公墓誌蓋　　篆書　　無年月　　二行，行三字，文曰"南安仇公墓誌"。北流陳柱守玄閣舊藏。先生題識"唐，有誌石，正書，無年月"並印"舍之審定"。拓本陳氏鈐印"柱尊珍賞"。

淨住寺釋迦文賢劫像銘　　無年月　　失記。

涅槃經殘刻三段　　洛陽龍門山　　無年月　　三紙　　"無相庵"箋紙先生題識，有云"此涅般經三石，吳荷屋定為薛謖書，然亦無確。據吳氏有宋拓本珍為孤本，不知此石仍在龍門也。余此本亦舊拓，今恐已更有泐損矣"並印"蟄存"，別有一印"謙約齋藏金石"。

　　　　次付鳩摩羅馱比丘第十九　　　無署名無鈐印題簽"佛經殘刻一　次付鳩摩羅馱比丘第十九"並跋"存三石，疑為涅槃經，無年月，中有武后製字，在洛陽龍門山"，拓本先生鈐印"舍之審定""吳興施舍攷藏"。

　　　　次付闍夜多比丘第廿　　　無署名無鈐印題簽"佛經殘刻二　次付闍夜多比丘第廿"，拓本先生鈐印"無相庵藏本""吳興施舍攷藏"。

　　　　次付婆修槃陁第廿一　　　無署名無鈐印題簽"佛經殘刻三　次付婆脩槃陁第廿一"，拓本先生鈐印"舍之審定""吳興施舍攷藏"。

青田石門山徐嶠題詩殘刻　　　分書　無年月　按：據先生攷證，此詩作者徐嶠為玄宗時人。

張愿題石門山瀑布詩殘刻　　　無年月　拓本先生鈐印"無相庵"。按：據先生攷證，此詩作者張愿為玄宗時人。

練師碑殘石　　分書　無年月　按：存十四行，行四字至八字不等，首行"暮合"起。無署名無鈐印題簽"唐殘碑"，先生鈐印"北山樓"。別有"無相庵"箋紙先生題識"乙卯十月得此殘石拓本，末行有'我皇唐'字，知其為唐碑也。第四行有'微我練師'字，知其為某練師碑也，惜不見法號，不知為誰何。分書殊柔媚，似出中唐人手"並印"施"。拓本先生鈐印"舍之長物""吳興施舍所得古金石塼瓦文"。先生嘗作題跋，《唐練師碑殘石》記云"此刻未見著錄，出土當不久，今錄其文於次"。（見《北山集古錄》）

左監門衛副率哥舒季通葬馬銘　　　偽刻　有復本四種。一無署名無鈐印框欄題簽"哥舒季通葬馬銘　偽刻"，拓本先生鈐印"施舍金石"。一貴池劉之泗畏齋舊藏，拓本鈐印"劉公魯讀碑記"。一蘭溪劉焜甓園舊藏，先生鋼筆小識"偽"，拓本鈐印"鐵漢""蘭溪劉氏家藏"。一北流陳柱守玄閣舊藏，拓本鈐印"柱尊珍賞"。

五代十國

後　梁

洛陽龍門山李琮造像記　　乾化五年六月三日　有復本三種。一拓本先生鈐印"吳興施舍攷藏"。一拓本先生鈐印"施舍金石"。別一本兩段合拓本之一，先生小識"下一刻乃五代時人造象"，為北山樓藏本"王孝禹藏龍門造像精拓本第三冊"之一種。

宋州觀察支使賈邠文墓誌　　鄭山甫撰　貞明元年五月十二日　有復本會稽顧燮光金佳石好樓舊藏，附"會稽顧氏藏本　金佳石好樓發行"印製封，記録"後梁，賈邠文墓誌，貞明元年五月，洛新，已鈔"，拓本先生鈐印"施舍讀碑記"。另本新安張鈁友石千唐誌齋傳拓本，附千唐誌齋印製封，簽條"梁宋州觀察支使祠部員外郎賈邠文墓誌　鄭山甫撰，貞明元年五月十三[二]日"。

左藏庫使蕭符墓記銘　　姪蘧撰　子從謙書　龍德二年七月十八日　新安張鈁友石千唐誌齋傳拓本，附千唐誌齋印製封，簽條"梁左藏庫使右威衛大將軍金紫光祿大夫檢校尚書右僕射蕭符墓誌　侄蕭蘧撰，子處謙書，龍德二年七月十八日"，拓本先生鈐印"舍之長物"。

清河崔崇素墓誌銘　　李專美撰　龍德二年十一月二十日　山陰范鼎卿循園、會稽顧燮光金佳石好樓遞藏。附"會稽顧氏藏本　金佳石好樓發行"印製封，記錄"梁，崔崇素墓誌，龍德二年，已鈔"，另有前人小記"崔崇素，龍德二年十一月"，拓本范氏鈐印"循園所藏"，先生鈐印"舍之長物"。

後　唐

寧江軍節度觀察處置等使西方鄴墓誌銘　　王豹撰　王汭書　天成四年十月十八日　新安張鈁友石千唐誌齋傳拓本，附千唐誌齋印製封，簽條"唐東南西招討使寧江節度西方鄴墓誌　天成四年十月十八日"，拓本先生鈐印"吳興施舍攷藏"。

恭川李崧題字　　無年月　托裱本。先生題識"後唐李崧題字殘刻，四川"並印"舍之審定"，拓本先生鈐印"吳興施舍所得古金石專瓦文"。

後　晉

隴西郡夫人開氏墓誌銘　　楊敏昇撰　僧惠進書　八月二十二日　按：先生攷為天福元年，是年十一月始定國號。新安張鈁友石千唐誌齋傳拓本，附千唐誌齋印製封，題簽"晉隴西郡夫人開氏墓誌　楊敏昇撰　僧人惠進書　年八月二十二日"。拓本先生鈐印"舍之長物""吳興施舍"。

商州長史梁瓌墓誌銘　　李芝撰　李□□書　天福五年三月十八日　有復本。會稽顧燮光金佳石好樓舊藏，附"會稽顧氏藏本　金佳石好樓發行"印製封，記錄"後晉，梁瓌墓誌，天福五年三月，洛新，已鈔"，又前人小記"後晉梁瓌墓誌，天福五年三月，洛陽"，拓本鈐印"吳興施舍"。另本新安張鈁友石千唐誌齋傳拓本，附千唐誌齋印製封，簽條"晉商州長史梁瓌墓誌　李芝撰，李□□書，天福五年三月十八日"，拓本先生鈐印"施舍長年"。

博陵崔夫人墓誌銘　　穎至撰　王鏻書　天福六年十一月十八日　會稽顧燮光金佳石好樓舊藏，附"會稽顧氏藏本　金佳石好樓發行"印製封，記錄"後晉，崔夫人墓誌，天福六年十一月，洛新，已鈔"，又前人小記"晉崔夫人，天福六年十一月，洛"，拓本先生鈐印"吳興施舍"。

義成軍節度史匡翰碑　　陶穀撰　閻光遠行書　天福八年六月　無署名無鈐印紅箋題簽"史匡翰神道碑　一張全"，先生題簽"後晉史匡翰神道碑　天福八年六月"並印"吳興施舍攷藏"。

滄州刺史王廷胤墓誌銘　　蘇畋撰　開運二年四月十四日　先生題簽"滄州刺史王廷胤墓誌　蘇畋撰，開運二年四月十四日，洛陽"，拓本先生鈐印"吳興施舍所得古金石專瓦文"。

李實及夫人王氏墓誌　　開運三年二月十一日　潮陽陳運彰玉延樓舊藏，拓本陳氏鈐印"蒙厂所得金石"，先生鈐印"吳興施舍攷藏"。

後　漢

鴻臚少卿王令圖墓誌銘　　紇干德覃撰　張光胤書　乾祐元年正月二十二日　會稽顧燮光金佳石好樓舊藏，附"會稽顧氏藏本　金佳石好樓發行"印製封，記錄"後漢，□令圖墓誌，乾祐元年正月廿二日，洛新，已鈔"，另有前人小記"後漢□令圖，乾祐元年正月，洛"。拓本先生鈐印"吳興施舍攷藏"。

洛陽龍門山郭張造像記　　乾祐三年三月二十一日　　有復本。拓本先生鈐印"吳興施舍攷藏"。另本北山樓藏本"王孝禹藏龍門造像精拓本第五冊"之一種。

贈太子賓客邢德昭墓誌銘　　王成允撰　　乾祐三年四月十八日　會稽顧燮光金佳石好樓舊藏，附"會稽顧氏藏本　金佳石好樓發行"印製封，記錄"後晉，邢德昭墓誌，乾祐三年四月，洛新，已鈔"，先生補識"十八日"，另有無署名無鈐印小記"晉邢德昭乾祐三年四月，洛"。拓本先生鈐印"舍之長物"。

岱嶽祠碑殘石　　乾祐三年七月　　浭陽端午橋陶齋傳拓本。先生題簽"岱嶽祠殘碑　乾祐三年七月　匋齋"並印"吳興施舍攷藏"。

後　周

陳晟墓誌　　顯德元年十二月二十七日　　潮陽陳運彰玉延樓舊藏，陳氏題記並印"蒙厂"，拓本陳氏鈐印"蒙厂所得金石"，先生鈐印"吳興施舍攷藏"。

單州刺史趙鳳墓誌銘　　劉德潤撰　　顯德二年二月四日　　新安張鈁友石千唐誌齋傳拓本，附千唐誌齋印製封，簽條"周金紫光祿大夫單州諸軍事軍州史趙鳳墓誌　劉德潤撰，顯德二年二月四日"。拓本先生鈐印"吳興施舍攷藏"。

衛州刺史郭進屏盜碑　　杜韡撰　孫崇望行書　顯德二年五月十一日　　托裱本。拓本先生鈐印"吳興施舍攷藏""吳興施舍北山樓藏碑"，別有一印"建中經眼"。

鳳翔節度使李公夫人朱氏墓誌銘　　許九言撰　顯德五年正月　有復本。無署名無鈐印框欄題簽"楚國夫人朱氏墓誌　友珪之女　五代漢乾祐二年"，拓本先生鈐印"吳興施舍攷藏"。另本先生小識"李公夫人高平朱氏志，後周顯德五年"，拓本亦鈐"吳興施舍攷藏"。

盧太妃墓誌銘蓋　　篆書　三行，行三字，文曰"大周故盧太妃墓誌銘"。鹿原劉海天畊鋤草堂藏本。拓本劉氏題簽"後周盧太妃墓誌蓋　農"。

吳　越

按：吳越紀年，或用中朝正朔，或用甲子，或自建年號，應以吳越有國時期，在其境內諸石刻，屬之吳越。

佛說陁羅尼真言幢　　八面刻　吳仁朗建記　天福七年八月二十九日　　杭州羅淦玉咸傳拓本，先生題封"佛說陁羅尼真言幢　八面刻，天福七年八月廿九日"並印"舍之審定"，拓本羅氏鋼筆題記"北山先生惠存　羅淦奉贈"，先生另紙題識"佛說陁羅尼真言幢　八面刻　天福七年八月廿九日吳仁朗建。此小經幢也，一九七三年杭州龍翔橋下人家發土得之，今藏羅玉咸家"。拓本鈐印"羅氏玉咸藏石""玉咸手拓"及"戊"字肖印，先生鈐印"施舍金石"。先生嘗作題跋，《吳越鎮宅經幢》記云"此小經幢乃立於家宅庭院中者，所謂鎮宅幢也。上有蓋，下有座，散失矣。吳仁朗當是吳仁爽之昆季，吳越錢氏國舅也。余方撰錄《吳越金石志》，吳越造幢見著錄者，悉已入錄，皆在天福年間。此幢從來未聞，且鎮宅小幢亦未有記載"。（見《北

山集古錄》）

新建瑞象保安禪院記　　殘石　天福九年七月十七日

杭州石屋洞造像題名　　天福九年始　訖宋真宗咸平　按：至此歷五百年，未有題刻，又明人題刻三段。

　　天龍軍虞侯方承福等造像記四十八段　　天福九年甲辰

　　客省使酆仁安等造像記二十段　　開運二年乙巳

　　秦彥滔等造像題名四段　　乾祐元年　乾祐二年

　　女弟子章二娘等造像題名六段　辛亥至戊午廣順顯德

　　左軍兵馬使何廷堅等造像題名七十六段　　無年月歲次皆天福、顯德年間

　　許八娘等造像題名八段　　宋建隆、開寶間

　　董□贊等造像題名三十八段　　咸平三年至五年

　　附　大明正德年間內監題名三段及佛名題榜諸雜刻

　　按：以上摘引主要數段於此，不列子目，詳目可見先生據北山樓藏本著錄《杭州石屋洞造像題名》。

　　杭州石屋洞吳越造像題名裱本二冊　　一百八十三段　會稽王氏梯香樓舊藏，"無相庵"箋紙先生題簽"杭州石屋洞造像題記　二冊，庚子仲春得於滬上，吳興施舍藏弆"，又題識"杭州石屋洞造像題刻，諸家'訪碑錄'及'兩浙金石誌'均有著錄，而所遺尚多。羅振玉得拓本一百五十三段，編為'目錄'。此本凡題刻一百八十三段，視羅氏所得為多。然葉鞠裳曾

得五十九段，皆宋真宗咸平中所刻，又余所未得。可知石屋洞造像為數當在二三百段，求全拓不易。此二冊亦殊可珍矣。舍之識，庚子秋日"。冊內鈐印"仲孺手拓""琅琊王家所得金石文字""梯香樓""芍莊所得""孝俁"等。冊內多處有王孝俁題記並印"孝俁"。先生嘗作題跋，《杭州石屋洞造像題名》記云"石屋諸題名，鑴刻甚淺，或石質風化剝落，余屢過之，字跡可辨者無幾。此冊文字清晰，頗有可正諸家著錄之誤者，蓋精拓也"。（見《北山集古錄》）

杭州石屋洞咸平造像題名裱本一冊　　五十八段　內有年月皆咸平年間題刻　先生題識"乙卯春季余至杭州遊石屋洞，則洞中佛像並題名皆已鑴鑿淨盡，故跡了不可尋。既歸，出舊藏石屋洞五代題名兩帙，摩挲珍惜之。因念葉鞠裳日記嘗言有宋咸平中石屋洞造像題名五十九段，未見著錄，其本今不知安在。越二月偶適市遇此本凡題名五十八種，皆咸平中刻也，喜而收之"。先生嘗作題跋，撰有"書裝冊後"，又《杭州石屋洞宋人造像題名》記云"余所著錄，當為完本""此本裝裱精善，而無藏印，不知為何人物，然非葉氏舊藏也。因各加鈐小印"。（見《北山集古錄》）

吳

拱聖軍統李濤妻汪氏墓誌銘　　順義四年十二月　上虞羅叔蘊宸翰樓傳拓本。先生小識"吳順義四年，李濤妻汪氏誌"，拓本鈐印"叔韞手拓"，先生鈐印"華亭施氏無相庵藏"。

穎州刺史王仁遇墓誌銘　　誌蓋篆書　大和七年八月十日　二紙　揚州吳載龢師李齋舊藏。吳氏題簽"吳王仁遇墓志銘並蓋　大和七年八月，宣紙精拓"並印"中珺得來"，拓本鈐印"中珺得來"，誌蓋鈐印"吳載龢印"，先生鈐印"吳興施舍所得古金石專瓦文"。

南　唐

永興崇化寺西塔磚記　　中興元年七月二十四日　二紙本　廣州李尹桑大同石佛龕傳拓本，揚州吳載龢師李齋舊藏。先生題封"南唐（吳越）永興崇化寺西塔磚記"。一本僅拓磚側四面，拓本題簽"唐吳延禧造崇化寺西塔專　仲珺賢姪生辰拓寄祝壽，甲戌二月李尹桑"并印"尹桑之鉢"。另有題識"'結'上是'當'字，'塔'下是'僧'字，'契'下是'庄'字。余舊蓄一拓本，此數字甚清晰，餘則不及完好"并印"尹桑"。拓本鈐印"十成""尹桑審定""鉢齋得來""中珺心賞""吳載龢印""師李齋藏""異鉤堂"，先生鈐印"吳興施舍所得古金石專瓦文"。別一本為磚正陰兩面及磚側四面全形合拓本，拓本先生鈐印"吳興施舍所得古金石專瓦文"。

棲霞山徐鉉徐鍇題名　　篆書　分拓二紙　無年月　有復本。先生題簽"南唐二徐棲霞題名"，拓本二紙先生皆鈐印"舍之審定"。另本各鈐"吳興施舍攷藏"。先生嘗作題跋，《棲霞山南唐徐鉉徐鍇題名》記云"此二紙為棲霞題名無疑，南唐金石文字，傳世甚少，余篋中初無所得，自周退密惠余此二紙，遂彌其缺。二徐以篆名一代，而書跡罕見，故可珍矣"。（見《北山集古錄》）

南　漢

鄭惠□願家□平安造佛像一鋪記　　乾和四年正月三日　騰衝李根源曲石精廬傳拓本，鎮江陳邦福墨迻舊藏。先生題合存封"南漢造象二幅"。拓本鈐印"騰衝李根源藏石"，又"陳邦福""陳墨移攷藏金石文字"，先生鈐印"施蟄存""北山樓"。附"大前門"煙盒紙背先生鋼筆小識釋文"乾和四年正月三日弟子……願家□平安□造佛像一鋪合家大小供養""漢乾和四年弟子鄭惠□"。

張處孫同薄合意等造石佛記　　大寶二年二月八日　　騰衝李根源曲
石精廬舊藏,鎮江陳邦福墨迻舊藏。先生題合存封"南漢造象二幅"。拓本鈐印"騰衝李根源藏石",又"陳邦福""陳墨移迻藏金石文字",先生鈐印"施蟄存""北山樓"。附"大前門"煙盒紙背先生鋼筆小識釋文"佛弟子張處孫同薄合意等敬造石佛一區上為帝王師僧父母法界眾生共成道。大漢大寶二年二月八日""大漢大寶二年佛弟子張處敬造"。

龔澄樞等造光孝寺西鐵塔記　　四面刻　　大寶六年五月十七日
按:先生僅得一紙。別有"無相庵"箋紙先生小識釋文並題識"此乃龔澄樞造鐵塔記,在廣州光孝寺,文凡七行,'潛研堂金石文跋尾''南漢金石志'著錄。此文四面皆有,此紙不知是何方"並印"蟄存"。拓本先生鈐印"吳興施舍迻藏"。

宮人蘇英墓誌畫蓋　　行書　　大寶十一年五月二十五日　　順德蔡哲夫寒瓊水榭傳拓本,歙縣黃氏濱虹草堂、南海黃慕韓劬學齋遞藏。先生未得誌文,題封"南漢宮人蘇英墓誌陰刻畫　蔡哲夫拓贈黃賓虹者",又題識"'南漢宮人蘇英墓誌,大寶十一年丁卯五月廿五日,行書,陰有畫梅',羅振玉'蒿里遺文目錄續編'著錄。此誌文未得"並印"北山樓"。拓本有蔡氏題記"南漢宮人蘇英墓志石陰刻畫初出土,拚本墓志石陰刻畫僅見,聞賓䖝道丈有藝觀之刊,亟索是揭寄奉。景演元夜蔡守"並印"蔡哲夫",另有鈐印"哲夫傾城同觀""哲夫把似""奇壁"及黃裔"劬學齋藏",先生鈐印"施舍所得"。

後　蜀

石經殘頁　　二紙　一毛詩卷弟五,一齊雞鳴詁訓傳弟八。

宋

重修妙樂寺塔功德記　　年月泐失　　按：據先生攷證，應為宋初。先生題封"懷州武陟重修妙樂寺塔功德記　年月泐失　宋初刻"，又拓本題識並印"施舍金石"。

貝州清河郡崔進葬誌銘　　建隆二年十月三十日　　潮陽陳運彰玉延樓舊藏。無署名無鈐印題記"宋貝州清河郡崔府君諱禮弟進葬誌銘，建隆二年十月三十日。'諱禮弟進'，語不可解，或是'崔禮之弟'也"，先生鈐印"施舍所得"。拓本陳氏鈐印"蒙厂所得金石"，先生鈐印"吳興施舍攷藏"。

篆書千字文　　釋夢瑛書　　乾德三年十二月二十八日　　先生題簽"夢瑛千字文"並印"吳興施舍所得古金石專瓦文"。

三體書陰符經　　郭忠恕書　　乾德四年四月　　有復本。先生題簽"忠恕三體書陰符經"並印"吳興施舍所得古金石專瓦文"。

夢瑛書千字文序　　　陶穀撰　皇甫儼書　乾德五年九月二十八日

十八體篆書江淹擬休上人詩　　　釋夢英書　乾德五年　精拓舊本。先生題封"宋夢瑛十八體書"並印"無相庵"，又題簽"夢瑛十八體書"並鈐"施（押印）"。先生嘗作題跋《宋釋夢英書江淹詩》。(見《北山集古錄》)

佛說摩利支天經　皇帝陰符經　　　袁正己書　乾德六年十一月九日　二紙　拓本先生鈐印"吳興施舍所得古金石塼瓦文"。

張仲荀抄高僧傳序　　　陶穀撰　僧夢英行書　乾德年間　先生題封"宋夢瑛書高僧傳序"並印"施舍之印"，又題簽"夢瑛書抄高僧傳序"並印"吳興施舍攷藏"。

晉度支郎中牛知讓墓誌　　　開寶三年十月五日　開封桑孟伯庸堂藏本，桑凡題簽"牛知讓墓誌　開寶三年十月五日"並印"桑"，拓本先生鈐印"施舍長年"。

大理卅七部石城會盟碑　　　明政三年　按：即宋開寶四年。先生題封"大理三十七部石城會盟碑"並印"蟄存"，無署名無鈐印題簽"五代　段素順會盟石城碑　宣紙精拓"，拓本先生鈐印"施舍讀碑記"。

太上老君常清淨經　　　龐仁顯書　太平興國五年二月二十一日　拓本先生鈐印"吳興施舍所得古金石塼瓦文"。

太上天尊訖生天得道經　　　龐仁顯書　太平興國五年三月二十一日

太上昇玄消災護命經　　　龐仁顯書　太平興國五年閏三月十五日

贈鎮東軍節度使苻昭愿墓誌銘　　　陳舜封撰　李仁璲書　至道四年八月庚申　剪裱冊頁本，無署名無鈐印題簽"宋苻昭愿墓志"。

玄聖文宣王贊並加號詔　　贊真宗御製　行書　大中祥符五年十一月　有碑陰　長安本。

　　　又附一本　王嗣宗行書　大中祥符五年奉八月二十二日詔刻石　正定本。

晉尚書令卞忠貞公墓碣　　葉清臣書　無年月　附大中祥符末。先生題簽"晉卞忠貞公墓碣　宋葉清臣書"並印"吳興施舍攷藏"，拓本先生鈐印"吳興施舍所得古金石專瓦文"。

摩騰入漢靈異記　　僧景邁行書　長興三年二月八日記　天禧五年正月七日重建　有復本。剪裱冊頁合刊本，題簽"摩騰入漢靈異記　劉仲良題籤"並印"仲良"，拓本鈐印"馬"，先生鈐印"吳興施舍攷藏"，冊末附合刊"魏靈藏薛法紹造像記"。另本一紙整拓。

孔道輔祝祖廟文　　張宗益撰　孔彥輔書　天聖八年三月七日　拓本先生鈐印"吳興施舍所得古金石專瓦文"。

孔道輔祭祖廟文　　張宗益書　景祐二年六月九日　拓本先生鈐印"吳興施舍所得古金石專瓦文"。

東海鬱林觀摩崖三言詩　　祖無擇撰文　蘇唐卿篆書　慶曆四年七月朔　先生題簽"東海鬱林觀摩崖詩刻　祖無擇文，蘇唐卿篆，慶曆四年七月朔，六紙，尚缺二紙三行未得"並印"吳興施舍攷藏"。先生嘗作題跋，《宋鬱林觀東巖詩刻》記云"此刻則三十年間，僅獲此六紙，十二行，猶缺最后三行年月及題署，無從璧合，可知唐隸多拓，宋篆少拓，亦金石家重唐輕宋之故也。惟其如是，此本愈當寶藏之已"。（見《北山集古錄》）

萊陽趣果寺新修大聖殿記　　徐振撰　釋志明行書　慶曆五年九月九日　無署名無鈐印紅箋題簽"萊陽趣果寺碑　宋慶曆五年，新出土"。拓本先生鈐印"吳興施舍攷藏"。

崧臺石室記　　　陶翼撰　皇祐五年五月

泉州萬安橋記　　　蔡襄撰並書　二石　嘉祐五年　有復本。先生嘗作詩詠之，記云"蔡君謨大字第一品""壬午歲，泉州縣長石有紀為余覓得此本"。（見《金石百詠》）

鐘信李諤王惟茲題名　　　濬縣石窟　嘉祐七年十一月二十二日

瀧岡阡表　　　歐陽修撰並書　熙寧三年四月十五日　二紙　先生未得碑陰，題簽"瀧岡阡表"。拓本鈐印漫漶。

尚書禮部郎中祖士衡墓誌　　　祖無擇撰　邵雍書丹並篆蓋　熙寧五年十二月十日　三原于右任鴛鴦七誌齋傳拓本，鹿原劉海天畊鋤草堂藏本。拓本鈐印"畊鋤草堂""老農夫"等。

洙涇西林寺幡竿石題刻　　　熙寧五年　金山程氏文山琴舍傳拓本，題簽"西林寺旗杆夾刻石　宋熙寧壬子，金山縣洙涇鎮"並跋"兄雲岑幼年所拓，丁丑之難幸未失散。麗寰記"。附上海文獻展覽會記號小簽"00790"。拓本鈐印"文山琴舍"，先生鈐印"蟄庵經眼"。先生嘗作題跋，《洙涇西林寺幡竿石題刻》記云"此石俗稱旗杆石，按佛寺不建旗，蓋幡竿石也""此宋賢來遊題名之第二石也。範字當是其名，惜上一石不存，遂不可知誰何。西林寺即船子和尚道場法忍寺也。此紙金山程麗寰所藏，其兄雲岑幼年好事，見而拓墨。程氏昆仲，久作古人，此石亦已亡失。天壤間惟傳此遺蛻矣"。（見《北山集古錄》）

黃樓賦　　　殘石　蘇軾撰　蘇轍書　熙寧十年　先生題簽"蘇子由黃樓賦　全四紙，僅存其一"並印"北山樓"，拓本先生鈐印"吳興施舍北山樓藏碑"。先生嘗作題跋，《跋蘇子由黃樓賦》記云"丙戌之秋，余在徐州，登黃樓，有碑數石，皆近世刻，覓《黃樓賦》未見也，越三十年始獲此紙。《金石萃編》云全文拓四紙，則此僅四之一耳，未知何日能得全本。潁濱字與乃

兄異趣，於柳公綽《武侯祠堂記》為近，然瘦硬處似魯直矣"。（見《北山談藝錄》）

表忠觀記　　殘石　蘇軾撰並書　元豐元年八月甲寅　分拓四紙本，托裱本。

定武軍節度觀察留後趙仲忣妻劉氏墓誌銘　　章惇文　黃傑書並篆蓋　元豐三年三月癸酉　先生題簽"趙仲忣妻劉氏墓誌　元豐三年三月　章惇文　黃傑書　舍之著錄"並印"吳興施舍攷藏"。拓本亦鈐"吳興施舍攷藏"。

乳母任氏墓誌　　蘇軾撰並書　有誌額　元豐三年十月　明隆慶間拓本。題簽和鈐印失記。

楊景略等奉使高麗謁郭巨祠題名　　元豐六年　先生題簽"郭巨石室宋人題刻兩種"之一，並鈐印"吳興施舍攷藏"。

付淨土寺寶月大師剳子　　神宗御書　元豐七年四月八日　河南關智綱贈本。先生題簽"宋付寶月大師剳子　元豐七年四月八日，鞏縣"，拓本先生鈐印"吳興施舍所得古金石專瓦文"。先生嘗作題跋，《宋付寶月大師惠深剳子》記云"近得此剳子石刻，則自來不見著錄，而拓者云，石在寺壁間，豈亦近年新出土而嵌置於壁上者耶"。（見《北山集古錄》）

孔聖手植檜贊　　米芾行書　無年月　按：附元豐末。拓本先生鈐印"吳興施舍所得古金石專瓦文"。

司馬文正公碑　　又稱"杏花碑"　蘇軾撰並書　元祐二年正月八日　金皇統八年重摹刻石　二紙

宋廣平碑陰記　　米芾撰並書　元祐三年九月　平湖張處芳舊藏。拓本張氏題簽"宋元祐三年　顏魯公碑陰　宋米黻書"並印"平湖張氏"，又題記"元章書學固出於平原，而此記尤學。宋廣平碑筆法是宋書中最嚴整者"。拓本張氏鈐印"張氏處芳"。先生嘗作題跋，《跋米書魯公廟碑陰記》記云"元章此文書於費縣魯公廟碑陰，元無額題，《金石萃編》題'魯公仙跡記'乃擬目也。元章書石刻，余所見皆行草，無如此整飭者。此述魯公遺聞，有敬恭之志，遂規撫魯公書，極莊嚴之勢，然其俊逸處故自在也，諸家著録，均以為行書，余謂此已是米家正書矣"。（見《北山談藝録》）

東陵聖母帖　　唐懷素草書　唐貞元九年書　元祐三年刻石　西安碑林本。為先生著録《唐碑百選》第一百種"懷素草書四刻"之一。

桂林七星岩石室遊摩崖　　　郭祥正撰並書　元祐四年二月

阿育王寺宸奎閣碑銘　　蘇軾撰並書　元祐六年正月　元元統二年重刻　先生題簽"蘇軾書宸奎閣碑　明重刻本"並印"吳興施舍所得古金石專瓦文"。

豐樂亭記殘石　　蘇軾撰並書　元祐六年十一月　明嘉靖間重刻本，有殘損。

懿簡公趙瞻碑　　　范祖禹撰　蔡京行書並篆　元祐七年五月二十五日　有復本。先生嘗作題跋，《宋懿簡公趙瞻碑》記云"余得此碑二本，一本首行'大夫'字猶新，別一本則'大'字已泐失，'天水郡侯'之'郡'字已剜作'部'字。其他石皮剝落處又漫滅數十字。二本椎拓時日，當不相遠，蓋石質已風化，拓數十本遽已如此耳"。（見《北山集古録》）

藏真律公帖　　　唐懷素草書　元祐八年九月刻石　二帖合刻一石，西安碑林本。先生題簽"懷素藏真律公帖　宋刻"並印"蟄存"，拓本先生鈐印"無相庵"。為先生著録《唐碑百選》第一百種"懷素草書四刻"之一。

鞏縣淨土寺寶月大師碑　　　李洵撰並書　許顗篆額　紹聖三年

十二月二十二日　　太倉陸增祥八瓊室著錄本。附先生題合存封"宋禪師碑銘兩種　寶月，妙光"並印"舍之審定"。先生題簽"宋鞏縣淨土寺寶月大師碑銘　李周[洵]撰並書，許顗篆額，紹聖三年，'八瓊室'著錄"並印"舍之審定"。

雙塔寺如意輪陀羅尼經咒　　蘇軾書　元豐四年二月書　紹聖四年五月上石　按：拓本應有前人舊藏鈐印，拓本紙背先生小識，皆失記。

權知陝州軍府遊師雄墓誌銘　　張舜民撰　邵虪書　章槳篆　紹聖四年十月丁酉　先生題簽"遊師雄墓誌　紹聖四年十月丁酉"並印"無相盦"，拓本先生鈐印"吳興施舍所得古金石塼瓦文"。

仁壽縣君蘇氏墓誌　　劉次莊撰並書　紹聖四年十月十四日

黃庭堅詩帖刻石　　元符二年三月望日　三紙　先生嘗作題跋，《黃庭堅詩帖》記云"登封中嶽廟有黃庭堅書詩石刻三條，亦從來不見著錄者。石左下角有編號，其落款一石為'五'，因知當有五石，今僅得其一、其四、其五三石"。（見《嵩洛新出石刻小記》）

杭州定山遊茂先題名　　元符二年八月二十六日　附蘇軾題名無年月　寧波周氏四明石室藏本。先生題簽"遊茂先蘇軾定山題名"並印"施蟄存印"，又小識"東坡題名在熙寧七年"。周氏題簽"定山題名兩種　舍之老友惠存，退密持贈"並印"退密"，拓本周氏鈐印"周退密""周退密玫藏印""四明石室"，先生鈐印"北山樓"。

嵩山竹林寺感應羅漢洞記　　釋有□撰　王道行書　有碑額　崇寧元年十月初十日　先生題簽"嵩山竹林寺感應羅漢洞記　崇寧元年十月初十日"，拓本先生鈐印"吳興施舍玫藏"。

浯溪東崖題中興頌詩　　黃庭堅撰並書　崇寧三年三月己卯　先

生题封"宋黄庭坚浯溪诗摩崖",题签"黄庭坚浯溪诗摩崖　崇宁三年三月"并印"吴兴施舍攷藏",又拓本背面小识"黄庭坚题中兴颂碑后诗摩崖　崇宁三年三月"。

王氏雙松堂記　　晁說之撰　晁泳之書　許顗篆額　崇寧四年四月十七日　先生题签"王氏雙松堂記　崇宁四年四月十七日,洛阳,晁說之撰,晁泳之書,許顗篆額",拓本先生钤印"吴兴施舍所得古金石專瓦文"。

郭巨石室添柱壘牆題記　　郭華記　崇寧五年七月三日　先生题签"郭巨石室宋人題刻兩種"之一,并印"吴兴施舍攷藏"。

大觀聖作碑　　興平本　徽宗書　蔡京題額　大觀二年八月二十九日

書譜　　唐朝孫過庭撰並草書　大觀二年以墨跡刻石　為先生著錄《唐碑百選》第九十七種。

華州華陰縣尉錢昷誌銘　　政和二年十二月十九日　荷葉裝裱本。無署名無钤印題簽"宋錢昷墓志　政和壬辰年十二月十九日",先生钤印"吴興施舍攷藏"。

夏鰭謁孔廟題名　　政和六年中秋日　太倉陸增祥八瓊室著錄本。先生题签"會稽夏鰭孔廟題名　政和六年中秋日,'八瓊室'著錄"并印"吴興施舍攷藏"。

永州澹山巖詩　　黃庭堅撰並書　政和六年僧智□刻　拓本先生钤印"吴興施舍所得古金石專瓦文"。

陳氏中殤寂之墓誌　　兄寧之撰並書　政和七年四月十二日　有復本。蘭溪劉焜甓園舊藏,拓本劉氏钤印"蘭溪劉氏家藏"。另本拓本先生钤印"華亭施氏無相庵藏"。

忠翊郎苻价墓誌銘　　宣和二年六月三日　　拓本先生鈐印"華亭施氏無相庵藏"。

徽州修城磚記　　宣和四年　　梁谿黃懷覺傳拓本，雲間朱孔陽聯銖閣藏本。先生題簽"宋徽州城磚　宣和四年"，先生圓珠筆題識"此拓本為三十年前朱孔陽所贈，當時徽州拆城墻得此磚，遂流傳於世，想已不止一塊。方臘亂，蘇浙皖均受害慘重，觀此磚可知"。拓本鈐印黃氏"褱魷六十後所拓"，朱氏鈐印"聯銖閣""雲間朱孔陽云常氏珍護""聯銖閣夫婦心賞之記"，先生鈐印"吳興施舍攷藏"。先生嘗作題跋《跋宋徽州城磚》（見《北山談藝錄》）。

鞏縣淨土寺石窟□民瞻汪林富直柔題名　　乙巳冬至前一日（宣和七年）　　有復本。鄭州崔氏耕堂藏本，拓本崔氏題記"鞏縣石窟寺新發現摩崖題字　一九七七年八月"，先生題識"此乙巳當為宣和七年"，拓本先生鈐印"吳興施舍北山樓藏碑"。另本為開封李白鳳蟬盦藏本，拓本李氏鈐印"李逢審定"，先生鈐印"施舍所得"。

偽齊徐州觀察使孟邦雄墓誌　　李果卿撰　李肅書並篆蓋　阜昌四年七月二十日（紹興四年）　　按：此本為乾隆年間拓本，拓本有常熟蕭蛻盦觀款；此誌據先生攷為宋紹興四年。先生嘗作題跋《偽齊孟邦雄墓誌》，攷證甚詳。（見《北山集古錄》）

韓世忠靈隱翠微亭題名　　韓彥直書　紹興十二年三月五日　　南陵徐積餘隨庵舊藏，題記"宋靈隱山翠微亭韓蘄王題名，韓彥直正書，紹興十二年三月五日，在浙江錢塘，繆目列入靈隱山題刻"，先生跋記"右徐積餘手跡，舍之"並印"施"。先生題簽"宋韓世忠靈隱山題名"並印"無相盦劫後所聚"。拓本鈐印"徐乃昌讀碑記"等，先生鈐印"舍之長物"。

宋高宗書石經易經　　二石　紹興十三年　二紙　先生題簽"南宋臨安石經、易經，存上經二石"並印"吳興施舍所得古金石專瓦文"。

上元縣李仲春捨石供桌題記　　紹興二十六年正月　先生題簽"李仲春捨石供桌記　紹興丙子正月"，拓本先生鈐印"施舍所得"。又先生嘗作題跋《宋李仲春捨石供桌記》。（見《北山集古錄》）

明州天童寺宏智禪師妙光塔銘　　周葵撰　張孝祥書　賀允中題蓋　紹興二十九年七月望日　有復本。別一本附先生題合存封"宋禪師碑銘兩種　寶月，妙光"並印"舍之審定"。

巴州遊仙觀建玉皇殿記　　楊百藥撰並分書　隆興二年　先生題封"宋巴州遊仙觀建玉皇殿記"，又題簽"宋巴州遊仙觀建玉皇殿記　楊百藥撰，分書，隆興二年"並印"舍之審定"，拓本先生鈐印"吳興施舍攷藏"。

清河郡開國侯傅忠信墓銘　　陳詔撰　韓詔書　李邦獻題額　乾道元年八月壬寅撰誌　先生題簽"宋清河郡開國侯傅公墓銘　乾道元年八月壬寅，未見著錄"，又小識"此全拓本，小有蛀缺，宜付裝裱"，拓本先生鈐印"吳興施舍所得古金石專瓦文"。

靜江府新修虞帝廟碑　　又稱"四夫子碑"　朱熹撰　呂勝己分書　方士繇篆額　淳熙三年四月丙子　分拓九紙，未托裱。先生小識"虞帝廟碑"並印"吳興施舍攷藏"。

左朝奉大夫□似之墓誌殘石　　分書　淳熙三年十二月辛巳　先生題簽"宋殘墓誌　淳熙丙□十二月"並印"施舍金石"，拓本先生鈐印"吳興施舍攷藏"。

榮國夫人郭氏墓碣　　有額正書　淳熙四年三月二日　先生題簽

"宋榮國夫人郭氏墓碣　淳熙四年三月初二日，見'藝風堂金石目'"，拓本先生鈐印"吳興施舍所得古金石專瓦文"。

簡惠公周葵碑　　　周必大撰　張□書　邵文炳篆　淳熙四年

敷文閣直學士薛良朋壙識　　　陳傅良述　淳熙十二年十月丁酉
南陵徐積餘隨庵舊藏，題記"宋薛良朋壙識，陳傅良述，正書，淳熙十二年十月丁酉，在浙江溫州"。拓本徐氏鈐印"徐乃昌讀碑記"，先生鈐印"吳興施舍攷藏"。

山河堰落成記　　　晏袤撰並分書　紹熙五年二月丙辰　先生題簽
"山河堰記　紹熙五年二月"。

褒斜石門郙君碑陰記　　　晏袤跋並分書　紹熙五年四月十六日

魏潘宗伯等石門題名釋文並跋　　　晏袤撰並分書　慶元元年中秋日　附版印框欄簽條"慶元元年晏袤釋閣道碑"。

元祐黨籍碑　　　桂林本　饒祖堯刻　慶元四年九月
　　　附一本　　融縣本　沈暐刻　嘉定四年八月

南嶽摩崖　　　見素抱樸、少私寡欲八大字　曾黯書　紹定元年孟春
越中摹刻本　先生題簽"曾黯南嶽題字　紹定元年孟春，越中復刻本"。

傅二娘造石水筧題記　　　紹定三年七月中元　南海羅原覺道在瓦齋傳拓本。無署名無鈐印題封"宋傅二娘造石水筧拓影"，拓本紙背先生題識"宋傅二娘造石水筧題記　紹定三年七月中元"並印"華亭施氏無相庵藏"，拓本鈐印"羅原覺傳本"，先生鈐印"吳興施舍攷藏""無相庵"。

大理國高姬墓銘碑　　　仁壽五年五月二十八日卒　當宋端平二年
一九七九年拓本。拓本先生鈐印"吳興施舍北山樓藏碑""施蟄存"。附無署

名無鈐印過録碑銘釋文一紙。

沙門法基造揚州井闌銘　　嘉熙四年　臨桂況夔笙蘭雲夢樓傳拓本。先生題識"宋揚州井闌題字"並印"舍之審定",又鋼筆小識"況周頤拓本,見《選巷叢譚》",拓本先生鈐印"北山樓""施蟄存",別有鈐印"建中經眼"。

蔡邕九疑山銘　　李挺祖分書　淳祐六年八月　拓本先生鈐印"無相庵"。

重建逸老堂記　　吳潛撰　張即之行書　有額篆書　開慶元年七月　二紙　碑額碑正先生皆鈐印"吳興施舍所得古金石專瓦文"。

洛陽龍門山宋人題刻七段　　先生小識"宋刻,附入"並印"華亭施氏無相庵藏"。

　　三班借職整修石佛石道公事丁裕等題名　　天聖四年三月三日　分拓二紙,有復本。拓本先生鈐印"施舍金石"。另本北山樓藏本"王孝禹藏龍門造像精拓本第六冊"之一種。

　　三班借職整修石佛石道公事丁裕等又題　　天聖四年三月二十二日　分拓二紙,有復本。拓本先生鈐印"施舍金石""施舍所得",另本北山樓藏本"王孝禹藏龍門造像精拓本第四冊"之一種。

　　同監修路員寮高福題名　　有復本。拓本先生鈐印"施舍所得"。另本北山樓藏本"王孝禹藏龍門造像精拓本第六冊"之一種。

　　常景造像記　　元豐元年八月　拓本先生鈐印"施舍金石"。

　　党□修石道記　　元豐七年七月三十日　有復本三種。一拓本先生鈐印"施舍金石"。一拓本先生鈐印"舍之審定"。別一本三段合拓本之一，北山樓藏本"王孝禹藏龍門造像精拓本第四冊"之一種，拓本王氏鈐印"王孝禹攷藏記"。

　　司馬旦題名　　丙寅年（元祐元年）　按：據先生攷為元祐元年。拓本先生鈐印"施舍金石"。

　　西頭供奉官余祺造觀世音像記　　無年月　有復本。拓本先生鈐印"舍之長物"。另本北山樓藏本"王孝禹藏龍門造像精拓本第二冊"之一種，拓本王氏鈐印"王孝禹攷藏記"。

褒城石門宋人題名及雜刻九段　　按：褒城石門漢魏及宋晏袤諸巨刻已列於前目，此以先生所得諸題名及雜刻錄目於次。其中"石門""石虎"大字相傳為漢刻，而"袞雪"二字署魏王書，先生認為皆不可信，故附於此。

　　閭丘資深等題名　　慶元二年二月壬申

　　趙公茂等題名　　慶元二年暮春

　　趙彥呐題名　　寶慶丙戌前熟食五日　先生題簽"趙彥呐等石門題名　寶慶二年"。

　　曹濟之龐公巽等題名　　紹定二年清明日

　　嵓然題詩　　無年月　附版印簽條"嵓然題名詩"。

　　石門二字　　附版印框欄簽條"漢石門二字"。

　　石虎二字　　鄭子真書　附版印簽條"漢石虎二字"。

　　玉盆二字

　　袞雪二字　　魏王　附版印簽條"寶慶題名後釋袞雪二字"。

青田石門宋人題刻二十八段　　按：青田石門宋人題刻，近人劉耀東搜訪得四十一段，載於《石門題詠錄》。先生所得拓本三十餘紙，茲據所見拓本錄目二十八段。凡人名和年月泐失者，此皆不入錄。

　　　葉清臣題名　　寶元二年六月□□日　拓本先生鈐印"吳興施舍攷藏"。

　　　葉清臣題字"道卿獨來"　　無年月　有複本。拓本先生鈐印"舍之金石"。另本先生鈐印"吳興施舍攷藏"。

　　　馬尋題名　　慶曆三年十二月二十日

　　　宋純等題名　　慶曆四年九月　無署名無鈐印小紅箋"宋純書"。拓本先生鈐印"舍之金石"。

　　　蘇舜元題名　　皇祐二年五月十九日　拓本先生鈐印"施""舍"。

　　　苗振常鼎題名　　皇祐三年十月初五日　先生小識"苗振、常鼎"，拓本先生鈐印"舍之金石"。

　　　張師中翁日新題名　　嘉祐三年二月十八日　無署名無鈐印小紅箋"宋張師中書"。拓本先生鈐印"施""舍"。

　　　陳經命沈援題崖　　嘉祐五年　拓本先生鈐印"施""舍"。

　　　褚理題名　　嘉祐七年二月二日　拓本先生鈐印"舍之金石"。

　　　王廷老題名　熙寧四年三月十日

　　　沈括黃顏李之儀題名　　熙寧六年十二月十四日　拓本先生

鈐印"舍之金石"。

　　崔堯封題名　　熙寧七年四月二十四日　拓本先生鈐印"舍之金石"。

　　劉誼題名　　熙寧七年五月　拓本先生鈐印"吳興施舍攷藏"。

　　張靚題名　　無年月　按：據先生攷為熙寧七、八年間。

　　裴維甫題名　　無年月　元豐間知永嘉縣事。無署名無鈐印小紅箋"宋裴維甫書"。拓本先生鈐印"舍之金石"。

　　劉涇題名　　紹聖四年　無署名無鈐印小紅箋"宋劉涇書"。拓本先生鈐印"舍之金石"。

　　張子經題名殘刻　　大觀□年十二月十⋯⋯　拓本先生鈐印"吳興施舍攷藏"。

　　祝公明等題名　　無年月　按：據先生攷為北宋末人。無署名無鈐印小紅箋"宋祝公明書"。拓本先生鈐印"舍之金石"。

　　宋師禹王元中等題名　　紹興十六年上巳日

　　虞似平題名　　紹興二十六年三月二十日　無署名無鈐印小紅箋"宋虞似平書"。拓本先生鈐印"舍之金石"。

　　謝伋詩刻　　紹興二十六年三月十□日　先生小識"謝伋詩刻"，拓本鈐印"舍之金石"。

　　陳公權余處厚張才舉題名　　紹熙二年上巳　有復本。先生小識"余處厚，二［份］"，拓本先生鈐印"施""舍"。另本先生鈐印"舍之

鄭挺題名　　紹熙五年　先生小識"鄭挺"，拓本先生鈐印"舍之金石"。

　　王徵題石門詩　　無年月

　　陳適中吳幾聖題名　　庚子十月二十六　無署名無鈐印小紅箋"宋陳適中書"。拓本先生鈐印"舍之金石"。

　　程閎中題名　　己卯閏月二十三日　按：錢大昕攷為元符二年閏九月。先生小識"程閎中，元符二年閏九月"，拓本先生鈐印"舍之金石"。

　　韓平題名　　無年月

　　李壽題名　　無年月　無署名無鈐印小紅箋"宋李壽書"。拓本先生鈐印"舍之金石"。

桂林七星巖宋人題名三十九段　　太倉陸增祥八瓊室舊藏。先生嘗作詩詠之，記云"八瓊室故無也"。（見《金石百詠》）按：桂林諸巖洞古人題刻以千計，未嘗見全目，七星巖宋人題名尤富，《藝風堂金石目》著錄五十二段，先生得三十八段，茲錄目於此。別有陶翼"崧臺石室記"，郭祥正"桂林七星岩石室遊摩崖"，皆為巨刻，已錄於前。

　　陳揔題名　　景德四年十一月二十二日

　　任旦命題名　　乾興元年十二月

　　賈守文題名　　天聖六年二月二日

　　楊備題詩　　景祐三年十月癸丑　拓本先生鈐印"吳興施舍

攽藏"。

周湛包拯題名　　慶曆二年三月初九日　拓本先生鈐印"吳興施舍攽藏"。

朱顯之題名　　慶曆二年臘日

馬尋等題名　　朱顯之書　慶曆三年二月十二日　拓本鈐印"舍之金石"。

晉卿公佐師宰等題名　　慶曆五年五月六日

張肅題名　　子才卿書　慶曆六年正月十四日　拓本先生鈐印"吳興施舍攽藏"。

宋克隆劉政題名　　皇祐元年十二月二十二日　拓本先生鈐印"吳興施舍攽藏"。

崔之才祖無擇題名　　皇祐二年二月十三日

鮑軻江柬之題名　　皇祐四年四月七日

皇甫宗憲等題名　　治平二年二月中旬　拓本先生鈐印"吳興施舍攽藏"。

周惇頤題名　　熙寧二年正月一日　拓本先生鈐印"吳興施舍攽藏"。

康衛題名　　陳擇題勒上石　熙寧二年三月初六　拓本先生鈐印"吳興施舍攽藏"。

陳倩題名　　鄭琰書　熙寧五年十一月二十五日　拓本先生

钤印"吴兴施舍攷藏"。

　　王洎石大同题名　　元丰四年五月十八日　　拓本先生钤印"吴兴施舍攷藏"。

　　郭祥正题名　　　元祐三年三月晦日

　　郑敦义题名　　　壬午暮春　　按：据先生攷为建中靖国元年。

　　张渐题名　　　　崇宁四年二月十八日

　　滕祜题记　　　　崇宁四年二月二十一日

　　运使中奉游七星岩诗　　大观三年十二月　　拓本先生钤印"吴兴施舍攷藏"。

　　古革题名　　　政和八年八月二十日　　拓本先生钤印"吴兴施舍攷藏"。

　　范正国题名　　　建炎四年十二月三日

　　朱文中孙义因等题名　　分书　绍兴五年中冬弍十弍日

　　何柔中题名　　　绍兴十一年首春　　拓本先生钤印"吴兴施舍攷藏"。

　　王次张陈可大题名　　绍兴十七年二月二十九日清明

　　郑安恭欧阳庠等题名　　绍兴二十八年上元

　　徐安国题名　　　绍熙四年　　拓本先生钤印"吴兴施舍攷藏"。

陳光祖題名　　嘉定八年臈月既望

　　徐龜年等題名　　嘉定十一年春二月望

　　　　附趙汝襲題名　後二日

　　鄭起沃等題名　　寶慶三年二月既望　拓本先生鈐印"吳興施舍攷藏"。

　　趙崇垓題詩　　端平二年十二月三日　拓本先生鈐印"吳興施舍攷藏"。

　　章鎣題名　　嘉熙元年　拓本先生鈐印"吳興施舍攷藏"。

　　區永年呂章等題名　嘉熙二年九月十日

　　余翼詩　　無年月　按：此不可攷。

　　測之伯通伯源等題名　　無年月　按：此不可攷，拓本先生鈐印"吳興施舍攷藏"。

　　真際道人題石室詩　　無年月　按：此亦不可攷。

吳興墨妙亭玉筍石題刻　　十八段　先生嘗作題跋，《墨妙亭玉筍題名序》記云"歲壬寅，余收得伏廬陳氏舊藏玉筍題名墨本四卷，居然墨妙亭下故物也。既寶藏之逾年，念此石今又不審存佚，慮其或已漸滅，而拓本亦罕能經久，遂迻録其文"。（見《北山談藝録》）按：吳興墨妙亭下玉筍石有宋元人題刻幾滿，此石於明萬曆時為郡守吳文企攜歸沔陽，相傳已佚。《墨妙亭碑攷》《吳興金石記》，均無著録，然清季時此石寔仍在鄂渚熊氏家。現據先生所得伏廬陳氏藏拓本四軸，列其目於此。

玉笋　　分書二大字　　無年月　　按：字徑六釐米。

祖無頗彭敏行陳師錫題名　　元豐二年九月二十四日

林子中題名　　無年月　　按：先生攷為元祐二三年間。

呂舜問題名　　無年月　　按：先生攷為元祐崇寧間。

葛勝仲題名　　宣和四年十一月己未

鄭恭老題名　　無年月　　按：先生攷為紹興三十二年。

顏度題刻二段　　淳熙九年十一月

張澈題名　　紹熙元年四月

王回題名　　紹熙二年四月

俞平叔陳自明等題名　　嘉泰二年三月清明　　按：此刻第一二人名泐失。

陳正大題名　　嘉定二年

趙師耕題名　　嘉熙四年春日

楊子芳題名　　無年月

真柔題名　　無年月

張英題記　　元至正十八年冬

張天永等題名　　至正二十四年春

明郡守某題名　　嘉靖五年六月四日　　按：此刻人名全泐。

　　　附：清王栢心題識　　清道光十九年季秋　　按：此為石在鄂中時刻。

桐廬桐君巖宋人題名二段

　　　蘇才翁題名　　皇祐二年夏　　先生題識"桐君巖唐宋人題名四段三紙"之一段，拓本先生鈐印"施舍長年"。

　　　周寬之題名　　治平元年九月　　先生題識"桐君巖唐宋人題名四段三紙"之一段，拓本先生鈐印"吳興施舍攷藏"。

"蓬萊"二字　　分書　無年月　惠州西湖玄妙觀　先生題簽"蓬萊二字　惠州西湖玄妙觀"，拓本先生鈐印"北山樓"。

斷碑千字文、肚痛帖二帖　　唐張旭草書　無年月　按：此為宋人刻石，西安碑林本。為先生著錄《唐碑百選》第九十八種。

遼

宋暉造阿彌陀像記　　會同十年四月八日　　杭縣陳漢第伏廬傳拓本，揚州吳載穌師李齋舊藏。吳仲坰題封"遼宋暉造象　會同十年　陳伏廬丈藏石，此伏丈拓贈，乙酉夏五，仲坰記"，拓本題記"遼宋暉造像　古杭陳伏廬老友藏石拓贈仲坰先生鑒賞，童大年題記"並印"大年"，拓本鈐印"伏廬攷集精拓之記"，及"仲坰得來""吳載和所藏"，先生鈐印"吳興施舍攷藏"。先生嘗作題跋，《遼宋暉造像》記云"此象鏤鐫猶不失六朝規製，遼造象傳世不多，是當珍異。象為杭州陳氏伏廬所藏，此即陳氏所傳拓本也。茲錄題名全文於後，以補羅氏所缺"。（見《北山集古錄》）

感化寺智辛禪師塔記　　應曆二年十月

西 夏

重修大雲寺感通塔碑銘　　天祐民安五年　有碑陰　二紙　先生題封"重修大雲寺感通塔記並陰　碑陰西夏文，西夏天祐民安五年"並印"舍之長物"，先生拓本題簽"重修大雲寺感通塔碑銘　西夏天祐民安五年"並印"吳興施舍攷藏"，又題"重修大雲寺感通塔碑陰"亦鈐"吳興施舍攷藏"。

金

棲霞莊朗然子詩　　宋道士劉希岳撰　天德二年正月五日重刻
拓本先生鈐印"吳興施舍攷藏"。

神巖山寶峯院敕牒　　大定二年九月九日　二紙　拓本先生鈐印"施舍所得"。

皇姊大長公主降香碑　　張瀚撰並書　楊克明篆額　大定四年三月　先生題簽"皇姊大長公主降香碑　張瀚書撰，大定四年，舍之著錄"並印"吳興施舍攷藏"。拓本鈐印"成氏金石"等，先生鈐印"吳興施舍北山樓藏碑"。

鞏縣超化寺住持智公塔銘　　僧寶乘書　大定十六年四月　拓本題簽"超化寺主智公壽塔銘　河南密縣，金大定十六年四月"，先生鈐印"舍之審定"。拓本先生鈐印"無相庵""施舍長年""吳興施舍攷藏"。

鞏令牛承直題石窟寺詩　　大定十九年季冬二十日　開封李白鳳

蟫盦藏本，有紅色圓珠筆小記"1978、1、19，拓"。拓本背面無署名無鈐印小識"此刻在鞏縣石窟寺"，拓本李氏鈐印"李逢審定"，先生鈐印"舍之長物"。

博州廟學碑陰記　　王遵古撰　子庭筠行書　李穀篆額　大定二十一年季夏晦　　拓本先生鈐印"吳興施舍北山樓藏碑"。

定州曲陽普照禪院滿公禪師塔幢　　沙門了孚撰　智宗行書並題額　大定二十八年三月三十日　　先生題簽"金定州曲陽縣普照禪院滿公禪師塔記　大定二十八年　智宗行書"並印"吳興施舍攷藏"，又題"滿公禪師塔記　大定二十八年　舍之著錄"並印"吳興施舍攷藏"，拓本亦鈐"吳興施舍攷藏"。

修鄧太尉祠記　　段繼昌撰　韓沖書　承安四年十月　　先生題簽"修鄧太尉祠記　金承安四年十月"。

宴臺金國書碑　　皆女真字　有碑額　未知年月　　先生題封"宴臺金國書碑"，拓本另紙題識"宴臺金國書碑，此碑皆女真字，世無人識。碑正為明宣德時修廟記，蓋原為此碑漢譯文，為明人磨去者也"并印"吳興施舍攷藏"，別有一印"謙約齋藏本"。拓本先生鈐印"吳興施舍北山樓藏碑"。

超化寺帖殘石　　未見年月　　拓本先生鈐印"吳興施舍攷藏"。

"桂窟"二大字　　隸書　在超化寺　　鄭州崔氏耕堂贈本。先生題識"桂窟二大字，隸書。嵩山少林寺舊址覓得，金元人書。一九七六年五月"並印"舍之"，拓本先生鈐印"吳興施舍所得古金石專瓦文""吳興施舍攷藏"。

元

千戶鄭銓神道碑　　蘇天爵撰　王士熙書　歐陽玄篆額　至元二年四月九日　　無署名無鈐印題簽"元千戶鄭君碑　至元二年，王□書，歐陽元篆額"，拓本先生鈐印"吳興施舍北山樓藏碑"。

懷州武陟縣富樂鄉創建慈恩院記　　沙門□□撰　鄉里書生趙屔書　至元三年二月七日　　先生題簽"朝國懷州武陟縣富樂鄉創建慈恩院記　至元三年二月，未有著錄"。

廣元路推官況公生祠記　　郡人樓鏞等立　撰書人名泐失　有額篆書　至元四年　　拓本先生鈐印"吳興施舍攷藏"。

萊州重修廟學記　　李惟彥撰　萊州蒙古字權教授蒲□□書　至元六年五月二十二日　　無署名無鈐印題簽"元萊州重修廟學記　至元六年仲夏，正書，萊州家古字教授甫麦莊書丹，在山東掖縣"。

長安府學重立諸碑記　　兩截刻　上公據　下記文　駱天驤書　至元十四年正月望日　先生題簽"府學重立諸碑記　駱天驤書，至元十四年正月望日，上公據，下記文"。

古文道德經　　高翿籀書　至元二十八年　附李道謙跋　分書
分拓四紙。

利津縣新修廟學記　　李師聖撰　趙孟頫書並篆額　至元三十年八月　平湖張處芳舊藏，題簽"元利津縣新修廟學記　至元卅年　趙孟頫書"並印"平湖張氏"。拓本先生鈐印"吳興施舍所得古金石專瓦文"等。

華亭縣井闌記　　元貞元年五月　金山程氏文山琴舍舊藏。拓本題簽"池百六娘井欄殘石　元貞元年五月"並跋"丁丑夏陳列於上海文獻展覽會，石在雲間雷氏南埭草堂之曬書臺下，甲戌七月潤民妹丈所貽。麗寰記"及鈐印"文駿之印"，附上海文獻展覽會記號小簽"00791"，以及"程麗寰釋文戊寅十月朔日並記"一紙及鈐印"金山程文駿長壽印信"。拓本鈐印"文山琴舍"，先生鈐印"蟄庵經眼"。別有先生跋識二頁，有曰"高君藩先生假得之以見示，遂據以著錄。第五行文不成義，恐未可定。丁巳嘉平九日"並印"舍之"，又題識"附釋文"並印"北山樓"。先生嘗作題跋，《元華亭縣井闌記》記云"程氏身後，文物散出，余輾轉得之，殆已成孤本，遂為著錄"。（見《北山集古錄》）按：此本題字，茲再攷釋一過，文曰"松江府華亭縣人氏□居奉為／佛女弟子池百六男黃□□□□／□□禪寺結井二口功德追□／□媳婦亻氏百二娘子伏／乞回□祐卷愛康／元貞元年五月"。

居竹記　　方回撰　趙孟頫行書　大德二年二月初八日

絳陽軍節度使靳和神道碑　　董文用撰　李溥光書　楊桓篆額　大德二年六月　先生題簽"絳陽軍節度使靳和神道碑　李溥光書，大德二年六月"並印"吳興施舍攷藏"。拓本有鈐印。

保定路完州勅賜興化院記　　　大德三年四月二日　　先生題簽"勅賜興化院記　大德三年四月二日，舍之著錄"並印"吳興施舍攷藏"，拓本亦鈐"吳興施舍攷藏"。

蕭山縣學重建大成殿記　　　張伯淳撰　趙孟頫書　賈仁篆額　大德三年十月　平湖張虞芳舊藏。無署名無鈐印紅箋題簽"元蕭山縣學重建大成殿記　大德三年趙孟頫書"，拓本鈐印"吳興施舍所得古金石專瓦文"等。

玄妙觀重修三門記　　　趙孟頫書並篆額　無年月　按：據攷列於大德三年。有復本。先生題簽"詒晉齋帖　趙孟頫，重修玄妙觀三門記"，刻帖分拓六紙，拓本先生鈐印"吳興施舍所得古金石專瓦文""吳興施舍攷藏"。

漁莊記　　　陳儼撰　趙孟頫書　大德十年閏正月中澣　無署名題簽"漁莊記　大德十禩，趙孟頫書"並印"竹坪"，先生鈐印"吳興施舍攷藏"。拓本先生鈐印"吳興施舍所得古金石專瓦文"。

松江亭林寶雲寺記　　　牟巘撰　趙孟頫書　密知兒海牙篆額　至大元年五月望日　有復本。另本碑下截漫漶。

臨濟正傳虎丘隆禪師碑　　　徐林撰　趙孟頫書　至大二年　壽永至大三年正月既望重建　二十二紙　先生題簽"虎丘隆禪師碑　趙孟頫書"並印"吳興施舍所得古金石專瓦文"。

趙孟頫臨蘭亭序並跋　　　趙孟頫書　三紙　至大三年撰跋　按：故列於至大三年。先生題簽"趙孟頫臨蘭亭序並跋　十二跋"鈐印"吳興施舍攷藏"，拓本先生鈐印"吳興施舍所得古金石專瓦文"。

青田石門山馬合馬欽題名　　　皇慶□年……　先生小識"皇慶"，拓本先生鈐印"舍之金石"。

晉寧府絳州曲沃縣南方村墓磚券二方　　立券磚人趙氏　砌墓匠人北平常二　延祐元年三月十二日　先生嘗作著録,記云"馬大和'和'字滅","書磚墓誌二方,一九五九年四月山西侯馬出土,見《文物》一九五九年十二期"。(見中盈堂藏本《甋碑雜録》)

長興州修建東嶽行宫記　　孟淳撰　趙孟頫書並篆額　延祐元年四月十一日　先生題籤"長興重修東嶽行宫記　延祐元年四月十一日,趙孟頫書並篆"鈐印"吴興施舍攷藏"。

濟瀆投龍簡記　　周應極撰　趙孟頫行書　郭貫篆額　延祐元年八月壬午朔　先生題籤"濟瀆投龍簡記　趙孟頫書,延祐元年"並印"吴興施舍攷藏",拓本先生鈐印"吴興施舍所得古金石塼瓦文"。

少林寺裕公和尚碑　　程鉅夫撰　趙孟頫書　郭貫篆額　延祐元年十一月

重陽宫勅藏御服碑　　趙世延撰　趙孟頫書　李孟篆額　延祐二年三月三日　有復本。先生未得碑額,題籤"勅藏御服碑"並印"吴興施舍攷藏"。另本先生題籤"元代趙子昂小御服碑"並印"吴興施舍所得古金石塼瓦文",拓本亦鈐"吴興施舍所得古金石塼瓦文"。

忻都妻也里世八墓碑　　碑額浮雕圖案　碑文漢語、古敘利亞語、古維吾爾語　延祐四年五月十六日　建德周紹良藏本,拓本鈐印"蟄庵經眼"等。另附先生圓珠筆小識"一九八一年揚州出土,周紹良贈"。

龍興寺祝延聖主本命長生碑　　王思廉撰　趙孟頫書並篆額　延祐四年十一月吉日　先生題籤"龍興寺祝延聖主本命長生碑　元延祐四年"並印"吴興施舍攷藏",拓本鈐印"吴興施舍所得古金石塼瓦文"等。

比干銅盤銘　　張□記　延祐五年正月十四日摹刻　先生題封

"比干銅盤銘　元延祐五年刻"並印"吳興施舍攷藏"，又題簽"比干銅盤銘　元延祐五年正月十四日"並印"無相庵"，拓本先生鈐印"吳興施舍攷藏"，先生曾鋼筆小識二紙"銅盤銘，延祐跋無著錄。趙子函所得是延祐刻，趙紹祖所得是萬曆刻，吳山夫見二本，錢大昕見明刻，《金石萃編》著錄本明刻，顧炎武'金石文字記'明刻，武億見二本，《中州金石記》延祐刻""此與嘯堂著錄不同，彼尚可識，如'萬世'字，乃繆篆，此則不成字矣"。先生嘗作題跋，《比干銅盤銘》記云"元延祐五年正月，衛輝路學正王公悅摹《汝帖》文刻於石，推官張淑撰文記其事，刻於銘下，即此本也。明萬曆十五年知府周思宸以元刻斷損又摹刻一石，皆在汲縣墓上。元刻初未亡，然傳拓較罕""明刻余未收得，此元刻，石雖中斷，然字劃猶甚清晰，不審明人何以又重刻之"。(見《北山談藝錄》)

長明燈記　　揭奚斯撰　趙孟頫書並篆額　兩面刻　延祐七年二月吉日　先生題簽"長明燈記　延祐七年二月吉日，揭奚斯文，趙孟頫書"並印"吳興施舍所得古金石專瓦文"，拓本亦鈐"吳興施舍所得古金石專瓦文"。

廣福寺重建觀音殿記　　胡應青撰　趙孟頫書並篆額　延祐七年二月　先生題簽"乾明廣福寺重建觀音殿記　胡應青記　趙孟頫書　延祐七年"並印"吳興施舍所得古金石專瓦文"。

太常博士敬元長碣銘　　盧摯撰　趙孟頫書　郭貫篆額　延祐七年三月吉日　有復本。無署名題簽"元敬君碣銘　延祐七年　趙孟頫書"，鈐印漫漶；拓本先生鈐印"吳興施舍所得古金石專瓦文"。另本先生題簽"太常博士敬元長碑　延祐七年　趙孟頫"，拓本鈐印"吳興施舍所得古金石專瓦文"等。先生嘗作題跋，《元太常博士敬君墓碣銘》記云"此本亦光緒拓本，字跡完好，全泐者不過十許字。碑文盧摯撰，趙孟頫書，郭貫篆額，皆一代名家也"。(見《北山集古錄》)

處州萬象山崇福寺記　　沙門明本撰　趙孟頫書並篆額　延祐七

年三月望日　先生題簽"處州萬象山崇福寺記　趙孟頫書　延祐七年三月"並印"吳興施舍攷藏"，拓本亦鈐"吳興施舍攷藏"等。

金仙寺住持裕公和尚道行碑　　趙孟頫撰書並篆額　延祐七年春日

三茅山崇禧萬壽宮記　　王去疾撰　趙孟頫行書並篆額　至治元年正月十五日　先生題簽並鈐印"吳興施舍攷藏"。

松江長春道院記　　楊載撰　趙孟頫書並篆額　至治元年四月十五日書　洪武三年五月刻石　全拓本，有復本，碑額別有一紙。雲間二酉山莊邱芹孫傳拓本，先生題識"長春道院記　楊載撰文，趙孟頫書並篆，至治元年四月十五日書，洪武三年立石，一九六一年秋舍之監拓"並印"吳興施舍攷藏"。先生為碑額拓本題簽"長春道院記　趙孟頫篆"並印"華亭施氏無相庵藏"。

蔚州楊氏先塋碑　　趙孟頫撰書並篆額　至治元年十一月二十七日　平湖張處芳舊藏。先生題簽"蔚州楊氏先塋碑銘　趙孟頫撰書篆，至治元年"並印"吳興施舍所得古金石專瓦文"。拓本張氏鈐印"張氏處芳"。

涇縣尹承務蘇公政績記　　梅震撰　趙孟頫書　□□□篆額　至治二年仲春十九日　先生題簽"涇縣尹蘇公政績記　至治二年仲春，趙孟頫書"並印"吳興施舍攷藏"，拓本鈐印"吳興施舍所得古金石專瓦文"等。

答里麻世理墓誌銘　　焦可撰、書並篆額　泰定元年三月二十八日　有復本。

真定路加葺宣聖廟碑　　孛朮魯翀撰　虞集分書　至順二年夏五日

嘉興路重修廟學記　　　張采撰　徐傑書　尚師簡篆　至順二年八月十五日

重陽宮孫德彧道行碑　　　鄧文原撰　趙孟頫書　趙世延篆額　元統三年九月二日　　先生未得碑額，題簽"重陽宮孫德彧道行碑　趙孟頫，元統三年"並印"吳興施舍攷藏"。

真定府龍興寺重修大悲閣記　　　釋法洪奉勅撰　張國維奉勅書　釋慧印奉勅篆　後至元元年十二月　　桑凡題簽"元真定府龍興寺重修大悲閣記　至元元年，張國維書"並小記"正書擬似趙吳興"，拓本先生鈐印"吳興施舍北山樓藏碑"。

重修蕭山縣儒學記　　　倪淵撰　趙孟頫書　范護都篆額　至正元年二月　　平湖張處芳舊藏，無署名題簽"重修蕭山縣儒學記　元至正元年，趙孟頫正書"並有鈐印。拓本先生鈐印"吳興施舍所得古金石專瓦文"。

濰州重建東嶽行祠碑　　　楚惟善撰　徐肇書　張完者篆額　至正元年三月哉生明　　無署名無鈐印題簽"元重建東嶽行祠碑　至正元年三月，楚惟善撰，徐肇正書，在山東濰縣"。

河間等路都轉運鹽副使馮祜墓誌　　　至正二年四月初九日　余貞撰　孟摅書　爕理溥化篆

湖州路重修府治記　　　宇文公諒撰　趙雍書並篆額　至正六年三月既望

冀州大開元寺重建定光古佛舍利塔銘　　　至正六年五月一日　分拓八紙。先生題簽"定光古佛舍利塔銘　至正六年五月初一日　舍之著錄"並印"吳興施舍攷藏"，拓本先生鈐印"吳興施舍所得古金石專瓦文""吳興施舍攷藏"。

句容縣儒學重修記　　　契哲篤撰　李桓行書並篆額　至正八年五月吉日

敦煌莫高窟牓　　　至正八年五月十五日　　沙州雷音寺傳拓本，常州謝氏魚飲溪堂、平湖陳氏安持精舍遞藏。先生題合存封"敦煌碑四種　唐二，元二"並印"舍之長物"，又題簽"敦煌莫高窟牓　至正八年五月十五日"並印"施舍長年"。謝氏題記"丁亥春日奉贈巨來吾兄，弟謝稚柳"並印"謝稺""燕息"，先生小識"甲寅九秋巨來以此紙見惠，舍之"並印"施舍金石"。拓本鈐印"沙州雷音寺印"，先生鈐印"吳興施舍北山樓藏碑"。

平江路總管莫簡墓碣　　　至正八年七月　　溧陽端午橋陶齋著錄本。先生嘗作題跋，《元莫簡墓碣》記云"此其墓誌也，然文尾云'詳載別石'，似更有碑誌，述其生平功業，又為墓誌之新例"。（見《北山談藝錄》）

重修沙州皇慶寺記　　　劉奇撰並書　至正十一年八月　　沙州雷音寺傳拓本，常州謝氏魚飲溪堂、平湖陳氏安持精舍遞藏。先生題合存封"敦煌碑四種　唐二，元二"並印"舍之長物"，又題簽"重脩沙州皇慶寺記　劉奇撰並書，至正十一年八月"並印"吳興施舍攷藏"。拓本鈐印"沙州雷音寺印"，先生鈐印"吳興施舍北山樓藏碑"。

披縣重建五龍廟記　　　毛鏞撰　滕樞書　至正二十三年五月吉日　拓本先生鈐印"吳興施舍攷藏"。

□□路達魯花赤文殊奴神識　　　梵漢文　宣光七年二月□十日　分拓二紙。先生題簽"文殊奴神識　元宣光七年，二紙"，拓本先生鈐印一紙"舍之長物""吳興施舍攷藏"，一紙"施舍金石""北山樓文房"。先生嘗作題跋，《元文殊奴神識》記云"一九三九年余旅食昆明，南門新出一殘石鼓，刻梵字尊勝呪及漢字數十言，蓋元人灰身塔上物也。鼓移至雲南大學，命工椎拓，余任監拓之役，因得此第一本，胡小石先生得第二本""宇內石刻之以宣

光紀年者，此為僅見，亦可謂異品矣"。（見《北山集古錄》）

吳興迎僖門記　　饒介撰並書　天祐四年三月初三日　按：天祐為張士誠年號，其四年當元至正十七年，故附元末；又"僖"作"禧"。拓本先生鈐印"舍之審定""吳興施舍北山樓藏碑"等。

吳興臨湖門記　　饒介撰並書　有額正書　天祐四年三月二十四日　拓本鈐印"舍之審定"等。按：天祐為張士誠年號，其四年當元至正十七年，故亦附元末。

泉州阿拉伯文墓碑　　有碑額　無年月　四紙　莆田塗元渠楓野贈本。按：據先生攷為宋元時代，故附元末。內碑額一紙刻有漢字"潘總領""四月初一日身亡"。先生題封"泉州阿拉伯文墓碑　宋元時代"，拓本四紙皆鈐"資料編號B類"藍印章，015（2）、016（2）、031、033號，先生皆鈐印"吳興施舍北山樓藏碑"。塗元渠記述："以刷掛給上海蟄存師寄去四幀泉州海外交通史博物館給的古波斯、阿拉伯等文字的石刻拓片。"（見塗元渠日記·1978年11月22日）

明

馬哈只墓碑　　李至剛撰　有額篆書　永樂三年端陽日　有復本。先生題封"明馬哈只墓碑　有額",又題籤"明馬哈只墓碑　李至剛撰　永樂三年"。另本題識"此墓碑,而題及額均稱墓誌銘。馬哈只,三寶太監鄭和之父也,碑在雲南"。

松江本急就章　　傳皇象書　宋宣和二年葉夢得題識　明楊政跋並刻石　正統四年臘月中澣　石在松江,有序號,分拓十三紙,先生分別鈐印"北山樓""舍之長物""舍之審定""吳興施舍北山樓藏碑",僅第十紙無鈐印。先生嘗作題跋,《松江本急就篇》記云"三十年前,余嘗囑邱竹泉拓十本,盡以贈師友。爾時字跡殊完好,僅小損十許字,以為易得,初不寶惜。丁亥秋,自閩中歸,覓得一本,則損泐至六十余字矣。府學於倭寇時圮毀,石已移在醉白池,意所損當愈甚矣"。(見《北山談藝錄》)

處士寶敬墓誌銘　　張益撰　黃養正書　程南雲篆額　正統六年

二月十七日　拓本先生鈐印"吳興施舍攷藏"。

陝西慶陽府知府孔哲墓誌銘　　正統十二年五月　拓本先生鈐印"吳興施舍攷藏"。

詞記山花·詠蒼洱境　又稱"山花碑""白文碑"　楊黼（白文山花体）撰　正書　景泰元年　按：刻於《重理聖元西山記》之碑陰。拓本先生鈐印"無相庵""施""舍""吳興施舍攷藏"。

西安府新開通濟渠記　項忠撰　張鎣書　李俊篆額　成化元年仲秋　先生題簽"新開通濟渠記　雲南張鎣書，明成化元年"，拓本先生鈐印"吳興施舍所得古金石專瓦文"。

懷素千字文　唐懷素草書　成化六年刻石　西安碑林本。先生題簽"懷素千字文　明成化刻"並印"無相庵"，拓本先生鈐印"吳興施舍攷藏"。為先生著錄《唐碑百選》第一百種"懷素草書四刻"之一。

大理少卿董恬繼室唐氏墓誌　有誌蓋　文徵明撰　張之象書　文彭篆蓋　嘉靖十二年十二月十七日　二紙

少林寺道公和尚碑銘　董其昌撰、書並篆額　萬曆三十六年正月　先生嘗作題跋，《明少林寺道公和尚碑》記云"一九五九年，碑估曹仁裕持來唐碑一包，中有此碑，初展視，以為唐碑也，再審閱，則董文敏書也，甚出意外。文敏石墨，常見者大都帖刻，豐碑巨刻如此者，未嘗見也。此碑器局極高，當為文敏經意之作，張之素壁，視從前所見文敏碑版，直是小兒女矣。後得讀翁覃谿跋此碑，亦推許甚至，然其議論則進退不能自持""明碑如此者，何讓唐宋，而集古之士，不取明刻，坐使一代貞珉，罕見著錄，亦甚可恨也"。（見《北山集古錄》）

史長卿母楊氏墓銘　誌蓋篆書　梁有年撰　楊文范書　米萬鐘

篆額　萬曆三十六年十二月七日　二紙　拓本先生鈐印"華亭施氏無相庵藏"。

唐文皇像　　范文光刻石並題記　崇禎五年六月　三紙　先生題封"唐太宗像　明刻",又題簽"明刻唐太宗像"並印"施舍長年",拓本先生鈐印"舍之長物"。

清

趙子昂遊天冠山詩碑　　趙孟頫延祐二年十月二十四撰書　鄧霖康熙二十一年仲冬望日勒石題刻　先生題簽"趙孟頫天冠山詩"並印,拓本先生鈐印"吳興施舍所得古金石專瓦文"。

修唐河東州刺史王仁求墓記　　王昶記　分書　有額篆書　乾隆五十二年十一月　先生題簽"清修王仁求墓記",嘗作題跋,《蠻書碑錄·南詔德化碑》記云"袁氏〔嘉穀《滇繹》〕所舉六碑,餘得其四。獨《南詔德化碑》及《王仁求碑》未獲,引為恨事"。(《北山談藝錄》) 又嘗作詩詠之,記云"余在滇時,求唐河東州刺史王仁求碑不得,但得清王蘭泉昶修王仁求墓記舊拓一紙""碑文八分書,端嚴整肅,宛然熹平石經,清碑之白眉也"。(見《金石百詠》)

趙文敏八札真跡　　光緒二年趙建本刻石　西安本　九紙　先生題簽"趙孟頫書簡八通　西安本"並鈐印"吳興施舍所得古金石專瓦文",拓本亦鈐"吳興施舍所得古金石專瓦文"。